中外文化交流史

王介南／著

书海出版社

越南首都河内文庙国子监内的中国儒家文化代表人物孔子的塑像

越南封建时代仿行中国科举制度的证物
——越南河内文庙国子监内的进士碑

中国近代留学运动的
发起者容闳（1828—1912）

中国山西太原南郊隋
代虞弘墓出土的中亚人形
象浮雕

陈列于印度尼西亚国家博物馆内的中国宋代瓷器

明代瓷器 陈列于菲律宾马尼拉国家博物馆内的中国

为纪念中国明代
航海家郑和而建的马
来西亚马六甲宝山亭

吸收东南亚上座部
佛教建筑风格的中国云
南瑞丽姐勒佛塔

吸收东南亚
南传上座部佛教
建筑文化特色的
中国云南勐海县
的景真八角亭

郑和宝船模型

日本和歌山县新官市
的徐福墓

汉光武帝赐日本倭奴国王的金印和印文

北宋毕昇发明的泥活字版

鉴真和尚塑像

中国甘肃敦
煌莫高窟

中国山西大同云冈石窟第 20 号窟大坐佛

中国万里长城

目 录

中 ＊ 外 ＊ 文 ＊ 化 ＊ 交 ＊ 流 ＊ 史

导　论

ZHONGWAI WENHUA JIAOLIU SHI

一　灿烂辉煌的中国文化鸟瞰

我们伟大的祖国是人类文明的发祥地之一。它东临大海,西枕青藏高原、帕米尔高原与茫茫的戈壁沙滩。在这块由大海、沙漠、高山护挡着的东亚大地上,有广袤的肥田沃土,给我们以衣食之源;有纵横的大小山脉,为我们繁育着广茂的森林,贮藏着丰富的矿产;有很多的江河湖泽,使我们得舟楫和灌溉之利;有很长的海岸线,为我们提供交通海外各民族的方便。我们中华民族的祖先就劳动、生息、繁衍在这块土地上。

在世界民族之林中,中华民族是一个伟大的民族。中华民族的发展,曾经历过若干万年无阶级的原始公社生活阶段。而从原始公社崩溃,我们的祖先迈入文明的门槛开始,经过奴隶社会、封建社会,直到现在,已有大约5 000年之久。在中华民族的文明史上,有素称发达的农业和手工业,有许多伟大的思想家、科学家、政治家、文学家和艺术家,有丰富的文化典籍。中华民族勤劳勇敢,吃苦耐劳,有丰富的创造力。在5 000年悠久的历史中,中国人民创造了灿烂的文化,形成了优秀的文化传统,为人类社会的发展和世界文明的进步做出了自己应有的贡献。

中国文化是中国各民族人民在长期的共同生活中共同创造的。华夏文化是远古各部落文化的融合,秦汉文化是西周、春秋、战国以来各族文化的结合体,隋唐文化是魏晋南北朝时期汉、匈奴、鲜卑、氐、羌、羯等族文化与西域文化交融后的成就,明清文化是在此基础上的进一步发展。

中国文化基本上属于自给自足的农业文明类型。由此所派生出的农耕文化、饮食文化、服饰文化、丝绸文化、陶瓷文化、建筑文化、茶文化、酒文化、园林文化、娱乐文化、歌舞文化、戏曲文化等,或五彩斑斓,或造型凝重,或韵味醇厚,或气势磅礴,或玲珑剔透,或仪态万方……可谓无所不赅,无业不精,无物不奇,复绝寰宇。

中国文化虽历经劫难,却经久不衰,一直延续到今天,显示了强大的生命力和凝聚力。中华儿女无论走到哪里,都不会忘却自己的祖国。是什么把全世界的中华儿女联结在一起?是文化,中国文化。博大精深、历史悠久的中国文化,具有比血缘更强的凝聚力。是中国文化,把全世界中华儿女的心联结在一起。

中国文化和世界上任何一种文化一样,既有精华也有糟粕。弘扬中国文化就是要取其精华,弃其糟粕。

中国文化的精华包含哪些内容呢?

中国文化包含着强烈的人文精神。中国第一部系统的字书《说文解字》解释"人"这个字的时候说:"人,天地之性最贵者也。"就是说,人是和天、地并列的"三才"之一,是万物之灵。所以,中国文化是以人为中心的文化,以人为主体的文化,以人伦为核心的文化。人文精神还有一个含义,即重视人的节操和修养,注重人之所以成为人而应有的道德素养,进而追求人格的完美。

中国文化崇尚群体利益。中国人从生产实践和社会实践中懂得了群体的力量超过个人的力量,个人只有集合成群体才能生存并得到充分发展。这实际上就是中华民族的价值观,与现代西方很不相同。小到家庭,大到国家、民族,都是"群"。因此,"敬业乐群"、"天下为公"、"先人后己"、"先天下之忧而忧,后天下之乐而乐"便成为中国人的座右铭和人生追求的目标。

中国文化崇尚平和。所谓"平",即注重平衡;所谓"和",即注重和谐。"和为贵",是中国人的处事原则。平和的精神渗透到社会生活的各个方面:房屋的设计讲究对称,做诗讲究对偶,书法绘画讲究结构的对称和力度的均匀,中医讲究阴阳平衡。中国人懂得保持自然界生态平衡的道理,也特别重视人际关系的平衡。"尊老爱幼"、"尊师爱生"便是这一精神的体现。平和的思想表现在对外关系上,便是热爱和平、反对战争、敦睦邦交、和平共处。

中国文化注重整体思维。中国人视天地为一整体,认为宇宙中各类事物都存在普遍联系,彼此相互影响。人们应从整体上把握事物的性质、事物之间的关系及其发展规律,部分是整体中的一部分,任何一个部分都反映整体。中医把人的身体看做是一个有机的整体。虽然是局部病征,也往往着眼于全身进行治疗,切忌"头痛医头,脚痛医脚"。中国的艺术创作、艺术鉴赏,注重整体把握、总体感受。英国学者李约瑟十分推崇中国古代哲学所使用的"通体相关的思维"方法。中国文化要进一步发扬这种整体思维的优势,在此基础上学习善于分析的西方文化的长处,必能使中国文化得到更迅速、更健康的发展。

中国文化是自强不息和开放兼容的文化。中国古代的哲人早就看到大自然运行的一条重要规律,并由此引申出人生的准则:"天行健,君子以自强不息。"天道是刚健的,君子效法天道,则应刚健立身,自强不息。只有刚健自强,奋发有为,才能生存,才能发展。中国文化延续了几千年而不可征服,靠的就是自强不息的精神。然而,自强不是自我封闭。保守性和排他性都不是中国文化固有的本性。《易经》说:"君子以厚德载物。"君子要同大地一样有负载万物的宽厚美德。中华儿女的胸襟博大,敢于、善于、乐于吸取外来文化以丰富自己。历史上,中国文化的熔炉曾经一次次融合异域文化的因素,使它们变成自己文化的一部分,而冶铸升华后的中国文化更是凭借开放因子的作用,在世界文明的舞台上一展风姿。佛教传入中国后,与中国固有的文化相结合,形成中国特有的禅宗,就是一个很好的例证。中国文化像大海一样汇纳百川,表明中国人对自己文化的自信和对其他文化的尊重。

中华民族创造的灿烂的中国古代文化,对世界产生过重大影响,为人类文明进步做出了突出的贡献。但是,近代以来,由于民族危机的逐步加深,引发了中国传统文化的危机。为了实现民族的全面复兴,中华民族在长达一个半世纪的时期中先后3次大规模地吸纳域外文化,深刻影响了中国社会的历史进程。第一次,吸纳西方文化。从鸦片战争到五四运动近80年的时间里,中华民族向西方文化学习,发展中国的资本主义文化,促进了资本主义经济发展,推动了资产阶级民主革命,发挥了近代启蒙作用。第二次,吸纳俄国文化。从五四运动到1978年党的十一届三中全会近60年的时间里,中华民族向俄国文化学习,建立和发展新民主主义文化和社会主义文化。这次文化吸纳对中华民族的独立和人民的解放及建设繁荣富强的社会主义国家,具有重大的历史意义。第三次,吸收和借鉴人类文明的共同成果。党的十一届三中全会后,中国实行改革开放政策,提出建设有中国特色的社会主义的科学命题,文化建设方面坚持以我为主、为我所用的原则,开展多种形式的对外文化交流,博采各国文化之长,广泛吸收和借鉴人类社会创造的一切文明成果。

今天,当中华民族昂首阔步跨入 21 世纪的时候,我们回过头来重新审视自己民族的文化,不能不由衷地赞叹她顽强的生命力和灿烂的光辉。我们好像走进一座巨大无比的宝库,看到琳琅满目的瑰宝纷然呈现,不能不为之怦然心动并深感自豪。

中国文化经历了哪些阶段?怎样区分中国文化的发展阶段?当前学术界意见尚不统一。比较中肯的分法,当推著名学者冯天瑜、杨华的分法,把中国文化史分为六个历史发展阶段:一、前文明期;二、文明奠基及元典创制期;三、一统帝国文化探索定格期;四、胡汉和中印文化融合期;五、近古文化定型期;六、中西文化交汇及现代转型期。[①]

第一,前文明期:从猿人到大禹传子。

这是中国文化的史前期,包括旧石器时代和新石器时代,距今约 300 万年至距今四五千年。

经历了 100 多万年的采集和渔猎活动后,中国境内的属于蒙古人种的原始人大约在新石器时代(距今 1 万年至距今四五千年)开始了农业栽培和家畜驯养,奠定了有别于游牧方式的农耕文化的基石。

第二,文明奠基及元典创制期:夏、商、西周及春秋、战国时期。

这一时期,从夏朝建立的公元前 2070 年起,至公元前 3 世纪战国结束,历时约 17 个世纪。

从夏朝开始,中国文化逐步走向繁盛。这一时期,出现了文字、青铜器、宫殿、祭坛等,中国文化开始进入文明阶段。这一时期形成的《诗》、《书》、《礼》、《易》、《春秋》及《论语》、《墨子》、《庄子》、《老子》、《孟子》等中华元典,系统地展现了中华文化中的中坚理念,为后世中国文化的观念层面垂范作则,创造了中国人的精神家园。

第三,一统帝国文化探索定格期:秦汉时期。

公元前 221 年至公元 220 年的 4 个多世纪,秦汉大一统帝国的建

---

① 冯天瑜、杨华:《中国文化发展轨迹》,23～32 页,上海人民出版社,2000。

立,使民族的文化原创力得以迸发。度量衡的统一,文字的厘定,教育模式、户籍控制、官吏考选方式的确定,经学、史学、儒学体系的定格,皇权更替、朝代循环模式的确定,形成中国文化的基本特色。

第四,胡汉和中印文化融合期:魏、晋、南北朝至唐中叶。

在这6个世纪中,中国文化大范围地与域外的东亚、西亚、南亚文化交流融合,域内的农耕文化与游牧文化冲突整合,从而继秦汉之后,出现又一个文化高峰,即隋唐帝国文化。开放和文化交流给唐代带来了生机和活力,促进了唐文化的繁荣,又加速了唐文化的向外传播,提高了唐代中国在世界历史舞台上的地位。来自印度的佛教传入中国后,与中国的伦理规范、实用理性、崇拜模式、政治需求等相妥协、相融合,实现了外来文化的本土化,使其逐渐成为中国文化的一部分,并影响着中国文化的各个层面。

这一时期,加速了始于东晋南渡的文化中心向东、向南的转移进程。

第五,近古文化定型期:唐中叶至明中叶。

中国学者陈寅恪认为:"唐代之史可分作前后两期,前期结束南北朝相承之旧局面,后期开启赵宋以降之新局面,关于政治社会经济者如此,关于文化学术者亦莫不如此。"① 唐代后期的转折,规范了唐宋以降千余年的文化发展框架。唐以后,民族文化的气质从汉唐的雄强外拓转向宋明的精致内敛。

第六,中西文化交汇及现代转型期:从明中叶末迄今。

这一时期,特别是鸦片战争以后,西方以"炮舰加商品"打开了中国封锁的国门。中国文化第一次遭遇"高势位"文化的入侵,中国文化与西方文化的冲突、调适、融合过程,即中西文化交流的过程,艰难而痛苦。但这一过程也赋予中国文化新的发展机遇,中国文化在物质、精神、制度、行为诸层面进入现代转型期。

明清时期,西方传教士进入中土,揭开了"西学东渐"的序幕。这是继佛教东传之后中国本土文化与域外文化的又一次大交流。

五四新文化运动的新旧决裂,可以看做是对明清以来启蒙思潮的一个完结。此后,中国经历了对欧美模式和苏俄模式的学习、选择与扬

---

①　陈寅恪:《论韩愈》,见《金明馆丛稿初编》,285页,上海古籍出版社,1980。

弃。

自 20 世纪 70 年代末以来，在世界信息化、全球一体化的时代氛围中，中国正以前所未有的规模和深度经历着变革，从而把清中叶以来百余年间起伏跌宕的文化转型推向高潮。这一变革包括三个层面：一是从农业文明向工业文明的转化，二是从计划经济向社会主义市场经济的转化，三是从工业文明向后工业文明的转化。当前，日益深化的现代转型对中国传统文化的激荡、对中国经济的挑战和提供的发展机遇都是前所未有的。中国文化史正在揭开蔚为壮观的新场景。

一部完整的中国文化史显示：中国文化历来具有坚韧、顽强的生存能力和吸纳、融会域外文化的创新发展机制。从文化交流的角度来审视中国文化，不难看出，中国文化是在与域外文化的交流融会中逐步发展到今天的。没有与域外文化的交流，中国文化断然不会发展到像今天这般的灿烂辉煌。

二 中国文化的世界地位

中国文化是世界几大原生文化之一。

学术界表述世界上最早的几大原生文化，有"三大文明"(近东文明、东亚文明、中南美文明)、"四大文化体系"(中国文化体系、印度文化体系、阿拉伯文化体系、自古希腊罗马一直到今天的欧美文化体系)、"五大文化圈"(希腊文化圈、希伯来基督教文化圈、汉文化圈、印度文化圈、伊斯兰阿拉伯文化圈)、"六大文化区"(西亚、埃及、印度、中国、墨西哥、秘鲁)、"七大母文化"(埃及、苏美尔、米洛斯、玛雅、安第斯、哈拉巴、中国)以及斯宾格勒的"八个文明中心"(埃及、印度、中国、巴比伦、雅典、伊斯兰、欧洲、墨西哥)和汤因比的"26 个文明中心"等多种说法。无论从哪一个角度来看，中国文化都是这些原生文化中极其重要的一个单元。它在起源的时间、文明发达的程度、对周边文化的影响力、对世界文化的贡献等方面，都具有典型意义。

在世界几大原生文化中，中国文化是惟一延续时间最长、未曾中断、古今绵延的文化类型。不像埃及、巴比伦、印度等古代文化，无以后继;更不像古希腊、古罗马等文化,中经蹂躏,几致荒芜。具体来说,如埃及文化,曾被波斯帝国所灭(前525年),后又因马其顿亚历山大的占领而希腊化、因恺撒的占领而罗马化、因阿拉伯人的移入而伊斯兰化,多次出现文化的中断和质的变更。巴比伦文化也在屡遭中断之后走向毁灭。旧巴比伦王国在公元前16世纪灭亡,新巴比伦王国在公元前538年被波斯帝国所灭,巴比伦城到公元2世纪已成废墟,是现代考古发掘破译了它昔日的辉煌。印度境内的哈拉巴在经历了不到10个世纪的繁荣之后,也因中亚雅利安人的进攻而于公元前18世纪突然衰毁。希腊文化在公元前2世纪被并入罗马文化之中,而罗马文化也因以日耳曼人为主的蛮族侵入而毁灭变异。上述诸文化大都沿着"中断—重建"的轨迹跳跃式地演进成现代文明。惟独中国文化古今绵延,连续发展,从未中断过,堪称"连续性文化"的典型。无论是汉族人执政,还是游牧民族入主,中华民族都以其强大的同化力和凝聚力维持着一以贯之的文化传统。中国文化的连续性、独特性,丰富了世界文化的内涵。

由于地域、交通、种族、文化等方面的原因,中国传统汉文化首先向周邻地区传播、辐射。这周邻地区包括朝鲜、日本、越南以及东南亚、蒙古高原、青藏高原的部分地区,由此形成了一个以中国为中心的"汉文化圈"(亦称"东亚文化圈"、"中国文化圈")。

汉文化圈的形成有其独特的历史和地理条件。中国东临沧海,北连大漠,西为喜马拉雅山、帕米尔高原所阻,这就很自然地促成其文化流向为向东、向东北、向东南,文化交流的流向,往往由高处向低处流,由实处向虚处流,其势有如水之就下,沛然莫之能御。

古代中朝交通水陆两便。兴起于黄河下游的殷人早就和朝鲜发生联系。战国时齐国与朝鲜交通当循海道;燕国与朝鲜往返,实取陆路。中国的山东半岛、辽东半岛和朝鲜西海岸隔着渤海与黄海形成不规则的半圆形大湖。湖边走,湖中航,十分有利于古代沿海民族的迁徙和文化交流。

日本与中国一衣带水。裴文中教授等人的研究表明,旧石器时代中国内地与日本列岛之间原有"陆桥"相连。后因全球气候返暖和地壳变动陷落,一度存在的通途变成了永久的汪洋。但人们没有在海洋面前却步,他们逐渐知道利用日本海的海流渡海而东。"日本海之左旋回流,为中日最古之自然航路,亦为我国文化东渡之最古途径"①。海流,乃自然航路。通过长期的探索,终于开辟出多条航路。其一为:山东登州出航,东北行,横渡渤海,经旅顺、大连,沿辽东半岛东行过鸭绿江口,向南经仁川抵日本。其二为:宁波出海,直航日本。中国人民用生命和不畏艰险的意志开辟中日交通,传播中国文化。

中越山川相连,交通水陆两便。由四川南下云南,有一条通向越南和东南亚地区的天然大走廊。这条大走廊有利于民族迁徙和文化交流。汉启海运,日南郡(汉平南越设九郡,其中交趾、九真、日南三郡的地域相当于今越南北部及中部地区。交趾郡在今越南河内,九真郡在清化、义安一带,日南郡在广平一带)地处南海交通要冲和中印两国文化的交会点。秦汉以降,汉文化广泛南播。《交州外域记》曰:"秦余徙民,染同夷化;日南旧风,变易俱尽。"宋、元、明、清各朝交替之际,先后有大量中国人南下交趾。近代,云南人由陆路徙入,闽粤人由海路迁至,华风益盛。

朝、日、越三国与中国比邻而居,或一衣带水,或壤土相接,互为犄角,翼分南北。中国与这三国有这样好的"地缘",这就为汉文化圈的形成提供了极为有利的客观条件。三国全面吸收汉文化,且有所创新,使之在本国生根、开花、结果,出了不少杰出人才和优秀文化成果,大大地丰富了汉文化。中国集合三个文化近邻,彼此相濡以沫,互相促进,共同创造了以中国文化为核心的东方文化。构成这个汉文化圈的文化要素大约有汉字、儒学、律令制度、佛教等几项。显然,这几大要素均系中国传统文化的结晶。中国文化的传播与辐射,主导了肘腋之内东亚三国的物质文明、精神文明和制度文明。以汉字为例,传到上述东亚三国后,便被借用、改造成非汉语的汉字型文字,如朝鲜的谚文、日本的假名、越南的字喃(字喃是越南的一种民族文字,是以汉字为基础,仿照汉字"六书"中会意、假借、形声等造字法,为记录越语而创制的一种方块文字)。它们在字形和组字原则上都表现出与汉字的直接渊源关系。又如,儒学中的尊卑观念、等级观念、忠孝情感、和合意识等,无不深深影响着上述三国人民的价值观念与行为方式。在古代自不待言,甚至今天东亚经济的高速增长与之也不无深层关联。

---

① 王辑五:《中国日本交通史》,2页,上海书店,1984。

中国文化不仅惠及近邻东亚汉文化圈内,而且"泽被"远西,对包括欧洲在内的其他世界文化也影响深远。

直到 15 世纪末,在欧洲人发现新航路走出西方前,中国文化一直居于世界领先地位,甚至可以说是独占鳌头。黑格尔曾把中国文化和西方文化作过对比,说:"当黄河、长江已经哺育出精美辉煌的古代文化时,泰晤士、莱茵河和密西西比河上的居民还在黑暗的原始森林里徘徊。"[①] 从公元 3 世纪至 15 世纪,中国的科学技术发明保持了西方望尘莫及的水平,拥有世界上最早的并在当时是最先进的科学技术发明 70 多项。可以说,15 世纪以前,中国一直是人类文明和科学的巨大中心之一。

中国是世界农耕文化起源中心之一。稻、粟和丝绸的发明,是中华先民对世界文明的最初贡献。世界上究竟是谁发明了水稻种植? 这个问题在学术界争论了 100 多年。1973 年,浙江余姚河姆渡原始遗址的发现,使中外学者不得不重新下结论:最早的种稻人就是长江下游的中国先民。距今 7 000 年前的河姆渡遗址的出土物中,有大批稻谷、米粒、稻根、稻秆堆积物。这些丰富遗存证明,早在 7 000 年前,中国长江下游的原始居民已经完全掌握了水稻的种植技术,并把稻米作为主要食粮。最早的水稻种植仅限于杭州湾和长江三角洲近海一侧,然后像波浪一样,逐级地扩展到长江中游、江淮平原、长江上游和黄河中下游,最后形成了今天水稻分布的格局。简言之,长江下游及其附近地区是中国也是世界栽培水稻的起源中心。

水稻在中国推广种植后,很快传到了东亚近邻国家。大约在 3 000多年前的殷周之交,中国水稻北传朝鲜、日本,南传越南。汉代,中国粳稻传到菲律宾。公元 5 世纪,水稻经伊朗传到西亚,然后经非洲传到欧洲。新大陆被发现后,再由非洲传到美洲以至全世界。

粟,去皮后称为"小米"。它最初是由野生的狗尾草"驯化"而成为粮食作物。这"驯化"之功,首推中国人。粟的种植为中国人首创。据最新的考古资料,世界上发现的最早的人工栽培粟,出土于中国河北武安磁山遗址,距今 7 300 年左右。磁山遗址是 1976 年至 1978 年发掘的,那里储存粮食的窖穴有 88 个,所藏全部为粟。这是中国粟出土年代最

---

① 转引自居三元、张殿英主编:《东方文化词典·序》,北京大学出版社,1993。

早的实物,也是世界上最早的粟。这证明,7 000多年前,粟已成为中国北方人民的主要食粮。大约在新石器时代,中国粟由东向西传播,经阿拉伯、小亚细亚、俄国、奥地利传遍整个欧洲。同时又向东传到朝鲜、日本等地。日本在传入稻作之前,粟曾是国民的主要食粮。粟是中国人民早期对世界文明做出的又一重大贡献。

陶器的发明,是人类社会发展史上划时代的标志。早在1万年以前的原始社会,中华民族就在中华大地上发明了制陶技术,成为世界上最早制作和使用陶器的国家之一。制陶技术与瓷器的发明有直接的关系。东汉时期,中华民族就发明了瓷器,中国是最早发明瓷器的国家。中国瓷器及其制瓷技术的外传,极大地推动了世界陶瓷文化的发展。

丝的发明和丝绸制作,是中华文明的见证。中国先民在距今五六千年前,就熟练地掌握了养蚕缫丝技术。距今约5 000年前,中国先民已完全掌握了织绢的技术。中国的养蚕、缫丝和丝织技术,大约于2 000年前传到越南,1 800年前传到朝鲜、日本,1 600多年前传到中亚,公元550年左右传入希腊,公元1100年左右传入意大利,成为世界人民的一项宝贵的物质财富。

除此之外,古代中国在桥梁工程、掘井开河、冶炼铸造等技术领域以及天文、算术、医学等科学领域都走在世界的前列。

火药是中国古代的又一项重要发明。它的发明是人类通向文明的一个里程碑。10世纪末叶,中国北宋的军事家将火药制成火器用于作战,开创了人类战争史上火器与冷兵器并用的时代。恩格斯对中国古代的这一发明创造,给予了充分的肯定:"现在几乎所有的人都承认,发明火药并用它朝一定方向发射重物的是东方国家。……在中国,还在很早的时期就用硝石和其他引火剂混合制成了烟火剂,并把它使用在军事上和盛大典礼中。"① 马克思在评论中国著名的"三大发明"时说:"火药、指南针、印刷术——这是预告资产阶级社会到来的三大发明。火药把骑士阶层炸得粉碎,指南针打开世界市场并建立殖民地,而印刷术变成新教的工具。总的说来,变成科学复兴的手段,变成对精神发展创造必要前提的最大杠杆。"②

中国的水轮联动擒纵机构,最早由科学家僧一行和梁令瓒在公元

① 《马克思恩格斯全集》,第14卷,193页,人民出版社,1964。
② 《马克思恩格斯全集》,第47卷,427页,人民出版社,1979。

720 年前后制成。可在欧洲,直到公元 1300 年以前(但丁时代以前),还没有任何种类的擒纵机构。可见,中国的水轮联动擒纵机构领先于欧洲的立轴横杆式擒纵机构近 6 个世纪。英国科学史家李约瑟说:"中国人在研究大自然并用以造福人类方面,很早就跻身于全世界先进民族之林了。"① 可以说,没有中国人发明的火药,欧洲人还得流淌更多的鲜血才能攻破中世纪的封建城堡;没有中国人发明的指南针和船尾舵,哥伦布的新大陆航行还得拖延;没有中国的造纸术和印刷术,欧洲的文艺复兴便难以迅速传播并张大其势。不难看出,中国文化为西方的近代文明提供了物质基础,而且还是西方现代科学技术的直接源头。

中华民族所创造的以针灸学、中药学、中医学为代表的中国传统医学是中国的国宝,现被世界上 140 多个国家应用,为世界人民的卫生保健事业做出过并正在做着贡献。就世界范围而言,中国传统医学居于世界传统医学之冠,其服务面也仅次于现代医学科学,它还是联合国号召 2000 年"人人享有医疗保健"的重要保证之一。

中医传出国门后,经周边国家人民的长期应用和发展,以及中国人民的不断挖掘和深化,形成了三大国际流派:一、中国流派——中国(包括台湾、香港地区)、越南、新加坡、马来西亚,以《内经》、《伤寒论》为基础,通过六经、八络理论进行辨证论治;二、日本流派——中医学在隋唐时期通过僧医和鉴真传到日本。明代,日本医学家田代三喜发展了金元医学,继而,由他的弟子曲直濑道三建立了日本流派的道三派医学,完成了中医学的日本化;三、朝鲜流派——朝鲜李朝时代的许浚编著了《东医宝鉴》,形成了朝鲜的中医体系。19 世纪中叶,朝鲜的著名医学家李济马在《东医宝鉴》学术成果的基础上创立了四象医学。可见,中国文化传播至域外后,已与世界文化融合在一起。

中国文学是中国文化的组成部分,在中外文化交流中扮演着重要角色。在东方,中国文学对汉文化圈内三个国家的文学发展施以重要影响;在西方,中国文学典籍一旦得到介绍,它的殊姿奇趣,便为"中华风"、崇儒者、现代派等所追慕、所模仿,至今又引生了西方译事的繁荣。《红楼梦》作为中国文学的优秀代表,为促进中外文化交流、加强各国人民对中国的了解和认识,做出了自己的贡献。《红楼梦》创造了一个迷

---

① ［英］李约瑟:《中国科学技术史·作者序》卷 1,科学出版社、上海古籍出版社,1990。

人的中国艺术世界,也征服了世界人民。《红楼梦》从18世纪中叶(清代乾隆初年)开始,在市民阶层中辗转传抄,到作者曹雪芹去世(1763年前后)不过30年左右,就已风靡全国,不久即传入日本。1793年,南京王开泰的"寅贰号"商船,由浙江乍浦驶抵日本长崎港,船上载有《红楼梦》9部18套。此时距程伟元、高鹗刊行《红楼梦》程甲本刚刚两年。这是《红楼梦》一书最早在国外流传。1830年,英国皇家科学院院士约翰·戴维斯选《红楼梦》第3回中的两首词译成英文,这是最早有关《红楼梦》的英译文。随后,1842年出版的《中国话》和1868年出版的《中国杂志》上,相继刊出了罗伯特·汤姆和波拉的英译《红楼梦》中的若干小故事。1892年,英国驻澳门领事袞里翻译《红楼梦》56回,分两册在香港和澳门出版,这是迄今知道的《红楼梦》最早的英译本。20世纪20年代以后,《红楼梦》的不同文字译本逐渐增多,在国外传播日广。1988年,缅甸著名作家妙丹丁译出的《红楼梦》缅甸文译本(9卷)出版。迄20世纪80年代末,《红楼梦》在世界各地已有17种文字的30多种译本,在日本、朝鲜、越南、泰国、缅甸、新加坡、苏俄、德国、英国、法国、西班牙、美国等亚欧美洲国家流传,在世界范围内拥有千千万万的读者,成为世界人民的共同财富。

在思想意识层面,中国的伦理哲学、政治理想,尤其是儒学思想对欧洲的启蒙运动产生过巨大的影响,曾给予莱布尼茨的古典思辨哲学、伏尔泰的自然神教和魁奈、杜尔哥的重农派学说以丰富的养料,催促了近代欧洲文明的诞生。德国哲学家莱布尼茨是西方第一位确认中国文化对于辅助欧洲文化的发展十分有用的哲学家。他借中国文明无情鞭挞欧洲的基督教文明:"我们从前谁也不信在这世界上还有比我们伦理更完善、立身处世之道更进步的民族存在,现在从东方的中国,竟使我们觉醒了。"[①] 他坚持认为,在实践哲学方面,欧洲人大不如中国人。因此,在他的哲学思想体系中吸取了中国哲学的内容。

在制度文化层面,中国文化也曾对世界文化产生过重大影响。

皇帝制度作为一种政治制度,在中国延续了2 000余年之久,不但对中国社会各方面的影响极其深远,而且对中国周边的某些国家发生过重大影响。如越南封建王朝皇帝的设置、各皇帝使用的年号、皇帝生

---

① 转引自沈福伟:《中西文化交流史》,449页,上海人民出版社,1985。

前的尊号、皇帝死后的庙号和谥号,均沿袭中国之制。越南史官撰修正史采用年号纪年之制(有时加注中国帝王纪年的年号),显然是仿效中国之制。

中国历史上的科举制度,是堪与物质文化领域中的四大发明相媲美的对世界文明的贡献。从对世界文明的影响来看,科举制度可称为"中国的第五大发明"。中国通过考试选拔文官,是世界上最早采用考试办法选官的国家。自秦统一中国以来,历代统治者利用不断完善起来的文官制,保护并发展了农业文明,从而使得封建专制皇权经久而不衰。可以毫不夸张地说,以公平竞争、目标管理、定期考核、论功行赏、制约有力、保障齐全为主要特征的文官制,是中国文化对世界文化的一大贡献。法国经济学家、重农学派代表魁奈在所著《中国的专制主义》中正式主张仿行中国的文官考试制度。18 世纪,英、法两国介绍并呼吁采用中国文官考试制度的人更多了。于是,从 1791 年起,法国首先试行文官考试制度;1853 年后,英国也逐渐推广文官考试制度。正如孙中山先生在《五权宪法·民权初步》中所说:"现在各国的考试制度,差不多都是学英国的。穷流溯源,英国的考试制度,原来是从我们中国学过去的。"

500 多年来的历史表明,一个发达的、经济现代化的欧洲,曾经从与它互补的东方文明中得到过非常有益的物质和精神力量。

江泽民论及中国文化的世界地位时说:"15 世纪之前,以中华文明为代表的东方文明曾遥遥领先于西方文明。从汉代到明代初期,中国的科学技术在世界上一直领先长达 14 个世纪以上。在那个时期,影响世界文明进程的重要发明中,相当部分是中华民族的贡献。"[①]

第二次世界大战结束以来,西方文化中的偏颇日益暴露。于是,世界各国的有识之士不得不以新的眼光审视中西文化。在这样的时代背景下,中国文化在世界文化中的价值越来越为人们所认识。人们认识到,中国文化在世界现实生活中正在发挥越来越广泛的作用,施予越来越深刻的影响。以儒释道为核心的中国文化在协调社会人际关系、调节个人生理和心理的平衡以及提升道德精神生活等方面具有的积极意义,已为人们所共识,并在现代生活中合理地加以吸取和运用。

---

① 江泽民:《提高全民族的科学素质——序〈院士科普书系〉》,载《人民日报》(海外版),2000 – 06 – 05(1)。

当代著名的比利时化学家、1977 年诺贝尔化学奖获得者普里戈金在为他的著作《从混沌到有序》中译本所写的"序"中说:"中国文明具有了不起的技术实践,中国文明对人类、社会与自然之间的关系有着深刻的理解。""中国的思想对于那些想扩大西方科学的范围和意义的哲学家和科学家来说,始终是个启迪的源泉。"

在工业和后工业文明时代,随着人与人、人与社会、人与自然关系的日趋紧张,中国物质文化中的珍惜生态环境的耕作法、具有辩证思想的中药学、中医学,精神文化中的人文理想、协和精神、心性之学、群己之辩等,必将对未来社会提供重要启示。随着人们对中国文化的了解和把握,中国文化对世界文化的影响必将越来越大。

三 研究中外文化交流史的意义

文化没有围墙,文化没有国界。它是人类创造的共同财富。

文化有一个特点,即文化一旦产生,立即向外扩散,进行交流。文化绝不会独占山头,称王称霸,把自己孤立起来。文化是"天下为公"的,不管肤色、不择远近传播扩散。文化是流动的,从高处到低处,从充实的地方到空虚的地方,古今中外,毫无不同。输出文化到异国,应当看做是先进国家的责任,而不可看做恩惠;接受异国的文化,应当看做是一种权利,而不应讳为缺点。人类到了今天,之所以能随时进步,对大自然、对社会、对人类思维的认识越来越深入细致,为自己谋的福利越来越大,重要的原因就是文化交流。

世界上不论哪个民族,只要是文化发达的,无不受益于文化交流。称霸一时的罗马帝国,全盘吸收了古希腊的文化遗产;现代欧洲强国的迅速发展,与文艺复兴以来各国之间在哲学、科学、文艺各方面频繁密切的接触分不开。在悠久的历史长河中,某些国家或民族的文化在某一特定时期发展得快一些,而另一些却可能发展得缓慢、停滞,甚至倒退;有的国家或民族的文化可能会在某些领域中居先,而在其他领域中却落伍。只有加强国际间、民族间的互相交流和借鉴,发达者才能不失上升之势,落伍者也才能急起直追。

文化交流是国际关系中的重要一环,它不但能促进彼此的进步,而且还是人民间友好的保证。长期以来,国际间都重视文化交流,尤其在交通发达、全球一体化的今天,任何地区、国家都不能再闭关自守、独占智慧。第二次世界大战后,国际局势虽变幻无常,然文化交流却有增无减,其原因即在于此。

国际间、民族间的文化交流,是促进交流的双方或多方文化发展的重要动力,是解放生产力的有力手段,是推动人类社会前进的重要条件。一部人类的历史,证明了一个事实:文化交流是人类的需要,文化交流促进了人类文化的发展,推动了人类社会的前进。可以说,文化交流史与人类文明发展史几乎是同步的。

中华民族是个开放的民族。在漫长的岁月里,中华民族在创造璀璨文化的同时,一直没有中断与周边国家乃至周边以外距离遥远的国家的文化交流。数千年的中外文化交流,其总趋势是交相辉映,互相促进,共同提高。

历史上中外文化交流的途径,有民间的,如民族迁移、商品交换等;有官方的,如朝贡贸易、使节往来、留学生交流等。中外文化交流的方式,主要以和平方式进行,间或也有以战争方式进行的。中外文化交流,大致有物质文化、精神文化和制度文化三个层面。

中外文化交流史,大致可分以下几个时期:一、肇始期(远古至战国),二、发展期(秦汉至南北朝),三、高峰期(隋唐),四、繁荣期(宋元),五、调适与会通期(明清),六、复兴期(民国)。

文化交流是有规律的。由于"文化势差"的存在,先进的文化总是向后进的文化输流,后进的文化总是向先进的文化习仿;由于"虚实平衡"法则的制约,文化总是从充实的地方流向空虚的地方;由于"互通有无"法则的存在,一方文化总是向另一方文化吸纳自己所不曾拥有的东西。

中外文化交流的历史证明,中国文化不是在自我封闭中而是在与世界各民族文化的广泛交流中成长、发展到今天的。通过中外文化交流,中国文化一方面向世界文化贡献了自己的珍品,同时也吸纳域外文化的精华,丰富提高了自己。如果没有中外文化交流,中国文化定然不会如此发达。

一个国家、一个民族,只有对外开放,与外界交流,从各方面吸取营养,以丰富自己、充实自己,才能在政治、经济、文化各方面辉煌发达。中共十一届三中全会以来,开放国门,与外界交流,促进了中国经济的腾飞,为人民群众生活水平的提高带来了实惠。人们在对外开放和与域外进行文化交流的实践中越来越感到:一个国家和民族要实现现代化,必须扩大对外开放,加强同世界各国进行广泛的经济文化交流,吸纳世界各国人民的优秀文化成果,吸取其他国家和民族成功的经验,以促进本国本民族经济文化的发展。而要做好这项工作,除了正确的思想指导、务实求真的态度、大胆的探索而外,还必须了解中外文化交流的历史,吸取历史上的经验和教训。

历史的经验、教训告诉我们,什么时候对外开放,虚心学习、吸取域外文化中一切好的东西,国家就出现大好局面;什么时候文化本位主义膨胀,排斥一切外来文明,国家就急剧衰败。

魏晋南北朝及隋唐时期,是民族大融合、文化大交流的时代。特别是唐太宗既善于继承,又勇于兼收并蓄,推行儒道释三教合一,对外开放,大量吸收外来文化,从而出现中国政治舞台上少有的"贞观之治"时期——古代中国对外开放的极盛时代。唐代中国的对外开放和中外文化交流,促进了中国自身文化的发展,促进了中国文化在世界上的传播,推动了人类文化的发展。清初,由于康熙皇帝的提倡,西学传入中国,一度出现盛况,出现了历史上少有的"康熙盛世"。1978 年,中共十一届三中全会以后,由于实行改革开放政策,虚心学习和利用国外一切好的、对自己国家有用的东西,中国出现了历史上从未有过的快速发展的局面。

相反,每当文化本位主义抬头,强烈排斥拒绝一切外来文化,阻滞中外文化交流,甚至闭关锁国、妄自尊大,就使国家前进的脚步放缓甚至停滞、倒退。康熙晚年开始禁教,雍正即位(1723 年)后,发展为彻底的闭关锁国,使西学的早期输入完全终止,经乾隆、嘉庆、道光诸朝绵延100 多年,盲目陶醉于自己的文化,使综合国力大大下降,经济文化发展水平远远落在西方国家之后,终致中国频频遭受西方列强的欺侮和打击。

历史证明,每当外来文化传入,总要受到文化本位主义的坚决抵制和排斥拒绝。外来文化愈是强大、先进,显示出比中国传统文化优越、有活力,中国的文化本位主义表现就愈突出,排外情绪就愈炽烈,对与域外文化的交流也就愈持反对态度。

由此看来,要想博采众长,学到域外文化中一切优秀的东西,"拿来"加速中国文化的现代化,首要前提就是要不断排除文化本位主义对中外文化交流的干扰。

人类文化的进步,一靠批判继承本国固有的文化遗产,二靠吸取外来的文化成果,推陈出新,创造新的文化。可以说,发扬历史上中外文化交流的成功经验,借鉴外来优秀的文化成果,创新中国传统文化,用以建设有中国特色的社会主义新文化,是时代的需要,是形势的需要。

创新是一个民族进步的灵魂,是一个国家兴旺发达的不竭动力。我们正面临着一个知识创新、文化创新、科技创新的时代,其中最重要、最核心的是文化的创新。一个没有创新能力的民族,难以屹立于世界先进民族之林。只有不断创新,才能促进文化的发展,才能使社会主义文化永远立于不败之地。人类已然进入的 21 世纪,是一个国际化的高科技时代,是一个由工业社会向信息社会转化的时代。科学技术的高速发展,新兴交叉学科的涌现,人文文化和科学技术文化之间的相互渗透和融合,社会的信息化、经济的全球化以及知识经济和信息传播技术的日新月异,更加剧了世界各国文化的交流、碰撞和合作。今天,世界各国人民都时时刻刻生活在文化交流之中,都从文化交流中得到物质利益,也得到精神利益。从人类发展的前途看,世界文化的大汇流将是不可避免的。面对这样的形势,学习和研究中外文化交流史,无疑是迫切需要的。

今天,我们站在新的历史高度,以重新崛起的决心,把祖国的传统文化放到整个世界文明的背景之中去观察、思考,那么我们一定会在看来杂乱无章的中外文化交流的历史表象中,寻找出规律性的东西,为我们今天的文化创新活动服务,为我们走向世界、走向未来服务。历史是一个民族的记忆。不重视历史,也就等于一个民族失去了记忆,而失去记忆的民族自然是没有前途的。如果一个民族忘记了历史,就不可能深刻地了解现在和正确地走向未来。历史不是过去了就算了,历史会对今天产生影响。因之,笔者尝试撰著《中外文化交流史》,期望读者通过学习和研究,初步达到以下目的:一、探索中华民族自古以来与域外文化进行交流的史实;二、了解中国文化在世界文化中的地位;三、总结中外文化交流的经验和教训;四、为中国文化的创新和未来的世界文化大汇流作准备。

中外文化交流史时间跨度大,涉及地区广,牵涉学科多,研究范围可谓"总括万殊,包吞千有",本书以区区 40 万言,实难尽述其详,只能撮其要者,作粗线条勾勒。即便如此,笔者仍感力所不能及,所幸有前人和时贤的众多研究成果可资参考。本书在论述他人论点、论据时多作脚注说明,然疏漏不当之处在所难免。在此特向为本书提供借鉴的列名和未列名的古今中外学人深深致敬致谢。

第 一 章

先秦时代中外文化的早期接触

概　述

经历了 100 多万年的采集和渔猎生活后,在中国境内黄河和长江两大流域的广袤土地上生活着属于蒙古人种的原始人,大约在新石器时代(距今 1 万年至距今四五千年)开始了农业栽培和家畜驯养,创造了初期的中国新石器时代文化。其特征是农业、畜牧业的产生和磨制石器、陶器及纺织的出现。中国北方,公元前 5000 年至公元前 3000 年出现的仰韶文化时期,农业、畜牧业有了更稳步的发展,农作物主要是粟、黍两种。中国南方,公元前 5000 年的河姆渡文化时期以种植水稻为主。

仰韶文化迈开大步,向西奔过河套,越过祁连山,传播至新疆;向东混合于由山东沿海成长起来的龙山文化,跨越渤海,由辽东半岛、朝鲜、日本传播到北美洲的阿拉斯加。这些地方出土的龙山文化器型有孔石刀、石斧和中国陶器,便是物证。

由南方河姆渡文化成长起来的百越文化,以有段石锛和印纹陶为特征,经过沿海岛屿,向北进入日本,向南传入中南半岛,又越海进入菲律宾、苏拉威西和北加里曼丹。这些岛上的居民通过航海,将有段石锛传到西南太平洋的波利尼西亚群岛、东太平洋的复活节岛、南美洲的厄瓜多尔。这种石锛,在中国内地的属于初级型,在波利尼西亚的属高级型,表现出一个由大陆向海洋传递的趋势。

公元前 6000 年至公元前 4500 年的彩陶文化,以制作精美的彩陶和营建神庙为其特征。彩陶的纹饰有素面、绳纹、篦纹。彩陶文化飞越中亚,有段石锛横渡太平洋,将中国文化的根伸向世界。

公元前 6000 年至公元前 5000 年的无纺树皮布文化,自华南向东南亚传播后,从海路越过太平洋岛屿进入中南美洲,对东南亚、太平洋岛屿和中南美洲的历史文化影响甚巨。

一 远古时代东亚大陆的移民与文化传播

人类的文化总有其渊源。追溯人类文化的起源,实际上就是追溯人类自身的起源。

众所周知,在世界范围内,最早的人类及其文化产生于亚非欧大陆。而相对于人类及整个人类文化二三百万年的发展史来说,那些远离大陆的岛国的文化从一开始就是晚进者,在发展阶段和水准上同大陆上的文化存在着相当大的差距,在此后人类文化的发展历程中,岛国几乎一直扮演着大陆文化的接受者和传播者的角色。这个角色一直扮演到海洋从人类交通的畏途变为坦途的近代。

追溯岛国的形成史,人们知道,从 300 万年以前开始的第四纪冰期使全球海平面平均下降约 140 米,导致海洋中的许多地方露出水面而成为陆地。在东亚,日本群岛的两端分别与朝鲜半岛和库页岛相连,日本海成为一个巨大的仅有狭窄出口的内海;在东南亚,中南半岛、苏门答腊岛、爪哇岛、加里曼丹岛、菲律宾群岛在当时都连成一体,而当时的南中国海则是这片钩状大陆的一个内海,这块巨大的古东南亚大陆与澳洲大陆之间也只隔着极其狭窄的海峡。在人类尚不具备渡海能力的原始时代,陆桥的存在使原始人跨过今天已成为海峡的地段进入岛国成为可能。

据人类学家考证,菲律宾群岛上最早的人类,是在 25 万年以前通过连接群岛和亚洲大陆的陆桥而进入菲律宾的。这批原始人以洞穴为居,以采集野果和狩猎为生,但后来却灭绝了。距今 2.5 万年前,又有一批被称为"亚洲矮黑人"的原始人也通过陆桥进入菲律宾,随之带去亚洲大陆文化,并同后来的几批移民进行文化融合,构成了菲律宾民族及其文化。

日本列岛上最早的人类也是通过连接日本和东亚大陆的陆桥而进入日本的。在距今 1 万年之前,日本列岛与东亚大陆之间存在通过黄海或朝鲜海峡相连接的巨大陆桥。这为人类从东亚大陆迁徙到日本创造了条件,也为文化的传播和交流提供了方便。人们发现中日两国的旧石器文化,在发展序列、石器类型和加工技术等方面都有很多共同点。日本迄今为止发现并已被确认为最早的旧石器文化遗址——位于九州东北部的早水台遗址出土的石器,与中国北京周口店第 15 地点所发现的石器在所用原料和加工技术方面几乎完全相同;在日本群马县武井遗址发现的手斧、在鹿儿岛上场遗址发现的石球,也都可以在中国丁村文化和许家窑文化的遗址中找到它们的原型。[①] 据此,人们完全有理由相信,日本列岛上最早的原始人,是在十几万年前至几万年前,通过陆桥从中国内地迁徙过去的。所以,现代日本人种有非常明显的中国内地成分。在 20 世纪 50 年代,日本文部省曾组织一批解剖学家对在校男女学生的头骨进行测定,5 年中共收集了六七万人的资料,将有关数据与日本周围民族相比较,结果发现日本人的头骨指数与中国江苏省一带的居民的指数最为接近。[②] 这从一个侧面证明了远古时代民族迁徙的存在。

这种陆路迁徙在距今约 1 万年前由于陆海再度沧桑而结束。由于冰期的结束,连接岛国和大陆的陆桥被上升的海水淹没。海水虽然阻隔了原始人向海岛的陆路迁徙,但此时人类正在逐步从旧石器时代向新石器时代过渡,航海技术已经萌芽并有了初步发展,人类具备了横渡大海的能力。于是原始人向岛国的陆路迁徙就为海路迁徙所接替。

诚然,陆桥的被淹没看来大大妨碍了日本同亚洲大陆的人种和文化上的交流,但这种文化交流即使在极其困难的条件下,也从来没有停止过。日本学者西村真次在研究日本民族的形成时认为,在公元前 3 世纪弥生时代开始以前,远古日本同外界已经有几条较为固定的海上交通线:一条是从中国中原地区经东北到朝鲜半岛,然后渡过朝鲜海峡到达日本;第二条是从北亚到库页岛,然后渡海到北海道;第三条是从中国长江口渡过东海到达九州地区;第四条是从东南亚经琉球群岛到达九州地区。这些古代交通线,乍看起来,在古代的技术条件下似乎是不可能的。但是远古时期的人类懂得利用洋流、季风等自然力来克服大自然的阻碍。因而,西村真次认为,在公元前 3 世纪以前,古中国人、古西伯利亚人、古印度尼西亚人和亚洲矮黑人就是通过上述几条海路

---

① 陈伟:《岛国文化》,25 页,文汇出版社,1992。
② 盛邦和:《内核与外缘——中日文化论》,83 页,学林出版社,1988。

分别来到日本,与群岛上的原有居民互相融合,形成了单一的日本民族。① 可见,远古时代的中国人早已通过向日本的移民将中国文化传播到日本,换言之,从远古时代一直到弥生时代,日本之接受中国内地的文化主要是移民的结果。

太平洋上的众多岛屿被分为美拉尼西亚、波利尼西亚和密克罗尼西亚三大岛群。一个不争的事实是,太平洋诸岛文化是一种由外来移民创造并不断受到外来文化移入影响的文化。那么它的文化源在哪里? 大多数人类学家都同意太平洋诸岛文化的"亚洲起源说",即认为这些岛屿上的文化是由亚洲大陆不断徙入的移民所创造的。

"亚洲起源说"的证据是极其充分的。从太平洋诸岛上的土著居民的语言、石器文化的序列看,都与亚洲大陆上的原始文化有着密切的关系。这种文化上的密切关系只能是移民的结果,当然,移民的方向也只能是从亚洲大陆移向太平洋诸岛。

亚洲大陆上的原始人迁徙定居到太平洋各岛屿上是一个长期的、复杂的过程,但总的来说,这是一个亚洲移民不断带来文化、逐次向东推进的过程,是大陆文化通过一个个岛屿逐次向大洋之中延伸的过程。通过一代代的移民,这些大洋之中的岛屿吸取了大陆的先进文化。可以说,它们是以中国文化为主的大陆先进文化的"远承者"。

在新石器时代,中国南方百越民族开始了经陆、海两路向东南亚的迁徙,带去了中国文化。大约公元前 5 世纪至公元 2 世纪,东南亚地区发生民族迁徙的浪潮。这次民族大迁徙是由亚洲大陆东部的中国和中南半岛向东南亚群岛移动。迁徙的路线分两条:一条由中南半岛通过陆路迁移入东南亚群岛;另一条由中国内地漂移过南海,从海路进入东南亚群岛。②

对于这次东南亚民族迁徙,考古学者虽有不同的假说,但一般认为有两次主要浪潮,第一次带来新石器文化,第二次带来青铜器文化。考古学家冯·海涅格尔登认为,带来这种文化的民族的原来居住地"是在东亚和东南亚各大河流发源的中国西部"③。

历史上的这次民族迁徙浪潮持续了相当长的时间,是一次人口移

① [日]西村真次:《文化移动论》,17 页,上海文化出版社,1989。

② 徐松石:《东南亚民族的迁徙路线》,载《东南亚学报》,卷 1,1965(5)。

③ [英]D.G.E.霍尔:《东南亚史》(上册),中译本,25 页,商务印书馆,1982。

动的缓慢过程。迁移的人口先后散落在苏门答腊、爪哇、加里曼丹、苏拉威西等岛屿,居住在河流两岸和火山灰土壤肥沃的地方,逐渐发展形成印度尼西亚民族的大多数。这次民族迁徙浪潮,传播了石器时代和青铜器时代的文明。据考古学家的发掘,印度尼西亚当时使用的矩形石斧,与中国内地南方出现的矩形石斧很相似。公元 1 世纪至 2 世纪,印度尼西亚人民学会制造青铜器,在爪哇和苏门答腊还发现古代中国使用的青铜斧,在巴厘岛出土的青铜鼓直径近 2 米,式样与中国西南部少数民族地区的青铜鼓相似。雅加达博物馆史前展览室中,考古学家有这样的注记:"印度尼西亚制造青铜器的技术是公元前数世纪由中国南部和中南半岛传来的。"印度尼西亚史学家雅明也认为,印度尼西亚石器时代文化,受到中国内地云南地区的影响。①

　　菲律宾学者吴文焕、洪玉华认为:"在史前时期,菲律宾群岛是同亚洲大陆连接在一起的。早期的菲律宾人通过陆桥从亚洲大陆移民到这里。出土的化石、石器、铁器和工艺品证明了中华民族和菲律宾民族之间的密切关系。"②

二　中国石器文化向域外的传播

　　至迟在距今 7 000 年前的新石器时代中期,我们的祖先经过长期摸索,已经掌握了造船技术,开始勇敢地向江河湖海迈进,并把航线延伸到异域他乡。

　　向海洋的迈进,有一个先易后难的渐进过程。第一步,新石器时代中期,沿海岸线近海航行;第二步,新石器时代晚期,向海洋深处远航。

　　据中外新石器时代的考古资料,朝鲜半岛南部庆尚南道蔚山郡新岩里、釜山东三洞、东莱多大浦等遗址中,均发现有与辽东半岛小朱山下层和后洼下层文化特征相似的压印席纹直口筒形罐;在朝鲜半岛北部平安北道义州郡美松里洞穴遗址中有辽东半岛的压印席纹和"之"字

----

　　①　严崇明:《印度尼西亚历史地理探索》,见黄盛璋主编:《亚洲文明》,第 2 集,165 页,安徽教育出版社,1992。

　　②　[菲]吴文焕、洪玉华编:《文化传统——菲华历史图片》,1 页,菲律宾华裔青年联合会和纪念施振民教授奖学金基金会出版,1987。

纹器物;甚至远在俄罗斯远东滨海地区海参崴大彼得湾的查伊桑诺夫遗址中,也发现了辽东半岛小朱山中层的刻画纹直口筒形罐。这表明,辽东半岛的先民们早在新石器时代就与朝鲜半岛甚至俄罗斯远东滨海地区建立了沿岸性质的航海交往和文化交流。[1]

新石器时代的百越先民,已能"水行而山处;以船为车,以楫为马;往若飘风,去则难从"[2]。他们将以有段石锛、几何形印纹陶为特征的新石器文化率先传播到菲律宾,再由菲律宾人进而远播到南太平洋诸岛。

据林惠祥的研究,具有中国新石器时代文化特征的有段石锛在域外的分布范围主要有:

南太平洋波利尼西亚群岛是最早发现有段石锛的地区。随后,群岛所属的夏威夷群岛、马克萨斯群岛、社会群岛、库克群岛、塔希提岛等处以及萨摩亚群岛、复活节岛,甚至新西兰和南美洲的厄瓜多尔均发现了有段石锛。

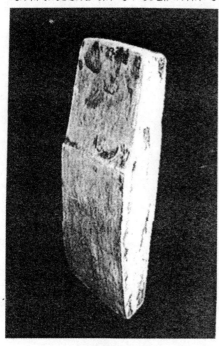

有段石锛

菲律宾是发现有段石锛较多的地方。据菲律宾学者拜耶称,他所发现的上万件石器,其中 40% ~ 50% 为有段形状的石锛。1928 年,他将这些有段石锛定名为"菲律宾石锛"。次年,英国人类学家迪克逊证明拜耶所说的有段石锛与在波利尼西亚发现的有段石锛相同。

苏拉威西岛、加里曼丹岛都发现了有段石锛,并与菲律宾的有段石锛相类同。

从有段石锛的器形特色、阶段及其分布范围来看,国内外学

① 孙光圻:《中国古代航海史》,42 页,海洋出版社,1989。
② 《越绝书》,卷 8。

者都认为,它肯定是在中国大陆东南沿海地区产生,然后逐渐辗转传播到台湾、菲律宾、苏拉威西、北婆罗洲,以至太平洋波利尼西亚群岛。中国学者林惠祥从时间、地理、人种与器形发展阶段等几个角度论证有段石锛的传播方向与路线:台湾的应是由闽粤传去;菲律宾的应是由台湾或由广东经东沙群岛等处传去;苏拉威西和北婆罗洲的是由菲律宾传去;太平洋波利尼西亚群岛的也应由菲律宾传去。[①]

　　中国新石器时代文化的代表器物有段石锛向东南亚及太平洋诸岛的传播,与航海移民有关。从航海史学角度考虑,新石器时代的先民显然主要依仗定向海流通过漂航来进行。

　　另一个中国新石器时代文化的代表器物几何形印纹陶,在东南亚也较为普遍存在。越南清化省东山县东山村出土的印纹陶,其几何形纹有方格纹、菱形凸菱纹、席纹、菱形回字纹、云雷纹、圆圈纹、叶脉纹、曲折纹等与中国南方各地出土的印纹陶纹饰接近,其制作方法大体上也采用了拍印、梳刷、刻画等方式,与中国南方广大地区印纹陶的制作方法基本一致。

　　马来西亚也出土了不少几何形印纹陶。已故的韩槐准先生早年在柔佛、哥打丁宜附近采集到一批印纹陶。回国后,捐赠给中国科学院考

江西地区几何形印纹陶

---

① 林惠祥:《中国东南亚新石器文化特征之一:有段石锛》,载《考古学报》,1958(3)。

古研究所,经安志敏等人研究后认为,其中的云雷纹、曲折纹、席纹、篦点纹、叶脉纹、波浪纹、"S"形纹、圆点纹饰与中国南方的印纹陶纹饰十分相似。韩槐准更认为,这些陶器与近年中国东南沿海发现的印纹陶中的云雷纹、方格纹、编织纹等极为相似,"可能殷商时代或稍后,我国烧制之印纹陶已在南洋交易"[①]。

除印度支那的马来西亚等地之外,在菲律宾、印度尼西亚及太平洋其他诸岛都有不等量的印纹陶器出土。

东南亚一些地区发现的几何形印纹陶有明显的两重性,即有的胎质、造型和纹饰作风与中国南方的印纹陶相同或相似;有的则不同于中国南方的,表现出浓厚的土著特色,尤其在几何形纹样的类别和风格上,更有东南亚地区的自身特点。在上述两类印纹陶中,一般情况下,第一类较少,第二类较多,而且印度支那—马来西亚—印尼群岛、菲律宾—印尼群岛—太平洋其他岛屿,愈往南,第二类的印纹陶愈多,土著文化因素愈浓。

上述情况表明,中国南方地区和东南亚一带的远古居民,从新石器时代起,就有较为密切的文化交流,至少到3 000多年前的商周时代,中国南方发达的几何形印纹陶就凭借陆路和海路传播到东南亚一带,给这些地区的陶器制造工艺以一定的影响。尔后,这种印纹陶制造工艺,经过东南亚一带土著民族进一步的创造和发展,形成了当地更为高级的印纹陶发展系统。

20世纪80年代以后,华南珠江流域的考古发现显示:新石器时代文化的另一个代表器物——发源于中国的无纺的楮树皮布,是人类服饰史上具有世界性影响的重大发明。"树皮布文化的起源地很可能是在中国岭南的范围"[②]。这一考古发现,印证了20世纪60年代曾对中国及太平洋岛屿的人类学有重大贡献的人类学家凌纯声就蒙古人种从东亚南部海洋向世界各地扩散的历史所作的启发式探讨:"根据作者近年对于中国古代树皮布文化的研究,现在我们可以假设树皮布起源于华东及华南,经中南半岛及马来半岛而达印尼群岛,向西渡印度洋经马达加斯加而抵非洲;东行人太平洋经美拉尼西亚和波利尼西亚而达中

---

① 韩槐准:《南洋遗留的中国古外销陶瓷》,52页,新加坡青年书局,1960。

② 邓聪:《史前蒙古人种海洋扩散研究——岭南树皮布文化发现及其意义》,载《东南文化》(南京博物院刊物),2000(11)。

南美洲,它的主要分布区域是在环太平洋地区。……石打棒在华南、台湾、菲律宾多有直背型、厨刀型、装柄型3种。这第三种类型是最后也是最进步的一式,由杭州的原始式,进而为台湾与菲律宾的侧面式,最后成为西里伯斯和墨西哥相同的正面式。"①

香港考古学教授邓聪认为,环珠江口考古发现的6 000年前的树皮布石拍,流行于距今5 000年至6 000年前,是迄今东亚已知最古老的树皮布文化系统。由珠江口南向、中南半岛、越南北部的冯原文化都有丰富的树皮布资料,年代可能在距今3 500年至4 000年之间。泰国及马来半岛的树皮布文化稍晚,在距今3 500年前稍后。菲律宾、台湾等地都有别具特色的树皮布文化,年代迄今所知不超过距今3 500年。太平洋岛屿均为树皮布文化繁盛区域,其年代更应在距今3 500年之后。中美洲树皮布文化上限不超过距今2 500年。② 至于美洲中部树皮布/纸文化,如阿兹特克及玛雅文化,均盛极一时。

排比上述地区的树皮布文化资料,不难看出树皮布文化源自中国华南,向南经东南亚,然后越海入太平洋各大岛屿而达中南美洲,形成向环太平洋地区传播的趋势。树皮布文化向域外传播的趋势,是华南蒙古人种向海洋扩散的重要特征之一。

桑科植物楮树与树皮布文化关系密切。1991年,植物学家指出,美洲、太平洋岛屿上的桑科植物并非原生植物,很可能是从南中国至中南半岛经东南亚传到大洋洲岛屿,最后扩散进入美洲。③ 桑科植物楮树自南中国向海外传播的趋势有力地佐证了源自中国的树皮布文化自南中国向海外传播的趋势。

16世纪欧洲文化向世界扩张以前,地球上撒哈拉以南的非洲中部、东南亚与印尼、新几内亚与美拉尼西亚、波利尼西亚、中美及南美洲大部分地域,仍然维持树皮布文化的传统。这说明在早期人类几种衣服制作系统上,树皮布有着极广泛的影响及重要性。树皮布起源于中国的南部,是中国人的又一具有世界影响的重大发明,其重要意义不亚于中国长江流域蚕丝纺织的发明。中国树皮布文化传至东南亚、太平

① 凌纯声:《树皮布印纹陶与造纸印刷术发明》,台湾中央研究院民族学研究所,1963。

② 邓聪:《古代香港树皮布文化发现及其意义浅释》,载《东南文化》,1999(1)。

③ F. R. Fosberg, *Polynesian Plant Environments*, *Island*, *Plants*, *Polynesians: An Introduction to Polynesian Ethnobotany*, 11~23, Dioscorides Press, 1991。

洋岛屿后,为当地人民的服饰文化做出了贡献;传至中美洲,更广泛地被用做纸,具有记载文字的功能,对中美洲的历史影响至巨。

三 中国稻作文化的起源及其外传

关于亚洲栽培稻谷起源地之研究,一直是各国学者关心的课题。国际学术界为此已争论了一个世纪。19世纪,有些外国学者认为种稻的发明权应归于印度人,中国的稻谷是从印度传入的;有的研究者则认为中国栽培稻起源于越南和泰国;有的研究者则认为种稻起源于云南、印度阿萨姆邦到尼泊尔的狭长地带。中国的农学家们则多认为中国栽培稻起源于国内。但国内的起源地区在何处,研究的结论也还不一致,有的认为可能是云贵高原,有的认为在华南地区。研究者们都是根据自己的研究资料,各执一说。

1973年,中国浙江余姚河姆渡原始遗址的发现,使这些推断和设想都令人怀疑了。河姆渡出土的稻谷,使中外学者不得不重新下结论:最早的种稻人,应是中国长江下游的原始居民。

河姆渡遗址的发现,被认为是中国史前考古近几十年来的一大奇迹。在此遗址中,发现了当时人们的住宅及水井遗迹、大量的陶器和石制骨制工具,而最引人注目的是大批稻谷和米粒。据考古学家叙述:"在500平方米的发掘范围内,普遍发现由稻谷、谷壳、稻秆、稻叶和其他禾本科植物混在一起的堆积,平均厚度约40厘米至50厘米,这些堆积的成分以水稻的各部分遗物为主,局部地方几乎全是谷壳。谷壳和稻叶等不失原有外形,有的稻叶色泽如新,有的甚至连稻谷的稃毛还清晰可辨。这些稻谷经北京植物研究所和浙江农业大学鉴定,属于人工栽培稻。同时,从出土情况看,稻子的各部分都有,不仅是只有穗子而没有秆叶,这是区别于采集野生稻的旁证之一。这些事实说明,当时有比较发达的水稻种植业当无疑问。"① 浙江河姆渡遗址出土的水稻遗物证明,公元前5000年左右,长江流域已经种稻,经鉴定兼有籼稻和粳稻;早在7 000年前,中国长江下游的原始居民已经完全掌握了水稻的

---

① 闵宗殿编:《中国农史系年要录》(科技编),5页,农业出版社,1989。

种植技术,已经把稻米作为主要食粮。

中国考古学家和农学史专家作了科学的分析比较,认为河姆渡稻谷是所发现时间最早的人工栽培的稻谷,比泰国能诺他(Non Nok Tha)遗址出土的被誉为"世界上最古老的人工栽培稻"还要早几百年。

中国考古学家严文明认为:"把迄今获得的考古资料按照时间先后进行排比,最早的水稻仅限于杭州湾和长江三角洲近海一侧,然后像波浪一样,逐级地扩充到长江中游、江淮平原、长江上游和黄河中下游,最后完成了今天水稻分布的格局。这就清楚地说明了长江下游及其附近地区仍是我国栽培稻起源的一个重要中心。"[①] 他根据 1980 年以前中国各地新石器时代遗址出土的水稻遗存,按年代早晚和分布地域联系起来进行考察,从而勾画出中国栽培稻发展的一个大概轮廓:"它们很像是从一个中心出发,像波浪一样地逐渐向周围扩展开来。由于河姆渡第四层的年代最早,稻谷又最丰富,它所在的杭州湾及其附近自然是最有条件当做起源中心看待的。接着的第一个波浪到达长江三角洲的近海一侧,即马家浜文化期所代表的范围,年代大约在公元前 4300 年至公元前 3700 年之间。第二个波浪沿长江向西发展,直达两湖盆地,就是北阴阳营期和大溪文化分布的范围,年代约在公元前 3900 年至公元前 3800 年。第三个波浪是在公元前 2900 年至公元前 2100 年左右发生的,长江下游和杭州湾地区的良渚文化,两湖盆地的屈家岭文化,北江流域的石峡文化,以及分布于黄淮平原、江汉平原和长江以南许多地区的属于龙山文化诸文化的范围之内,都已有了水稻的种植。"

水稻起源于长江流域下游。商代水稻已发展到今日的河南,在安阳殷墟中就有所发现,西周时期已传到黄河流域的很多地方。

中国人民最早种植水稻是对世界文明发展的重要贡献。水稻在中国推广不久,便传到东亚近邻国家。由于最早种植水稻的是古代南方百越民族的先民,所以水稻在同一族系先民的不同部落中很快传播,"从中国浙江、福建、江西、台湾、广东、广西、云南到中南半岛越南北部、老挝北部、泰国北部、缅甸北部(主要是掸邦)、印度阿萨姆这一广阔的弧形地带"[②]。时间约在公元前 5000 年至公元前 4000 年。

中国考古学家安志敏认为:"稻作农耕传入朝鲜和日本,当在公元

① 严文明:《中国稻作农业的起源》,载《农业考古》,1982(1～2)。

② 李昆声:《亚洲稻作文化的起源》,载《社会科学战线》,1984(4)。

前 10 世纪前后。"① 即 3 000 年前的绳纹文化晚期。远古时代的文化传播开始都是自发的,并非有意识地从中心将某种文化传播出去或者是有目的地到某一中心地去学习取经,相反,往往是通过与边缘地带的接触、交换、交流传播开来的,所以,中国稻作文化传入朝鲜和日本,是一个多次重复交流的长期过程。

中国江南地区稻作东传朝鲜、日本的路线,有两种说法,即陆路和海路两种。陆路东传的路线为:长江下游—山东半岛—辽东半岛—朝鲜半岛—(渡海)—日本。海路东传的路线为:长江下游—山东半岛—(渡海)—朝鲜半岛—(渡海)—日本。②

中国江南与朝鲜、日本在种子、农具、耕作等方面的相同相似之处,证明中国江南稻作文化向朝鲜、日本的传播是可信的。

四 殷人越太平洋至美洲远播殷商文化

上文述及在距今 7 000 多年前的新石器时代中期,中华民族的先民经过长期探索,已经掌握了造船、航行技术,向江河湖海迈进,并把航线延伸到异域他乡。最能证明这一点的,是殷人跨越太平洋到达美洲。

中国的海上航行始自新石器时代晚期。7 000 年前的船桨已出土于东海之滨的浙江余姚河姆渡遗址。使用青铜工具的殷商,早已能将独木舟改进成稳定性强、载量大的木板船。武王伐纣,数千兵马,仅用47 只船,一日之间横渡黄河孟津。《史记·周本纪》也反映武王所乘船只之大、吃水之深、船行之疾。殷时行船动力已用风帆,更有掌握航向的舵桨。且殷人在天文科学方面有世界最早的新星观察记录,很可能有依日月判明航向的早期天文导航术。这些情况表明,约在 3 000 年前的殷人,已有能力跨越太平洋扬帆美洲,将中国文化远播太平洋彼岸。

中国和美洲之间的最早交往和文化传播始自何时?这还得从中国著名考古学家贾兰坡在 20 世纪 70 年代末收到美国圣地亚哥大学教授莫里亚蒂博士的一封信说起。信中指出,由于 1975 年在美洲海底发现了"石锚",为早期"中国人横渡太平洋航海"提供了"证据"。经对照古

---

① 安志敏:《长江下游史前文化对海东的影响》,载《考古》,1984(5)。
② 杨昭全、何彤梅:《中国——朝鲜·韩国关系史》(上册),9 页,天津人民出版社,2001。

文献和实物,这石锚从形状到用途,都与中国古代船碇(锚)一致。为此,中国学者房仲甫著文《中国人最先到达美洲的新物证》[①],支持莫氏的见解。此事曾引起美国和拉丁美洲国家一些学者的注意。

为取得"第一个能令人接受的实物证据",莫里亚蒂寄给中国学者5块石锚岩样标本,希望测定其产地。北京大学地质系安泰庠副教授初步鉴定表明,5块岩样质地相同,均与中国台湾中、东部的灰岩一致。与此同时,美国几个科研机构也通过鉴定,认为石锚岩质不存在于北美太平洋沿岸,而同南中国海岸地区所产灰岩一样。中美两国科学鉴定结论不谋而合。莫里亚蒂和皮尔逊两位科学家据此肯定:在加利福尼亚南部先后发现的11块大石头,是中国古代航船遗留下来的5只石锚及附具。根据石锚表层的2.5毫米至3毫米锰矿外衣推算,它们沉海已达两三千年之久(锰积聚率为每千年1毫米)。

石锚既已判明是数千年前中国船只的遗物,那么,当时驾船航海者是些什么人呢?

20世纪七八十年代一些欧美学者经过考证认为,约在3 000年前,即中国殷商末年,一批逃亡的中国人就已到达美洲大陆,在墨西哥圣洛伦索生活了一段时间后,迁往拉文塔,并在那里建立都城。因为,在美洲发现了众多具有浓厚中国商代文化特征的遗物和遗迹。

20世纪下半叶,在美国东南部落基山脉以东、密西西比河流域和五大湖沿岸,陆续发现土墩文化的遗迹。美洲土墩不仅在形式上同中国土墩一样,分为埋葬、形象和庙宇3种,而且其方位也大致相同。墨西哥拉文塔的土墩与美国密西西比河下游及洛斯塞罗斯湖一带的土墩都是正北向东偏8度,而中国安阳发现的公元前1300年商墓亦在正北向东偏5度至12度之间。此外,中国张家口附近发现的一些土墩及出土的石斧和燧石箭头,与密西西比河下游的土墩和石斧、燧石箭头相同,所以发现者马克·威廉神父推定:"这些土墩可能是同一氏族建造的。"一些学者进而认为,商末周初到达中美墨西哥一带的殷人,带来了当时中国的土墩文化,这种文化随后又向北传播至今日美国东南部,故使那个地区发现的土墩带有明显的商代文化的特征。[②]

以崇拜虎神为特征的奥尔梅克文化传到秘鲁后,形成有名的查比

---

① 房仲甫:《中国人最先到达美洲的新物证》,载《人民日报》,1979 - 08 - 19。

② 转引自沙丁等:《中国和拉丁美洲关系简史》,10页,河南人民出版社,1986。

因文明。至今,秘鲁安第斯山上的神殿里,还矗立着一座高大的露出獠牙狞笑的半人半虎的石像。而现存中国台北博物院的一座用大理石雕刻的虎头、人身、虎爪的商代立雕,正是这种半人半虎奇异概念起源的物证。正像乔纳森等人在《古代美洲》一书中所说:"中国的商朝和墨西哥的奥尔梅克、秘鲁的查比因文明都崇拜虎神。商朝和奥尔梅克的祭司们都建造相似的土制的典礼高台;而在举行宗教仪式时,他们都使用十分相似的一种小反射镜。"① 欧美一些学者还认为,奥尔梅克、查比因的虎神崇拜来自中国商代,可谓一脉相承。

源于商代而为中国所独有的饕餮纹,也随之传到了墨西哥。墨西哥西海岸出土的陶器上,还有类似甲骨文的"帆"、"亚"等字,至今墨西哥此类"亚"字形建筑遗迹犹存。殷人的"且"字形祖先牌位,在墨西哥的印第安人中也曾盛行。

中国商朝史专家陈汉平 1996 年 9 月在美国华盛顿参观一个有关美洲文明的展览时发现,1955 年在墨西哥出土的拉文塔第 4 号文物的一块玉圭上,刻有 4 个象形文字。经辨认,与 3 000 多年前中国商代使用的甲骨文一样,再次证明美洲古代文明源自中国商代文化。②

美国俄克拉何马中央州立大学的华裔历史学教授许辉从有关出土文物中寻觅到 200 多个刻在玉圭、玉雕上的甲骨文字样。他两次回到中国,请古文字专家予以鉴定,结论是:"这些字属于中国先秦文字字体。"③

从上述圆形土墩、石斧、石锚、半人半虎石雕、典礼高台、小反射镜、先秦文字字体等文物遗迹的一系列发现,连同对殷商可供航海船只的分析,可以证明3 000年前的中国殷人曾跨越太平洋远播殷商文化于美洲。委内瑞拉学者安东尼奥·莫雷诺·维亚弗兰卡认为:"在公元前 1400 年左右(中国商朝),一批中国移民从黄河流域向东迁徙,越过太平洋后在中美洲登陆。他们高度发展的文化在美洲传播的结果是产生了前奥尔梅克文化。"④

---

① 房仲甫:《扬帆美洲三千年——殷人跨越太平洋初探》,载《人民日报》,1981 – 12 – 05。
② 《中美学者发现实物证据:美洲文明源自中国商代文化》,载《报刊文摘》,1996 – 11 – 21(3)。
③ 《中美学者发现实物证据:美洲文明源自中国商代文化》,载《报刊文摘》,1996 – 11 – 21(3)。
④ 转引自景振国:《扶桑新释》,载《拉丁美洲丛刊》,1981(4)。

殷人为何跨太平洋远赴美洲？据学者推论，大约在公元前 1120 年"武王伐纣"战争之前，纣王曾把大军留驻于被征服了的人方(夷方)国(在今山东省)。后来周公旦攻占人方故地，殷军国破家亡，遂逃往海外。他们夺海逃亡，固然可能是由于前人航海产生的吸引力，同时也受航向日出东方可寻得乐土的宗教思想的影响，于是漂泊沧溟，经年累月，终至美洲。① 为先前到达美洲的当地居民带去了中国的农业灌溉技术和天文地理知识，从而发展出奥尔梅克文明。

五 中国悬棺葬俗传入东南亚

悬棺葬(又称"岩葬"、"船棺葬")是一种非常奇特的考古文化遗存和丧葬风俗。它分布在中国长江流域及其以南的广大地区：福建、浙江、台湾、江西、湖北、湖南、四川、云贵高原、广西左右江流域。这种葬俗是人死后并不入土埋葬，而是将殡尸棺木置于临江面海、高峻陡峭的崖壁上。由于悬棺葬地选择依山傍水的地理环境和船形棺的使用，表明悬棺葬与居住在江河湖海的民族密切相关。这种葬俗是海洋民族心理素质的反映。悬棺葬就其实质来讲，显然不是中国汉族人民的丧葬风俗，而是古代华南少数民族的文化遗存。

悬棺葬在东南亚有广泛分布。在中南半岛，岩葬见于越南广南省西部山区的塞卡兰(Se‐Ka‐Lam)河岸及缅甸的董里、麻尼坡。这几处时代均不明。在加里曼丹东部基纳巴唐干(Kinabatangan)河畔的巴都·普岂(Batu Putch)、北部达尔维尔海湾(Darvel B.)、东南马哈康(Ma-haKan)河沿岸均有发现。巴都·普岂岩葬木棺中有铜器及"中国制品"，估计是公元以后的遗物。达尔维尔海湾及马哈康河沿岸的岩葬，一直延续到近代。印尼西里伯岛上的苏拉威西地区的托拉查族(Toradja)、莫里族(Mori)，近代仍行岩葬之俗。② 在菲律宾吕宋岛高山省，围绕着萨加达(Sagada)高原，有伊戈罗特人(Igorot)的岩葬。在碧瑶(Bagnio)附近托马斯(Sto Tomas)山上的洞穴中，也发现已成木乃伊的尸体。这些

① 房仲甫：《扬帆美洲三千年——殷人跨越太平洋初探》，载《人民日报》，1981‐12‐05。
② 童恩正：《试谈古代四川与东南亚文明的关系》，见《中国西南民族考古论文集》，243页，文物出版社，1990。

无疑都是历史遗物。此外在马林吐克(Marindugue)、民都洛(Mindoro)、马斯巴特(Masbate)、萨马(Samar)等岛,都发现了岩葬。

中国悬棺葬俗除了由东南沿海向西南内地流传之外,还具有从大陆向东南亚流传的趋势。它在地域分布方面具有从东向西、由北向南的特点。"这一葬俗东起福建、浙江、台湾,中经江西、湖北、湖南,西至四川及云贵高原,南达广西左右江流域,再经中南半岛、马来半岛,直到南洋群岛,甚至波利尼西亚群岛,形成一条关系密切的锁链"[①]。

童恩正认为:"有的学者推测东南亚的岩葬是从中国内地传播出去的,看来是一种可以成立的假设。""岩葬从中国内地传播到中南半岛,最可能的途径自然是经过云南省。"[②]

比较中国悬棺葬与东南亚悬棺葬,可以发现两者具有相同的文化内涵:

1. **葬地的选择**　两地悬棺葬均依山傍水,葬地大都选在临江面海的悬崖绝壁之上。马来西亚沙捞越的达雅克人和印尼苏拉威西岛中部的托拉查人是当地原始居民,后来因其他民族的不断迁入而被迫逐渐由沿海平原退居深山密林。地理环境虽然改变,但他们却保留着古老的文化传统,他们的悬棺葬地仍选在大河沿岸难以攀登的险峻山崖上。

2. **葬具形制**　中国和东南亚的悬棺葬除菲律宾的瓮棺,近现代台湾雅美人和东南亚个别地区的民族使用的麻袋、布袋、陶罐作为葬具之外,其余地区的葬具大都为整木刳制,而且多船形棺和独木舟式棺材。菲律宾巴拉望岛曼侬洞穴遗址中的瓮棺虽为陶质,但有的制成船形或在顶盖上塑有船只。悬棺葬具大都与船的形制密切联系,其中反映出中国和东南亚行悬棺葬的民族都具有善于造船和利用船的海洋民族的生活特性。

3. **随葬物品**　中国和东南亚的悬棺葬中的随葬品大多为生活用品和少量的生产工具,多棉、麻织物和竹、木制品,反映出当地温暖湿润的生态环境。随葬物品简单且基本上为死者生前实用器物,无汉族和其他民族的厚葬风俗。

4. **置棺方式**　中国和东南亚的置棺方式基本相同。有以下几种:

①　陈明芳:《中国悬棺葬》,271页,重庆出版社,1992。
②　童恩正:《试谈古代四川与东南亚文明的关系》,见《中国西南民族考古论文集》,243页,文物出版社,1990。

天然洞穴式,此种形式在中国和东南亚各地均十分普遍;悬崖木桩式,如中国福建武夷山,四川珙县、兴文和加里曼丹马哈康河沿岸彭人的悬棺葬;人工凿穴式,如中国南部、四川长江三峡地区、川黔湘鄂四省交界地区和印尼苏拉威西岛中部山区的托拉查人等,均采用此种形式;崖缘式,多见于台湾、菲律宾、琉球群岛等滨海地区,四川和湖北长江三峡亦有这种形式。

5. **葬制和葬式**　中国和东南亚地区的悬棺葬均有一次葬和二次葬之分,这两种葬制在两大地区都十分普遍。二次葬又称"洗骨葬",盛行于中国唐宋时期川鄂湘黔的"五溪蛮"地和广西左右江流域,二次葬至今在东南亚地区还很常见。[①]

以上相同的文化内涵,表明东南亚悬棺葬源自中国。

中国南方民族考古资料证明,居住在中国华南地区的百越民族与东南亚行悬棺葬的壮泰语族和南岛语族(又称"马来族")有着较为密切的文化联系。百越民族的先民早在新石器时代就已形成了以使用有段石锛和几何形印纹陶为特征的独特文化系统。而有段石锛和几何印纹陶不仅分布在中国东南沿海一带,在东南亚亦有广泛分布。

从民族学的角度来考察,中国百越民族与东南亚行悬棺葬的民族有一系列相同的文化特征,如文身之俗、干栏式建筑、以蛇为图腾崇拜、善于造船驶舟、使用铜鼓、猎头风俗等。

上述考古学和民族学资料反映出中国南方百越民族与东南亚民族具有惊人的文化相似。两地文化的惊人相似,显然是文化交流使然。这种文化交流,是通过民族迁徙来完成的。新石器时代,中国华南地区的部分百越民族或许是由于人口增殖而产生的压力,或许是由于刀耕火种的原始耕作业的需要,逐渐南迁,先到中南半岛,后到南洋群岛,致使中国南方百越民族的悬棺葬俗与稻作文化、有段石锛、几何印纹陶、铜鼓文化等随之传到东南亚各地。

六　春秋战国时期的丝绸之路和中外文化交流

中国是世界上最早养蚕织丝的国家。考古发掘的材料证明,在距

---

① 陈明芳:《中国悬棺葬》,272～273 页,重庆出版社,1992。

今约4 800年前,居住在今江浙一带的新石器时代的先民们就已懂得饲养家蚕和织造丝帛了。商代养蚕缫丝已成为一个重要的手工业门类。春秋战国时期,丝织业更有长足发展。精美绝伦的丝绸织品吸引了西北的游牧民族,成为重要的等价交换物,在南北各族人民中起着货币的作用,并经由西北的游牧民族传播至中亚和欧洲。

根据古希腊地理学家斯特拉波的著作,大约在公元前3世纪,西方已经把中国称做"赛里斯国"。"赛里斯国"是由希腊"塞尔"、"赛里斯"二词而来。"塞尔"是蚕的意思,"赛里斯"是蚕丝产地或贩卖丝绢者的意思。不少学者还认为,希腊的"塞尔"和"赛里斯"二词,是由汉语的"蚕"字转化成的。[①] 这都说明中国丝绸很早就输入了西方,也就必然出现了通往西方的丝绸之路。

根据国家"夏商周断代工程"2000年11月公布的《夏商周年表》[②],公元前1600年,商朝建立。商代,中国的丝织物已成批向外推销。商朝灭亡,周朝建立,定都镐京(今西安西南),史称"西周"。西周版图的轮廓,大致南至江汉,北达辽河,东及山东,西抵甘青。西周王朝的统治区域远远超过商代。在商代奴隶制发展的基础上,西周的政治、经济、文化都有了进一步的发展,奴隶制国家空前强大,典章制度、礼乐刑政都臻于完备。《左传》记载:"武王克商,成王靖四方,康王息民。"《竹书纪年》也说:"成康之际,天下安宁,刑措四十余年不用。"都强调了这个时期四方无事、政治安定、经济发展的升平景象。周穆王(前976年—前922年在位)西巡的传说就发生在这一时期。

成书于战国时的《穆天子传》,详细记载了周穆王游历西域地区的情景。周穆王自镐京出发,经过今新疆各地,翻越帕米尔高原,直到吉尔吉斯大草原,又从此地返回内地。据记载,穆王的这次西行,经过了现在的河南、山西、内蒙古、甘肃等地,直到新疆的和田河、叶尔羌河一带,而西王母之邦还远离这里有1 500公里之遥。穆王最后又西行1 000多公里,到达"飞鸟所解羽"的地方。书中记述的穆王所经过的名山大川,现在很难找到确切的地点,但研究者根据西北至中亚的一些地理沿革找到大致相应的位置,因而推论,所谓西王母之邦可能是现在中亚一

---

① 姚宝猷:《中国丝绢西传史》,37~38页,商务印书馆,1944。

② 《现代科学研究揭开千古学术悬案:〈夏商周年表〉正式公布》,载《人民日报》,2000-11-10(1)。

带。可以看出,穆王西行所走过的地方,与后来汉代张骞通西域所经过的地区基本上一致。书中对于西方各族人民和风土人情的记叙,虽然带有神话传说色彩,但它根植于现实的土壤之中,是现实生活的折射反映,它反映出中原人民与西域各国早就有友好的交往。

西周与春秋时期,居于中原地区文化较先进的民族称为"华夏族"。在华夏族的四周地区,还居住着被称为蛮、夷、戎、狄等的部族。华夏族与周边的各少数民族虽然也有攻伐征战,但更多的是民族融合和经济文化交流。在这样的交往中,华夏族既给其他民族以深刻的影响,又从其他民族文化中吸取有益的营养成分。这种相互往来是开放的曙光。随着中原地区人民与周边民族联系的不断加强,逐渐形成了后世中华民族开放的民族性格。

在华夏族与周边少数民族的交往中,处于较落后地位的一些部族,通过吸收先进的中原文化,其社会经济得到较快发展。同时,一些少数部族还成为华夏族与更遥远的民族进行经济文化交流的中介。春秋战国时期最初的丝绸之路就是在这样的背景下出现的。

春秋时期,西方的秦国势力强大起来,秦国的西北,即今陕西、甘肃、青海、宁夏一带,分布着大荔、绵诸、月氏、乌孙、朐衍、乌氏、析支和义渠等西戎小国,还有羌族。秦穆公时,征服这些西戎小国,向西北开疆拓土,发展贸易关系。这种贸易主要是以缯帛、金属器物换取游牧部落的牲畜、皮毛和玉石。到战国时期,西戎诸国先后被秦吞并,秦与河西走廊的交通更加畅通。

在张骞通西域之前,曾居住在甘肃河西走廊一带的中国古老民族塞人、月氏、乌孙等,陆续向西迁徙到新疆及其以西地区,也为丝绸之路的开通做出了重要贡献。它们中最早西迁的是塞人。塞人(又称"允戎"),原本游牧于甘肃河西敦煌一带。很早就由敦煌西迁于伊犁河一带。春秋时期,月氏民族强大起来,向西驱迫塞人越过帕米尔到达罽宾(今克什米尔一带)。还有一部分塞人沿天山西迁,散居在天山以北,包括阿尔泰山到巴尔喀什湖以东、以南的广大草原。月氏后受匈奴支持的乌孙的排挤,大部分南迁到妫水(今阿姆河)一带,并占据了大夏地区,建立了以后的贵霜王国。乌孙原本与月氏为邻,住敦煌一带,最初它常受邻居月氏的欺侮,后在匈奴帮助下向西攻打并赶走月氏,占据了伊犁河流域及其以西一带,其政治、经济中心在阗池(今伊塞克湖)附近。

上述塞人、月氏、乌孙等游牧部族,都是从甘肃河西出发,以其全族之众,先后沿着天山以北的同一路线,连续不断地向西迁徙,进一步开通了这条通道。后来张骞出使西域时,这些民族已经定居于西域地区,并成为当地势力强大的民族。

公元前8世纪,一部分世居中亚西北部的塞人部落迁到黑海西北。公元前6世纪至公元前5世纪,他们和希腊人在黑海的所属城邦建立起频繁的贸易往来。天山北麓通向中亚和南俄罗斯的道路,由这些草原游牧民族做媒介而变得畅通。在古代,这里是极其辽阔而且并无国界的草原谷地,塞人部落通过他们的游牧方式,在中国和遥远的希腊城邦之间充当了最古老的丝绸贸易商,他们开辟的由天山北麓向中亚和南俄罗斯的道路,其路线较之汉代以后的丝绸之路偏北一些,成了最早的丝绸之路。

丝绸之路打通后,西域与内地的产品交流便开始了。如西域的玉石源源输入内地。玉在古代用途很广,如祭祀礼仪用玉璧、丧葬用含玉、装饰用各种佩玉等,而这些玉石多源自西域。又如众所周知的玉门关,早在张骞通西域前已经出现,而它之得名即与新疆玉由此输入内地有直接关系。除玉石之外,当时大批输往内地的还有盛产于西域的马、牛、羊、骆驼等牲畜。成书于战国时的《逸周书》即言及大夏、莎车等地以骆驼、野马、骡等输向内地。

与此同时,内地的一些产品也运到了西域地区。《穆天子传》曾述及周穆王游历西域,把内地的铜器、贝币、丝绢等物赐给当地酋长们。考古工作者在今阿尔泰地区的古墓中,发现了战国初期(前5世纪)的丝绸和织锦,其中一件绣着龙凤图案,出土物中还有青铜镜,都是中国中原地区的产品。[1] 1965年,新疆考古工作者在新疆阿尔泰县克尔土齐公社也发现了战国时期的素面小铜镜。1977年,在新疆的阿拉沟东口,发现了春秋战国时期的丝织物和漆器。在希腊,由于在雕刻和陶器彩绘人像中,人物衣质柔软、细薄透明,因而有人推测在公元前5世纪中国丝绸已成为希腊上层人物喜爱的服装。据此可以断定,在春秋战国时期,就已经存在着一条由河西走廊、天山北麓越阿尔泰山,再经过·

---

① 鲁金科著、潘孟陶译:《论中国与阿尔泰部落的古代关系》,载《考古学报》,1957(3);转引自杨建新、卢苇编著:《丝绸之路》,7页,甘肃人民出版社,1981。

阿姆河和伊朗高原,穿过美索不达米亚,最终到达地中海北岸的丝绸之路。

这条早期丝绸之路和汉代张骞通西域开辟的丝绸之路大致上吻合,但它只存在于西北游牧民族之间,不为中原华夏族所熟知。尽管如此,这条丝绸之路对于中原文化的外传,仍起到重要作用,而且也使中原人民间接知道一些遥远西域的事情。这些蒙着一层神秘面纱的传闻,后来便成为汉武帝决心打通西域的缘由。

七 周代西南陆上丝绸之路的开辟及与域外文化的交流

(一)西南陆上丝绸之路的开辟

中国西南地区是亚洲大陆与东南亚中南半岛和南亚次大陆的衔接处。其中云南、四川的西部地区,有独龙江、澜沧江、金沙江、雅砻江、大渡河、岷江、沱江、涪江、嘉陵江、渠江等河流自北向南奔流,犹如在崇山峻岭中开辟了若干条南北交通的走廊,自古以来便成为民族迁徙、经济往来的通道。

在中国西南地区,四川的巴蜀文化发展程度最高、历史最悠久,形成南方一个古文明中心。它不但对西南地区众多少数民族文化的发展产生了重大影响,而且流播域外。到了战国时代,西南各族的先民们完成了 3 项伟大创造:西南矮种马的驯化、笮桥的修筑和凿空栈道,致使蜀道"栈道千里,无所不通"①。

至迟于公元前 4 世纪,中国西南各族人民和东南亚中南半岛各族人民在自然条件恶劣、道路崎岖难行的情况下,迈开双脚,驱赶重驮货物的骡马,沿着横断山脉河谷的天然通道,攀行高悬绝壁的栈道,跨金沙,渡澜沧,万里传输,血汗滴石,开凿出"天府之国"和长江中游地区通向东南亚、南亚、西亚的国际经济文化交流通道"蜀—身毒(印度)道"——西南陆上丝绸之路(亦称"南方陆上丝绸之路")。

关于西南陆上丝绸之路的最早记录,当推司马迁的《史记》。《史记》卷一一六《西南夷传》云:"元狩元年,博望侯张骞使大夏(在中亚阿

---

① 《史记·货殖列传》。

姆河流域,今阿富汗北部)来,言:居大夏时,见蜀布、邛竹杖。使问所从来,曰:'从东南身毒国(印度)可数千里,得蜀贾人市。或闻邛西可二千里有身毒国。'骞因盛言:大夏在汉西南,慕中国,患匈奴隔其道。诚通蜀身毒国道,便近,有利无害。"又,《史记》卷一二三《大宛列传》云:"骞曰:臣在大夏时,见邛竹杖、蜀布。问曰:'安得此?'大夏国人曰:'吾国人往市之身毒,身毒在大夏东南可数千里,其俗土著,大与大夏同,而卑湿暑热云。其人民乘象以战,其国临大水焉。'以骞度之,大夏去汉万二千里,居汉西南,今身毒国又居大夏东南数千里,有蜀物,此其去蜀不远矣。"

据此可知:一、中国历史上最早发现业已存在的西南陆上丝绸之路者,是汉武帝时候的张骞。诚如英国人李约瑟所云:"张骞事实上已清楚地知道,在四川和印度之间,通过云南和缅甸或阿萨密有一条商路。"①　二、张骞通西域之前,穿行在川滇缅印古道上的贸易商人,绕过青藏高原东南部,经横断山脉高山峡谷,过缅甸,到印度、阿富汗,开通了最古的丝绸之路——西南陆上丝绸之路。

中外学者对这条古道,绝大部分取认同态度。

中国近现代学者中论及这条古道比较早的一位,要数梁启超先生。20 世纪 20 年代,梁氏曾撰《中国印度之交通》一文,列举古代中印间的交通线路有 6 条,第六条即是滇缅路。梁氏说:"滇缅路,即张骞所欲开通而卒归失败者也。""《求法传》言五百年前有僧二十许人从蜀川牂牁道而出,注云'蜀川去此寺有五百余驿',计当时由云南经缅入印也。《慧睿传》称'睿由蜀西界至南天竺',所遵当即此路。"②

抗日战争时期,为了打破日军对中国内地海岸的封锁、获得盟军的支援,中美两国先后联合修筑滇缅公路(1939 年通车)和中印公路(1945 年 1 月通车)。当时疏散到西南大后方的许多学者也掀起了研究川滇缅印古道的热潮。方国瑜先生撰写的《云南与印度缅甸之古代交通》一文指出,古代中印两国之交通"约有三途:一自葱岭,一自南海,又其一则自滇蜀;而葱岭南海之道远,滇蜀之道近,中印文化之最初交通,当由

---

①　[英]李约瑟:《中国科学技术史·导论》,卷 1,中译本,179 页,科学出版社、上海古籍出版社,1990。

②　梁启超:《佛学研究十八篇》,132～133 页,中华书局,1989。

滇蜀道。"①

这一时期与方国瑜先生持基本相同观点的学者有姚宝猷、郑德坤、夏光南、严德一、丁山、卫聚贤、向达、岑仲勉等。他们都认为,蜀身毒道,即川滇缅印古道,是中印间交通最早的一条道路。

1955 年第 4 期《历史研究》刊载季羡林先生撰《中国蚕丝输入印度问题的初步研究》一文,指出中国蚕丝输入印度有 5 条道路:南海道,西域道,西藏道,缅甸道,安南道。季先生说:"缅甸介于中印两国之间,一方面很早就通中国,另一方面与印度交通也极早,从中国经缅甸道到印度去,应该说是极自然的事情。"

1969 年 3 月,台湾出版的《历史语言研究所集刊》第 41 本 10 分册刊载桑秀云女士《蜀布邛竹传至大夏路径的蠡测》一文认为:"蜀布邛竹传至大夏的路径,大致是这样:蜀布在四川中部,取道嘉陵江至川江,逆流航行至四川南部,取道僰道,至滇国,再向西至昆明(大理),经过滇西纵谷至缅甸,再向西至孟加拉;邛竹在四川西南,或经过越嶲郡至滇西纵谷,或者取道僰道,和蜀布的路径相同。蜀人的足迹止于孟加拉,而蜀布邛竹或许被印度人带到印度各地,被大夏人买去,或许由大夏人直接在孟加拉购去。"

外国学者中,法国汉学家伯希和(Paul Pelliot)撰《交广印度两道考》一书,认为在公元前 2 世纪,中国与印度已由缅甸一道发生贸易关系。②

英国学者 G.E. 哈威著《缅甸史》指出,上缅甸(缅甸北部)"其地固与中国为邻,且自纪元前 2 世纪以来,中国已以缅甸为商业通道"③。

缅甸历史学家波巴信说:"上缅甸约在 1 700 年以前,由于它位于西方的罗马和东方的中国互相往来的陆上通衢之间,就成为中国和印度之间的陆上枢纽……居住在缅甸北部伊洛瓦底江和亲敦江之间的帖族和同一族源的人民却接受了印度和中国的文化。"④

英国历史学家 D.G.E. 霍尔说:"从印度前往中国还有一条通过阿萨姆、上缅甸和云南的北方路线。历史的记载证明,早在公元前 128

---

① 《西南边疆》(昆明版),1941(12)。
② 伯希和:《交广印度两道考》,中译本,15 页,中华书局,1955。
③ [英]G.E. 哈威著:《缅甸史》,中译本,39 页,商务印书馆,1957。
④ [缅]波巴信:《缅甸史》,中译本,14 页,商务印书馆,1965。

年,当张骞在大夏发现四川的产物时,这条路线就曾被人使用。"①

这条被中外学者广为述及的川滇缅印古道——西南陆上丝绸之路,早在战国时期就隐蔽在横断山脉的深山密林间,在苍凉的石头上踏出深深的履痕,凭着与山间铃响俱来的队队马帮,默默地为中外文化交流做着贡献。

(二)西南陆上丝绸之路的走向

西南陆上丝绸之路由蜀—身毒道、楚—身毒道组成。

蜀—身毒道在中

滇西博南道上的蹄迹

国境内由灵关道、五尺道和永昌道三条道路连接而成。

灵关道的走向:蜀(成都)—临邛(今四川邛崃)—灵关(今四川芦山)—严道(今四川雅安)—笮都(今四川汉源)—登相营(今四川喜得)—邛都(今四川西昌)—盐源—青岭(今云南大姚)—大勃弄(今云南祥云)—叶榆(今云南大理)。

五尺道的走向:蜀(成都)沿岷江而下,经乐山,抵僰道(今四川宜宾)—盐津石门关—朱提(今云南昭通)—汉阳(今贵州赫章)—味县(今云南曲靖)—滇(今云南昆明)—安宁—楚雄—大勃弄—叶榆。

永昌道的走向:叶榆—博南(今云南永平)—永昌(今云南保山)—滇越(今云南腾冲与德宏州一带)—缅甸。接永昌道的身毒道走向:缅

---

① [英]D.G.E.霍尔:《东南亚史》(上册),中译本,45页,商务印书馆,1982。

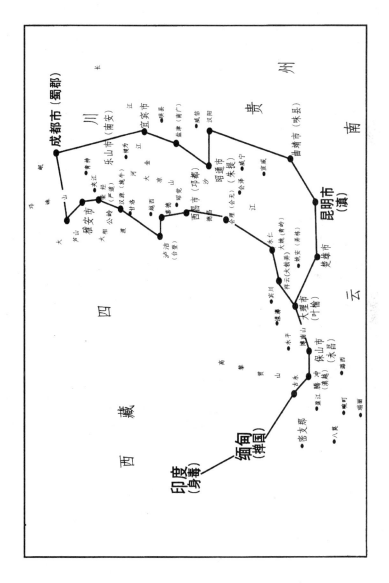

西南陆上丝绸之路示意图

甸—身毒(印度)。接永昌道的缅甸道有:一、循伊洛瓦底江南下;二、循怒江(萨尔温江)南下。

楚—身毒道的走向:楚国郢都(今湖北江陵)—青阳(今湖南长沙)—矩州(今贵阳)—滇—叶榆—永昌—滇越—缅甸—身毒。

(三)经由西南陆上丝绸之路的早期中外文化交流

1. 丝绸

中国中原文化同云南各族地域文化融合后,具有强大的张力,经由西南陆上丝绸之路与北上的海洋文化相交流。

丝绸是中国经由西南陆上丝绸之路外传的主要商品。

季羡林在《中国蚕丝输入印度问题的初步研究》一文云:"古代西南一带丝业非常发达,特别是成都的锦更名闻全国。同缅甸的交通又那样方便,我们可以想像到,这样'贝锦斐成,濯色江波'的美丽的丝织品一定会通过这样方便的交通道路传到缅甸,再由缅甸传到印度去。"①

张骞在大夏所见的蜀布,实为四川的丝织品(当时尚无棉花),是中国丝绸外传南亚的一个物证。

既然张骞在公元前2世纪在大夏见到了经由蜀—身毒道运至大夏的中国丝绸制品,那么,地处蜀—身毒道上的缅甸及其附近的东南亚国家,一定比之更早就传入了中国丝绸。

英国学者G.E.哈威《缅甸史》云:"其地(上缅甸)固与中国为邻,且自纪元前2世纪以来,中国已以缅甸为商业通道。"中国循"伊江为一道,萨尔温江为一道,尚有一道乃循弥诺江(亲敦江)而下,经曼尼坡,乘马需三月乃至阿富汗,商人在其地以中国丝绸换取欧洲黄金。"②

目前,学术界经考证认为,由于公元前4世纪西南陆上丝绸之路的开通,中国丝绸得以经由此路传入东南亚、南亚、西亚。

2. 铁器

铁器是中国经由西南陆上丝绸之路外传的又一主要商品。

中国是世界上最早发明冶炼技术的国家之一。公元前4世纪末,成都西南的临邛(今邛崃县)的冶铁铸造技术已达到相当高的水平。临邛冶炼工匠利用当地极为丰富的铁矿炼铁,所炼的铁钢性好,深受西南各族人民的欢迎,故临邛有"铁城"的美誉。西南陆上丝绸之路的开拓,

---

① 季羡林:《中印文化关系史论文集》,90页,三联书店,1982。
② [英]G.E.哈威:《缅甸史》,中译本,51页,商务印书馆,1957。

实也得助于临邛的铁器。

缅甸等东南亚国家缺铁。古代蜀地的商人通过西南陆上丝绸之路把临邛的铁器传入缅甸、孟加拉和印度是极自然的事。印度尼西亚史学家雅明指出:"铁器加工技术从中国南部经过越南东京(河内)而传入印度尼西亚。"① 中国铁器还经由此路传入伊朗和欧洲。朱杰勤研究后认为:"伊朗在安息王朝(约前249年—前226年)时代就由中国输入钢铁。主要运输路线是由四川经过云南,入缅甸和印度,又由印度西北入高附(今阿富汗的喀布尔),即达安息东境。罗马史家普卢塔克称安息骑兵的武器为'木鹿武器'。木鹿城在安息北部,是中国钢铁的集散地,而安息骑兵的刀剑是用中国钢铁铸造,以犀利著名的。中国钢铁还通过安息而流入西方。"②

公元前2世纪,中国钢铁制品经由西南陆上丝绸之路传入东南亚、南亚、西亚、欧洲的事实表明,西南陆上丝绸之路开通后即成为中外文化交流的一座桥梁。

3. 棉花

中国并非棉花原产地,棉种是由国外多路引进的。其中一路是云南路,即西南陆上丝绸之路。印度的阿萨姆邦一带是木本亚洲棉的发源地,这种植物品种被商人沿川滇缅印古道带入中国境内,最先到达的区域是云南边陲的哀牢夷地区,即今保山、永平两县地区。亚洲棉"从印度传至永昌郡的哀牢人,再传到西蜀,经过蜀人运用中国既有之纺织技术,织成很高级的棉布,其质量竟胜过原产地的印度布,于是棉布又由中国四川倒流至印度,并远达大夏国。从时间上来看,四川开始植棉并织棉布可以上溯至公元前2世纪或更早"③。据此可知,中国云南哀牢人引种印度亚洲棉的时间,当早于公元前2世纪。

亚洲棉引入中国历史最久,同时栽培区域广,种植时间也最长。13世纪传播到长江流域、黄河流域后,即逐步在全国范围内扩展。20世纪50年代末,为陆地棉所代替,延续时间达2 000余年。

---

① 转引自房仲甫:《我国铜鼓之海外传播》,载《思想战线》,1984(4)。

② 朱杰勤:《中国和伊朗历史上的友好关系》,见《中外关系史论文集》,90~91页,河南人民出版社,1984。

③ 赵冈、陈钟毅:《中国棉纺织史》,18页,中国农业出版社,1997。

4.宝石

举世闻名的缅甸宝石,自古是经由西南陆上丝绸之路输入中国的主要商品,它为繁荣西南陆上丝绸之路和中国的玉石文化默默做出了贡献。

远在公元前 2 世纪,中国商人即经怒江和伊洛瓦底江进入缅甸,以中国生产的丝绸等各类特产运到缅甸换回缅甸的宝石、翡翠等珍品。[①]

5.海贝

海贝是缅甸、印度经由西南陆上丝绸之路输入中国的又一物品。

众所周知,中国"殷墟出土了许多玉器,而殷人的版图内并不产玉,玉出产于遥远的西方和西南方;殷人爱贝,而贝是出生于南洋一带的"[②]。

《后汉书》卷 116《哀牢夷传》说,哀牢地区出"光珠、琥珀、水精、琉璃、轲虫(即海贝)、蚌珠"。哀牢当地不出产这些特产。这些特产系从印度、缅甸、泰国经由西南陆上丝绸之路传入哀牢的。

出土文物也可印证:20 世纪以来,云南晋宁石寨山滇王墓葬和李家山等汉代墓葬中先后发现大量海贝。云南晋宁地区不产海贝,这些海贝来自印度沿孟加拉湾海岸地区及缅甸、暹罗等沿海国家。

《旧唐书·天竺国传》说,天竺"以齿贝为货"。可见云南使用贝币的习俗系由印度传入。

---

① 朱志和:《缅甸》,195 页,世界知识出版社,1957。
② 《李亚农史论集》(上册),467 页,上海人民出版社,1978。

第 二 章

秦汉时期对外交通的开拓
及与域外的文化交流

概　述

秦汉的历史包括秦朝、西汉、东汉 3 个时期。从公元前 221 年秦朝建立到公元 220 年东汉灭亡，历时 440 年。

秦汉时期是中国封建社会的上升时代，秦汉文化借助中央集权的统一局面，对周边邻国辐射传播，产生了巨大的影响；同时，传入中国的域外优秀文化，也丰富了中国人民生活的内容。

放眼世界，人们看到：当秦王朝在亚洲东部辽阔的土地上建立起一个强大的封建专制主义国家的时候，世界上绝大多数的人民还生活在历史上的野蛮时代，只有极少数进入了奴隶制时代。

公元前 3 世纪末，秦王朝国家的统一，"车同轨、书同文"政策的推行，与周边域外文化的交流，促成了经济文化的空前繁荣，成为当时世界上最先进的国家。秦王朝的建立及其活动，推动了中国历史的发展，也对当时的亚洲起了文明的先导作用。它发展与邻国的友好睦邻关系，打破东方世界的原始闭塞性，替后来两汉时期东方各国之间更广泛、更频繁的接触和交流创造了条件。

秦王朝只有短短的 15 年，还未来得及创造可观的文化成果便灭亡了。更大的思想文化的融合，便留给汉朝去完成。

西汉吸取秦亡的教训，革除秦朝的苛政，实行休养生息、缓和阶级矛盾、巩固统治秩序、恢复社会经济、积极发展文化的政策，社会生产力迅速得到恢复和发展。到汉武帝时，西汉进入极盛阶段。

汉武帝（前 140 年—前 87 年在位）是中国历史上继秦始皇之后又一位具有雄才大略的封建政治家。在他统治时期，由秦始皇建立起来的封建专制主义中央集权制度得到进一步加强，各个经济领域的封建所有制比以前大大巩固。汉武帝凭借西汉王朝强大的政治、军事和经济力量，发动对匈奴的大规模反击战争，取得了巨大胜利，同时开通了两条中古时代东西方经济文化大通道：一条是由中国中原地区经中亚、西亚延伸到欧洲的陆上丝绸之路；一条是由中国东南沿海经南海到印度洋，并延伸到欧洲的海上丝绸之路。通过这两条丝绸之路，开展与域外文化的大规模经济文化交流。所有这些都进一步巩固了封建的多民族国家的统一。

汉武帝时代，中国开始以一个高度文明和富强的国家闻名于世。继武帝之后登位的昭帝和宣帝，又把汉王朝推向更加繁荣昌盛的境地。可以说西汉武帝、昭帝、宣帝时代，"汉朝的文明光辉，已经把西藏、青海除外之今日的整个中国，照得通明，并且通过南山北麓之颈形的狭管，在天山南北，射出它的光辉。这种光辉，渐渐由中央扩大它的照射，大约在里海、黑海之南，便与罗马共和国的光辉交光连彩，呈现出一种奇异的美景，这就是东西两个世界的历史运动之交流，亦即世界史的运动走向统一的表征"①。

两汉之交，从印度传入的佛教开始融入中国文化之中。伴随着佛教的东来，域外文化特别是印度文化，如文学、音韵、音乐、舞蹈、杂技、绘画、雕塑以及医学、天文等，也陆续传入中土，为多元的汉文化提供了丰沛的水源。

东汉造纸术的发明，显示了中国古代劳动人民的聪明才智。它标志着书写材料的一次伟大革命，在人类文化发展史上是件大事。纸的发明，是中华民族对人类文化的一大贡献。

一　秦汉与东邻朝鲜的经济文化往来

中国文化与域外文化的交流，若论历史之悠久、关系之密切，在国际上首推朝鲜。

朝鲜半岛和中国东北毗邻。中朝两国人民早在3 000多年以前，就有了经济文化的交往。

---

① 翦伯赞：《秦汉史》，163~164页，北京大学出版社，1983。

据《尚书大传》、《史记》、《三国遗事》等中朝两国的历史文献记载，公元前11世纪殷末周初，殷商贵族箕子——商纣王的叔父，向纣王进谏，被囚。周武王于公元前1046年灭殷，下令释放箕子。箕子不愿看到殷朝灭亡的惨状，遂率5 000人去了朝鲜。周武王封箕子为朝鲜侯，与朝鲜建立了分封朝贡关系，朝鲜臣属于中原王朝，每12年朝周一次。

箕子率5 000名中国人到朝鲜后，与当地的朝鲜人民共同生活，建立国家，定都于王俭城（今平壤），史称"箕氏朝鲜"。周武王十三年（前1034年），箕子曾应周武王之召，至周都镐京，与武王共同讨论治国的道理。箕子还作了一篇题为"洪范"的文章，周武王看了很满意。箕子去朝鲜后，带去了中国的生产技术和思想文化，如"田蚕织作"、"诗书礼乐"、"医药卜筮"、"设禁八条"等。"设禁八条"即八条法令，可惜现仅知其中三条，即《汉书》所载："相杀，以当时偿杀；相伤，以谷偿；相盗者，男没入为其家奴，女子为婢。"从而加速了古代朝鲜社会的发展。

箕子率5 000人入朝鲜，除有中朝两国的历史文献记述外，还有许多古迹佐证。高丽所建箕子祠虽已被历史风雨湮没，但至20世纪40年代，平壤犹有箕子墓和箕田。

箕子墓亦称箕林，位于平壤玄武门外。墓前有碑，书"箕子陵"三个汉字。墓道两侧各立有两尊石人像，属中国陵园建筑风格。箕子墓始建年代已不可考。光绪十五年（1889年），曾重建。黄炎培、邹鲁分别在1927年、1945年访问朝鲜平壤时皆曾目睹，并著文介绍。

箕田在平壤城南含毯门与正阳门之间。朝鲜学者韩百谦曾著《箕田考》，云：箕田呈"田"字形，每"田"有四区，每区皆七十亩（46 690平方米）。大路之内横计之，有四田八区；竖计之亦有四田八区，八八六十四，井井方方。据此可知，箕田井井方方，与商代甲骨文"田"字相合；而一区七十亩（46 690平方米），则和孟子所说"殷人七十而助"相合。从而可知箕田的划分方法是箕子从商朝带来的。

朝鲜境内出土的许多铜器与中国辽宁省出土的铜器甚为相似。《朝鲜通史》说，在朝鲜出土的"青铜器中有很多中国系统的细型铜剑、铜铧、铜镞等武器和铜铎、装饰品、铜镜等，这些有时和中国古钱等一起出土"①。

综上所述，公元前 11 世纪的殷末周初，箕子率众移居朝鲜立国，带去了中国商朝文化，促进了古代朝鲜的经济文化发展。从另一个角度看，古朝鲜的统治阶层来自中国。来自中国的古朝鲜统治者，自然带去了中国文化。

在秦灭亡六国统一中国到秦末战乱这段时期内，数万中国人为避战乱和躲徭役而逃往朝鲜。这些人中，有的从山东半岛由海路进入朝鲜半岛中部和南部，有的从辽东由陆路进入朝鲜半岛北部。

由海路进入朝鲜中部和南部的中国人，与朝鲜人民友好相处，部分人在朝鲜南半部的东部沿海一带（今庆尚道北部庆州地区）居住下来，与当地人民一起建立辰韩（也即秦韩），定都庆州。此后，朝鲜南部建有马韩、弁韩、辰韩三国。马韩最大，居西部；弁韩在东部之南端；辰韩在东部之北端。辰韩耆老"自言秦之亡人，避苦役，适韩国"②，故辰韩又有"秦韩"之称。吸收中国秦文化的辰韩，生产迅速发展，国力渐强："土地肥美，宜五谷，知蚕桑，作缣布，乘驾牛马，嫁娶以礼，行者让路。"③

与此同时，原燕、齐、赵等国（今河北、辽宁省地区）百姓为避秦末战乱与重役，从陆路经辽东进入朝鲜北部的古朝鲜，人数多达数万。"陈胜等起，天下叛秦，燕、齐、赵民避地朝鲜数万口"④。这时，古朝鲜王否已死，其子准为王。古朝鲜准王也友好地接待了这些中国来的流民。

公元前 206 年，汉高祖刘邦建立西汉。西汉初年，在燕王卢绾叛汉及汉王朝出兵伐燕期间，燕地众多人民出逃避难，其中有燕人卫满率千余人，长驱东进，出鄣塞，渡坝水（今朝鲜清川江），逃往古朝鲜。这时，朝鲜半岛上的箕氏王朝已经衰落。为了扩充自己的势力，箕氏王朝采取积极吸收中国逃民的政策。朝鲜箕氏王朝的箕氏准王拜卫满为博士，封以百里，令守西边。但卫满却纠集一些政治势力，于公元前 194 年突袭箕氏准王驻跸的王俭城。箕氏准王不敌而向南逃到

---

① 朝鲜科学院历史研究所编：《朝鲜通史》（上卷），中译本，4 页，三联书店，1962。
② 《后汉书·东夷·韩》。
③ 《后汉书·东夷·韩》。
④ 《三国志·魏志·濊》。

马韩地区，自立为韩王。卫满入王俭城后也称王，国号仍称朝鲜，史称"卫氏朝鲜"。卫氏朝鲜臣服于汉，得到许多物资和兵力支援，力量渐强，并进而征服真番、临屯等部落。

卫氏朝鲜传至卫满之孙卫右渠时，骄横起来，不仅不去朝贡汉帝，还无限制地招诱汉之逃亡者以壮大力量，尤其是阻止其南部的真番等部落上书汉帝通交通使。于是，汉武帝于元封二年（前 109 年）派涉何为使，赴朝鲜劝右渠王改变态度，但右渠王不听。同年秋，汉武帝发 5 万士兵分水陆两路攻打卫氏朝鲜，右渠王被臣属杀死，王俭城陷落，卫氏朝鲜遂亡。汉武帝在其疆域设乐浪、临屯、玄菟、真番四郡，史称"汉四郡"。四郡之下设众多县。汉武帝任命汉人为四郡及各县之官吏，同时封原卫氏朝鲜之贵族以爵位，令其参与统治。汉四郡建立后，不仅有众多汉人官吏到四郡任职，还有更多的中国人移居四郡，此外还有不少中国商人到四郡经商贸易。

汉朝把卫氏朝鲜改为直属郡县，对朝鲜的政治、经济和文化施加了巨大影响。制度文化方面，汉朝的郡县制度、钱币制度直接运用于朝鲜。物质文化方面，秦汉的金属器皿、丝绸、漆器大量传入朝鲜，促进了朝鲜生产力的发展。更重要的是汉字的传入。汉字在朝鲜的传播有一个漫长的、渐进的过程，它顺着先汉字、次汉文、再汉籍这样一个顺序，不断深入发展，而且总是由社会上层先行掌握，然后普及到民间。中外学界一般把中国汉字传入朝鲜的时间定为中国战国至汉初这段时间。[①] 据朝鲜史书记载，公元 1 世纪初，就有不少朝鲜人会背诵《诗经》、《书经》、《春秋》等中国典籍。卫氏朝鲜大同江艄公霍里子高作的四言汉文诗《箜篌引》，那凄惨之声成为汉乐府《相和六引》之一，至今保留在晋人崔豹的笔记《古今注》中。

据研究，在汉字传入朝鲜之前那里是没有文字的，因此，汉字传入后很快被广泛地接受和使用，汉字所负载的汉文化也随之被悉数移植吸收，从而使朝鲜半岛成为汉文化圈的重要组成部分。在朝鲜被纳入汉文化圈的 2 000 年间，朝鲜文人均用汉字、习汉籍、做汉文，创作出许许多多优秀汉文作品，构成朝鲜古代文学的主要内容。

---

① ［韩］赵润济著、张琏瑰译：《韩国文学史·译者前言》，社会科学文献出版社，1998。

二 秦汉与东邻日本的经济文化往来

中国和日本是一衣带水的邻邦，亘古以来，文化联系就非常密切。冰河时代，日本列岛南北通过陆桥与大陆相连。大陆人为追赶动物，可能通过陆桥来到日本。大陆移民不断分批来到这里，与原住民混血，形成今日日本民族的祖先。进入新生代日本与大陆隔断后，日本列岛与大陆分离，相对受大陆影响较少。继旧石器文化之后，日本出现了属于新石器文化范畴的绳纹文化(以陶器上的绳纹式花纹而得名)，考古学上称之为绳纹时代(前8000年—前300年)。绳纹时代末与弥生时代(前300年—300年)初，日本受到中国内地文化的强烈影响，主要是稻作农耕技术，大约在公元前10世纪，从中国长江流域传入日本。其后，中国的铁器和青铜器文明东传日本，促使日本文化由原来属于新石器时代的、以渔猎采集的自然经济为主的绳纹文化，跨进了以金石并用、经营水稻栽培与畜牧并重的生产经济为主的弥生时代。从此，日本列岛开始了一个新的历史纪元。

中国秦汉之际(前221年—220年)，相当于日本列岛上金石并用的弥生时代(前300年—300年)。秦汉之际的中国文化向日本的辐射与传播，大大缩短了日本列岛脱离蒙昧状态进入文明社会的进程。

秦汉之际中国文化向日本的辐射与传播，主要是由中国移民来完成的。其实，秦以前的殷商和春秋战国时代，中国向日本的移民便开始了。那时诸侯争霸，战乱频仍，北中国的齐、鲁、燕、赵之民，很多东逃朝鲜，也有的间接或直接逃至日本。秦汉时，中国移民日本的势头有增无减。"陈胜等起，天下叛秦，燕、齐、赵民避地朝鲜数万口"[1]。其中秦始皇的扶苏系和胡亥系皇族都有人先后逃亡日本。汉代，武帝于公元前109年在朝鲜设立四郡直接统治朝鲜北部以后，大批汉人从中国本部前往朝鲜四郡就职、经商，他们的子孙就居留在那里，可是到了公元313年，中国在朝鲜半岛上的统治机构乐浪和带方两郡被灭亡后，那里的汉人就不得不离开那里，一部分回到故国，一部分向南流动，渡海到

---

[1] 《三国志·魏志·濊》。

日本列岛。

日本史籍中,称呼从朝鲜半岛到日本列岛来的移民(中国人和朝鲜
人)为"归化人"或"渡来人"。对中国和朝鲜来说,则是移民。日本史籍
《日本书纪》记载东汉末年中国移民由朝鲜半岛而入日本列岛之事更
多:

> 应神十四年,是岁,弓月君率一百二十县人自百济到日本。
> 应神十六年,王仁自百济来,太子菟道稚郎子师之,习诸典籍。
> 应神二十年,阿知使主及其子都加使主,并率己之党类十七县
> 人至日本。
> 应神三十七年,遣阿知使主、都加使主等经高丽国至吴,令求
> 缝工女,后吴王与工女兄媛、弟媛、吴织、穴织四女以归。

根据日本的传说,古代日本的外来移民,大都为两大系统,即以弓
月君为始祖的秦氏和以阿知使主为始祖的汉氏。他们人数有多少,没
有精确的统计。仅据《日本书纪》"钦明元年"(540 年,梁大同六年)条:
"八月……召集秦人、汉人等诸番投化者,安置国郡,编贯户籍。秦户人
数,总七千五十三户。"如果按每户 5 人计,就达 35 000 人以上。这还只
是秦氏一族的人数;如果再加上汉氏,总数要达六七万人。由此可知,
秦汉时期中国内地移民定居日本的人数相当可观。

这些移民,对于当时的日本列岛来说,无疑是很宝贵的。他们有知
识,有生产技术,都曾生长在中国内地的先进文明之中,因此移居日本
必然会把中国内地的先进文明带进日本。

这些移民在日本繁衍,愈来愈多。因此,日本人的血液中有中国人
的血液,中日两大民族有血缘关系存在,是一确切不移的事实。

这些移民,在日本的开化、生产力的提高及加强统治力方面,甚至
在建立一个统一的中央集权国家的过程中,曾起过重大作用。东京大
学考古学教授江上波夫曾就此指出:"由绳纹文化向弥生文化的过渡是
一次质的飞跃,其转变是突发性的。因此,创造弥生文化的并不是日本
列岛上原有的绳纹文化人,而是当时已经具有高度发达水耕农业技术

的外来民族。"① 这个外来民族非中国移民莫属。所以,日本史学界一致公认:"弥生文化是一种来自中国的文化。"②

中国移民促进古代日本文化和生产力飞跃发展这样一个重要历史事实的另一个典型例子,是秦代徐福东渡。据《史记》记载,秦始皇时,齐人徐福率童男童女3 000人,携百工及武器、五谷等入海求仙,采长生不老药,实则是经朝鲜至日本九州,在佐贺登岸,又沿濑户内海东进,到达富士山定居。又分一支继续东行,到了和歌山新宫市定居。当然在没有更多的证据以前,还不能完全排除他们是从黄海直达九州或是被漂流到纪州熊野(今和歌山县新宫市)定居的。徐福有组织的大规模的海外移民,产生了中日两国间的地缘乃至血缘的联系,实现了两国间大规模的文化交流、交融,造福于日本社会的发展,并与其后世汲取汉唐文化有渊源关系。徐福被日本人民尊为"司农之神"、"司药之神"。

中国民间,尤其是山东荣成、诸城、即墨各市县和江苏连云港、赣榆一带,都流传着不少关于徐福的传说,还有人考证江苏赣榆县的徐阜村或山东黄县的徐乡就是秦代徐福的故乡。山东即墨沿海有个徐福岛,当地传说是徐福东渡时的船只避风上水之处。

日本民间把徐福东渡日本加以具体化、形象化的描绘,广为流传。不少地方都有所谓徐福的遗迹和故事。如九州佐贺县的伊万里港,传说是徐福船队到日本登陆的地方。据说徐福曾在佐贺县的金立山住过,因此当地居民建金立神社奉祀徐福。佐贺县每50年举行一次隆重的"徐福大祭",最近一次是在1980年。当地还流传着徐福登金立山望西方怀念家乡和徐福与土著酋长的女儿阿辰的爱情故事。

日本传说徐福从九州又继续东行到本州,经过濑户内海到达纪伊半岛,因此近畿地区也有不少徐福的遗迹、传说。如三重县熊野市的矢贺海岸(熊野浦)被认为是徐福的登陆地,附近有徐福之丘与徐福墓、徐福宫。和歌山县新宫市的徐福町原有徐福祠,现有徐福墓碑。新宫市车站前面,有1736年建的"秦徐福之墓"和1915年建的"七冢之碑"(传为徐福侍从七人之墓)。新宫市的居民每年9月1日夜在徐福墓前举行盛大的"徐福祭"。新宫市的一座小山被称为"蓬莱山",相传徐福曾

① 转引自刘宗和等编著:《日语与日本文化》,1页,湖南教育出版社,1999。
② 陈水逢:《日本的原始文化及其国家形成》,转引自《徐福研究论文集》,56页,中国科学技术出版社,1991。

来此山采长生不老药草。在富士山地区传说徐福一行最后在日本的"蓬莱"即富士山麓找到了长生不老药,然而此时秦始皇已死,他们就定居在那里,向当地居民传播中国文化和生产技术。徐福死后变成一只仙鹤,经常依恋地盘旋在富士山原野上空。当地人民在富士山麓也建有几个徐福祠。

传说虽不等于历史,但却往往事出有因,反映当时的历史与社会,并加以理想化,寄托人民的怀念和愿望。关于徐福东渡日本的传说为什么能在中日两国长期广泛流传、经久不衰呢? 除了显示《史记》记载徐福出海的可靠性以及在当时条件下东渡日本的可能性外,更重要的是反映了古代中日文化交流的一个重要史实,就是在相当于秦代徐福东渡前后的公元前二三世纪,确实有大批中国移民经过朝鲜半岛渡海到达日本。在日本历史上他们被称为

日本佐贺县诸富町海边的"徐福上陆地"石碑

"渡来民"。这些移民大多是为了逃避周灭殷商、春秋战国战乱以及秦灭六国战乱和国内暴政而远走异国他乡的。徐福一行数千人借入海求仙为名,带上人员物资,移民海外,以逃避秦始皇的虐政,在当时是极有可能的。他们沿朝鲜半岛航行到日本九州,或再经濑户内海航行到本州的纪伊半岛,也不是没有可能。赴日本的中国移民大多是具有生产技能的劳动人民以及少数知识分子。他们带去了中国内地先进的文化和生产工具、生产技术,特别是水稻种植技术和金属工具的制造技术,促使日本列岛的社会生产力发生突变,由以采集、狩猎、捕捞的生产方式为主的绳纹时代,进化到以种植水稻等的农耕生产方式为主的弥生

时代。换言之,秦代的中国移民到日本后,带去中国内地的先进农耕文化,促使日本告别采集、狩猎、捕捞时代,进入农耕时代。日本的考古发掘证实了这一变化。九州和本州西部的绳纹末期遗址发现了炭化米和米谷的压痕。许多学者认为,水稻种植技术和谷种是从中国内地长江流域传去的。在九州和本州西部的弥生初期遗址里,不仅有中国内地传去的陶器、铁器、青铜器,还发现具有中国华北人特征的人骨。这与徐福东渡带去童男童女、水手工匠以及谷种、工具、武器的记载和传说一致。日本民间传说徐福一行在九州或本州定居后,就向当地居民传授农耕、纺织、冶炼、捕鲸、医学等技术。九州佐贺县的金立神社把徐福尊为农耕、养蚕、医药之神。本州山梨县的浅见神社则把徐福尊为机神(纺织之神)。再从日本考古遗址的发现来看,公元前二三世纪,中国移民的势力已从离中国内地较近的九州,向东经过濑户内海而逐渐向本州的近畿地区发展,到弥生时代中期,日本列岛上生产力最发达的地区已从北九州移到近畿了。这也与日本流传徐福到九州后又转移到近畿的传说吻合。

历史传说虽不是信史,但也不可完全丢弃,因为它包含着历史真实的颗粒。徐福东渡日本的传说,正反映了公元前二三世纪中国移民促进古代日本文化飞跃发展这样一个重要历史事实;反映出2 000多年前,在相对落后的航海条件下,徐福率领庞大的中国船队不畏艰险,长途远航日本,发展了中国古代远洋航海事业的轨迹。徐福一行带着中华民族的深情厚谊及当时中国先进的科学文化和生产技术到达日本,促使日本从绳纹文化的长期缓慢发展中摆脱出来,向着金属工具和水稻种植的弥生文化发展,发生了飞跃性的突变,从而为中日两国人民世世代代的友好睦邻关系,铺下了重要的基石。徐福已经成为通过上古中日文化交流向日本传播中国先进文明的一个象征性人物。

中国史籍对中日交往的明确记载,是从汉代开始的。《汉书·地理志》述及汉初朝鲜海中有倭人分立为百余个小国,经常向汉朝进贡;汉朝也回赐许多礼物。日本九州及本州近畿地区出土的大量西汉铜镜、铜剑、铜矛、勾玉等贵重物品证实了这一点。西汉的铜镜、铜剑等物品是权威和富有的象征,尤其是勾玉的发现,说明日本早期的众多小国与西汉之间存在着册封关系。汉武帝时,日本已由百余个小国发展到30余个小国。它们通过汉代在朝鲜半岛的统治机构(如乐浪郡)与汉朝发

日本阿须贺神社内的徐福宫

生朝贡册封关系,以得到中国皇帝在政治上的支持和物质上的赏赐。

东汉时,日本各奴国与汉朝的册封关系得到进一步的巩固。反映这种册封关系的信物是汉光武帝刘秀于建武中元二年(57 年)赐予奴国的一颗金印。《后汉书·倭传》云:"建武中元二年,倭奴国奉贡朝贺,使人自称大夫,倭国之极南界也,光武赐以印绶。"这颗金印印文为"汉委奴国王"。

"汉委奴国王"金印在湮没尘封了1 700多年后,有幸于 1784 年(清乾隆四十九年,光格天皇天明四年)3 月 14 日,在日本九州福冈县志贺岛被人们发现。"汉委奴国王"5 个汉字,分成 3 行排列:汉—委奴—国王,汉隶白文。印面正方形,每边长 2.347 厘米。印钮蛇形,体盘曲,头有双目,反顾向后,尾左旋,下有横通小孔,供挂绶之用;钮高 1.312 厘米,长 2.142 厘米,宽 1.274 厘米。印体连钮,即金印总高 2.236 厘米,重 108.729 克。虽不是纯金,但含金量极高,约在 85%以上。

"汉委奴国王"金印是汉代中日两国友好往来和文化交流的标志与实证。它雄辩地表明这样一个史实:东汉时,"倭奴国"曾冒着风险,横渡对马海峡,经朝鲜半岛,深入到中国内地洛阳,向东汉王朝进贡,并得到紫绶金印的赏赐。对此,人们不难设想,"倭奴国"之所以不辞艰险,向遥远的东汉王朝首都派遣使臣接受"汉委奴国王"印的封赏,以取得臣属于强大的东汉王朝的荣耀,这一切完全是为了凭借汉王朝的威势,取得对自己权力的保障,并进一步称霸和统一全国。由于"倭奴国"地处北九州沿海,扼海上交通之要津,这也为其西渡对马海峡提供了有利的条件。

上述史实表明,公元一二世纪汉代中国的政治影响和生产技术文化知识已经传播到日本列岛。当时日本列岛已接触汉字,并在极少数人中间应用了。

三 秦汉对南越的经略开发

在环绕中国的周边邻邦中,与中国接触极早、关系最深的当数越南,彼此历史文化实同一体。

秦始皇统一中国前,楚将吴起于公元前 384 年至公元前 381 年间逾五岭南伐百越,开始经略南越。公元前 221 年秦始皇统一中国后不久,即于公元前 219 年至公元前 214 年(历时 6 年),发动统一岭南的战争。其间,秦军和民工开凿了沟通广西南北水运的灵渠,调动了增援部队,终于平定岭南越地,设置南海、桂林、象郡(今越南北部和中部)。

秦设象郡,岭南越族地区正式被划入秦朝的政治版图。秦始皇在划分岭南越地为三郡后,由南海尉任嚣统制三郡。

与此同时,秦修筑京城至南越的"新道":从咸阳东南取陆路出武关,然后驾舟顺汉水而下抵长江,再溯湘水或赣水至五岭,除自全州入静江一路、走灵渠取水路过岭外,其余三路均走陆路过岭,然后或取道西江或取道北江,抵达岭南。为了确保新道的畅通和加强对南越的军事控制,秦始皇在新道所经的岭口和一些战略要地修筑秦关,派南略的一部分军人镇守秦关。

秦始皇从中原移民一二十万,"与越杂处"。这些移民至南越,增加了南越地区的劳动人手,带去了中原地区先进的生产技术,汉文化得以广泛南被。《交州外域记》云:"秦余徙民,染同夷化;日南旧风,变易俱尽。"

秦末天下大乱。南海郡龙川令赵佗(真定人,接替任嚣为南海尉),乘机于公元前207年,"击并桂林、象郡,自立为南越武王"[①],于公元前204年,建立以番禺(今广州)为中心的地方割据政权——南越国。越南的古代史书把南越国列入王统,称赵佗为赵武王,推尊为开国之君。

南越国王赵佗沿袭秦之郡县制,又仿效汉初郡国并行制,将其地划为交趾、九真二郡,"从其俗而治"。

南越时期,汉文化南传进入第一个高潮。从地下出土的文物来看,岭南广泛应用汉字当在南越国时期。在汉字流通的同时,中原汉族的封建伦理道德、礼仪葬制,也输入岭南,并逐渐为岭南越人所接受。西汉建立后,南越国成为汉王朝的一个属国,与中原有着密切的政治、经济和文化联系,促成了汉文化在南越的进一步传播。

汉武帝元鼎五年(前112年),南越王赵建德和丞相吕嘉发动叛乱,汉武帝派伏波将军路博德率军征伐,于公元前111年灭南越国,设置南海、苍梧、郁林、合浦、交趾、九真、日南、珠崖、儋耳九郡。九郡之中,交趾、九真、日南三郡,在今越南中、北部。九郡之上,设交趾部,汉朝委派刺史统管。三郡的行政格局和经济文化框架,为以后诸王朝和越南自主封建王朝的行政区域奠定了基础。

西汉末年,王莽篡政,中原众多士子到交趾避难。随着中原众多士子的移居交趾,汉字进一步传入交趾。朝廷的谕旨、经营贸易的账单,都用汉字。幼童读书,也像内地一样,读儒学经典,作文写诗,均用汉字。

在历时440年的秦汉郡县时代,随着军事、政治势力的南下,中国中原地区先进的生产工具、生产技术、政治制度和社会文化源源不断地传入交趾,促进了当地的经济发展和社会进步。南越国时(前204年—前111年),中原的铁器和牛耕技术传入交趾、九真二郡。公元1世纪,交趾农业已比较发达,但九真(今清化、义安一带)仍处于"刀耕火种"的落后状态。九真太守任延下令铸造铁制农具,推广中原先进的耕作方法,扩大耕地面积,连年获得丰收,百姓得以充裕。与此同时,交趾太守锡光教民礼仪,推行中原一夫一妻婚姻制度,涤荡当地群婚习俗等原始

① 《史记·南越尉佗列传》。

制度残余,大大促进了社会文化的发展。

九真太守任延和交趾太守锡光积极传播汉文化,功绩深入人心。九真人民感恩戴德,生子多起名为"任",并为任延立"生祠",以示尊崇。中国史籍《后汉书·循吏列传·任延传》云:"岭南华风,始于二守。"

"二守"上承赵佗,下启士燮,凭着几代人的辛勤耕耘和长期熏陶,在南越地区构建了汉文化圈的南翼。

东汉建武十三年(37 年),苏定为交趾太守,越史谓其贪苛。十六年(40 年)"二征"(征侧、征贰)姐妹举兵起事。十九年(43 年)汉伏波将军马援率大军平定。"二征"起义虽然失败,但其英勇形象却永留越南人民心中。1956 年,周恩来曾到二征庙献花,表达中国政府和人民对"二征"的崇敬之情。马援继平定"二征"起义后,在当地也进行了一系列改革,经济文化又得以正常发展。

其后有苍梧广信人士燮任交趾太守,凡四十年(187 年—226 年)。士燮在汉末干戈扰攘之际,保全一方,民皆乐业,使交趾成为当时中原士人理想的避难之所,士人南避者以百计。其中如著名学者刘熙、程秉、许靖、许慈、刘巴等。中国第一部自著的佛教典籍《牟子理惑论》的作者牟博(一作牟子)也举家南迁。

交趾太守士燮不但能安土守境,使民不失业,而且能礼贤下士,开交趾学术风气之先,使其成为汉末南方的一块学术园地。他所倡导的刘熙之学,盛行交趾,成绩斐然。因此,越南史学家对士燮的评价甚高,尊之为"士王"。越南历代统治者让其入越南帝王庙,后改入孔庙,顶礼膜拜,认为他开创学校,使交趾成为"通诗书,习礼乐"的文明之邦,堪称"南交学祖"。

四　张骞通西域与中外文化交流

西汉自高祖统一天下后,经过"文景之治"的休养生息,国势渐强。到汉武帝时代(前 140 年—前 87 年),西汉步入鼎盛阶段。武帝对内加强集权,大修文治;对外征伐四夷,开拓疆土,使西汉版图远远超过秦代。

中国大规模对外派遣政治使节是从汉代开始的。汉武帝刘彻派遣使节张骞通西域,与抗击匈奴的战争分不开。

匈奴是中国古代北方的一个游牧民族。战国时,它活动于燕、赵、秦以北地区,各国均筑长城以御之。秦朝建立后,一面修筑万里长城,一面派兵伐之。秦汉之际,匈奴单于冒顿统一各部,势力扩及大漠南北,并不断南下侵扰。西汉初年,自高祖至景帝,对匈奴均取和亲政策。到武帝时,随着国势的增长,乃一反先祖之策略,转守为攻,主动出击。但匈奴是个强敌,颇难对付,它不仅占据大漠南北,且控制着西域诸国,阻断了西域地区与内地的联系,阻塞了中西交往的通道。

汉武帝反击匈奴的斗争策略是:一方面派出军队正面进攻,另一方面争取和联合那些受到匈奴政权压迫和奴役的各民族采取共同行动。其中最重要的就是争取当时在西域势力较强并和匈奴有矛盾的月氏和乌孙两个民族,以达到断匈奴右臂的目的。正是在这样的情况下,张骞应汉武帝招募而出使西域。

张骞(?—前114年),西汉汉中成固(今陕西省城固县东)人。他奉汉武帝之命,肩负重任,先后两次出使西域。第一次从汉武帝建元二年(前139年)至元朔三年(前126年),长达13年。第二次从武帝元狩四年(前119年)至元鼎二年(前115年),计5年。

公元前139年,张骞以一个小小的郎官身份,应汉武帝招募,第一次出使西域。这次出使的目的是联络大月氏夹击匈奴。大月氏自从被匈奴逼迫西迁,对匈奴十分痛恨,常思报复。为联络大月氏夹击匈奴,张骞率百余人从长安出发西行,但一出陇西(今甘肃临洮南)进入匈奴地界,即被匈奴人扣留。匈奴单于把张骞一行软禁起来,并为张骞娶妻成家,企图诱使他投降。但张骞坚贞不屈,虽被匈奴软禁,却一直等待时机准备逃脱,以期完成自己的使命。11年后(前128年),张骞终于乘匈奴防备疏忽,逃出匈奴,继续向西行进。行走数十日,越过葱岭(今帕米尔高原)到大宛(今费尔干纳),受到大宛王的欢迎。大宛王欣然派专人引导张骞到康居(今塔什干一带),再由康居到大月氏(今阿姆河上游)。

但这时的大月氏迭经西迁,已占有大夏故地,土地肥沃,户口殷盛,安居乐业,不想再向匈奴报仇。张骞在大月氏、大夏等国居留一年多,未能达到结盟之目的,不得不返回。在返回途中,他改走南山(昆仑山、阿尔金山、祁连山),欲从羌人住区返回,结果再度为匈奴所执。这次只关了一年多,恰逢匈奴发生内乱,张骞得以逃出,于元朔三年(前126年)返归长安复命,被朝廷拜为太中大夫。

张骞第一次出使西域,历时13个寒暑,出发时100余人,归来时仅存他和甘父两人。这次出使虽然没有达到与大月氏结盟的政治目的,但却了解了西域地区的政治、经济、地理、风俗等情况,这对打通中西方文化交流通道,是十分宝贵的一次尝试。

首次西行归来的张骞,曾于元朔六年(前123年)以校尉身份随卫青征伐匈奴,因知水草之处建树大功,遂封"博望侯"。次年复劝武帝探寻由西南夷通身毒、大夏之路,未果。元狩二年(前121年),张骞再次从征匈奴,失利,被废为庶人。过了两年才重被起用。

汉武帝在张骞回国的前一年(前127年)命汉将卫青展开对匈奴的第一次大战,大败匈奴,控制了河套以南一带。公元前121年,又命汉将霍去病率兵大败匈奴,收复了河西地区。汉朝随即在这里设立武威、酒泉二郡,后又增设了张掖、敦煌二郡。至此通往西域的必经之道——河西走廊畅行无阻。公元前119年,汉将卫青、霍去病又分道出击匈奴,匈奴大败远遁,其主力移向西方。

随着对河西走廊的占领和对匈奴的胜利,汉武帝又将通西域的事提到议事日程上来,曾召张骞数问西域情形。张骞鉴于当时乌孙已是占据天山以北、巴尔喀什湖以东以南的强大势力,提出联合乌孙以彻底击败匈奴的建议。汉武帝立即采纳了张骞的意见,决定派他出使乌孙。

公元前119年,被任命为中郎将的张骞率领一个人马众多的使团,开始第二次出使西域。这次出使,道无阻隔,很快抵达乌孙的赤谷城(今伊塞克湖东南)。

这时乌孙正发生内乱,加之乌孙朝野素来畏服匈奴,不敢与汉朝结盟。不过,乌孙国王答应与汉通使。张骞一面派遣副使分赴大宛、康居、大月氏、大夏、安息、身毒等国访问,一面由乌孙使节数十人陪同,携带几十匹著名的乌孙马,于公元前115年返抵长安,先后历时5年。

张骞返回长安后,被封为大行,列于九卿。一年多以后,张骞逝世。跟随张骞到长安的乌孙使节,亲眼看到了汉朝的强大,于是乌孙和汉朝的关系大为改善。张骞所遣通大宛等国的副使,多由所访国使者陪同陆续来朝,中国同西域各国之交通从此开始。到公元前60年,汉朝在轮台设立西域都护府,领有天山以南的地区,乌孙也归汉朝管辖,于是

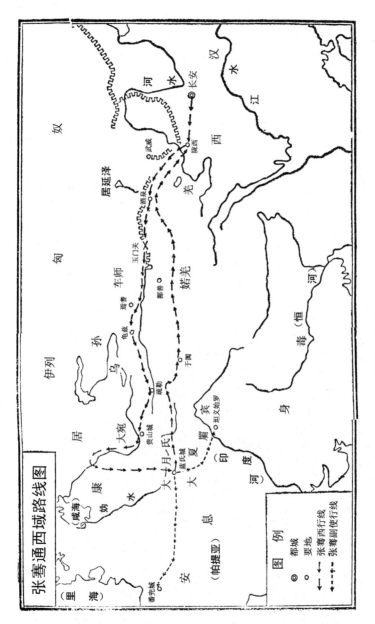

张骞通西域路线图

中国和大宛成了邻国。至此,陆上丝绸之路的东段完全打通。

张骞是古代中国乃至世界历史上杰出的探险家、旅行家和外交家。他前后两次出使西域,长达 17 年,行程万余里,沿途历尽艰险,备尝辛劳。他的出使,不仅促进了内地与新疆各族的友好关系,达到了孤立匈奴的目的,而且进一步沟通了西北陆上丝绸之路,促进了东西方经济文化的交流。他在这方面的贡献,主要表现在:

(一)首次开通长期被匈奴阻塞的陆上东西交通,使欧、亚大陆间的经济文化大通道得以畅通,从而打破了东西方文明的隔离状态,东方的大汉帝国与西方的希腊、罗马等文明古国开始全面接触和交往。张骞开辟的通往中亚、西亚的西北陆上丝绸之路,主要有南北两路。南路从长安、金城(今兰州)出发,经敦煌、楼兰(即鄯善)、于阗、莎车,越葱岭到大月氏,往西到安息(今伊朗)、条支(今伊拉克),直到大秦(即罗马帝国)。北路从长安、金城出发,经敦煌、车师前王庭(今吐鲁番)、龟兹、疏勒,越葱岭到大宛、康居,再往西经安息,西达大秦。张骞开通的这条丝绸之路,成了沟通东西文明的桥梁和进行东西文化交流的大通道。

敦煌壁画中的汉使及其所骑的大宛马

(二)汉朝政府改变了原先对西域状况模糊不清的认识,掌握了沿丝绸之路各国的民族和国家的真实情况,并初步与他们建立了友好关系,开创了中国与西域各国睦邻友好、和平发展的国际格局。自张骞通西域后,汉朝每年遣使节出使西域与西域各国通好,中亚及西亚各族、各国的使节也定期来华朝贡通好。一时间，出现了各国使节相望于道、络绎不绝的繁荣局面。

（三）促进中外经济文化交流。随着这条西北陆上丝绸之路的开辟，一队队响着驼铃的中外商队东来西往，中华文化广被西域。中国的丝绸、漆器、铜镜等物品和冶铁、凿井、造纸等生产技术传至西域。西域的物品，如葡萄、苜蓿、黄瓜、芫荽、胡桃、胡豆（蚕豆）、石榴、橄榄等输入中国。精神文化方面，西域的音乐及舞蹈、波斯的美术、印度的佛教不断输入中国，大大丰富了中国和西域各国的物质文化和精神文化。

公元前2世纪西北陆上丝绸之路的开通，揭开了中国历史和中外文化交流史的新篇章。历史证明：这条陆上丝绸之路堪称世界史展开的主轴、联系亚欧非洲的大动脉、世界经济文化的大通道。它的开通本身就是中国人民对人类文明发展做出的巨大贡献。

西汉外国人像陶俑座灯　　　　　东汉外国人像陶俑座灯

五　班超、甘英再通西域

西汉张骞出使西域之后,中国通过这条西北陆上丝绸之路,与中亚、西亚、北非及欧洲一些国家和地区建立了经常性的经济文化往来关系。但至东汉初年,由于匈奴力量的复兴,再度征服西汉统属的西域大部分地区,致使著名的陆上丝绸之路被阻断。要恢复东西陆上经济文化大通道,必须赶走匈奴在西域的势力,重新开通西域。

东汉明帝永平十六年(73 年),汉明帝命窦固率大军四路出击,大败匈奴军。在这次大战中,班超以假司马(即代理司马)的军职,亲率偏师与匈奴军激战于蒲类海(今巴里坤湖),荣立战功。

次年(74 年),窦固派班超(编著《汉书》的著名史学家班固的弟弟)以东汉使者的身份,率领 36 人再通西域。经过 30 多年的通好和整顿,使西域 50 余国全部向东汉入侍质子内属,恢复西域都护的行政建制,为西域的再度畅通做出了贡献。班超被封为"定远侯"。

公元 97 年,已被任命为西域都护的定远侯班超为探明传闻中的安息国的中继贸易情况和西方强大的大秦国的实情,派甘英西使。

甘英西使的路线是经由疏勒—子合—德若—葱岭—大月氏(蓝氏城)—木鹿城—安息,准备渡波斯湾,绕阿拉伯半岛,入红海到亚历山大城。甘英西使到条支海边(今波斯湾)为"安息西界船人"所阻。"安息西界船人"之所以力阻其前往大秦,目的是为了获取其经营中国与大秦之中继贸易的巨大利益。甘英只得中止西行,返回祖国。甘英是历史上第一个探求开辟欧亚交通的人物。他虽然未能完成班超赋予的与大秦直接交往的使命,但一路上他和同伴们了解了当时沿途各国的地理情况和风俗习惯,为以后中西交通的发展和经济文化的交流创造了有利条件。

甘英回到班超身边后,约在公元 87 年和公元 101 年,安息国王曾两次把狮子和条支大鸟(又名安息雀,即驼鸟)赠献给东汉王朝。中文的"狮"字就是从波斯(安息)语"狮尔"音转过来的。安息使者经过西域的时候,班超专门派儿子班勇陪伴,护送他们前往京城洛阳。

班超在西域奋斗了 30 年,保护了西北陆上丝绸之路的畅通,进一步促进了中国与西亚、欧洲的经济文化交流,同时帮助西域各国摆脱了匈奴的压迫,增进了汉族与西域各族人民的友谊。他不愧是继张骞之后又一位维护祖国统一、促进中外友好往来和文化交流的杰出人物。

公元 102 年,班超回到京城洛阳,不久逝世。此后不久,匈奴又侵入西域地区。公元 123 年,东汉政府再派班超的儿子班勇为西域长史。班勇继承父业,团结西域各国力量,赶走北匈奴呼衍王,重新打通西域东段的道路。

在东汉王朝努力向西发展交通的同时,西方的罗马帝国也正企图用武力打破丝绸之路中段被安息垄断的局面,连年对安息用兵。罗马军队虽几度占领波斯湾头的忒息丰,但未能长期控制。公元 162 年至165 年,罗马皇帝安东尼派军队又一次攻占忒息丰,但公元 166 年不得不与安息媾和,退出美索不达米亚。陆上丝绸之路的中段始终控制在安息人手中。

甘英西使半途折返,罗马东征安息屡屡失败,促使中国和罗马帝国不得不另辟蹊径,走海上丝绸之路。

六 汉代海上丝绸之路的开辟与对外文化交流

中国的海外交通航线和丝绸贸易首次见于汉代历史文献。这反映了当时海上航路的丝绸贸易业已成为经常性的商业活动,因此,汉代当之无愧地成了海上丝绸之路的开辟时代。

印度洋,水域面积约7 500万平方公里,为地球第三大洋,是古代世界航海活动的中心区域,也是中国古代远洋航海业的主要舞台。

中国商人经由海路至印度洋,必经南海。中国南海地区的海上贸易活动起步很早。善于航海的百越民族与东南亚进行沿岸交往的历史可以追溯至商周时代。秦始皇经略岭南,凿灵渠,建郡县,使番禺地区成为越过南海与东南亚进行海上贸易的中心。这就为汉代开辟印度洋远洋航线作了必要的准备。

汉武帝时期,中国国力强盛,经济富庶,商业活跃。与此同时,汉朝与域外国家的外交贸易活动也空前活跃起来。汉武帝派遣张骞两度出使西域,开辟了横跨亚洲大陆的陆上丝绸之路。公元前125 年,他又一度采纳张骞的建议,试图开辟一条由四川经云南、缅甸而至印度的"蜀一身毒"道,但因受到西南昆明地区少数民族部落的阻挠而终未如愿。

为了改变陆路交通因地形复杂、政局动荡、关卡众多而颇费周折的现状,汉武帝在统一东南沿海、打通沿海航路后,即利用雄厚的航海实力,大力开拓南海对外交通和贸易,以扩大汉王朝与海外各国的经济文化联系。这就导致中国历史文献记载的第一条印度洋远洋航路的产生。由于当时的中国对海外的航运货种以杂缯——各种丝绸织物为主,故这条航路被称为海上丝绸之路。

《汉书·地理志》记载的公元前2世纪开辟的这条印度洋远洋航路(又称"南海航路")是:"自日南障塞、徐闻、合浦,船行可五月,有都元国;又船行可四月,有邑卢没国;又船行可二十余日,有谌离国;步行可十余日,有夫甘都卢国。自夫甘都卢国船行可二月余,有黄支国,民俗略与珠崖相类。其州广大,户口多,多异物,自武帝以来皆献见。有译长,属黄门,与应募者俱入海市明珠、璧琉璃、奇石异物,赍黄金杂缯而往。所至国皆禀食为耦,蛮夷贾船,转送致之。亦利交易,剽杀人。又苦逢风波溺死,不者数年来还。大珠至围二寸以下。平帝元始中,王莽辅政,欲耀威德,厚遗黄支王,令遣使献生犀牛。自黄支船行可八月,到皮宗;船行可二月,到日南、象林界云。黄支之南,有已程不国,汉之译使自此还矣。"

上述航程中,有若干距今2 000余年的远古地名或国名,除日南(今越南广治省)、徐闻(今广东省徐闻县)、合浦(今广西壮族自治区合浦县)等的地望考订基本一致外,其他尚众说纷纭。但据近代学者们的研究,再考虑汉使航程的时间以及在航行中利用季风驱动的客观规律,可通释如下:

自西汉中国两广口岸或日南口岸(今越南)出海,沿海岸航行,约5个月后,抵南圻(今越南南方西贡一带)。再航行4个月,抵暹罗的罗斛(今泰国华富里)。又航行20余日,抵缅甸的丹那沙林。弃船上岸穿过克拉地峡,步行十余日,到古缅甸蒲甘国。自蒲甘国再登舟航行2月余,抵印度半岛东岸的黄支国——马德拉斯附近的康契普腊姆(即唐代高僧玄奘所称的"建志补罗")。汉船从黄支国滨海地区(约在洞鸽一带沿岸)向南航行,抵师子国(今斯里兰卡),汉使完成采办交易任务后,从已程不国返航,先沿印度半岛东岸乘西南季风北上,然后乘东北季风沿

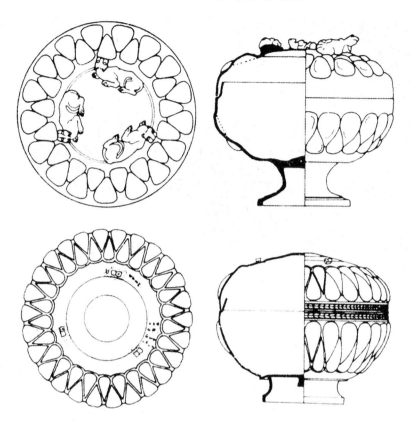

山东临淄齐王墓和广州南越王墓出土的汉代罗马方物——列瓣纹银盒

孟加拉湾东岸南下,再沿缅甸南海岸而至马六甲海峡的皮宗岛。然后再北上航行两个月,回到日南、象林界。

显然,这条往返于南亚地区的汉使航程,尚属一条沿岸渐进的印度洋远洋航路。当时因缺乏全天候的导航仪器与定位手段,还无法横越开阔的孟加拉湾。

又显然,汉时的远洋航海已有朝廷遣黄门(即皇帝的近侍内臣)亲自执掌,并招募富有远洋航行经验的民间海员一起出航,这充分反映了民间的远洋活动必早于汉武帝时期。

汉代的文献对这条航路的航程竟有如此详细的记述,说明当时人们对这条航路已很熟悉,也反映出中国海商沿这条航路往返航行的频繁。

西汉通过南海航路进口的货物,据《史记·货殖列传》及《汉书·地理

广州东汉墓出土的带舵陶船模型

志》记载,有明珠、璧琉璃、奇石、犀、象、玳瑁、银、铜、果布等。果布即盛
产于东南亚苏门答腊、马来半岛和婆罗洲的龙脑香。20世纪末在广西
合浦的西汉古墓中出土的玛瑙、珠宝、水晶、琥珀等物,显然是经由南海
航路从海外进口的舶来品。出口的货物有黄金、杂缯。缯就是帛。杂
缯就是各种丝绸织品的总称。总而言之,进口货物主要是香药,出口货
物主要是丝绸。自汉代肇端的以丝绸换取香药,一直成为其后历代南
海航路贸易的主要内容。

　　汉代由中国出发经由南海到印度洋的这条海上丝绸之路,虽然只
能抵达印度,但通过印度人和罗马人的转贩,一直延伸到非洲、欧洲,促
成了东西方海上大动脉的形成,有力地促进了中外文化交流。且举一
例以明之。北非盛产中国橘,尤其是地中海南岸的古城突尼斯,街道
边、楼房旁、花园中,到处种有中国柑橘。中国柑橘何时、如何到北非落
户? 突尼斯人普遍的说法是:公元纪年初,中国柑橘先从中国东南沿海
经海路传入小亚细亚(即今土耳其亚洲部分)和中东,再从那里辗转传
入北非生根落户。① 如此看来,汉代中国与阿拉伯世界的交往,除海上
丝绸之路外,还应有一条海上"柑橘之路"。

---

① 　章云:《正是橘红橙黄时》,载《人民日报》,1993 – 3 – 13(7)。

由于南海航线海上丝绸之路的开辟,位于南海北岸珠江入海处的番禺(广州),从西汉起就成了中国对外贸易的一个重要港口和商业都会。番禺等东南沿海城市处于中外联系的前沿,贸易旺,信息灵,人气盛,发展快。它们的发展,使中国东南沿海逐渐成为中国经济、文化最为发达的地区。

汉代印度洋远洋航路的开辟与东西方海上大动脉的形成,揭开了中外文化交流史的崭新篇章。它对增强中国人民与东南亚、南亚、西亚、红海、地中海等地区人民之间的友好合作、贸易往来和文化交流,对扩大古代中国的国际威望与外交影响,对推动国内经济生产、科学技术、航海事业的进步,具有重大的历史作用与深远的影响。

汉代中日之间的海路交通已经畅达。公元前 108 年,汉武帝出兵朝鲜,设四郡,使中国文化直达朝鲜半岛。与朝鲜一水之隔的日本,利用日本海左旋回流的便利,上百个原始部落定期派人越过对马海峡,到乐浪郡谒见太守,献上土产,拿回赠品,吸收中国文化。到东汉光武帝刘秀时,《后汉书·东夷传》云,建武中元二年(57 年),倭奴国奉贡朝贺……光武帝赐以印绶。这是历史上中国朝廷首次封赠日本政权。封赠的印文是"汉委奴国王"。日本倭奴国的使节定然渡过对马海峡,水陆兼程到达中国东汉都城洛阳。东汉安帝永初元年(107 年),倭国国王师升以及其他一些小国国王派使节带着 160 名生口(即奴隶),渡过对马海峡,水陆兼程抵达洛阳,献给东汉朝廷,并请求觐见。据此我们可以推知,汉代中日、中朝间的海上联系渠道是存在的。可以说,从汉代开始,勃兴起以中国为中心,从东北亚的朝鲜、日本,经黄海、东海、南海到印度洋的西太平洋半环形贸易网。这张西太平洋半环形贸易网不是面向太平洋,而是面向印度洋。其半环的轨迹,伸入印度洋海域。通过这一半环,中国的大量丝绸、瓷器、柑橘等物品,从海上西流,并换回海外各种珍奇物品,进行着频繁的中外文化交流。

七　纸的发明与外传

纸是人类文明的标志。纸的发明,在人类文化发展史上是件大事。它标志着书写材料的一次伟大革命。纸的发明,表现了中国古代劳动人民的聪明才智,是中华民族对人类文明发展的重大贡献。

中国文字大约起源于公元前4000年。最初,人们把字刻画在陶器上或铸刻在青铜器上,从而产生了陶文、铭文(金文)。殷商时代,人们把字刻在龟甲和兽骨上,这种文字称做"甲骨文"。

春秋时人们曾把字写或刻在玉片、石片、石鼓上,石鼓文就是其中的一种。战国时,人们把字写或刻在竹简、木牍上。到秦代,有"秦始皇日批公文重百斤"之说。因为当时公文是写或刻在竹简、木牍上的。与此同时,我们祖先发明了用丝织品写字画图,这就是帛书和帛画。湖南长沙马王堆曾出土两幅彩绘帛画。

帛书、帛画既书写方便,又能随身携带,比竹简、木牍轻便多了。但帛书、帛画出现之后,并没能取代竹木简书,其原因在于帛的制作比较复杂,价格也贵,一般人用不起。所以,在中国古代,帛书的使用不及竹简和木牍那样普遍。帛书、帛画和竹木简牍一起行用了很长一段时间,最后为纸书所取代。而丝绢作为绘画材料,一直延续下来,至今仍有用绢作画的。

公元前2世纪,即西汉武帝时期,中国发明了用植物纤维制成的纸——灞桥纸。它是由大麻纤维和苎麻纤维造出来的。用麻造纸,采用的办法:将麻长时间浸泡在水中,使麻的纤维变得既烂又碎,然后用席子把悬浮在水中的纤维捞上来,使之成为薄薄的、均匀的一层,摊开铺平,晒干后揭下来就成了植物纤维纸。

公元1世纪,即东汉和帝刘肇时,有一位叫蔡伦的宫廷官吏,东汉桂阳郡(郡治今湖南郴州)人。在他做管理宫廷用品的官——尚方令时,为节省宫廷开支,一方面派人了解各地的造纸情况,同时自己也外出旅行调查。他在综合前人经验的基础上,带领工匠们用树皮、麻头、破布和破渔网等造纸。他们先将这些原料用水浸泡,使其润胀,再剪碎或用斧头剁碎,用水洗净,然后用草木灰水浸透并进行蒸煮。通过蒸煮,将原料中的油脂、木素和果胶等杂质除去。清水漂洗后,捣烂成糊状,再用水将之配成悬浮的浆液,然后用漏水的纸模捞取纸浆,晒干后就成了纸张。

用蔡伦的方法造出的纸,体轻质薄,很适合书写,而且原料来源广,价钱便宜,可以大量生产,因而受到人们的欢迎。

东汉和帝元兴元年(105年),蔡伦把制成的纸呈献给皇帝,汉和帝对蔡伦造的纸给予高度赞扬。此后,全国各地便开始使用这种新方法造纸。

蔡伦的造纸法很快在全国传播开来,各地都造出了质量好的纸,朝廷也用上了这种纸。由于蔡伦曾当过龙亭侯,所以人们称他造的纸为"蔡侯纸"。

蔡伦改进造纸法成功,是人类文化史上的一件大事。它为著书立说和传播文化提供了极为有利的条件。

中国发明的造纸术,首先传入中国边远地区,然后再传到世界各地。公元 3 世纪,造纸术已传至当时属于中国版图的交趾。交趾人利用当地生产的密香木已能生产密香纸。西晋嵇含《南方草木状》卷中云:"密香纸,以密香树皮叶作之,微褐色有纹,如鱼子,极香而坚韧,水渍之不溃烂。"

就国外而言,公元 5 世纪以前造纸术先传入朝鲜。公元 384 年,中国东晋胡僧摩罗难陀,率一队和尚渡海到朝鲜半岛上的百济国,船上装着各种汉籍,送给百济国王,并说他懂得怎样造出制这些书的纸张。国王十分高兴,将他留下当做贵宾,请他在朝鲜传授造纸术。于是,中国造纸术在朝鲜被应用。

日本人学会造纸,是经由朝鲜中转过去的。公元 285 年(西晋武帝太康六年),百济汉学家王仁博士,曾带中国的《论语》10 卷、《千字文》1 卷到日本。日本国王召见王仁,看到这些纸书,爱不释手,又倾慕王仁的博学,便把王仁留下给太子当教师。可见,日本人在公元 3 世纪就接触到了中国纸。

公元 400 年左右,日本统一于大和民族,全国开始通用汉字。这时他们特别需要纸张来抄书出书,可当时日本人还不会造纸,迫切希望学会造纸术。直到公元 610 年(隋炀帝大业六年,日本推古天皇十八年),朝鲜国王派僧人昙征把从中国学到的造纸法和造墨法传到日本。日本摄政王圣德太子下令派人向昙征学种楮树,收集破麻,准备造纸原料,并在离皇宫不远的龙田川岸边建了一座造纸作坊,造出了和纸。

和纸对日本文化的发展起了重大作用。为了不忘和纸的造出,日本尊中国的蔡伦为造纸的祖师。至今日本还保留着当年造纸作坊里挂着的蔡伦画像。

公元 751 年,中国的造纸法西传阿拉伯国家。它是中国的造纸工人亲自传授过去的。阿拉伯国家大食,其疆域曾一度扩展到中亚。唐玄宗天宝十年(751年),唐安西节度使高仙芝带领军队与大食齐亚德·衣布·噶利带领的军队交战,史称"怛罗斯之役"。此役唐军大败,被俘者很多,其中不少曾当过造纸工人。大食国让他们开办造纸厂。这样,中国的造纸术便传到了大食。大食国还在撒马尔罕等地建造纸厂,大量生产纸张。由于撒马尔罕纸轻便、实用、美观、便宜,便逐步取代了原先埃及的纸莎草纸和欧洲的羊皮纸。

公元751年的"怛罗斯之役"后,中国造纸工匠被俘,中国造纸术传入阿拉伯,又由阿拉伯辗转传到印度。①

公元795年,阿拉伯人在大马士革(今叙利亚首都)开办造纸工场,生产大马士革纸,经地中海向欧洲销售。

公元900年,阿拉伯人渡过红海,在北非亚历山大开办造纸工场。于是,一直采用纸莎草纸的埃及也开始使用破布纸了。公元10世纪,埃及开罗也开办造纸工场。不久,造纸业在伊斯兰地区,包括波斯、阿拉伯、叙利亚等地普及开来。至此,造纸法传遍整个阿拉伯。

公元11世纪,东罗马帝国在君士坦丁堡(今伊斯坦布尔)造纸。接着造纸术又从埃及通过地中海传到北非的摩洛哥费斯城。不久,几乎所有的非洲国家都学会了中国的造纸术。

中国造纸术传到欧洲是经由阿拉伯—埃及—西班牙这条路径的。在阿拉伯人那里,造纸术没有多少进步。直到阿拉伯人把造纸术传给西班牙基督徒以后,欧洲基督教国家的造纸术才有了快速的发展。公元1150年,阿拉伯人在欧洲的西班牙建立造纸工场,从而将中国的造纸术传到西班牙。公元1189年,西班牙的邻国——法国也建立造纸工场,法国大力加强造纸业的发展,成为向荷兰、比利时和英国等地销售纸张的主要国家。

公元1276年,意大利人从埃及人那里学会了造纸术,先在本国蒙地法诺城建立造纸工场。到公元1340年,意大利的许多城市都建立了造纸工场。它们与法国相抗衡,将生产的纸销往瑞士和德国。

德国对纸曾经是抵制的。公元1221年,德皇腓特烈二世曾下令公文只能用羊皮纸书写,违者严办。然而,到公元1312年,终于抵挡不住

---

① 薛克翘:《中国与南亚文化交流志》,86页,上海人民出版社,1998。

纤维纸的种种优势,改变立场,在莱茵河畔的科隆城建立造纸工场。到公元 1391 年,德国纽伦堡又从意大利重金聘请造纸工匠,建立造纸工场造纸。

英国对纸曾同样采取抵制态度,认为造纸的破布不洁净,与神圣的大不列颠帝国不相称,因而于公元 1460 年关闭了在苏格兰刚刚开办的一家造纸工场。直到公元 1490 年、1494 年、1498 年,英国才陆续开办了几家造纸工场。与其他欧洲国家相比,时间是够晚的。

1320 年,中国造纸技术由法国传入比利时。1323 年传入荷兰。1350 年,德国将从意大利传入的中国造纸技术传到瑞士,又于 1491 年传入波兰,1498 年传入奥地利,1567 年传入俄国。

此外,瑞典于 1532 年、丹麦于 1540 年、芬兰于 1560 年、挪威于 1654 年,陆续建立起自己的造纸工场。中国的造纸技术渐渐传遍整个欧亚大陆。

中国发明的造纸技术向全世界的传播,大大促进了人类文明的发展,并催萌着欧洲 16 世纪的文艺复兴运动。

八　印度佛教文化的传入

佛教是世界三大宗教中最古老的宗教,也是中国最大的宗教。佛教和佛教所代表的印度文化是历史上中国人第一次大规模接触的外来文化。外来佛教文化融入中国文化后,成为中国传统文化中不可分割的一部分。

佛教在印度本土的流行有 1 800 多年的历史(前 6 世纪—12 世纪),粗略划分,可分三期:初期 600 年,为部派佛教形成期;中期 600 年,为显教大乘发展期;后期 600 年,为大乘秘教流行期。初期佛教以上座、大众两部为主,三四百年中分化为十余种部派。其中上座部,分为南、北二传。南传上座部在阿育王时传入斯里兰卡,并传入缅甸、泰国、柬埔寨等地区。约在公元 7 世纪后又自缅甸传入中国云南省,迄今流行于傣族地区,形成中国的巴利语系佛教。大乘佛教于公元前 2 年传入中国内地,形成汉语系佛教。公元 7 世纪初,又自中国内地和印度传入西藏。公元 11 世纪,印度后期逐渐盛行的大乘秘教又大量传入西藏,形成藏语系佛教。

中国最早记载佛教传入中国的典籍《三国志·魏志·东夷传》"注"引《魏略·西戎传》云:"昔汉哀帝元寿元年,博士弟子景卢受大月氏王使伊存口授《浮屠经》。"据此,1998 年 3 月召开的中国佛教协会会长扩大会议上,经过三大语系佛教四众弟子的认真研讨,共同认定以佛历 542年,即西汉哀帝元寿元年(前 2 年)作为佛教初传中国的历史坐标,以"博士弟子景卢受大月氏王使伊存口授《浮屠经》"作为初传的历史故事。①

从上述佛教初传故事中可以看出,公元前 2 年,大月氏王的使者、佛教徒伊存经由西北陆上丝绸之路来到当时汉朝的京城长安,首先向汉朝政府官员即汉朝上层统治者传教。东汉明帝刘庄(58 年—75 年在位,年号"永平")便是最早崇信佛教者之一。据《魏书·释老志》和《洛阳伽蓝记》等书的记载,东汉明帝刘庄夜梦金人,身长丈六,项有白光,飞绕殿庭,昼问群臣。大臣傅毅对东汉明帝刘庄说:"西方有神,其名曰佛,形如陛下所梦。"于是明帝就派大臣蔡愔、博士王遵等十余人出使天竺(今印度),拜求佛经佛法。蔡愔、王遵等人西行至大月氏国(今阿富汗至中亚一带地方),遇到著名的天竺佛学高僧伽叶摩腾、竺法兰,并得到梵本佛经 60 万言及释迦牟尼白毡佛像。蔡愔、王遵等人邀请他们同来东汉国都洛阳。

东汉国都洛阳是全国最大的城市之一,也是当时世界上第一流的繁荣城市。伽叶摩腾、竺法兰二僧来洛阳后,先住在鸿胪寺(官署名),共同编译出最早的汉文经典——《四十二章经》,后来竺法兰还陆续译出《十地断结经》、《法海藏经》、《佛本行经》等佛教典籍。汉代编译的《四十二章经》在佛教的传播上起过重要的作用。汉明帝非常重视这些汉译佛经,下令将其保存在皇家图书馆——兰台石室。佛教的合法地位从此被正式承认。这就是中国佛教史上著名的"永平求法"。它比唐玄奘取经早 570 多年。

东汉永平十一年(68 年),汉明帝刘庄敕令于洛阳城东 12 公里处的邙山南麓,按照佛教传统样式修建了中国第一座僧院——白马寺。相传是以白马从大月氏国驮经、像而回,故得其名。白马寺,是佛教传

---

① 赵朴初:《在中国佛教二千年纪念大会上的讲话》(1998 年 11 月 22 日),载中国佛教协会主办《法音》,1998(12)。

佛教传入中国内地后建造的第一座寺院——洛阳白马寺

入中国后营建的第一座寺院。白马寺建成后,佛法渐盛,信徒日多,佛教势力一天天地扩大。为佛教在中国的传播做出卓越贡献的两位天竺高僧伽叶摩腾、竺法兰移锡白马寺,翻译佛经,讲经说法,圆寂并葬于白马寺内。被誉为"释源"、"祖庭"的白马寺对于中国佛教的传播和发展及中外文化交流,曾起过重要作用。

东汉明帝刘庄的同父异母兄弟、楚王刘英也崇信佛教。据《后汉书·楚王英传》云:"英少时好游侠,交通宾客,晚节更喜黄老,学为浮屠斋戒祭祀。(永平)八年,诏令天下死罪皆入缣赎。英遣郎中令奉黄缣、白纨三十匹诣国相曰:'托在蕃辅,过恶累积,欢喜大恩,奉送缣帛,以赎愆罪。'国相以闻。诏报曰:'楚王诵黄老之微言,尚浮屠之仁祠,洁斋三月,与神为誓,何嫌何疑,当有悔吝? 其还赎,以助伊蒲塞(男居士)桑门(沙门)之盛馔。'"这里,楚王刘英在他的领地与沙门、居士一起奉佛,还"洁斋三月,与神为誓",人们并未感到有什么特别的惊奇,东汉明帝还对此加以褒奖。这说明,佛教在永平八年(65 年)时已有一定的流传,并在上层社会产生了一定的影响。

东汉永平十一年(68 年),印度佛教传法师组成的第一个佛教使团访问东汉京城洛阳,受到汉明帝的盛情接待,表明东汉朝廷已完全接纳佛教。

西汉末,佛教传入后,最初只被当做黄老神仙方术的一种而在皇室及贵族上层中间流传,一般老百姓很少接触,也很少有汉人出家为僧,少量的佛寺主要是为了满足来华的西域僧人居住和过宗教生活的需要。东汉末年,佛教开始流向民间,在社会上有了进一步的传播。随着西域来华僧人的增多,译经事业日趋兴盛,大、小乘佛教都于此时传入中国。

东汉的佛事活动以译经为主,译者多为域外僧人。佛教主要流行于中原及齐楚江淮间,而洛阳始终为佛教重镇。汉代的译经活动也主要集中在洛阳。译经大师安世高、安玄、支谶、竺朔佛,都于东汉末桓帝、灵帝之际来到洛阳,译出大量佛教经典。其中安世高译介的小乘禅学和支谶译介的大乘般若学在中土影响最大。

佛经翻译家安世高,系公元 2 世纪时安息国太子,名清,字世高。父亲死后,他把王位让给叔父,自己出家事佛。他精于小乘经典,并学禅经。东汉桓帝建和初年,安世高经由陆上丝绸之路来到中国,在京都洛阳翻译佛经。20 多年中,译出佛经《安般守意经》、《人本欲生经》、《阴持入经》等 95 部 115 卷,对小乘佛教在中国的传播和发展及中外文化交流事业,做出了重要贡献。

佛经翻译家支谶,全名支娄迦谶,月氏国僧人。约于东汉桓帝末年,经由陆上丝绸之路来到京都洛阳,在中土从事佛经翻译 10 多年。译有《般若道行品经》10 卷、《般舟三昧经》2 卷、《首楞严经》2 卷等。支谶所译,几乎全属大乘佛经,故后人视他为大乘佛经汉译的开创者。他对大乘佛教在中国的传播和发展及中外文化交流事业,同样做出了重要的贡献。

佛经在中土的译出,一开始就得到中国封建地主阶级的资助和文人学士的配合。汉译经典实为中外人士合作的产物。当时的佛经翻译家为了迎合中土的需要,吸收了一些道家神仙家的名词术语,例如用道家的"守一"来翻译佛教的"禅定",把通过禅定达到的境界描绘成犹如中国所谓的成仙得道,或者把传统的灵魂不死观念与佛教的轮回报应说结合在一起,致使当时的中国人把佛教视为神仙方术的一种。

佛教在汉代始终未能以一套烦琐的思辨思想取胜,而是依附于种种方术迷信得以流传。当时社会上影响比较大的佛教教义就是轮回报应说(善有善报、恶有恶报)。

随着佛教文化的不断输入,洛阳、徐州、豫州等地先后兴建了一些佛教塔寺,并开始塑造佛像供奉。至东汉末年,佛教从宫廷贵族上层逐

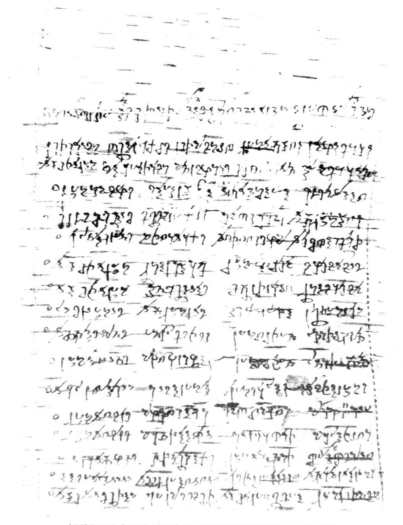

新疆和田牛角山出土的公元 2 世纪末犍陀罗语《法句经》首页

渐走向民间,传播的地区有所扩大,建寺造像的规模也有所扩大。此时,人们对佛教已有了进一步了解,不再把黄老与佛教并提,而是专门"课读佛经"了。

从西汉末年到东汉末年的 200 多年中,佛教从上层走向下层,由少数人信佛转向多数人信佛,其在全国的流布,以洛阳、彭城、广陵为中心,旁及颍川、南阳、临淮(即下邳)、豫章、会稽,直到广州、交州,呈自北向南发展的态势。①

伴随着佛教的东来和佛经的译出,印度文化中的文学、音韵、音乐、舞蹈、杂技、绘画、雕塑以及医学、天文学等也同时注入中土,为汉文化的发展提供了丰沛的水源。可以说,佛教在中国的传播,使中国文化受到第一次深刻的外来文化的洗礼。

流传于中土的中国佛教系大众部佛教,即大乘佛教。大乘佛教经由统治阶层的提倡,知识分子对其理论进行加工、改造,逐渐与中国的儒家学说和各种哲学思想相融合,使佛教染上强烈的中国色彩,形成八大宗派,即三论宗、天台宗、华严宗、法相宗、律宗、净土宗、密宗和禅宗。

中国的大乘佛教经陆路传到朝鲜、越南,经海路传到日本,对亚洲邻国的文化产生了重大影响。

九 长城与文化交流

春秋战国之交,各诸侯国间的战争日益频繁,作为军事设施的城墙显得越来越重要。为了防御北方游牧民族南侵和各国的自卫,秦、赵、魏、齐、燕、楚等诸侯国都兴修了长城。

秦始皇兼并六国后,为了防范北方匈奴的突然袭击,于公元前 214 年下令修筑巨大的工程——长城,把秦、燕、赵的原有长城连接起来,并加以扩建。整个工程共征用民工 30 多万人,连续花了 10 多年的时间方告完成,建成了西起甘肃临洮(今岷县),沿着黄河到内蒙古临河,北达阴山,南到山西雁门关,东抵辽东的长城,全长达 3 000 多公里。

汉代除重修秦长城外,又修筑了内蒙古河套南的朔方长城以及凉州西段长城。凉州西段长城北起居延泽(今内蒙古额济纳旗境内),沿额济河,经甘肃金塔,西到安西、敦煌、玉门关,进入新疆。据居延出土的汉简记载,长城"五里一燧,十里一墩,卅里一堡,百里一城",构成了一个严整的防御体系。

长城是利用各种自然障碍加工筑成的坚固军事工程。绵延万余里的长城穿越在崇山峻岭、流沙溪谷等险峻地段之上,工程之艰巨是难以

---

① 任继愈总主编、杜继文主编:《佛教史》,101 页,中国社会科学出版社,1991。

想像的。它表现了中华民族的磅礴气概和聪明才智,也反映了中国古代测量、规划、设计、建筑、工程管理以及军事技术的高超水平。据说美国宇航员登上月球俯视地球时,所能看到的人工建造的工程只有两个,一个是荷兰的围海工程,一个就是中国的万里长城。万里长城已被视为中国古代文明的象征。

长城作为军事防御线的作用是不言自明的。长城还兼具文化会聚的功能,在促进中原农耕民族与北方游牧民族之间的经济文化交流方面发挥了重要作用。

在中原农耕地区,战国以后商业已有很大发展,游牧地区出产的牲畜、毡裘等已成为中原人民所喜好的重要商品。在游牧民族方面,畜牧经济的发展使他们有大量的畜产品可作经常的交换。同时,他们只有原始的农业,手工业也不很发达,迫切需要用牲畜、皮毛与农耕地区的农产品和手工业制品进行交换,以解决生活上和生产上的困难。由于共同的需求,南北各族人民都不避艰辛,克服各种障碍进行贸易。

中原封建王朝的统治者总是把这种贸易控制在自己手中,而且做出种种限制。在贸易地点上,他们往往不愿意在内地以至首都进行大规模的交易,这是由于害怕游牧民族会乘机掳掠,或是顾虑首都和内地的富庶会引起游牧民族的觊觎。结果是贸易被局限在游牧地区与农耕定居地区邻接的一些特定地点进行。在这种情势下,作为军事防御线的长城便会同时成为经济文化的会聚线。

西汉初数十年间,同匈奴人的贸易主要就是在长城线上某些地点开设的定期集市上进行的,这些集市被称为关市。关市同汉朝内地的市一样,也是方形的,四面有垣并有市门。关市贸易是在汉朝官员管理下进行的。每逢交市日期市门开放,参加贸易者(有官员,也有商贾)各运来货物,议定价格后即交易,叫做合市,一般每个交市日可合市三次,即做三笔生意。通过关市,匈奴从中原地区换得不少物品。《史记·匈奴列传》称匈奴"嗜汉财物","自单于以下皆亲汉,往来长城下",可见长城线上的关市贸易是相当繁荣的。到西汉武帝元光六年(前 129 年),汉朝出兵袭击前来合市的匈奴人,关市贸易由是中断,但到天汉三年(前 98 年),匈奴单于还向汉朝提出恢复关市的要求,这表明匈奴方面对中原地区贸易的重视。

对与匈奴的贸易,汉朝管制很严。凡私自同匈奴贸易的,汉律称为

中国万里长城

"奸阑出物",情节重的可判死刑。禁销匈奴的物资范围也很广,包括兵器、铁器、谷物、牲畜等,连农具、谷物也在禁销之列。这已经影响到匈奴人的经济生活了。不过,这些严厉的管制看来不十分有效,通过走私运入匈奴的货物还是不少。

长城既可看做是军事对抗与防御的一种有效方式,也不妨把它视为确定边贸口岸,予以集中管理、约束的一种有效贸易方式。长城沿线的城市,如山海关、宣化、张家口、大同、银川、兰州、武威、张掖、酒泉、敦煌、嘉峪关等,它们的缘起都离不开长城的关市,都得惠于长城的修建。

长城坐落在农、牧两种经济文化地区的自然交会带上。它不仅将两种经济文化隔开,同时将两种经济文化联结融合。如果没有它的联结作用,中国就不可能形成一个地域辽阔、民族众多的统一体;如果没有它的融合功效,中华民族也许不可能如此博大地敞开自己的心胸,融会万方文化于一身。

万里长城的修筑,还直接为中外文化的交流起了安全保障作用。汉朝在河西所筑的长城以及在玉门以西修筑的亭障、烽燧等,对于防止匈奴进犯西域、保护新开辟的中外文化交流大通道——西北陆上丝绸之路,起着重大的作用。从这一视角来看长城,可以说,长城是古代中国对外开放和经济文化交流的产物。

十 中国铜鼓向域外的播传及其影响

铜鼓是中华民族古代文化宝库中的一枝瑰丽的奇葩。它分布在中国西南和南方地区,并传播到东南亚、西南太平洋群岛。

中国铜鼓的铸造始于春秋(前770—前476),在西南各地广有分布,铸造和使用的时间长达2 700多年,至今尚有一些民族在使用铜鼓。铜鼓在历史上曾经用做祭祀乐器,并用来集众、督阵,进而成为统治权力的象征。它有时也用做赏赐器或贡品。在民间,当宴饮、婚嫁、节庆、斗牛时,往往以击铜鼓为欢。铜鼓还曾用做炊具、聚宝器和贮贝器等。

中国从东汉以来文献中即有铜鼓记录,但是真正运用科学方法进行研究,却是中华人民共和国成立以后的事。中华人民共和国成立以来,中国在铜鼓的调查、发掘、搜集等方面做了大量工作,铜鼓研究的面貌迅速改观。现在,中国除了南方苗、瑶、白、佤、彝等民族民间珍藏的800多面铜鼓外,各地博物馆收藏的已达1 460多面,等于世界其他各国收藏总数的7倍。1980年,中国古代铜鼓研究会成立。中国古代铜鼓研究会原理事长、中央民族学院石钟键教授1990年说:"经过建国以来的努力,我国在古代铜鼓研究方面取得了突出的成就,已经成为世界古代铜鼓研究的重要学术基地。"①

中国学者在对早期铜鼓的年代、地域、族属、功能等各方面进行分析后,基本上得出了为学术界所公认的结论:"铜鼓之从铜釜分离出来成为专门乐器,时间应是公元前7世纪左右,中心地点在我国云南中部偏西地区,当时生活在那里的民族是濮族。濮族与百越民族有密切的联系。他们是通过巨川大河互相往来的。"② "大约在公元前7世纪或更早一点的时候,居住在滇东高原西部的一支属于濮僚系统的农业民族,最早使用了铜鼓这种乐器,当时在驮娘江—右江—郁江水系以及礼社江—元江—红河水系具有适于农耕的红色土壤的河谷地带,都有这一系统的民族居住,所以它就迅速地在这些区域流传开来。在流传的过程中,人们发现了铜鼓有节奏的声音具备某些神秘的刺激作用,因此

①　《我国成为世界古代铜鼓研究重要基地》,载《光明日报》,1990-04-24(2)。
②　蒋廷瑜:《铜鼓史话》,67页,文物出版社,1982。

逐渐对它产生崇拜心理,并赋予它多种社会的和宗教的功能。此种功能为统治阶层所利用,更夸大了它的作用,以后在中国整个西南地区以及东南亚各国使用和神化了的各式铜鼓,都是由这种早期铜鼓发展而来的。"① "铜鼓的真正老家应在中国云南滇池以西地区。那里是原始形态铜鼓集中的地方,是铜鼓的真正发祥之地。"②

铜鼓在它的发生和发展过程中,通过使用铜鼓的民族与其邻近民族的政治、经济和文化交往,不断扩大它的分布范围。公元前 3 世纪至公元前 1 世纪,即战国时代晚期至汉代,铜鼓由发祥地逐渐东移,在滇池地区的晋宁、江川、呈贡等地由滇人之手发展成为形制稳定的石寨山型,同时又呈扇形向东、南、北 3 个方向传播开去。

滇池往南,元江向东南奔流,把石寨山型铜鼓带到今日越南北部红河三角洲(10 世纪之前属中国中原王朝版图)。生活在那里的百越族群的骆越人,由于他们原有较高的农业文化和青铜冶铸业,从而使铜鼓铸造工艺在这个地区获得了较充分的发展,出现了东山铜鼓。从越南北部发展到越南南部、老挝、柬埔寨、泰国、马来西亚、印度尼西亚,直至西南太平洋群岛。

云南南部往西,铜鼓流入缅甸东部掸邦地区,在这里形成一个晚期铜鼓的铸造中心。

由此可见,铜鼓起源于中国云南,2 700多年来它不仅广泛分布于中国南方各地,同时还流传于越南、老挝、柬埔寨、泰国、缅甸、马来西亚、印度尼西亚等东南亚国家和西南太平洋群岛,至今行用不衰。

中国铜鼓在两汉时期伴随着大量的移民而流入东南亚。徐松石先生指出:"在岭南创制铜鼓之前,岭南土著的俚僚部族,大约在楚国强盛和秦始皇开辟南海、桂林、象郡时即已开始大量移入印度支那半岛,但最大批的迁徙还是在两汉时候,铜鼓随着移民流入印度支那半岛。"③

中国铜鼓在东南亚的流传大致分为三个阶段:

(一)石寨山型、冷水冲型铜鼓阶段

石寨山型铜鼓的延续年代为战国时期至东汉初期,前后延续了500 多年。冷水冲型铜鼓的延续年代为西汉中期至隋唐,前后延续了

---

① 童恩正:《试论早期铜鼓》,见《中国西南民族考古论文集》,181 页,文物出版社,1990。
② 蒋廷瑜:《铜鼓》,73 页,人民出版社,1985。
③ 转引自深思:《老挝泰佬族系民族探源》(上),载《东南亚》,1987(1)。

约1 000年。石寨山型铜鼓的分布由中国南方扩大到越南北部、老挝、柬埔寨、泰国、马来西亚和印度尼西亚等地。

(二)北流型、灵山型铜鼓阶段

北流型铜鼓的延续年代为西汉中期至南朝末。灵山型铜鼓的延续年代为东汉至中唐。

越南目前有 52 面北流型和灵山型铜鼓,大都出自与中国邻近的越北地区,尤以西北芒族居住的山区为多。

北流型和灵山型铜鼓主要集中在中国广西东南和广东西部地区。近年出土的多达 200 余面,历史上出土的也不少。越南北部与中国广西西部接壤,有北流型、灵山型铜鼓流传,也在意料之中。

(三)西盟型、麻江型铜鼓阶段

西盟型铜鼓是冷水冲型铜鼓的后继产物,其延续年代为唐代至近现代。它主要分布在广西和云南西南部中缅交界的西盟、孟连、耿马、沧源、澜沧等县的佤族地区以及越南北部、老挝西北部和缅甸东北部。越南北方发现了 8 面西盟型铜鼓。泰国也发现有西盟型铜鼓(也有石寨山型铜鼓)。缅甸主要是西盟型铜鼓。缅甸最大的铸鼓中心克耶邦乐可城的铸造技术乃是 500 年前(明代)由广西壮族传去的。[①]

马来西亚彭亨河支滚淡梅柏河畔盐砂岩出土的残鼓面

千百年来,西盟型铜鼓在越北地区和泰国、缅甸等地人民的生活中占有重要地位。

唐代诗人白居易的《骠国乐》诗中,有"玉螺一吹椎髻耸,铜鼓千击文身踊"的诗句。可见,此型铜鼓在唐时流行于中国西南边境和缅甸一带,并被古缅甸骠国作为敦睦邦交向唐献乐的伴奏乐器之一。铜鼓在缅甸人民心目中是一种圣物:在战场上它是胜利之鼓,在太平盛世它是求雨和喜庆的吉祥之音。克耶族人每逢婚事、乔迁新居、喜庆佳节,都要敲击铜鼓助兴。特别是雨季来临前,克耶族人敲击铜鼓,狂欢歌舞,祈求风调雨顺、稻谷丰

---

① 中国古代铜鼓研究会编:《中国古代铜鼓》,237 页,文物出版社,1988。

泰国曼谷王宫中的铜鼓之一

收。至今克耶族人每逢求神祈雨时还边敲铜鼓边唱:"蛙鸣咯咯雨水落,雨水落时鱼欢跃。鱼欢跃时河水涨……木漂浮时国富饶。"① 由于铜鼓上有蛙饰,缅甸人便把铜鼓称为"蛙鼓"。

20世纪50年代,中国学者在广西、云南的考古发掘和民族调查中所获的材料证明,西盟型铜鼓至今仍流行于桂西南的龙州、靖西等县的壮族聚居区。除此之外,西盟型铜鼓在东南亚的分布颇为广泛,如泰国、缅甸、柬埔寨、老挝、越南等国家,均有此型铜鼓的标本存世。②

东南亚地区除有许多实用的铜鼓外,还有许多作为明器的随葬小铜鼓。越南清化东山以及绍阳县绍阳、巴韦县东园、嘉良县天台山以及河内嘉林县、义安县、义坛县鼎乡等地墓葬中发现许多随葬用的小铜鼓,其总数大大超过了实用铜鼓。中国使用明器殉葬的现象在云南晋宁石寨山西汉早期的墓葬中就已存在,只是数量不多。越南古代墓葬大量使用明器殉葬显然也是受中国殉葬文化的影响。

马来西亚雪莪莪巴生1944年所发现的铜鼓面残片　　　越南黄下铜鼓面花纹

新加坡国家博物院陈列有一件汉代罐(铜)鼓。它传自中国,应无疑义。马来西亚彭亨州的淡美岭河曾发现中国汉代的铜鼓。③

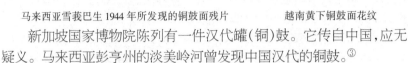

① 蒋廷瑜:《铜鼓史话》,92页,文物出版社,1982。
② 中国古代铜鼓研究会编:《中国古代铜鼓》,136页,文物出版社,1988。
③ 朱振明主编:《当代马来西亚》,279页,四川人民出版社,1995。

台湾大学珍藏的
铜鼓面花纹

越南东山铜鼓

　　铜鼓是中国西南濮族早期高度文明的标志。这种政治上象征权威、战时做军乐器、祭祀做祭具、平时又做乐器的重器,当是在历史重大变动时期,随着善于航海的越、濮族群的迁徙而传播到海外的。作为一种文化特征的铜鼓,连同其他文化传播到东南亚和西南太平洋区域,形成一条铜鼓文化传播带。铜鼓自中国云南传到东南亚,对东南亚文化产生了积极的影响,丰富了东南亚人民的物质生活和精神生活,促进了

缅甸克伦族铸造和使用的铜鼓(仰光国家博物馆藏)

东南亚的文化发展。中国铜鼓在东南亚以至太平洋群岛广泛流传,是中国南方民族与东南亚各族人民以及太平洋群岛上居住的民族长期进行文化交流的结果。

十一　中外乐舞百戏的交流

　　秦汉时期,国家的统一、经济的繁荣、长期稳定的生活、贵族官吏的好尚,使乐舞艺术得到蓬勃发展。如果说春秋、战国时代,乐舞之花还是含苞待放或蓓蕾初绽的话,那么,秦汉时期,尤其是汉代,简直可以说是花开满园了。

　　汉人性格奔放、浪漫、豪气、深情,表达感情的方式自由不羁。当语言尚不足以表达其激动的感情之时,人们就会不知不觉地歌之咏之舞之蹈之——乐舞成为其抒发感情的极好的形式。正史《史记》、《汉书》、《后汉书》中,关于上自帝王、下至百姓喜歌好舞的记载比比皆是。宫廷、达官、显贵、富室、巨商迷恋歌舞成为时兴的社会风尚。统治阶级的提倡、官僚贵族的好尚,使汉代乐舞蔚为风尚。其中西域乐舞文化的输入,更促进了汉代乐舞百戏艺术的迅猛发展。

　　秦汉时,北方的匈奴不断侵扰中国北部边境,迫使秦汉两朝不得不派重兵戍边守卫。所戍边陲远离中原,抵近匈奴地域。戍边将士日久天长渐渐习用当地游牧民族的铙歌、笳歌,以壮声威。这种铙歌、笳歌随戍边将士的回归而传入京城,加上原有的中原民间音乐,衍变成一种悲壮动人的鼓吹乐,用于朝廷、宗庙的盛大典礼。鼓吹乐所用乐器为胡笳、短箫、铙、鼓、横吹等。就这样,带有匈奴音乐成分的鼓吹乐便成了中国音乐的有机部分。

　　汉初,虽然张骞尚未通西域,但中原与西域的民间文化交流并不是完全没有。《西京杂记》卷三云,汉高祖刘邦时“七月七日临百子池,作于阗乐”。于阗乐是西域乐之一。这一史料说明,汉高祖刘邦时代,于阗乐已通过民间渠道传入西汉宫中,成为定期演奏的节目之一。

　　汉武帝时,张骞两次被派出使西域,经 10 多个寒暑,历尽千辛万苦沟通西域与中原的交往,开通举世闻名的丝绸之路,带回西域各国丰富多彩的乐舞和乐器。这些乐器有曲颈琵琶、箜篌、五弦琵琶、觱篥、方响、锣、钹、星、羯鼓、腰鼓和达卜等。西域诸国也相继派使者随汉使来中原。《汉书·张骞传》云："大宛诸国发使随汉使来观汉广大,以大鸟卵及犛轩眩人献于汉。"此处虽只提到送来"眩人"——魔术演员,但其他文化艺术交流也已逐步展开了。

据《晋书·乐志》载:"胡角者,本以应胡笳之声,后渐用之横吹,有双角,即胡乐也。张博望(张骞)入西域,传其法于西京,惟得《摩诃兜勒》一曲。"汉代宫廷音乐家李延年,曾据张骞从西域带回的此曲,造《新声二十八解》,作为军乐使用。张骞通西域之后,中国才有了真正意义上的军乐。它显然吸收了西域音乐的文化因素。

西汉武帝执政后,随着中原与西域各国关系的密切,尤其是随着汉公主远嫁到西域,西域与中原的交往更为频繁,尤其是乐舞艺术的交流。西汉武帝元封年间(前110年—前105年),武帝把细君公主(江都王刘建之女)嫁给乌孙王昆莫。细君公主死后,西汉宣帝本始二年(前72年)又把解忧公主(楚王刘戊之孙女)嫁给乌孙王。送行时,举行盛大百戏演出。解忧公主在乌孙生三男二女。她派遣自己的女儿回汉朝学鼓琴,学成归乌孙途中,经龟兹(今新疆库车)被龟兹王留下求婚,得到解忧公主的同意。显然,汉朝皇帝的外孙女与龟兹王联姻,很自然地将汉朝的乐舞艺术带到了龟兹。宣帝元康元年(前65年),解忧公主的女儿偕同丈夫——龟兹王,前来汉廷朝贺汉宣帝。汉宣帝赐给他们"车骑旗鼓,歌唱数十人"。后来龟兹王又多次来朝贺。他们崇尚、模仿汉朝的服饰制度,出入都行汉朝的礼仪,撞钟击鼓,有礼仪乐队演奏。这些演奏者,大都是汉宣帝赐给他们的汉乐人。这些汉乐人,把中原的乐舞文化传播到西域。而西域的使臣到汉廷观赏汉宫乐舞,则又是另一种形式的乐舞文化交流。

汉代与高句丽也有乐舞艺术的交流。据《后汉书·东夷列传》记载:"武帝灭朝鲜,以高句丽(今鸭绿江沿岸地区)为县,使属玄菟(郡),赐鼓吹伎人,其俗……自熹暮夜,辄男女群聚为倡乐。"据此可知,汉代中原伎乐艺人已被皇帝作为珍品赐给高句丽。这些中原伎乐艺人自然会把中原的乐舞带到中朝边远地区传播。

汉代乐舞经常与百戏中的其他节目搀杂或相间演出。偏重技巧表演的杂技节目,在一定程度上促进了乐舞的发展。汉代乐舞具有伎、艺结合的特点。这一特点保持至今,成为中国舞蹈的特色之一。张骞通

西汉杂技俑群(山东济南无影山汉墓藏)

西域后,前来中原表演的域外杂技幻术,激起帝王贵胄的浓厚兴趣,逐渐融会于汉代乐舞百戏之中。

两汉时代域外献演杂技的例子有:

西汉武帝时,大宛诸国曾来朝献演犛轩眩人的魔术杂技节目。

东汉安帝时,掸国(今滇缅边境)也曾来汉朝献演魔术杂技节目。据《后汉书·西南夷传》云,安帝"永宁元年,掸国王雍由调复遣使者诣阙朝贺,献乐及幻人,能变化吐火,自支解,易牛马头,又善跳丸,数乃至千"。另据张衡《西京赋》云,掸国"幻人"献演的杂技节目中,还有一个"都卢寻橦"。据考,"都卢"即"夫甘都卢",缅甸古蒲甘国;"寻橦",即缘竿。"都卢寻橦"即"蒲甘缘竿"。这一来自古缅甸的精彩杂技节目,献演京城洛阳的百戏舞台后,受到东汉朝野的高度赞赏,并为东汉百戏艺人所吸收,成为常演不衰的百戏节目之一。缘竿技艺发展到今天,已成为当今杂技艺术中的一大门类,种类更加繁多。

"水人弄蛇"是西域东传的杂技之一。见于张衡《西京赋》。水人,可能是指生活在南亚、东南亚江海湖泊上的渔民。他们能熟练地戏耍各种活蛇。杂技艺术家将之搬上舞台,便成了颇能吸引观众注意力的

"水人弄蛇"节目。汉代弄蛇的图像不少，有独弄、群弄之分。云南晋宁出土的西汉透雕饰件，雕有弄蛇图，图中两人带剑舞乐，脚下巨蛇盘绕，从服饰和神态看，图中人物均与中原人大不相同。

西域传入的幻术，有不少令人感到残酷的节目。"吞刀"，即真的把刀插入食道，"吐火"、"屠人"、"自支解"，亦属苦刑幻术，这些节目大都来自印度。东汉安帝时，天竺献技，能自断手足，刳腹胃，均为血淋淋的玩意，后世亦屡有出现。惟来自印度的"种瓜"节目，表现下种、引蔓、结瓜于顷刻之间，尤为中国观众所喜好。

南阳汉代画像石中有裸体舞图像。汉代裸体舞的出现，更足以说明当时的乐舞受了域外民族乐舞的影响。对此，中国著名历史学家翦伯赞认为："裸体舞是生活于较为原始的历史阶段中之歌舞的形式，此种歌舞的形式，在中原地区，亦曾存在过，但随着历史的进展，早已消灭了。尤其在儒家哲学支配一切文化思想的汉代，此种不合封建礼教的裸体舞决不会在本土再生长出来，因而确切地证明这是一种外来的歌舞形式。"①

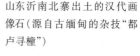

山东沂南北寨出土的汉代画像石（源自古缅甸的杂技"都卢寻橦"）

域外乐舞杂技传入后，汉朝兼收并蓄，再融合进中国乐舞杂技艺人的智慧，促进了汉代乐舞百戏体系的形成。

东汉灵帝时代（168—188），由于帝王贵胄对异质胡文化的提倡和支持，东汉王朝掀起一个胡化的高潮。《后汉书·五行志》记载："灵帝好胡服、胡帐、胡床、胡坐、胡饭、胡箜篌、胡笛、胡舞，京都贵戚皆竞为之。"这种风气的形成，一方面是由于皇帝本人的好尚，更重要的还是当时西域与中原交往频繁，中原人民对西域独具风格的乐舞文化及其生活用具产生了极为浓厚的兴趣所致。据此人们不难理解，众多的西域胡民东来汉朝与汉人杂处通婚，一方面带来了异质胡文化，另一方面也接受

---

① 翦伯赞：《秦汉史》，548 页，北京大学出版社，1983。

了中国固有文化的熏陶,逐渐与汉族融合了。西域文化犹如一股清泉,汩汩融进汉文化之中,使汉文化愈益娇妍多姿。文化的发展与交流,就是在这种异化和同化的相互作用下进行的。

第 三 章

魏晋南北朝时期的
中外文化交流

概　述

东汉末年爆发的黄巾起义,沉重地打击了汉王朝统治集团。与此同时,各地豪强为镇压起义军,不断扩大私人武装,形成遍及全国的诸多军阀集团。这些军阀集团相互展开激烈的武力兼并。公元 220 年,曹氏在洛阳代汉立魏,控制整个中原地区;继之,刘氏在成都建蜀称帝,占据西南地区;孙氏在建业(今南京)立国为吴,统治长江以南地区,史称"三国"。这是自秦汉以来中国统一以后的首次分裂。从此,中国历史进入魏晋南北朝时期。

文化的发展、传播,有一定的独立性、稳固性。它与政权的盛衰并不一定保持均衡状态。当汉王朝衰微时,中国文化的发展脚步并未放慢、停滞,正因为西域文化(包括佛教文化)的东传,给中国文化注入了异域文化的汩汩清泉,致使中外文化交流所激发出来的旺盛生命力,在魏晋南北朝时期显现出来。

魏晋南北朝时期的中外文化交流,较之秦汉时期有更大程度的发展。它表现在下列三个方面:其一,交流的国家和地区进一步扩大;其二,交流的渠道和途径在逐渐增加;其三,交流的项目和内容更为丰富多彩。如果说秦汉时期中外文化交流较多地表现为具有军事政治倾向的话,那么,魏晋南北朝时期则主要表现为宗教、艺术、学术思想和生活习俗等文化本身的交流。这一时期,西域的佛教迅速东传,首先在北朝得到迅速发展。多姿多彩的佛教建筑艺术、雕塑、壁画及为佛教服务的乐舞艺术、文学艺术在北朝土地上大放异彩。洛阳成为北朝的佛教文化中心。经过交流、融合后的佛教文化,又从北朝东传朝鲜半岛和日本。北魏都城洛阳设有"四夷馆","自葱岭以西,至于大秦,百国千城,莫不款附",有的胡商"乐中国土,因而宅焉,不可胜数",出现了专供胡商居住的街区。洛阳成了北朝中外商货贸易的著名市场之一。

公元 3 世纪至 6 世纪,东吴、东晋、宋、齐、梁、陈六国相继在建业(后改建康)建都,史称"六朝"。六朝疆域北达江淮,南至交广,西抵巴蜀,东邻沧海。相对北方地区的战乱频繁、经济衰退,六朝较为统一,社会安定。南北两地的"势差"导致北方人士大量南迁,江南开发以空前的热情与规模展开,原本落后的长江流域经济在短短百十年内便奇迹般地赶上并逐渐超过黄河流域。中国经济重心逐步南移。六朝在科学、技术、思想、文化、艺术诸领域皆取得辉煌成就,使中国文化在分裂和战乱的年代里得以保存并获得巨大发展,诞生了中国文明史上继往开来的六朝文明,并对周边一些国家和地区的文明进步产生了积极的影响。

六朝时期,佛教勃兴。当时的王公贵族竞相造寺院立浮屠,仅在建康一地,佛寺就达 500 余所,僧尼数量也与日俱增。东晋末年,寺僧"一县千数,猥成屯落"①。梁武帝时,佛教更是盛极一时,建康地区的僧尼达 10 余万人,郡县的僧尼更是不可胜数,"天下户口,几亡其半"②。如果说,汉朝主要是在与西域各国交往中接触并传入佛教的话,那么,魏晋南北朝时期则更多是在直接与东南亚佛教国家接触中发展佛教的。

六朝时代,中国佛教始传朝鲜、日本。东晋,中国佛教传入朝鲜半岛三国之一的高句丽。公元 372 年,中国前秦宣昭帝苻坚在向高句丽派遣外交使团时,团员中即有僧侣顺道。顺道带去佛经和佛像,受到高句丽小兽林王的亲自迎接。从此,中国佛教在朝鲜半岛传播开来。梁朝,中国佛教传入日本。梁武帝普通三年(522 年),由中国江南渡海赴日以制鞍为业的汉人司马达等在日本大和坂田原设立草堂崇奉佛教。公元 552 年,已经接受中国佛教的朝鲜百济国国王圣明王遣使将佛像和汉译佛经奉送日本。从此,中国佛教开始在日本传播。

魏晋南北朝时期,虽然战乱纷繁,但对外交通并未中断,特别是东南一带的海上交通,更有新的发展。中国的灿烂文化,随着商旅使者和佛教僧侣的足迹,翻山越岭,漂洋过海,向更遥远的地方传播。其他国家的文化艺术也相继传入中国,充实了中国的文化宝库。

---

① 《弘明集》,卷 12。
② 《南史》,卷 17。

这一时期,就陆路而言,通往西域的商道有三条:南道,出玉门关由南山北坡西行,越葱岭、悬度到身毒(今印度)、大月氏(今阿富汗);中道,出玉门关,经白龙堆沙漠、古楼兰城(今罗布泊西北),沿孔雀河西抵龟兹(新疆库车),再经疏勒、大宛而达波斯、大秦等国;北道,即新道,从玉门关西北绕过白龙堆沙漠,经高昌西行抵龟兹,与中道合。西去的商品仍以丝为大宗。就海路而言,南海航路又有新的发展。许多南亚、东南亚国家经由南海航路与中国六朝往来频繁,广州、建康是当时中国南方最大的国际贸易港口。

三国两晋时期,起源于古代南印度秣菟罗艺术的佛像艺术,经由南方陆上丝绸之路,从印度经缅甸入中国云南、四川、湖北、浙江而传入日本。这条早期佛教造像的南传系统比由西域而来的北传系统还早。

魏晋南北朝时期,由于西来僧人大多懂得医学,印度的不少药方也随之传入中国。与此同时,中国人民吸收外来的雕塑、绘画等艺术,创造了辉煌的作品。敦煌莫高窟的塑像和云冈、龙门等地的石刻佛像,就是中国人民吸收印度犍陀罗艺术而创造出来的文化成果。

这一时期,随着西北陆上丝绸之路的繁盛,西域各国的民族乐舞大举传入。如天竺(印度)、龟兹等地的音乐舞蹈,上至宫廷,下迄闾巷,盛极一时,形成中外各族乐舞文化大交流的局面。传统的中国乐舞,在汉代百戏的基础上吸收了域外乐舞的不同艺术风格,焕发出灿烂的艺术光彩,为隋唐音乐舞蹈的繁盛创造了条件。

魏晋南北朝时期,是民族大融合、文化大交流的时代。

一 佛教在中国的进一步传播

魏晋南北朝时期,由于封建统治者的提倡和利用,也由于各阶层人民在痛苦的黑暗中追求虚幻的幸福和解脱,佛教在中国得以进一步传播,佛教文化在中国得以进一步发展。

继汉末儒家正统观念的衰微,三国时的思想解放运动有更深层的开拓。非儒之风和玄学的兴起,为佛教的全面发展创造了条件。三国时研究《般若》,开始成为一门独立的学问,即般若学。般若学是佛教以纯理论形式进入中国上层社会的开端,直到两晋,始终是佛教中的显学。魏释朱士行曾在洛阳开讲《道行经》，"觉文章隐质，诸未尽善"，便于魏元帝景元元年(260年)西渡流沙，至于阗求得胡本《放光般若经》。这说明洛阳听众对般若学的讲经水平有了新的要求。

魏境的佛教特别重视对戒律的译介，反映了出家僧侣的数量相当可观，有了整顿和规范僧侣纪律的需要。见于《高僧传》的译者，有沙门昙柯迦罗、昙帝、康僧会等。

昙柯迦罗，中天竺人，于魏嘉平年间(249—254)来洛阳译经。《高僧传》卷第一："于时魏境虽有佛法，而道风讹替，亦有众僧未禀归戒，正以剪落殊俗耳。设复斋忏，事法祠祀。迦罗既至，大行佛法。时有诸僧共请迦罗译出戒律，迦罗以律部曲制，文言繁广，佛教未昌，必不承用。乃译出《僧祇戒心》，止备朝夕。更请梵僧立羯磨法受戒。中夏戒律，始自于此。"他在中国首创授戒度僧制度。

安息国沙门昙帝，亦善"律学"，魏正元年间(254—256)游洛阳，立《昙无德羯磨》，作为处理僧侣个人或僧团事务的准则。

吴都建业的般若学，是在玄学的基础上发展的。主要的弘扬者是支谦。支谦，原籍月支，其祖在东汉灵帝时归汉。支谦的汉文水平很高，"备通六国言"。曾跟从支谶的弟子支亮求学。东汉末年，避乱至吴，为孙权所闻，拜为博士。支谦自吴黄武(222—229)至建兴(252—253)年间，译经数十部。其中最重要的是《大明度无极经》、《维摩诘经》。

吴地另一佛教传播者是康僧会。康僧会原籍康居，世居天竺，随其父经商移居交趾，是有史记载的第一个自南而北传播佛教的高僧。吴赤乌十年(247年)，康僧会至建业。相传他利用佛舍利显神异，说动孙权为其建立佛寺，号"建初寺"，是为江南有寺之始。

公元264年，孙皓即位。他是一个性情昏暴、行为凶残的帝王。康僧会曾劝说其信奉佛教，行"孝慈"、"仁德"之道，取得一定成功。因此，佛教史籍将康僧会的传教活动视做江南佛教传播的开端。

三国归于晋(西晋)。西晋国祚虽然不长，但佛教得到长足发展。据《洛阳伽蓝记·序》云，洛阳"至晋永嘉唯有寺四十二所"。"逮皇魏受图，光宅嵩洛，笃信弥繁，法教逾盛"。《法苑珠林》称，"西晋两京合寺一百二十所"，拥有著名佛经翻译家12人，共译出经典333部。佛教在全国的流布情况，据此可以推度。

西晋灭亡后,以司马睿为首的部分皇室成员和士族南渡,在建康建立东晋王朝。东晋诸帝无不信奉佛法,结交僧尼。东晋的重臣,如王导、谢安等,都与名僧有密切交往。

据唐法琳《辩正论》记,东晋共有佛寺1 768所,僧尼24 000人。皇室贵族竞相修建佛寺,成为东晋奉佛的一个特点。众多佛寺的兴建,使外来佛教建筑、佛像雕塑绘画、梵乐等艺术得以进一步传播。

南北朝(420—589)是中国佛教全面持续高涨的时期。据唐法琳《辩正论》记,南朝的梁代(502—557),计有寺院2 846所,僧尼82 700人,比东晋寺院增加1 000余所,僧尼增加3倍多。北魏末年,魏境僧尼达200万,寺院3万有余。著名的大同云冈石窟和《洛阳伽蓝记》中所记的佛寺建设情况,反映了北魏王朝崇佛的风尚之盛。所有这些,均反映出佛教在南北朝时期得到了迅猛发展。佛教如此迅猛发展的直接原因,是南北朝诸帝王的大力扶植。

南北朝佛教在与儒教、道教的深层冲击和融合中,得以持续扩大影响面,向多元化发展。与此同时,域外僧人继续东来,中国僧人开始西行求法。这一来一去,使佛教在更深的文化层面上在中国传播。

自晋到南北朝,经由西北陆上丝绸之路进入中原传法译经最多的外国僧人是罽宾僧人,其中著名的译家有僧伽提婆、昙摩耶舍、弗若多罗、卑摩罗叉、佛陀什、昙无谶、昙摩密多等。由天竺来的也不少,如菩提流支、勒那摩提、佛陀扇多等。经由南海海路进入中国内地的西僧有罽宾求那跋摩、中天竺的求那跋陀罗、南天竺的菩提跋陀、西天竺的拘那罗陀(真谛)等。此外还有来自扶南的僧伽婆罗、曼佗罗仙等。其中不少西僧,或经由陆上丝绸之路到中国,然后循海路而归;或经由南海海上丝绸之路到中国,然后循陆上丝绸之路而归。南海北陆,两晋之际已经贯通,形成一个佛教文化循环遨游的大圆圈。这个大圆圈到南北朝时,流转的速度骤然加快,往来的僧众明显增多。

西僧东来,带动中国僧人西去取经求法。至晋、刘宋之际,掀起了求法高潮。西游求法的知名僧人最具代表性的,南方是法显、智严、宝云等,北方是宋云、慧生等。

印度室利笈多王为安置日益增多的中国求法游僧,在距那烂陀寺东40驿处,曾专造密栗伽悉他钵娜寺。

南北朝时,翻译西僧东来携至的梵经和中国僧人西去求得的梵经形成一个高潮。据《开元释教录》记载,南北朝时期,共出现著名译者67 人,译籍 750 部,1 750 卷。著名译经者中,数鸠摩罗什贡献最大。

鸠摩罗什(344—413),中国佛教四大译师之一,原籍天竺,出生于西域龟兹。他从事佛教翻译是在后秦时期。后秦弘始三年(401 年),后秦国主姚兴遣使把鸠摩罗什迎到长安,待以国师礼。从此,鸠摩罗什在长安佛经译场与八百弟子展开大规模的译经工作,系统介绍佛学思想体系。鸠摩罗什主持译出的佛经共有 74 部,384 卷。其中《摩诃般若波罗蜜经》、《中论》、《百论》、《十二门论》、《大智度论》、《马鸣菩萨传》、《龙树菩萨传》等,对佛学思想在中国的流传产生了很大影响。他所翻译的《金刚经》、《法华经》、《维摩诘经》等经文中包含很多富有戏剧性的故事,曾是中国文学家、画家、雕塑家的作品中常用的典故和题材。鸠摩罗什对佛教文化在中国的传播做出了卓越的贡献。

草堂寺鸠摩罗什舍利塔,位于陕西户县圭峰山下

佛教虚构出一个虚幻的世界,同现实世界对立起来,又臆造出人死后的灵魂生活,同人间的生活对立起来,要劳动人民放弃一切反抗斗争,忍受现实生活中的一切苦难,而把希望寄托于所谓"来世"。这正符合统治阶级的利益。统治者自身也从这种教义中得到安慰,生前享尽富贵荣华,只要信佛,有了功德,来世也可继续享用。因此,魏晋南北朝

各朝统治者极力提倡佛教,到处兴建佛寺、雕塑佛像,僧尼多到惊人的程度。北魏末年,北方各地有佛寺 3 万余所,僧尼 200 万人。梁武帝 3 次舍身佛寺,借以倡导佛教。佛教成了南北朝王公贵族们的共同信仰,成了他们奴役人民的重要工具。

魏晋南北朝急剧的社会变化,引发了各阶层对于佛教的多方面的兴趣。外来佛教的各种思潮和典籍以空前的规模涌进内地。可是在它的传播过程中,与中国本土宗教——道教以及传统思想——儒学发生了激烈的对抗,在儒、释、道之间迸发了广涉政治、经济和思想文化等各个领域的论战和斗争。

由于政治、经济以及思想的原因,某些封建帝王为了维护自身的统治利益,曾数次下令禁止佛教。著名的有北魏太武帝拓跋焘(424 年—452 年在位)、北周武帝宇文邕(561 年—578 年在位)两次灭佛,对佛教的发展打击甚重。公元 440 年,魏太武帝奉行寇谦之的天师道,改元"太平真君",斥佛教"西戎虚诞,妄生妖孽",限制沙门,征兵僧侣。公元 446 年,太武帝至长安,发现佛寺藏有兵器、财物和妇女,便下诏令在魏境悉坑沙门,破毁佛像胡经。第一次毁佛行动驱使佛徒大批南下。

建德六年(577 年),周武帝以佛教费财伤民、忤逆不孝为名,正式宣布毁佛。于是周全境扫尽官私所造一切佛塔,焚烧经典。周武帝毁佛为时极短,但打击酷烈,其影响于佛教者,比第一次更甚。

除了帝王灭佛之外,知识阶层中的一些人由于看到佛教流传所产生的弊端,同时为了维护儒学的正统地位,也坚决站出来抨击佛教。著名的有南朝齐梁时的唯物主义哲学家和无神论者范缜,他著的《神灭论》,从"形神相即"和"形存则神存,形谢则神灭"的根本命题出发,论证形体和精神的关系是"质"和"用"的关系:"形者神之质,神者形之用。"形和神的关系,正如刀刃和刀刃的锋利关系一样。肯定精神本身并非物质实体,而是人的形体的一种作用,修正了以前唯物主义者误认为精神为一特殊物质的观点。认为"浮屠害政,桑(沙)门蠹俗",揭露佛教从精神上奴役人民,从物质上妨碍生产的毒害。《神灭论》锋芒所指,无不披靡,是中国哲学发展史上里程碑性的无神论著作。梁武帝对他的言论冠以"违经背亲"的罪名,发动权贵 60 余人作文字围剿。在理论上,佛教受挫;在政治上,佛教仍然取得了胜利。

从文化发展史的全貌看,不论中国固有文化与外来佛教文化发生何等激烈的冲突,也不管统治集团出于经济政治考虑对佛教采取何种限制和打击的政策,都没能制止住佛教在全中国范围内的广泛传播和向社会生活各方面的渗透。儒、释、道的斗争在更深层的领域,促进了三教的相互吸收和融合。在这种形势下,中国佛教取得了既有异于印度佛教又有异于传统文化的独立地位。

二 佛教石窟艺术的传入和光大

佛教石窟为佛教寺院的一种特殊形式。佛教石窟艺术源于印度。公元三四世纪佛教石窟艺术伴随佛教的东来传入中国。

佛教石窟艺术是中国文化宝库中的一颗明珠。敦煌、云冈、龙门等大批的石窟艺术气魄宏大,灿烂辉煌,堪称世界艺术之伟观,可与埃及金字塔媲美。

中国最早的佛教石窟当为始凿于 3 世纪的新疆龟兹石窟。4 世纪后,龟兹以东受其影响,在焉耆、吐鲁番一带凿窟造像,并渐次入关。4 世纪中后期,敦煌就有开窟的早期记录,并在凉州一带蔚然成风。5 世纪中期以后,敦煌以东广大地区开凿石窟,分布广,数量多。直至 8 世纪,形成中国石窟雕凿的盛期。其尾声延续至 18 世纪至 19 世纪。

中国佛教石窟是世界上保存数量最多、分布地区最广、延续时间最长的佛教艺术遗存。按其地区分布和石窟类型,大体可分为三个地区:新疆地区、中原地区和南方地区。新疆地区石窟又可分为古龟兹区、古焉耆区和古高昌区。古龟兹区,即今库车、拜城一带,开凿时间约从 3 世纪至 8 世纪。这里有中国最早的石窟——拜城境内的克孜尔石窟及库车境内的库木吐喇石窟、森木塞姆石窟和克孜尔尕哈石窟。古焉耆区,即今焉耆回族自治县一带。主要有七格星石窟,开凿时间在 5 世纪之后。古高昌区,在今吐鲁番附近。主要有吐峪沟石窟和柏孜克里克石窟,开凿时间为 5 世纪至 13 世纪。

新疆拜城的克孜尔石窟位于该县克孜尔镇东南木扎特河谷北岸的悬岩上。现有编号洞窟 236 个,其中洞窟形制较完备、壁画遗存较多者占 1/3,东西长达 2 公里,规模仅次于敦煌石窟。此石窟是古代龟兹境内现存规模最大的石窟群,是龟兹佛教艺术的典型代表。它始凿于 3

世纪末至 4 世纪初,在 7 世纪至 8 世纪逐渐走向衰落。石窟形制主要有礼拜窟、讲堂与僧堂,题材内容属小乘佛教,崇拜释迦牟尼及弥勒佛,其风格受巴米扬石窟艺术的影响;晚期则受大乘佛教的影响,并吸取敦煌石窟艺术的成分。

古焉耆区的七格星石窟,位于焉耆县西南约 35 公里处,残存 12 个石窟,从窟形及壁画风格上看与克孜尔石窟相似。

作为高昌佛教艺术代表的柏孜克里克石窟位于吐鲁番县城东北约 50 公里处。石窟凿于 9 世纪以后,迄于 13 世纪。共编号 57 窟。其洞窟构筑特殊,有些窟采取开凿石崖与土坯砌建并用的形式。壁画内容以大立佛为主,有西方净土变、文殊变等。在壁画中的佛像、僧侣和供养人像旁,大多有汉文、回鹘文双行并写的榜书。它是古代高昌地区保存最完好、内容最丰富的一处石窟。

新疆石窟多禅窟与僧房,多中心塔窟和大像窟,题材内容从反映小乘佛教过渡到反映大乘佛教,是国内硕果仅存的小乘佛教石窟集中地。

中原北方地区石窟亦可分为:河西地区石窟,主要有 5 世纪至 14 世纪的敦煌莫高窟和 5 世纪至 6 世纪的凉州石窟遗址;甘肃宁夏黄河以东地区的石窟,主要有 5 世纪至 6 世纪的麦积山、炳灵寺和须弥山石窟;山西、河南以及以东地区石窟,主要有 5 世纪后半期的北魏云冈石窟,继其开凿的龙门、巩县石窟和 6 世纪至 7 世纪东魏、北齐的响堂山、天龙山石窟。

敦煌莫高窟(又名千佛洞)位于敦煌市东南 25 公里鸣沙山的断崖上,始凿于公元 366 年,后经北魏、西魏、北周、隋唐、五代、宋、西夏、元诸代相继凿建,时间延续1 000年。已编号洞窟 492 个,壁画 4.5 万多平方米,彩塑 3 000多躯,唐宋木构窟檐 5 座,位居全国石窟之首。1900 年,在敦煌藏经洞中发现三四万卷古抄本经籍,包括佛典、变文、史籍、诗赋和公私文件等,以及绢本绘画、刺绣等工艺美术品数百件。对敦煌壁画、塑像及其他文物的研究,已经成为一门世界性的独立学科——敦煌学。

麦积山石窟位于甘肃天水市东南 45 公里的麦积山。麦积山石窟始凿于十六国的后秦(384—417)时期。现存窟龛 194 处,壁画1 300多平方米,泥塑造像7 000多躯,是中国泥塑造像最多的石窟。它与敦煌、云冈、龙门并称中国佛教四大石窟。

山西大同云冈石窟第 20 号窟大坐佛　　　　甘肃敦煌莫高窟第 57 号窟菩萨

　　云冈石窟位于山西大同市西北约 17 公里云冈堡的武周山,开凿于北魏文成帝和平元年(460 年),是国内第一处由皇室显贵主持开凿的大型国家级石窟。它天然分为 3 个区,即东区、中区和西区,绵延 1 公里。现存大小洞窟 53 个,内有雕塑 5.1 万余尊。它是新疆以东最早出现的石窟群,创造了石窟开凿的"平城模式"(大同古称平城)。由于云冈石窟始凿于北魏拓跋氏占有华北之际,即多民族文化大交融之际,故云冈被视为中华民族发展时期的标志之一。又由于云冈石窟受到印度犍陀罗艺术(融合希腊、罗马、波斯、印度等文化的特色)的影响,故它又被视为中西文化艺术最初交流的结晶。

　　龙门石窟位于河南洛阳市城南 13 公里处。创建于北魏迁都洛阳(494 年)前后,历经东魏、西魏、北齐、隋、唐,北宋续有开凿。其中北魏窟龛约占 1/3,唐代窟龛约占 2/3,现存窟龛总数为 2 100 多个,造像近10 万尊,碑刻题记 3 600 多品,佛塔 40 余座。如果说敦煌莫高窟和大同云冈石窟的佛像还较多地保留有外来文化的特点,那么,随着北魏孝文帝迁都洛阳,推行先进的政策,龙门的石窟艺术则表现出中国化、世俗化的趋势。无论是造像的神态气质、衣着装饰,还是雕刻手法,面目都为之一新。

河南洛阳龙门石窟卢舍那佛像

中原北方地区石窟,五六世纪为其盛期,直至 11 世纪走向衰落。这一地区的石窟艺术充分体现了佛教石窟东方化的具体过渡。

南方地区石窟,主要有长江下游石窟,包括五六世纪的栖霞山和新昌石窟;四川地区石窟,包括 6 世纪至 12 世纪的金川各地石窟;云南大理剑川石窟,开凿于 9 世纪至 13 世纪,主要为南诏、大理政权时期开凿。

四川大足石刻,为唐宋时所凿,明清亦有续凿。分布于 40 多处,现存造像 5 万余躯,其中以宝顶山和北山摩崖造像为主,为中国晚期南方佛教石窟艺术的代表。

中国佛教石窟艺术绵延悠久,其中以大同云冈石窟、洛阳龙门石窟和敦煌莫高窟并称为中原北方地区三大石窟,并与新疆、四川石窟同为中国石窟的代表。就石窟演变历程而言,可概括为龟兹模式、凉州模式、平城模式等诸种石窟型,从而逐步实现佛教的中国化,具有鲜明的时代、民族和地区特色。上述三大石窟分布,各具特色,互相影响,南北交流,东西辉映,形成了内容丰富、前后延续的中国佛教石窟艺术体系,成为研究中国历代政治、经济、文化的重要实物资料。

三　西蜀诸葛亮南征与中缅文化交流

公元 225 年,三国蜀汉政治家、军事家诸葛亮(181—234)南征,是其在刘备死后领军对南中地区采取的一项军事、政治行动。南中地区

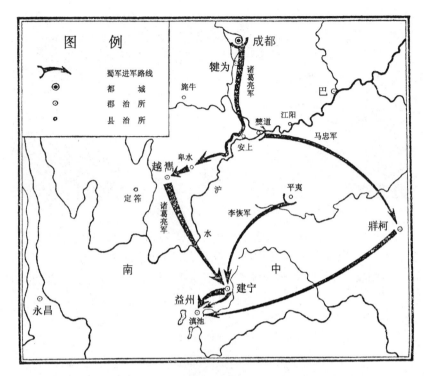

图 例

蜀军进军路线
⊙ 都　城
◎ 郡治所
• 县治所

成都
犍为
旄牛
巴
江阳
僰道
马忠军
安上
卑水
越巂
李恢军
平夷
牂柯
定筰
诸葛亮军
水
中
南
益州
建宁
滇池
永昌

诸葛亮南征图

是蜀汉的后方,辖地包括今云、贵、川、黔地区。这一大片土地物产丰富,世居着中国多种少数民族的先民。由于东汉政权推行"内诸夏而外夷狄"的大汉族主义方针,激化了南中地区人民与朝廷的矛盾,加深了

成都武侯祠

民族隔阂和对立。南中地方势力乘机叛乱作恶。在这样的情势下,诸葛亮于蜀汉后主刘禅建兴三年(225 年)3 月,亲率蜀军主力从成都出发进军南中,斩杀高定、朱褒,七擒七纵孟获,取得了平定南中的胜利。

诸葛亮南征是维

护国家统一、反对地方分裂割据的行动,符合各族人民和睦相处的愿望。在征战过程中和战争结束后,他依照"和抚"方针,从政治、经济上采取一系列有效措施,对南中地区进行治理。劝务农桑、发展生产,是诸葛亮治理南中的一项重要内容。在汉末三国,南中边缘地区还处于原始部落和游牧状态,诸葛亮大力提倡牛耕,推广汉族的先进耕作技术,推动了南中地区社会经济的发展。他"令人教打牛以代刀耕,彝众感悦"①。至今云南德宏傣族中还流传着诸葛亮带去牛耕的传说,有的地方还保存着他教当地人打牛耕田的遗迹"打牛坪"。诸葛亮在南中大力发展生产的影响深远。诸葛亮南征并未到过云南保山,然而那里却有大小三个诸葛堰以及诸葛营等遗迹。云南佤族人说,他们的祖先盖房子、编竹箩,是"孔明老爹"教的,稻种也是"孔明老爹"给的。傣族人说,他们的佛寺大殿屋顶是仿照诸葛亮的帽子式样造的。景颇族尊崇诸葛亮,呼之为"孔明老爹",视之为至高无上的神,在祭祀时必先呼其名后拜之。甚至连傣族的泼水节、彝族的火把节也传说是诸葛亮教他们用水冲去疾病、用火驱逐害虫而遗留下来的风俗。这些广为流传的故事,连同云贵各地数以百计的诸葛亮遗迹,是对诸葛亮开发边疆的赞扬和缅怀。

诸葛亮南征,把汉族先进的文化传播到中缅边境,进而传播到缅甸。《蛮书》卷7记载滇中的耕田法:"每耕田用三尺犁,格长丈余,两牛相去七八尺,一佃人前牵牛,一佃人按犁辕,一佃人秉耒。蛮治山田(梯田),殊为精好。"缅甸北部农民基本沿用云南兄弟民族的这种耕田法:用三尺犁,两牛中间架一格,一人在前牵牛,一个扶犁,一人在后下种,与上述记载吻合。

关于诸葛亮的传说,至今在缅甸境内还广为流传。赵汝适在《诸蕃志》"蒲甘"条中说:"国有诸葛武侯庙。"朱孟震《西南夷风土记》说:"普坎(即蒲甘)城中有武侯南征碑。"谢清高在《海录》中还说:"摆古(今缅甸勃固)有孔明城。"现今缅北中缅边境木姐至南坎一带,有20多口孔明井。缅甸海滨城市山道卫有晚上放高升(即孔明灯)的习俗。缅甸考古学家杜生诰在蒲甘发现由铜制成的诸葛鼓,相传是诸葛亮南征至永昌时传入缅甸的。旅缅华侨中流传着这样的传说:诸葛亮见到缅甸人

---

① 冯苏:《滇考·诸葛武侯南征》。

衣着裸露,建议围裹一块布幔,以代替穿裤子。诸葛亮认为适应热带气候围裹下半身的布幔"不错"(缅甸人听为"勃梭")。这便是缅甸人又称"沙笼"为"勃梭"的由来。第二次世界大战期间,中国远征军司令罗卓英率部在缅甸与日军作战时,曾发现"缅东有甚多土人奉祀武侯",在震惊之余,他感到缅甸人崇敬孔明,比起中国人,似乎更有甚者。时至今日,缅甸克钦族、佤族坚信是诸葛亮教会他们种谷子的,掸族说盖房子是"孔明老爹"给的图样。更有甚者,当外国传教士到缅甸北部克钦族中传教时,群众说,我们只信"孔明老爹",不信耶稣。传教士没有办法,只好编造谎言:上帝有两个儿子,老大叫孔明,老二叫耶稣,老大孔明已老朽不中用了,上帝叫老二耶稣代替孔明管理世上百姓。这一传说从侧面反映了缅甸人对诸葛孔明的崇敬。

此外,诸葛亮创立的分兵以配大姓和世袭的土司制度,不仅对西南兄弟民族产生了深远的政治影响,而且也影响到中国邻近的缅甸。缅甸与中国毗邻的掸邦和克钦邦,千余年来一直沿袭诸葛亮创始的土司制度。

诸葛亮南征,促进了中缅友好和两国经济文化往来。

四 东吴康泰、朱应出访扶南及其产生的文化影响

东吴孙权在江东立国,对中国东南地区的开发是有贡献的。长江中下游地区在东吴时比东汉时经济文化的确是发展了。东吴孙权对发展中国的航海事业及促进中外文化交流,也做出了贡献。

孙吴时期的海上交通相当发达。海船北达辽东,南通交广及东南亚诸国。海上的商船大的长达60.6米。长江中的战船,有的可载战士3 000人,有的上下5层,雕镂彩画,非常华丽,可见,当时的造船技术已经达到很高的水平。黄龙二年(230年),孙权派将军卫温、诸葛直率领1万余人的庞大舰队到达夷洲(今台湾)。他们在夷洲逗留了一年,回来时还把几千夷洲人迁到了大陆。

东吴曾多次派出强大船队去海外访问。其中孙权派遣中郎康泰、宣化从事朱应于赤乌七年(244年)至神凤元年(252年)访问扶南,是影

响最大的一次外访。①这也是中柬友好关系史和文化交流史上具有开创性的重大事件。

扶南是柬埔寨人民建扶南国时使用的国名,它建立于公元68年,到7世纪中叶被真腊取代,历时600余年。扶南是当时雄峙半岛、威震海疆的东南亚强国。公元1世纪至7世纪,柬埔寨人民创造了璀璨夺目、独步一时的扶南文化。

扶南位于中国和印度两大文明古国之间。它是传播中印两大文化的媒介、交换两国商品的驿站,也是沟通中、柬、印三国人民感情的桥梁。中印两大文化曾经在这里相互交融、激荡。东方西方的商人、使臣和僧侣翩然来会,这就为南海诸国之间的航海活动、贸易往来、经济联系和文化交流创造了契机、提供了舞台,其影响和作用远远超过了中柬两国本身的范围而具有世界性。

中国与扶南的友好交往始于公元1世纪。公元84年(东汉章帝元和元年),扶南柳叶女王派遣使者向中国东汉朝廷赠送珍贵的犀牛和白雉,以示友好。东汉朝廷回赠了珍贵礼品。此后经过一个多世纪的发展,两国关系日益密切。进入公元3世纪以后,这种官方的交往和两国的互通极为频繁,中国、扶南两国的友好关系和文化交流进入了新的发展时期。

公元225年(孙权黄武四年),扶南遣使向东吴赠送琉璃。接着,公元229年到231年,扶南又遣使来中国献琉璃。《三国志·吴书·孙权传》载:吴大帝赤乌六年(243年)"十二月,扶南王范旃遣使献乐人及方物"。当时扶南乐可谓东南亚各国音乐的精华,代表了东南亚音乐的最高水平。《新唐书》卷22云:"扶南乐舞者二人,以朝霞为衣,赤皮鞋。"东吴朝廷对扶南献乐十分重视。次年,即吴赤乌七年(244年),孙权命下属在京城建业北郊1公里处,"置舍以教宫人"。此"舍"乃"扶南乐署"②。吴大帝孙权命宫人演习,可见对扶南乐的重视。扶南乐的美妙旋律因而得以长久回荡在吴都建业的乐署和宫廷里。扶南乐的传入丰

① 陈显泗:《柬埔寨两千年史》,140页,中州古籍出版社,1990年4月版:"我们可以形成如下的看法:把公元244年至252年之间确定为朱应、康泰出使扶南的时间较为合适,也较为可信。这样,我们便把时间幅度缩短到最低限度,也是我们依据目前所得资料所能做出的比较切实的结论。"

② [宋]张敦颐:《六朝事迹编类》,卷7。

富了中国的音乐文化。其后,扶南又 3 次遣使来中国通好。据《宋书》卷 5 载,扶南曾于元嘉十一年(434 年)、元嘉十二年(435 年)、元嘉十五年(438 年)3 次"遣使献方物"。

扶南使者来华一般走海路。扶南的造船业和航海业很发达。《南齐书·东南夷·扶南传》云:"扶南人黠惠知巧。……为船八九丈,广裁六七尺,头尾似鱼。"当时扶南人所制造的扶南舶,一般宽 2 米,长 32 米,船的形状似鱼,船身用铁皮包装,十分坚固。扶南舶这种船形,显然兼有中、印两方面的文化影响,"头尾似鱼"很像印度的船式;铁皮包装,则是中国的制作法。扶南舶分前、中、后 3 个舱位,吃水 20 米,可载运千余人和大批货物。当船顺风扬帆时,不用船夫划动便能行驶,而且速度很快。《太平御览》卷 790 引《异物志》,称赞"夫南(即扶南)持有才巧,不与众夷同"。外国商人都争相购买扶南舶。扶南人致力于航海贸易事业,舟船不可或缺,所以他们的海船制作技术十分高超,在当时的东南亚和南亚一直处于领先地位。扶南舶为中国扶南的文化交流提供了水上航运的物质条件。而中国史籍为柬埔寨古代航海史、造船技术史保存了宝贵的历史资料和技术资料。

公元 244 年至 252 年间,中郎康泰、宣化从事朱应受吴帝孙权之命出使扶南,既是对 243 年"扶南王范旃遣使献乐人及方物"的回访,也是中国正式派遣使节对扶南的首次访问。康、朱二人在扶南受到热烈的欢迎和殷勤的款待,当时的扶南王范寻亲自接见了他们。康、朱二人在扶南长期逗留,游历了扶南各地,还会见了印度回访扶南的使者陈、宋二人,询问了中国西邻印度的国情,增进了中印两国的相互了解。史书载:"其时吴遣中郎康泰使扶南,及见陈宋等具问天竺土俗,云佛道所兴国也。人民敦庞,土地饶沃,其王号茂论,所都城郭水泉分流……"①

康泰在扶南时,见扶南男子裸着身体,妇女仅着"贯头",便对国王范寻说:"国中实佳,但人亵露可怪耳。"国王觉得康泰言之有理,乃令国内男子用布或绸做成"干缦"(即筒裙)穿着,从而改变了扶南人民裸体的旧俗,使之向文明社会前进了一步。这也可谓中国人民为柬埔寨服饰文化的繁荣进步所做出的一点贡献。

康泰、朱应奉使扶南之行,获得大量关于扶南和其他东南亚国家以

---

① 《梁书·中天竺国传》。

及南亚国家的国情资料,涉及历史、政治、法律、民族、风俗、地理、物产、交通、造船、贸易、外交等等方面。他们二人回国后,分别撰著《吴时外国传》《扶南异物志》二书。此二书是访问扶南及南海诸国的见闻录,是中国乃至世界文化宝库中最早介绍柬埔寨人文风情的名著。换言之,这两本记载古代柬埔寨资料的中国史籍,是后人研究古代柬埔寨历史的主要依据。此二书惜于唐以后同时湮没。所幸书中的主要内容被中国的其他书籍引用而得以部分保存下来,为历代正史的《扶南传》提供了可靠的依据,就连柬埔寨本国历史学家编写柬埔寨历史时也要引用此二书中所记载的宝贵资料。当今柬埔寨国家元首西哈努克在叙述自己祖国的历史时,也援引和依据康、朱二人的记载。他曾说过:"根据中国的使节康泰和朱应的记载(245—250),从高棉人开始建立有组织的国家,也就是从公元 1 世纪起。"① 至于外国学者,无论是西方的,还是东方的也都一致公认此二书为研究柬埔寨古代史所不可缺少的。法国东方学家伯希和在其《扶南考》中指出:"吾人所知此古国之古事,只有中国载籍可考。"② 在西方世界较有影响的《东南亚史》之作者 D.G.E·霍尔说:如果没有"中国各朝正史中有关中国与东南亚国家关系的叙述……我们对扶南和占婆这样重要的国家的最早期历史是完全无从知道了"③。这样的看法,苏联学者也表示赞同,如列别捷夫说:"由于关于扶南(古代真腊)没有保存下任何原始资料……中国史书因而几乎是唯一的历史资料。"④ 中国学者对此体会尤深。在柬埔寨早期历史的研究中,要是没有前人在史籍中保存的有关史料,今天的柬埔寨"将缺了六百多年的上古史"⑤。就是说,在柬埔寨历史上将出现一个无法填补的空白。从上可知,此二书对于柬埔寨历史研究有多么重要。

康泰、朱应二人身膺重任,不辱使命,出色地完成了与扶南和其他东南亚国家和平外交、文化交流的任务。如果说,汉武帝时"凿空"丝绸之路的张骞和继之而起的班超、甘英是中国历史上通向西域的开拓者,那么,康泰、朱应则是首通南海的先驱。他们的著作,"介绍海外地理知

---

① 陈显泗:《柬埔寨两千年史》,144 页,中州古籍出版社,1990。
② 冯承钧译:《西域南海史地考证译丛·七编》,卷 2,102 页,商务印书馆,1995。
③ [英]D.G.E. 霍尔:《东南亚史》,中译本,46 ~ 47 页,商务印书馆,1982。
④ 《扶南和柬埔寨历史的开端》,载《民族问题译丛》,1957(6)。
⑤ 陈序经:《扶南史初探》。

识,与甘英、班勇介绍陆上西方诸国(《后汉书·西域传》),同是文化史上重大的贡献"①。

康泰、朱应对扶南的出使大大推进了中国扶南友好关系和文化交流的发展。这种积极的影响在他们回国后不久便显现出来。其时,中国已进入西晋。这时在扶南出现了一股"中国热"。从公元 265 年至 287 年的短短 22 年间,扶南 5 次遣使访问中国。出使的年代为西晋泰始元年(265 年)、四年(268 年)及太康六年(285 年)、七年(286 年)、八年(287 年)。后 3 次,是一年一次。其频繁程度是前所未有的。每次来访的使者均以礼品相赠,以表示友好和亲善。据晋人嵇含在其所著《南方草木状》(卷上)记载,西晋太康六年来访的扶南使者进贡稀罕的"一丈三节"优良种甘蔗、精制的香履百双,从而增加了中国的甘蔗品种,丰富了中国的鞋文化。

五 东晋法显的求法活动与中外文化交流

法显(337—422),东晋时代的著名高僧,中国杰出的旅行家和佛经翻译家。他西行求法前后 14 年,游踪遍及域外 30 多个国家和地区,带回天竺大量梵文佛经,归国后勤奋译成中文,并著游记《法显传》,为佛教在中国的进一步传播及中外文化交流,做出了贡献。他的游记《法显传》被公认为不朽的世界名著,丰富了中国和东方国家的文化宝库。

法显,俗姓龚,平阳郡武阳(今山西襄垣县)人。法显生活的年代,距离佛教传入中国仅 300 余年,佛教经典尚不很完备,有关戒律的经典尤缺,使广大佛教徒无律可循,这显然影响到佛教在中国的进一步传播。因此,一些中国僧人便产生亲自到天竺取经求法的想法。三国曹魏末年,就有人西行求法,以后陆续又有一些僧人向西进发。不过,他们的人数并不多,而且其中绝大多数只行进到今天的新疆西部即止,几乎没有人到过天竺本土。法显作为虔诚的佛教徒,决心为西行求法做出自己的贡献,并立志要到达佛教发源地天竺。法显还是一名正直的僧人。他对当时僧侣中已经开始出现的许多腐败现象颇为不满,希望

---

① 范文澜:《中国通史》(第 2 册),280 页,人民出版社,1949。

通过传译戒律来改变僧侣界的不良现象。

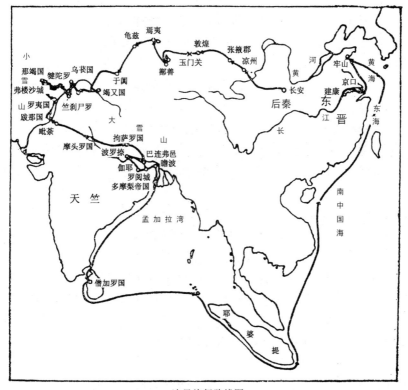

法显旅行路线图

　　法显以 62 岁高龄,与同伴慧景、道整、慧应、慧嵬 4 人,于东晋隆安三年(399 年)的春天从后秦的京城长安出发,踏上西行求法的漫长行程。第二年夏天,他们到达河西走廊的张掖,又有 5 个僧侣加入他们的旅行队伍。不久,一个名叫惠达的和尚也加入了他们的行列,由此组成10 人的求法巡礼团。

　　出敦煌往西,法显一行进入"沙河"地区,即今白龙堆大沙漠。至此,他们真正艰苦的行程才算开始。在路途中,上无飞鸟,下无走兽,惟以死人枯骨为标识。他们舍死忘生,冒险摸索前进,经过 17 个昼夜,行程 750 公里,终于闯过这个令人生畏的大沙漠,到达鄯善国(今新疆若羌)、焉夷国(今焉耆)。这时,同伴中有 3 个人为了筹措行资,不得不返回高昌(今吐鲁番)。

从焉夷往西南,法显一行沿着和阗河直接跨越塔克拉玛干沙漠,到达于阗国(今新疆和田)。于阗是西域佛教的一大中心。法显一行在这里停留了3个月,观看了当地规模盛大的佛教"行像"仪式。

隆安五年(401年)的秋天,法显一行到达葱岭,即今天被称为"世界屋脊"的帕米尔高原。这里是由昆仑山、喜马拉雅山、天山、阿尔泰山、兴都库什山集结而成的天然屏障,地势高峻,群峰连天,天气寒冷。他们不畏寒苦,翻越终年冰雪覆盖的葱岭,进入北印度境内,到了陀历国。又西南行,冒险沿着昔人在古代新头河(即今印度河)上游两岸峭壁中修筑的栈道前进,于402年夏天到达北印度的乌苌国(在今巴基斯坦境内)。

法显一行参观了北天竺各处的佛教圣迹。在弗楼沙城(今巴基斯坦白沙瓦),同伴中有1人不幸病死,有3人返回中国,后来又有1人不幸冻累而死。他们从北天竺的南境再渡新头河,于东晋元兴二年(403年)到达中天竺时,只剩下法显和另外一位同伴道整了。

中天竺是佛教圣迹荟萃之地,地势平坦,气候宜人。法显和道整利用这里适宜旅行的条件,遍访各处寺庙和圣地,先后到了释迦牟尼当年常住的舍卫城(今印度北方邦境内)、成道处伽耶城(今印度比哈尔邦境内)以及释迦牟尼诞生地迦毗罗卫城(今印度北方邦境内靠近尼泊尔边境处)、涅槃的地方拘夷那竭城(今印度北方邦境内)。在摩竭提国的巴连弗邑(今印度比哈尔邦的巴特那),法显终于觅得他要找的佛教戒律《摩诃僧祇律》、《萨婆多众律》和其他一些佛经。这里和北天竺不一样,北天竺的经典都是僧徒口口相传,而中天竺却有本可抄。于是,法显在巴连弗邑住了3年,专门学习梵语梵文,抄写经律。他把许多口传的佛教经典记录下来,对于佛教经典的流传及古代东方文化典籍的保存,都具有积极意义。工作完成后,道整留在印度,不愿再走,法显只好一个人离开巴连弗邑。

法显向东来到东天竺的多摩梨帝国(其首都为今印度加尔各答市)。这是海边的一个港口城市,佛教也很盛行。为了抄写佛经和描绘佛像,他又在这里住了2年。

法显遍游天竺各地,居留5年之久,瞻礼许多佛陀遗迹,学习梵语梵文,研究佛教经典,抄写律本,取经求法,收集记录了许多珍贵的佛教经典,佛学造诣得到很大提高。

东晋义熙五年(409年)年底,法显乘印度洋冬初的信风和海流,渡过孟加拉湾,抵达师子国(今斯里兰卡),住在王城的无畏山精舍,历时2年,又得到不少在天竺不曾得到的佛教经典。

东晋义熙七年(411年)秋,法显搭乘一艘大商船,决意离师子国泛海东行,经南海归国。船东行3天后,突然海风大

斯里兰卡卡卢塔山区的法显洞
(法显于410年—411年访问斯里兰卡时,曾在此山洞栖息过)

作,在海上漂流90多天,才在耶婆提国(今印度尼西亚)靠岸。为了等候再度北上的信风,法显和船上的人在此居住了5个月。直至412年初夏,再次航海北上,以广州为目的地。船行至越南占城(即顺化)海面时,又遇黑风暴雨,海浪滔滔,船只迷失方向,被风吹向东北方。经过2个多月的漂流,终于在山东半岛青州长广郡的崂山登陆。然后取陆路,经彭城(今徐州)到东晋都城建康(今南京)。

法显自公元399年从长安出发,穿行大戈壁,经西域诸国,越葱岭,周游五天竺(今印度),再泛海南下,经师子国(今斯里兰卡),东渡印度洋,绕行马六甲海峡,北渡南海、东海、黄海,于公元412年在山东半岛登陆,回到建康。其游行的范围,包括中国的西北部、阿富汗、克什米尔、巴基斯坦、尼泊尔、印度、斯里兰卡、印度尼西亚以及中国南海、东南沿海等地。远在1 600年前,在人类还很缺乏地理知识、交通旅游又极为落后的情况下,年过花甲的法显,能完成这样一次穿越亚洲大陆、横渡印度洋和太平洋的大旅行,充分说明他是一位伟大的国际旅行家。他那勇猛精进的精神,足为时人和后人所叹服。

法显的天竺之行,目的是寻求和传译佛教经典,特别是戒律经典。法显从国外带回的梵文经典,计有《摩诃僧祇律》《萨婆多众律》《杂阿毗昙心经》《方等般泥洹经》《摩诃僧祇阿毗昙》以及《长阿含》《杂阿

含》等 10 部。这些是当时中国没有的,其中大部分是重要的戒律经典。法显回国后,在建康道场寺(今南京中华门附近)与著名的天竺禅师佛驮跋陀罗(又译觉贤)共同进行紧张艰苦的译经工作,终于译出经典 6 部,共 63 卷,计 100 多万言,历时七八年之久。已届暮年的法显,在离别建康,迁住荆州(湖北江陵)新寺后不久(422 年)便圆寂于此。法显译的《摩诃僧祇律》,后来被广大的佛教徒引为立身的准则,对中国佛教界产生了深远的影响。

法显的取经译经,在东方文化史上占有重要的一页。法显去天竺时,北天竺各国的佛经还是师徒口授,并无文本。法显在天竺学会梵文梵语后,把许多口授的佛经用梵文记录下来。当时传入中土的佛经,几乎都是西域各族语比对的译本,即所谓"梵书胡本",经过辗转数译,比对梵文原著有不少讹误和增减。法显将梵文正本的经典携归中国,转梵为汉,这是中国把梵文经典直接译成汉本的开始。转梵为汉,在中国佛教发展史和中外文化交流史上,都是一个创举。法显以后,中国佛教徒不再重视胡文经典,而开始尊信梵文正本经典了。

法显在归国后的第二年,即 413 年,在抓紧翻译经典的同时,还撰写了一部西行游记,这就是我们今日见到的《法显传》(又名《佛国记》)。它是中国有史以来的第一部旅行传记。

《法显传》既是一部传记文学的杰作,又是一部重要的历史文献。它是研究中国西域地区和南亚各国中古史以及东西交通史、佛教史、中外文化交流史的重要史料,因而受到中外历代学者的重视,先后被译成英、法、日等多种文字。

法显是中国古代一位艰苦卓绝的伟大旅行家和杰出的佛经翻译家。他不仅保存和翻译了诸多印度佛教经典,也丰富了中国文化宝库。他的游记被公认为不朽的世界名著,促进了中外文化交流,在东方文化史上占有重要位置。

六　六朝的海上交通与中外文化交流

六朝是中国历史上经济和文化重心南移的重要过渡阶段,也是中外海上交通与中外文化交流开拓与发展的时期。

雄踞于东南沿海的东吴政权依靠江南经济的发展,利用发达的造船技术和航海优势,积极扩大海外交往。北至辽东、朝鲜半岛,南至中南半岛、印度、斯里兰卡,都有吴国的船队和商人的足迹。

黄龙二年(230年),孙权派将军卫温、诸葛直率领万余人的庞大船队到达夷洲(今台湾)。

赤乌五年(242年),又遣聂友和陆凯率兵3万,乘船到珠崖、儋耳(海南岛),恢复了这里同大陆一度中断的政治联系。

嘉禾元年(232年),孙权派船远越大海,运货与辽东易换名马。是年冬,辽东太守公孙渊遣使来建业,并献貂皮、名马。第二年春,孙权派出万人大船队,满载金银珍宝,渡海授予公孙渊,希望再换一些名马。不料公孙渊心向曹魏,暗中定计杀了吴使张弥等3人,没收了货物,去向曹魏讨好。这次受骗事件中,吴方部分人员逃出辽东,越过崎岖的山谷,奔走千里,无意中到达高句丽。高句丽王把吴方人员送还,并向孙权朝贡方物。隔了一年,孙权派人乘船到高句丽,"加赐衣物珍宝"。高句丽王"上马数百匹",吴方因"船小载马八十匹而还"。

孙吴与东北的交往不甚顺利,便把精力放在拓展南海对外贸易上。

黄龙年间(229—231),孙吴与扶南(今柬埔寨)、林邑(今越南南方)诸国建立关系。接着,吴使康泰、朱应出使扶南等"百数十国",并在扶南见到中天竺(今印度)的使臣,通过中天竺使臣,又了解了天竺的情况。通过使者出访,相互馈赠,互通有无,沟通了初期的经济和文化交往。南海各国的物产如杂香、细葛、明珠、大贝、琉璃、翡翠、玳瑁、犀角、象牙和奇珍异果,陆续运来建业。

孙吴时期,西方各国也从海道来访。黄武五年(226年),大秦(东罗马帝国)商人秦论(一作秦伦)经过交趾来到建业,并面见孙权。他在东吴住了七八年之久,嘉禾三年(234年)才回国。

东晋及南朝的海外交往和通商发展很快。南方最大港口番禺(今广州)"舟舶继路,商使交属"。外国商人、使者往往经番禺来建康,有的"海舶每岁数至",甚至"岁十数至"。建康城西码头石头津,常年舟船首尾相接,贸易繁荣兴旺。东晋元兴三年(404年)二月的一天夜里,"涛水入石头,商旅方舟万计,漂败流断"[①]。这从一个侧面反映出东晋中

---

① 《晋书·五行志》。

外海路交往的繁荣和中外贸易的兴旺。当时国外商船取海道由长江口直达建康的络绎不绝,通商的国家和地区,远至西方的大秦、波斯(今伊朗)以及天竺(今印度境内)、师子国(今斯里兰卡)等国。

大秦自东吴时就与建业有商业往来。波斯在齐、梁时遣使来建康献佛牙,交流物资,其商人在广州开始使用本国的银币"波斯币"。广东英德的南齐墓里,曾发现过波斯萨珊王朝银币3枚,据考证属公元5世纪中叶。出土的波斯银币证实了这一点。中国的养蚕技术也在6世纪末通过波斯而传入大秦。除丝绸外,还有农业、手工业产品西传去。

六朝与师子国往来频繁。东晋法显西行取经时,曾留住师子国,看到无畏山寺院内青玉佛像旁供着一把中国的白绢扇。这说明六朝时中国的丝绸制品已传到师子国。东晋安帝义熙年间(405—418),师子国派使节前来,送给晋安帝一尊佛像,经过10年才运到中国。这尊佛像高1.4米,玉色洁润,形制特殊,刘宋时还存放在建康瓦官寺,与寺里已存的戴逵手制佛像及顾恺之画的维摩诘,被时人称为"三绝"。刘宋元嘉五年(428年),师子国国王刹利摩诃南送给刘宋文帝一尊象牙雕成的佛像。元嘉七年(430年)和元嘉十二年(435年),师子国又两次"遣使献方物"。

南海诸国以扶南和林邑与南朝的贸易关系最为密切。六朝时,扶南曾先后遣使来建业(建康)30多次。除传入扶南音乐外,还赠送南朝皇帝以香料、珠宝和檀香木制的佛像等。师子国送来玉佛像。天竺国曾送来金刚指环、金银宝器、琉璃器、香料、吉贝(木棉布)、鹦鹉螺杯和鹦鹉鸟等。马来半岛上的盘盘、丹丹、狼牙修诸国一再遣使前来建立交流和贸易关系,送来象牙、珠宝、琉璃、吉贝和沉檀香等礼品。这一时期,中国的制酒法和养蚕法传入老挝。

朝鲜半岛上的高句丽、百济、新罗诸国,与南朝也有密切往来。高句丽于东晋安帝义熙九年(413年)与东晋建立了联系,中经宋、齐、梁三代,从未间断。百济在东晋时即遣使前来。刘宋元嘉二十七年(450年),百济王派人从海路至建康赠送礼物,并请求《易林》《式占》等书籍和腰弩等物品,刘宋文帝如数送给。梁大同七年(541年),百济王又遣使见梁武帝,请求《涅槃》等经义,并请派遣讲授《三礼》《毛诗》的博士,梁武帝派《三礼》学者陆诩前往。梁朝的工匠画师也在这时被邀去百济。考古发现的百济时代的砖和萧梁时代的砖,花纹图案都很相似。

百济还采用了刘宋时制定的比较先进的元嘉历。此外,中国的阴阳五行、医药、卜巫、占相以及投壶、樗蒲等,也传入朝鲜。在音乐方面,朝鲜人创作的《箜篌引》乐曲传入中国后,中国文学家据此调填写了许多优美的歌词。新罗的伽倻琴等乐器传入中国,充实了中国的乐苑。

中国与日本的经济文化交流,以前主要通过朝鲜半岛间接进行。魏晋后,日本迫切要求输入中国的文化和生产技术,加强了经由海道与中国的联系。东晋南朝时,日本经常遣使前来。日本使者带回南朝的织工和缝工,促进了当时日本纺织业的发展。

六朝方面的输出以丝、绢、绫、锦为大宗,还有纺织、缝纫、制陶、养蚕、烹饪等技术以及书画、腰弩、五经、佛像等输出到海外。

六朝时期是中国瓷器发展史上重要的青瓷器时代。当时青瓷器的造型不仅丰富多彩,而且品种广为增加,釉色的亮度和质感进一步加强,而过去生活用品中的不少漆器、陶器和铜器,都为青瓷器所取代;加之六朝时期造船业和航海术有了进一步的发展,与东南亚的交往比过去更为密切,以至赴东南亚的中国商船所载之货物,除丝绸之外,便以陶瓷为大宗。

20世纪在印度尼西亚爪哇、苏门答腊等地考古发现的诸多中国六朝瓷器,说明六朝的中国陶瓷已传布东南亚地区。雅加达国立博物馆收藏的2 000多件中国陶瓷制品中,除汉代、唐末以后的中国陶瓷外,还有不少属于六朝时期的中国陶瓷。[①]

六朝外销东南亚的中国陶瓷,就类别和用途而言,大约分为两大类:一为生活实用器皿。如碗、钵、壶、洗、盘、盅、罐、瓶、甑、盒、炉、香薰、唾壶等;二为殉葬用的明器。如谷仓、碓、磨、灶、牛车、家禽、家畜、俑、镇墓兽等。这两大类中国陶瓷制品外销东南亚,一是作为新型的炊事器具,普遍改进和丰富了东南亚人民的饮食文化;二是作为明器,满足了东南亚某些地区人民的殉葬需求,丰富了东南亚的殉葬文化。

七 六朝与东南亚的佛教文化交流

公元222年,孙权称吴帝于建业(今南京),东吴立国。东吴的立

---

① [日]三上次男:《陶瓷之路》,中译本,李锡经、高喜美译,141页,文物出版社,1984。

国,成为江南经济状况由差转好的一大转折点。从汉末军阀混战到三国鼎立的过程中,江南是全国最早稳定下来的地区之一,而当时北方还是狼烟四起。江南被孙氏政权稳定后,既吸纳了大批北方难民,也吸引了许多东南亚、南亚胡僧的到来。

东吴政权在发展海外交通、兴修水利、发展农商等方面均有建树,使江南的经济状况有了很大的改观,为佛教文化的繁荣提供了一定的物质基础。

孙权等东吴统治者有意识地利用佛教作为统治工具,为佛教的传播开绿灯,尤其对外来胡僧优礼有加。

胡僧支谦,名越,字恭明,为一祖籍西域而生于汉地的月氏国人。汉末动乱,他南渡奔吴,经武昌至建业。从孙权黄武二年(223年)到孙亮建兴二年(253年)约30年间,支谦译出《大明度无极经》、《维摩诘经》、《大阿弥陀经》、《本业经》、《本起经》、《首楞严经》、《大般泥洹经》等大、小乘经典36部48卷。这是建业有佛教之始。但使佛教真正得以在建业流传者,当自康僧会始。

吴赤乌十年(247年),精通三藏的天竺僧人康僧会,自交趾(今越南北部)经广州北上来到东吴建业传播佛教。本不信佛的吴大帝孙权召见康僧会后,大加赞服,为康僧会建寺。因其时吴始有佛寺,故名"建初寺",其地在今南京城西南花露岗附近,并又建"阿育王塔"。这是建业最早的佛寺和江南地区最早的佛塔。从此,建业始传佛法。康僧会在建初寺编译有《吴品》、《六度集经》共2部14卷,又注《安般守意》、《法镜》、《道树》三经。孙权之孙孙皓即位后,曾想毁坏佛寺,后来听了康僧会的辨析,受到感化,终于从受五戒。

支谦南下和康僧会北上先后会合于东吴之都建业,从此佛教文化在建业迅速得以弘扬光大。此后,国内外许多高僧云集建业,传教译经,建业佛教盛极一时,与洛阳并称三国时佛教的两大重地。

东吴佛教成了六朝佛教的第一个繁荣期。东吴的存在虽然只有短短的五十几年,却在江南佛教史上产生了许多个"第一"。如创立了江南第一座佛寺。这可视为佛教在江南流播的一个正式标志。第一批来到江南的佛教高僧支谦、康僧会在建业译出了第一批佛教经典,甚至还产生了"中国最早的佛塔、中国最早的螺髻佛像、最早的螺发佛像、最早的石造像、最早的陶塑佛像、最早纪年的铜制佛像、最早的僧人造像"①
等等。可以说,东吴佛教是六朝佛教繁荣的开端。

东吴以后,东晋、宋、齐、梁、陈各朝均以建康(今南京)为统治中心。
当时正值南北对峙、四海鼎沸的社会大动荡时期,各种社会矛盾十分尖
锐,统治者治世乏术,精神无所寄托,百姓苦极,盼望解脱。他们出于不
同的目的,找到了共同的精神寄托——佛教。东晋、南朝期间,由于皇
室和世族的推崇倡导,佛教在建康得到大规模发展。梁武帝时期,六朝
佛教进入繁荣期,佛教被宣布为国教。作为政治中心的首都建康城内,
梵室玉宇随处可见,高僧大德云集其中,熔中外佛教文化艺术于一炉,
成了当时与洛阳齐名的南方佛教中心。"南朝四百八十寺,多少楼台烟
雨中",唐朝诗人杜牧的千古名句写出了南朝佛教之盛。其实,建康城
的佛寺远远超过诗人笔下的数字,竟有 700 余座之多,僧尼达 10 余万
之多。

东晋、南朝佛教文化的发达,显然与中外佛教文化的交流分不开。

东晋初年,西域僧人帛尸梨蜜多罗(简称"尸梨蜜")于东晋永昌元
年(322 年)来到建康,住建初寺,译有《大灌顶经》12 卷、《大孔雀明王神
咒》1 卷。《大孔雀明王神咒》为密教传入中国之始。从此,江南始传高
声梵呗。

东晋时,中国僧人出现了前往天竺求法的热潮,其中实际到达天竺
而获得巨大成就者是法显。

东晋建康的译经处有二:城北华林园和城南道场寺。其中尤以道
场寺为盛,人称"禅师窟"。其重要译经者有天竺高僧佛驮跋陀罗。

佛驮跋陀罗(359—429),曾先至长安教授禅法,常和鸠摩罗什切磋
佛理,后因双方见解相左,遂往南方,来到建康。他与大弟子慧观应南
朝宋武帝刘裕(420 年—422 年在位)的邀请,以道场寺为基地,主持译
经弘法,与法显、法业以及曾在国外钻研佛学的宝云等高僧一起译经,
先后译出《摩诃僧祇律》、《大方广佛华严经》、《新无量寿经》等佛典 13
部 125 卷。其中以《大方广佛华严经》最为重要。《摩诃僧祇律》、《比丘
戒本》成为后世研习律学的根本典据。

求那跋摩(367—431),原罽宾国王子,后崇佛教,成为高僧。曾至

---

① 阮荣春:《中日联合研究组情况汇报及我见》,载《艺苑》(美术版),1992(2)。

师子国(今斯里兰卡)弘扬佛教。后至阇婆国(今印度尼西亚爪哇)为王母及王受戒。南朝宋文帝元嘉元年(424年)到广州,元嘉八年(431年)至建康,居祇洹寺,讲《法华经》和《华严十地品》,翻译《菩萨善戒经》、《昙无德羯磨》、《优婆塞五戒略论》等经律10余部,使大乘戒法与瑜伽学说始传江南。

求那跋陀罗(394—468),中天竺高僧。南朝宋文帝元嘉十二年(435年)至广州,文帝派人迎至建康,历住祇园寺、东安寺,并到丹阳郡等处,集徒众700多人,国内高僧宝云传译,慧观执笔,先后译出《杂阿含经》、《楞伽经》、《过去现在因果经》、《央掘罗经》等100多卷。其中《楞伽经》流传至今,对后世影响极大。

僧伽婆罗(459—524),东南亚扶南国高僧。南朝齐时随商舶至建康,住正观寺,从天竺沙门求那跋陀罗研习大乘经,通数国语。梁天监二年(503年),武帝命其与曼陀罗共译《文殊师利所说般若波罗蜜经》等;天监五年(506年)受敕于寿光殿、华林园、正观寺、占云馆、扶南馆等5处译经,至天监十七年(518年)共译经11部48卷,有《阿育王经》、《解脱道论》等。梁武帝对他礼待甚厚,引为家僧。

曼陀罗,生卒年月不详,东南亚扶南国高僧。南朝梁天监二年(503年),扶南国国王阇耶跋摩遣其携带许多梵文经和珊瑚佛像赠与中国。梁武帝命其与另一扶南高僧僧伽婆罗共译《宝云经》、《法界体性无分别经》、《文殊师利所说般若波罗蜜经》。

真谛(499—569),亦名拘罗那他,本西天竺优禅尼国人,后至东南亚扶南国,为高僧。应梁武帝邀请,于中大同元年(546年)到达南海(今广州),两年后至建康,辗转游历今苏、浙、赣、闽等地,沿途从事译经,最后又到广州。在广州刺史欧阳頠父子的支持下,与弟子专心译经。从梁武帝末(约548年)至陈太建元年(569年),共译经论记传64部278卷。其中主要有《十七地论》、《金光明经》、《无上依经》、《广义法门经》、《唯识论》、《摄大乘论》、《摄大乘论释》、《律二十二明了论》等,比较系统地介绍大乘瑜伽行派思想。所译《摄大乘论》影响最大,是南朝摄论学派的主要理论根据。鉴于他在译经方面的卓越贡献,被誉为中国佛教四大译经家之一。

须菩提,生卒年月不详,天竺高僧,被誉为释迦牟尼的"十大弟子"之一,后至扶南,为扶南高僧。陈朝时来建康,受陈朝皇帝委托,在扬州至敬寺译《大乘宝云经》8 卷,为陈朝佛教文化的发展倾注了心力。

菩提达摩(? —528 或 536),南天竺高僧。梁普通年间(520—526),菩提达摩为弘扬大乘佛学,自天竺航海来到南海(今广州),又从南朝梁境北行到北朝魏国。一路上以乞讨为生,风餐露宿,到处以禅法教人,往听者由原先的几个人、几十人,至将入魏国境地,听禅者已达几百人。由此声名日增。

南朝刘宋时,南亚师子国(今斯里兰卡)的僧诃罗族僧人多次至建康弘佛。公元 426 年(宋元嘉三年),有 8 位僧诃罗族比丘尼至建康弘佛。公元 429 年(宋元嘉六年),又有 3 位比丘尼至建康弘佛。公元 433 年(宋元嘉十年),师子国的比丘尼铁索罗等 19 人先后到建康,请僧伽跋罗在南林寺筑戒坛,为中国尼慧果、净音等 300 多人授二部戒。从此,中国始有如律受戒的比丘尼。

上述东南亚的高僧、南亚的比丘尼进入六朝境内弘扬佛法、翻译佛经,进一步推动了佛教文化在建康的发展,信奉佛教者日众。六朝历代君王均崇佛教,梁武帝萧衍(502 年—549 年在位)则达到登峰造极的地步。他大建寺院道场,并亲自受戒,吃斋念佛,热心佛学研究,讲经说法。他亲撰《断酒肉文》通令照行,一举改变了汉代以来佛教徒食肉的习惯,并发布废除牺牲的命令,宗庙供品从此仅用蔬果。此外,佛教学术思想也得到发展,开始变过去笃守师承之风而为各抒己见,甚至另成体系,形成成熟的汉地佛教思想体系。

3 世纪前后(东吴时期),佛像从中印度的秣菟罗,沿西南陆上丝绸之路,经缅甸、云南、四川、湖北、安徽而传入江苏地区,然后经海上东传日本,开辟佛教造像的"南传系统",从而形成既重义理,又集建寺、译经、造像和绘制壁画于一体的六朝建康佛教文化特色。

如果说东汉王朝主要是在与西域各国交往中接触并传入佛教的话,那么,三国两晋南北朝时期,则更多的是在与东南亚佛教国家的直接接触中发展了佛教。

八　中国与朝鲜的文化交流

魏晋南北朝时,朝鲜半岛处于高句丽、百济、新罗三个政权控制之下。高句丽是中国古代北方少数民族政权之一。其控制疆域大部分在中国东北境内,今朝鲜北部的部分地区也在高句丽的控制之下。南北朝时期,中国与朝鲜半岛的经济文化交流主要是中原各王朝与百济、新罗的交流。当然也牵涉到高句丽。

高句丽与南北各朝维持友好关系,积极吸取中原的先进文化,并加以发展,给南方新罗、百济以影响。公元427年迁都平壤的高句丽,模仿秦汉的政治体制确立中央集权体制。其国王不但成为这个政治体制的核心,而且还拥有全国土地的支配权。公元372年,高句丽在首都设立"太学",讲授儒学经典。公元373年,高句丽公布"律令",建立起儒学所主张的社会秩序。

公元378年,高句丽曾派使臣朝贡前秦皇帝苻坚。晋安帝义熙九年(413年),高句丽与东晋建立邦交。宋元嘉十六年(439年),高句丽王向刘宋文帝奉献良马800匹,南朝也回赠了礼物。高句丽与北朝的北魏、东魏、西魏等也有使节往来。据统计,高句丽曾向北朝派遣使节102次,向南朝派遣使节42次。[①]

高句丽曾派人从内地取去《论语》、《史记》、《汉书》、《东观汉记》、《晋阳秋》等儒家经典和史学著作,许多高句丽人能诵读讲解,还有人用汉字写作。公元372年,高句丽仿照中原王朝的教育制度,在丸都城设置"太学",以教育子弟。其时,儒家经典和汉文佛经成批传入高句丽。在梁武帝时,《玉篇》《字林》《字统》等训诂之书以及萧统编撰的《昭明文选》等书,深受高句丽文人学士的喜爱。这些图书典籍,在很大程度上丰富了高句丽的文化。

陈文帝天嘉二年(561年),苏州人知聪携医书164卷,包括《内外典》、《本草经》、《脉经》、《明堂图》等,到高句丽居留、传授一年余。高句丽人学得针灸后,竟有卓越针师入中国内地行医,表演针术。

建都于汉江下游的百济,早在公元277年就曾与中国晋政权通交。百济对华外交中心在南朝方面,共向南朝的宋、齐、梁、陈诸政权派遣27次使节,向北朝派遣5次使节。百济在接受中国文化方面所取得的成就也很突出,给东部的新罗和远方的倭人以一定的影响。百济古尔王(234年—258年在位)模仿中国的"六典"制度,确立中央集权的国家

---

① 陈尚胜:《中朝交流三千年》,11页,中华书局,1997。

体制,在中央设置"六佐平"。所谓"佐平",即大臣级的名称。"六佐平"即六大臣分管国务。古尔王还根据中国的品服制度制定出有尊卑差别的紫、绯、青三等官服服饰。他本人着紫色大绣袍,坐南堂听政。所谓"南堂",即百官集会宣明政教的地方。这一制度也源自中国的"明堂"制度。

西晋太康年间(280—289),百济的阿直歧和王仁等人已是有名的汉学家。刘宋文帝元嘉二十七年(450年),百济王余毗派人从海路至建康赠送礼物,并请求送其《易林》、《式占》诸书和新的历法《元嘉历》。宋文帝如数送给。百济王接受中国南朝刘宋政权的册封,并行刘宋的元嘉历法。梁武帝大同七年(541年),百济王又遣使见梁武帝,求取《涅槃》等经义,并请派遣讲授《三礼》、《毛诗》的博士,梁武帝派《三礼》学者陆诩前往。梁朝的工匠、画师及医生等也在这时被邀请去百济。百济按中国医政体制设立太医丞、药藏丞、医博士、采药师,并将葛洪《肘后方》中诸如治肺痈方、治疗肿方等中国方剂收在《百济新集方》中。梁朝的制砖技术也在这时传入百济。考古发现,百济时代的砖和萧梁时代的砖,其花纹图案十分相似。百济的画师、技工曾先后到中国留学。

新罗由于地理位置偏居朝鲜半岛的东南,加上曾一度受到倭军的侵扰而无暇顾及外交。所以在朝鲜半岛三国中与中国的外交起步较晚。公元377年,新罗奈勿王派遣使节跟随高句丽使团前往前秦朝贡,是为新罗对华外交之始。新罗还派遣使节跟随百济使团前来中国南朝通交,向梁朝派遣使节1次,向陈朝派遣使节8次。

相传新罗为中国秦朝时逃亡人避役之地,其文字、甲兵同于中国。在中国传统文化的长期影响下,新罗人对儒学思想十分重视,逐渐形成"事君以忠,事亲以孝,交友以信,临阵勿退,慎于杀生"的传统精神,这就为留学中国的新罗圆光法师所倡导的"花郎魂"精神提供了思想基础。

新罗王智证(500年—513年在位)模仿中国的政治制度进行改革。503年,智证王正式用汉文称新罗王。此后,又陆续仿照中国封建王朝颁行丧服法、章服法、谥法、纪元、律令等制度,在地方上实行州、郡、县三级体制。

朝鲜半岛三国积极与中国通交往来,从中国吸取先进的文明成果,所以中国的经史书籍、军事器具、阴阳五行、婚娶之礼、医药、占卜等在朝鲜半岛三国广为流传。

佛教在两汉时由印度传入中国,经过改造,形成富有中国文化特色的中国佛教后,再由中国内地传入朝鲜半岛。东晋孝武帝宁康元年(373年,高句丽第17代小兽林王二年),前秦王苻坚遣使护送僧人顺道携带佛经和佛像至高句丽弘扬佛法。这是中国佛教传入朝鲜半岛的最早记载。两年后(375年),僧人阿道又奉命前往高句丽传法。为了礼待这两位来自中土的高僧,高句丽小兽林王特建萧门寺和依弗兰寺两座寺院。这是朝鲜佛教史上关于寺庙建筑的最早记载。

公元392年,高句丽第19代广开王在平壤建起9座佛教寺院,由于国王崇信佛教,一些高句丽佛教徒主动前往中土求法。公元576年前后,高句丽名僧义渊到北齐学习佛法。此外,高句丽名僧波若、慧灌、印法师、实法师等不远千里相继来到中土求法。他们不仅学习佛教经典,也把汉族文化带回高句丽,扩大了双方的文化交流。南朝宋末齐初,高句丽僧侣道朗到敦煌学习《三论》。齐建武年间(494—497),他游学江南,在钟山草堂寺传播鸠摩罗什的三论之学,为僧徒所崇仰。公元512年,梁武帝派遣学僧10人专门从道朗受学三论大义。梁武帝本人也曾根据道朗的义解撰写章疏。这是高句丽高僧对中土佛教文化的最早贡献。

百济的佛教也是由中国传入的。

东晋孝武帝太元九年(384年,百济第15代枕琉王元年),久居中土的印度僧摩罗难陀由东晋出发去百济的汉山城传教。百济枕琉王将之迎往宫中,以礼相待。翌年,枕琉王邀请摩罗难陀度百济人为僧者共10人。自此之后,百济僧尼日众,寺院屡兴,佛教在百济迅速兴旺起来。

百济同高句丽一样,有许多高僧到中国求法。

新罗接受佛教较晚,大约比高句丽晚50年。佛教传入新罗的途径有二:一由高句丽传入,多在民间进行;二由中国传入,受到政府承认和保护。由于受到中国梁武帝多次舍身入寺的影响,新罗也有几个国王和王妃曾经一度落发为僧尼。由于最高统治者的重视,新罗也依照梁朝制度设置寺典、僧房典等机构。于是,一时之间,新罗境内寺院林立,名僧辈出。当时著名的皇龙寺和兴隆寺,也都是按南朝寺院样式建造的。

新罗僧人来中国求法者不少。如陈天嘉元年(560年),来中国求法的新罗僧人明观回国时带走1700多卷佛教经典。又如来中国留学的慈藏、义湘和惠亮,回国后不仅成为新罗的名僧,而且担任国王的顾问之职。

在先进的中国文化不断传入朝鲜半岛的同时,朝鲜文化也随之传入中国,并对中国传统文化的发展有所影响。

朝鲜的民族歌舞有悠久的历史。这个时期,富有民族特色的朝鲜音乐舞蹈,随着经济文化的交流而传入中国。如朝鲜人民创作的《箜篌引》曲调传入中国后,中国文学家填入许多优美的歌词传唱。新罗的伽倻琴等乐器传入中国,增加了中国的乐器品种。在南北朝初期,高句丽和百济的歌舞已传入内地,所以在隋朝的七部乐、九部乐中曾将高丽乐列为一部,新罗乐、百济乐亦列入乐府。

高句丽、百济、新罗三国一方面吸取先进的中原汉族文化,另一方面将汉文化东传日本,为中日文化交流起着桥梁作用。

九　中国与日本的文化交流

中国与日本的文化交流,以前主要通过朝鲜半岛各国进行。魏晋以后,日本迫切要求输入中国的文化和生产技术,加强了经由海道与中国的直接联系。

据《三国志·魏志·倭人传》记载,魏明帝景初二年(238年),日本邪马台国女王卑弥呼为了壮大自己的政治经济实力,并借助中国声威对付与倭奴国的冲突,派遣使节难升米等经朝鲜半岛前来魏都洛阳,进贡奴隶10人、班布2匹,魏明帝不仅授予其"亲魏倭王"金印,而且赏赐丰厚礼物,如黄金8两、铜镜百枚、文锦3匹、白绢50匹、珍珠和铅丹各25公斤等。日本使节满载而归。其后,日本国多次遣使献贡,中国有时也派使节赴日,互派使者成为这个时期中日文化交流的重要形式。自魏景初二年(238年)至正始九年(248年)的11年间,两国使者往返共达6次之多。东晋南朝时期,日本也经常遣使前来。

随着两国政府交往的日益频繁,中国的文物典章制度,或经双方使节的往还而传入日本,或经高句丽、百济再输入日本。据日本《应神记》

和《日本书纪》等书载,西晋太康五年(284年,应神天皇十五年),百济国王派精通汉学的阿直歧入贡日本。阿直歧被聘为应神天皇的皇子菟道雅郎的老师,教授汉文。不久,阿直歧归国,另荐百济的儒学博士王仁以代。翌年,应神天皇特派荒田别、鹿我别二人为特使,前往百济迎接王仁。王仁赴日时,携带《论语》10卷、三国魏钟繇《千字文》1卷。这是中国儒学著作传入日本的首次记载。梁武帝天监十二年(513年),百济人段杨尔又传入《诗》、《书》、《易》、《礼》、《春秋》五经,这些儒家经典的传入,对日本封建文化的发展有相当大的影响。

在儒家思想的影响下,日本开始以仁、义、礼、智、信"五常"作为德治的最高标准,并且用以定出内官的各级名称,分为"大德"、"小德"、"大仁"、"小仁"、"大义"、"小义"、"大礼"、"小礼"、"大智"、"小智"、"大信"、"小信"等12阶。外官亦如魏晋制度,有"大夫"、"使持节"、"都督诸军事"、"中郎将"、"校尉"等。

在语言文字方面,汉字传入日本之前,日本是没有文字的。据《后汉书·东夷传》记载,东汉光武帝刘秀建武中元二年(57年),倭奴国奉贡朝贺,光武帝赐予"汉倭奴国王"金印。据此可以断定,公元1世纪,日本人就接触了汉字。随着时间的推移,汉字文献越来越多地传入日本,日本人逐渐认识到汉字的用途,知道它能记述很多从来不曾知道的新鲜有趣且非常有用的东西,诸如治理国家的思想理论、法律制度、生产技术、宗教信仰等,从而激起日本人强烈的学习欲望。日本和中国、朝鲜(当时深受中国文化的影响)交往的日益扩大,有必要制作外交文书。日本国内社会生产力的发展也产生了使用文字的要求。在这些需求的推动下,日本人开始把汉字作为自己的文字利用起来。于是,日本历史上出现了最早的文字材料,写的是汉字,读的是汉语的发音,句子结构也是按当时的汉语语法,而且,文字的使用者开始时恐怕主要是入籍日本的中国人或朝鲜人。汉字在日本的使用对日本文化的发展具有划时代的意义,它标志着日本走进了文明的大门。

在中国汉字的影响下,日本在5世纪后期已开始运用汉字的音和义,发展书写日语的方法,成为后来纯粹的日语标音文字——"万叶假名"。在"万叶假名"的基础上,又创造出平假名和片假名,完成了自己文字的创制。

西晋以后,不少中国人经过朝鲜移居日本,其中有纺织、制陶工匠,有养蚕缫丝能手,还有缝纫师与厨师。据《日本书纪·雄略纪》等载,雄略天皇于中国南朝刘宋明帝泰始年间(465—471)曾派身狭青和桧隈博德二人来建康奉献。他们曾携带一批"汉织"、"吴织"和织缝女工返回日本。另外,雄略天皇又接纳了不少从朝鲜半岛移居日本的"秦人"、"汉人"。这些本为中国籍的移民,把中国的先进生产技术带至日本,促进了日本一些行业的发展。公元427年,日本大和朝下令在日本栽植桑树,日本的丝织业开始发展。可以说,日本的丝织业和其他生产事业的迅速发展,与当时中国先进的生产技术的传入是分不开的。

日本人原来"俗皆文身","男女都鲸臂点面",衣着十分简朴。西晋以后,随着中国文化的不断输入,人们的穿戴日趋讲究。据《北史》、《隋书》等载,其国王"始制冠,以锦采为之,以金银镂花为饰";"富贵者以锦绣杂采为帽";男女皆"衣裙襦",妇人则"束发于后",与晋时的妇女发饰相同。

据《北史·倭国传》载,日本人"每至正月一日,必射戏饮酒,其余节,略与华同"。这些风俗习惯,莫不与中国六朝多所相同。

南北朝时期,中国佛教传入日本。梁武帝普通三年(522年),由中国江南渡日以制鞍为业的汉人司马达等在日本大和坂田原设立草堂崇奉佛教,并且达等的女儿司马岛首先出家为尼,达等的儿子也出家为僧,是为日本僧尼之始。552年,朝鲜半岛南部的百济国圣明王遣使将佛像和汉译佛经奉送日本。当时大臣苏马氏舍宅为寺,另又建寺造像,而司马达等的孙子鞍部鸟即为其时佛像制作技术的第一名匠。从此,各种与佛教有关的经典和艺术,陆续由中国直接或通过朝鲜间接传入日本。

魏晋南北朝时期,中日文化交流已粗具规模。古代中国的先进文化给予日本重大影响。可以说,日本古代文化是中国文化的传承。隋唐时代的大规模中日文化交流,是在魏晋南北朝的基础上发展起来的。

十 中外乐舞文化大交流

魏晋南北朝时期,汉族的政治经济中心开始移至南方,其他兄弟民族大量进入中原地区。随着西北民族内迁,大量的民族乐舞和外国乐舞传入中原。中原传统乐舞也通过各种渠道向国内兄弟民族地区和域外传播，形成了中外乐舞文化大交流的局面。

汉代流行的百戏，至魏晋时已广泛流传于南方和北方的广大区域。南北各朝都在宫廷、民间和宗教活动中举行"百戏"演出。百戏的演出传统、人数众多的百戏艺员和观赏百戏的帝王贵胄及众多百姓，为中外乐舞的大交流准备了条件。

经十六国大乱，汉魏相传的传统乐舞慢慢散失了，西域乐舞正可填补这个空隙。公元348年，天竺送给前凉音乐1部，乐器有凤首箜篌、琵琶、五弦、笛、铜鼓、毛员鼓、都昙鼓、铜钹、贝等9种，乐工12人，乐曲有《沙石疆舞曲》、《天曲》等。后凉吕光通西域，获得更多的乐器（其中有觱篥、答腊鼓、羯鼓、鸡娄鼓等）和乐曲。

十六国时期，中国西北先后出现前凉、后凉、西凉、南凉、北凉政权，史称五凉。它以古凉州（今甘肃的河西走廊）为中心，前后有100多年的历史。五凉时期的河西，是乐舞艺术的保存地和传播地。文献记载，隋炀帝时曾颁行九部乐，其中就有五凉创造的"西凉乐"。《隋书·音乐志》解释"西凉乐"道："西凉者，起苻氏之末，吕光、沮渠蒙逊等据有凉州，变龟兹声为之，号为秦汉伎。魏太武既平河西得之，谓之西凉乐。"换言之，西凉乐是融合天竺乐舞、龟兹乐舞和中国传统乐舞而成的西凉地方乐舞。这种由"凉人所传中国旧乐，而杂以羌胡之声"的别具一格的西凉乐，在吕氏覆灭后分散传入中原，并一跃成为热门，从南北朝至隋唐，盛行不衰。

从西域乐舞的东渐中，可以清晰地看出：（一）秦汉以后，西域乐舞通过西北陆上丝绸之路的文化交流，汲取中原、西亚文化的精华，获得繁荣发展，尤以盛极一时的龟兹乐舞为最；（二）以龟兹乐舞为代表的西域乐舞东渐，分两次进行。第一次，始于4世纪。公元384年，前秦氐人吕光奉苻坚之命，西征龟兹。吕光凯旋东归时，将龟兹宫廷乐舞艺人带到凉州。河西五凉政权再将龟兹乐舞进行加工改造，混杂秦汉旧乐，又加入河西少数民族乐舞因素，创新了西凉地区别具一格的西凉乐。换言之，新创的西凉乐，实际上使龟兹乐得以风行于河西。第二次，始于5世纪，公元439年，即北魏太武帝拓跋焘太延五年，北魏攻平北凉州，统一中原，得西凉乐，使西凉乐在中原广为流传。

以龟兹乐舞为代表的西域乐舞，经两次东渐后，不仅在中原民间广为流传,而且还得到北朝皇帝的宠爱。《通典》卷 142 载:"自宣武以后,始爱胡声。泊于迁都,屈茨(龟兹)琵琶、五弦、箜篌、胡箜、胡鼓、铜钹、打沙罗,胡舞铿锵镗锴。"此处"宣武"指北魏宣武帝元恪,他于公元 500 年至 515 年在位。据此可知,自公元 6 世纪起,龟兹乐舞在中原宫廷中受到青睐。

与此同时,在汉族人建立的宋、齐、梁、陈南朝各代也流行"胡乐胡舞"。南朝刘宋时,宫廷中有"西伧、羌胡诸杂舞"①。萧齐时"羌胡伎乐"颇为盛行。齐高帝萧道成即帝位前,"与左右作羌胡伎为乐"②。郁林王(萧昭业)"尝列胡伎二部夹阁迎奏"③。东昏侯(萧宝卷)醉心于歌舞作乐。在他庞大的仪仗队中,就有"羌胡伎"④。及至梁代,胡舞仍流行于南朝。梁元帝萧绎《夕出通波阁下观伎》诗有"胡舞开齐阁,盘铃出步廊"句。梁人周舍作《上云乐》诗,描绘乐舞艺术,有"举技无不佳,胡舞最所长"句。宋、齐、梁各代,宫廷设有诸般伎乐,其中就有"安息孔雀凤凰文鹿胡舞登连上云乐歌舞伎"⑤。

在南朝宋、齐、梁三代宫廷大宴时,胡舞引人注目地出现,说明各族乐舞大交流已涌入汉族政权的中心地带,成为一种历史发展的趋势。

佛教东传,其音乐也随之而来。最早的佛教音乐是公元 2 世纪西域胡人或天竺僧人来中国传授的梵呗。梵呗传入中国后,在唱词和曲调两个方面遇到了不可克服的困难——梵语唱词与汉语唱词在音节上难以对应,梵呗曲调与汉语唱词的意义难以谐调一致。梵呗这种外来音乐文化要在中国站住脚跟,就必须要汉化。三国魏曹操幼子曹植(192－232)根据《瑞应本起经》,运用中国民间曲调,借鉴印度梵呗的节奏,用法器和简单的管乐器伴奏,配唱汉译经文,制成中国佛教音乐史上第一支法曲《鱼山呗》。《鱼山呗》可视为魏晋间中国佛教音乐的萌芽。公元 3 世纪,中国僧人和佛教信徒在梵腔的基础上,结合当时民间文学和正统文学以及中国民间音乐,开创和初步形成了中国的佛教音乐体系。南朝(宋、齐、梁、陈)时,中国佛教音乐吸取民间文艺形式(如

---

① 《宋书·乐志一》。
② 《南齐书·高帝本纪上》。
③ 《南齐书·郁林王本纪》。
④ 《南齐书·东昏侯本纪》。
⑤ 《隋书·音乐志》。

"转读"、"唱导"等),日臻完善。尤其是南朝梁武帝萧衍在建康专门设立"法乐童子伎"音乐机构,创作、表演 10 篇佛教乐舞作品(《善哉》、《大乐》、《大欢》、《天道》、《仙道》、《神王》、《龙王》、《灭过恶》、《除爱水》、《断苦转》),进一步丰富了中国佛教音乐。

南北朝是各民族大交流、大融合的时代,也是中外乐舞艺术大交流、大融合的时代。胡乐胡舞在中国北方和南方,上至宫廷,下迄闾巷,盛极一时,它促成了亚洲各民族乐舞艺术的大交流、大融合。综观魏晋南北朝时期的中国传统乐舞,吸收和融合域外乐舞的优长,创造出了更高水准的音乐舞蹈,从而为隋唐乐舞艺术的高度发展埋下了基石,准备了条件,也为中国古代乐舞黄金时代的到来拉开了序幕。

第 四 章

隋唐时期的中外文化交流

概　　述

隋唐时期的中国是一个先进的文明国家,当时在世界上享有很高的声望。尤其是强大和统一的唐朝(618—907),不仅以经济繁荣、文化昌达著称于世,而且以兼收并蓄、善交友邦、对外开放而彪炳史册。

唐朝拥有一批政治开明、德才兼备的君臣,一改"自古皆贵中华,贱夷狄"的偏见,极为重视与兄弟民族及四方邻国的和睦相处,对华夷一视同仁。唐朝实行的一系列对外政策和措施及由此而形成的对外交往、对外开放的盛况,把古代中国的对外交往、对外开放推到了最高阶段。当时世界上有 70 余个国家与唐朝有政治交往和经济文化交流。

对外文化的广泛交流,使唐朝境内不时出现来自不同国家、操着不同语言、身着不同服饰的外国人。这些外国人中,有为外交斡旋的使节,有为贸易奔忙的商贾,更有向往唐文化的外国留学生和学问僧。在唐都长安,唐朝皇帝接待了许多国家派来的使节,在繁华的商业区里有不少外商的店铺,在国子监有许多国家派来深造的留学生,在寺庙里有许多来中国求法的外国僧人,在朝廷中还有许多供职唐廷的外国官员,此外还有寻求庇护的外国王侯、向唐献艺的外国乐工艺人等。世界各国的经济文化在中国得到交流和传播,形成了中外文化交流的巨大场面。唐都长安成为中外经济文化交流的中心。

这个时期,由于国际交往的需要,中外交通有了进一步的发展,形成了以长安为中心的通往国外各地的海陆交通网。

陆路交通有以下干线:

北路从长安出发,经今内蒙古地区到叶尼塞河、鄂毕河上游,往西可达额尔齐斯河以西地区。

西路即著名的西北陆上丝绸之路。从长安城开远门出发西行,经河西走廊,出敦煌再西行,有3条通往中亚、西亚和欧洲的通道。其中北道是出敦煌,循天山北路,经伊吾(今哈密)、蒲类海(今巴里坤)、西突厥可汗庭(今巴尔喀什湖南边),转东罗马,出地中海,可达欧洲;中道是出敦煌,走天山南路的北道,经高昌(今吐鲁番一带)、焉耆、龟兹(今库车)、疏勒,越葱岭而达波斯(今伊朗);南道是天山南路的南道,原为汉代以来通往西域丝绸之路的主要通道。此路从敦煌经鄯善、于阗(今新疆和田),过葱岭及吐火罗(今阿富汗北部)至北婆罗国(今北印度)。

西南路从长安出发,经四川、吐蕃,可到泥婆罗(今尼泊尔)和天竺(今印度);或经南诏往东南,可到林邑(今越南南部)、真腊(今柬埔寨);或经南诏往西南,可到骠国(今缅甸)和天竺。

东路从长安往东,经河北、辽东,通朝鲜半岛,达高句丽、百济和新罗。

海路有以下航道:

东去日本有3条海路。北路是由山东半岛的登州或莱州下海,渡渤海、黄海,沿辽东半岛和朝鲜半岛的西岸,到日本的博多;南路由楚州(今江苏淮安)出淮河口,横渡黄海,直驶日本的博多;南岛路是由明州(今宁波)出海,渡东海,经日本以南的奄美大岛、屋久岛、种子岛等岛屿,沿九州西岸,到博多。

南去西亚的海路,从广州下海,渡南海,经东南亚,越印度洋、阿拉伯海,至波斯湾沿岸。

这些通往国外的海路,虽然距离长安甚远,但凡是唐朝泛海出使或海外各国扬帆来华,其起点或终点都是唐都长安城。

上述陆海路的开通,为中外文化交流提供了便捷的交通条件。

唐代中国,是世界文化的重心,是世界历史演进的总动脉。融合域外文化的唐文化成了世界性文化,深为当时世界各国人民所向往。他们由于自身发展的需要和客观因素的促使,开始向唐代中国靠拢聚集,以期通过同唐朝的接触和交往,来发展自己的经济文化,增强自己的综合国力,扩大自己在世界舞台上的地位。于是,他们把域外文化带入唐土,又把唐文化播传四方,促进了中外文化大交流。

唐代中国对域外文化的态度是既不盲目地排斥,也不漫无选择地一律吸收,而是根据自身的需要做出选择。在这种"兼容并包"思想的支配下,唐代中国的对外文化交流比以往任何时代都广泛而深刻得多。繁荣的唐文化吸收了域外文化的精华而愈益丰富多彩,先进的唐文化传播到东西方各国,推动了世界各国文化的发展。

唐代的中外文化交流,不仅对中国传统文化的发展做出了贡献,也对世界历史的进步和人类文化的发展做出了贡献。可以说,隋唐时期是中外文化交流的高潮期。

一 繁盛的西北陆上丝绸之路与文化交流

西北陆上丝绸之路自中国长安到罗马帝国的君士坦丁堡全长约11 000公里。至唐代,西北陆上丝绸之路进入了繁盛期。其特点是,对丝绸之路的贸易由中原地区政府的支持鼓励变为由中央政府直接经营管理。

为了保证丝路的畅通,唐代在从河西走廊的凉州(今甘肃武威)直到天山西北各条大道上,都设立驿馆。每馆都有 1 名"捉馆官"负责。驿馆为过路商人、官员提供食宿和牲畜的草料,大大便利了商人和官员在丝路上的来往。沿路凡称"镇"、"军"、"守捉"的地方都驻有军队守卫。

军队兼事屯垦,不仅保护商旅安全,而且开发土地,生产粮食。《资治通鉴》"天宝十二年"条记载:"是时中国盛强,自(长安)安远门西尽唐境凡万二千里,间阎相望,桑麻翳野,天下称富庶者,无如陇右。"唐张籍《凉州词》曰:"边城暮雨雁飞低,芦笋初生渐欲齐。无数铃声遥过碛,应驮白练到安西。"① 诗句生动地描绘了当时骆驼丝队响着阵阵驼铃声穿越漫长丝路进行中外文化交流的盛况。

唐代,西亚的主要国家先有波斯,后有大食。

波斯(今伊朗)是丝绸之路的重要转运站,同中国往来密切。7 世纪中期,波斯为大食(今阿拉伯)所灭,其王卑路斯和王子泥俚师先后定居长安,许多波斯人随之流亡中国。长安、扬州、广州的波斯商人数以千计。他们以经营珠宝、香料、药品驰名。今天伊朗境内,发掘出许多唐三彩。新疆出土的唐代织锦上的对鸟、对兽花纹以及南朝诸多皇陵

---

① 转引自刘大杰:《中国文学发展史》(第 2 册),328 页,上海人民出版社,1976。

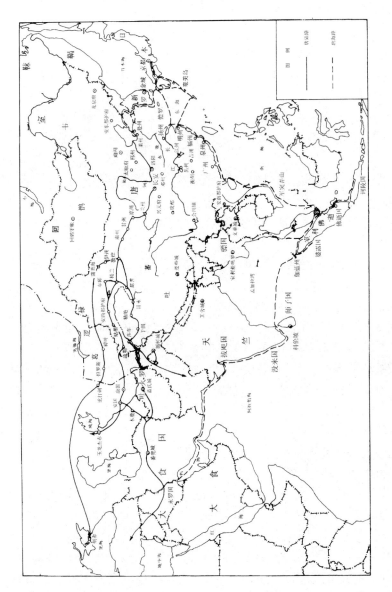

唐代陆海丝绸之路示意图

唐·阎立本《职贡图卷》

墓道上的石刻辟邪,反映了波斯艺术对中国的影响。

　　唐高宗时,大食遣使来长安通好,此后100多年里,入唐使节近40次之多。大食商人从陆路和海路来到中国,定居于广州、扬州、长安的很多。有的还中了进士。在广州,大食人建立了伊斯兰教礼拜寺。他们的信仰受到唐政府的尊重。中国的造纸、纺织、制瓷等技术传入大食,又通过大食传到非洲、欧洲的许多国家。

　　唐朝不少工匠出身的士兵,因战争来到大食,建立了中国本土以外的第一个造纸作坊。从此,大食人用中国纸代替了价格昂贵的羊皮纸。中国瓷器在阿拉伯是贵重的物品,大食的宫廷里有很多精美的中国瓷器,其中最大的一件竟要几个人才能搬动。一位大食诗人以珍藏华瓷为荣,赞美中国瓷器的纹饰凝结着非凡的才智。大食习俗,对中国也有影响。唐朝盛行的抓饭、烧饼,就来自大食。

　　唐朝与位于欧洲巴尔干半岛的东罗马(中国古籍称"拂菻")也有往来。贞观年间(627—649),东罗马使臣来到长安谒见唐太宗,送来赤玻璃等物品。唐太宗赠以名贵的丝织品答谢。开元年间(713—741),东罗马又几次派使臣到长安,赠送狮子、羚羊。东罗马商人也来中国经商。近年在西安、咸阳发现的东罗马钱币可能就是他们带来的。东罗马的眼科技术比较先进。唐高宗患眼病看不清东西,御医用东罗马眼科治疗法,使高宗恢复视力。

唐乾陵前所列高宗葬仪的诸外国使节 61 尊石雕像（头部均已摧失）

　　西北陆上丝绸之路的起点唐都长安城是国际性大都市、中外文化交流的中心。在长安城中常住的外国人和国内少数民族的人数估计达 5 万人之多。唐太宗时期，入居长安的突厥人，一次即近万家。唐高宗时期，波斯王子泥俚师自长安统率回国的部属一次达数千人。唐德宗时期，中亚胡客有 4 000 人留居长安达 40 多年。在长安留学的外国留学生也很多，其中以新罗、日本为最多。许多有真才实学的外国人被提拔到重要岗位。如波斯人李元谅官至尚书左仆射、镇国军节度使，封武康郡王。朝鲜人泉男生官至辽东大都督、玄菟郡公。日本遣唐留学生阿倍仲麻吕（汉名晁衡），居住中国达 54 年之久，官至秘书监、安南都护，最后埋骨长安。唐都长安，由于它的开放，使世界各国的文化得以在长安广泛交流。

　　西北陆上丝绸之路，是当时世界上最长的大陆桥，横跨亚、欧、非三大洲。作为欧亚大陆的大动脉，承担着世界历史发展主轴的重任，是中外文化交流的桥梁。西北陆上丝绸之路在物质文化、精神文化层面的交流有以下五个方面：

（一）农产品和农业技术的交流

　　中亚（西域）传入中国的农产品有：棉花、胡麻、蚕豆、西瓜、黄瓜、石榴、大蒜、玉葱、芫荽、苜蓿、葡萄、核桃、胡萝卜、红花等。从中国传入中亚的农产品有：花生、芋头、茄子、白菜、韭菜、芹菜、辣椒等。中国内地的先进农业技术也传到了西域中亚各国。大宛的马传入中国，称为天马。中国内地的蚕桑传到西域，那里的人学会了养蚕缫丝。这些均促进了中外农业的繁荣。

（二）工业品和工业技术的交流

中国丝织品通过丝绸之路传入西域中亚的时间，大概不晚于 7 世纪，中国的织绸机和丝织技术也传入中亚、西亚和欧洲国家。此外，中国的钢铁及炼钢术、造纸术、制瓷术也传入中亚、西亚和欧洲。从中亚、西亚传入中国的工业品有玻璃器皿和这方面的制造技术。唐高宗永徽年间（650—655）及以后，阿拉伯国家来贡方物时，其中药材很多。其后阿拉伯商人来中国开药铺，传入药方，也为中国所采用。如上交流均造福于交流的双方。

（三）乐舞艺术的交流

隋九部乐，以龟兹乐为主。唐十部乐，仍以西域乐为主。可见西域乐舞对隋唐乐舞的影响之大。自汉至唐的数百年间，中亚、西亚的乐舞已经融合到中国的乐舞艺术之中，使中国的乐舞散发出新的光辉。

（四）宗教思想方面的交流

唐朝统治者深知宗教是维护封建统治的有力工具，对外来的宗教一概欢迎。随着西北陆上丝绸之路的

唐彩绘胡人骑马俑

繁盛,袄教、景教、摩尼教、伊斯兰教等外来宗教也在唐时相继传入,丰富了中国的宗教文化。

(五)天文历算

唐代西行求法形成高潮。中国西行求法僧和印度来华僧所携带的梵本中,有不少关于天文历算的书籍。印度—阿拉伯数字(0、1、2、3、4、5、6、7、8、9)已于唐代传入中国,但尚未引起重视。印度的笔算法和三角函数表也于唐代传入中国。唐高僧科学家一行所造新历《大衍历》明显受到印度天文历算的影响。唐初由中天竺迁居唐土的瞿昙家族精通梵文和印度天文历算。自高宗、武后至玄宗开元年间,他们一直在唐朝宫廷做天文官员,对唐朝的天文历算产生过不小的影响。

二 中外音乐文化交流

隋初,文帝规定宫廷演奏七部乐,其中有三部是外国乐:西域的安国乐、天竺乐和高丽乐,可见文帝对外来音乐的重视。隋炀帝在七部乐的基础上,又增加康国乐(康国在今乌兹别克斯坦撒马尔罕一带)和疏勒乐,成为九部乐。如此说来,隋朝的九部乐中,有四部就是外国乐。由此可见隋朝宫廷音乐中外国音乐所占比例之重。

唐初,在广泛搜求民歌、继承民族传统音乐的基础上,"别求新声于夷邦",唐朝大量摄取外来音乐。开放的唐代大量摄取外来音乐所形成的中外音乐文化交流的巨大场面,堪称世界文化交流史上的辉煌篇章。

唐太宗时列入国家十部乐的,除燕乐是唐朝自制、清商乐为汉魏六朝以来的中原之乐外,其他如天竺乐、高丽乐、安国乐、康国乐等均采自域外。颇有音乐才能的唐玄宗设"坐部伎"、"立部伎",所表演的不少乐舞,"间以胡夷之伎"。唐朝,一方面容纳外国音乐,让外国音乐在唐土继续流行,另一方面以恢弘的气度、博大的胸怀,广取博采国内外各族音乐的精华,大胆创新民族音乐,使民族音乐空前繁荣,形成富有时代特征的唐乐。

唐时,域外音乐在唐土风行一时。长安城内住有大批外国音乐家。著名的音乐家如曹国(今乌兹别克斯坦撒马尔罕的北方和东北方一带)人曹保、曹善才一家,米国(今乌兹别克斯坦撒马尔罕的西南方)人米家荣、米和父子,康国人康昆仑,安国人安叱奴,都曾见重于当时。京都长安是中外音乐荟萃之地。"胡旋舞"是从康居国(康居国在今巴尔喀什湖和咸海之间)传入的。此舞风靡长安。唐代诗人白居易的《胡旋女》诗:"胡旋女,胡旋女,心应弦,手应鼓。弦鼓一声双袖举,回雪飘飘转蓬舞。左旋右旋不知疲,千匝万周无已时。人间物类无可比,奔走轮转旋风迟。"此诗真实地反映了中亚乐舞风靡长安的情况。唐代诗人王建的诗句云:"城头山鸡长角角,洛阳家家学胡乐。"域外音乐在唐土之风行,由此可窥其一斑。

唐玄宗设定的"坐部伎"、"立部伎"的乐舞节目,绝大多数是以中原乐舞为基础、大量吸收融合国内各兄弟民族和外国的乐舞而创制的新乐舞。

《破阵乐》是坐、立二部中最为著名的舞蹈之一,驰名中外。它是根据《破阵曲》编舞的。歌颂唐太宗(太宗李世民早年被封为秦王)的战绩武功。舞者120人,身穿银饰盔甲,手持戟,舞蹈队形是左圆右方,前有战车,后有队伍,时而变横队,时而变纵队,队形时屈时伸,相互交错,首尾相应,连接一起。伴奏用大鼓,乐调有龟兹声,有快有慢的击刺动作都合着雄壮的歌声,富有战斗气息和雄壮的声势。《破阵乐》东传日本,西闻天竺,是唐代中外音乐交流的典型例子。

《霓裳羽衣曲》是唐代汉乐与胡乐融合发展的最高成就。据传乐曲是唐玄宗吸收印度《婆罗门曲》的素材创作的。《霓裳羽衣舞》系根据这首乐曲编的舞,常在宫廷和贵族的宴会中表演,以杨玉环的表演最为有名。舞者扮成仙女样,上穿"羽衣"——孔雀翠衣,下着淡彩色或月白色裙,肩披霞帔,头戴"发摇冠",身上佩珠翠饰品,服装华丽典雅。舞者可独可双,亦可多人,最多可达300人。白居易《霓裳羽衣歌》云:"飘然旋转回雪轻,嫣然纵送游龙惊;小垂手后柳无力,斜曳裾时云欲生。"这些生动的诗句,把轻盈的旋转、流畅行进的舞步、衣裙如浮云飘起、舞者飘飘欲仙的舞态形象地描绘出来了。

高水平的唐代音乐,既是中外音乐交流的结晶,同时也是中外音乐交流的内容。

与唐交往的域外文明大国,首推印度。印度音乐伴随着佛教传入中国。唐代名曲《霓裳羽衣曲》,据考证是根据印度曲调逐步加工而成的,它成为唐代具有中国风格的两大舞曲之一。《破阵乐》于7世纪即传到印度。

波斯、罗马和大食的音乐,随着使节胡商的来华而传入唐。苏莫遮舞、拔头舞、胡腾舞、胡旋舞、柘枝舞等风行长安,洛阳也是"家家学胡乐"。唐代诗人元稹《法曲》诗云:"自从胡骑起烟尘,毛毳腥膻满咸洛。女为胡妇学胡妆,伎进胡音务胡乐。"

唐时的西南邻国骠国(今缅甸)乐舞发达。唐德宗贞元十七年(801年)骠国国王雍羌派王子舒难陀率领由 35 人组成的大型音乐使团取道西南陆上丝绸之路访唐,带来乐曲 12 种,乐器 19 种 32 件。骠国乐舞在长安宫廷的精彩演出,征服了唐朝君臣,轰动了京都长安。诗人白居易观后写下《骠国乐》诗记其盛:"玉螺一吹椎髻耸,铜鼓千击文身踊。珠缨炫转星宿摇,花蔓抖擞龙蛇动。"骠国乐对中国产生过很大的影响。如唐代太平乐,亦名五方师子舞,即骠国所进。当时的地方政权"南诏遇大宴会时,亦演奏骠国乐",今日云南傣族著名的孔雀舞,即源于骠国乐舞中的"孔雀王"①。

扶南(今柬埔寨)乐与天竺乐、骠国乐,共同组成唐乐中的"南蛮之乐"。唐代曲子中有《扶南曲》,这说明扶南乐已被融入唐代乐舞之中。

高丽乐是隋朝燕乐九部乐之一、唐朝燕乐十部乐之一。皇帝宴请宾客时必用高丽乐。唐朝士大夫中不少人能跳高丽舞。诗人李白《高句丽》诗描绘高句丽舞:"金花折风帽,白马小迟回;翩翩舞广袖,似鸟海东来。"

新罗在与唐朝结盟攻灭百济和高句丽时,曾派星川、丘日等 28 人入唐军营伍学习唐乐。此后,唐乐在新罗日益流传。唐朝所流行的西域乐舞,也在这一时期传入朝鲜半岛,如朝鲜的《莲花台舞》,即源自唐朝的西域舞《柘枝舞》。

日本对唐乐非常重视。大量传入日本的唐乐,按日本风格加以改造后,被称做"雅乐"。在飞鸟(593—710)、奈良(710—784)两个时代,大至宫廷仪典、宴饷、佛教祭奠,小如民间喜庆节日,都演奏雅乐。日本文武天皇大宝元年(701 年),日本宫廷建立"雅乐寮",有唐乐师、伎乐师等教授唐乐,传入唐乐曲 100 多首。

日本的遣唐使团中常有音乐家入唐学习唐乐。著名人物有精于弹

---

① 徐嘉瑞:《大理古代文化史稿》,242～244 页,中华书局,1978。

云南大理西郊出土的 8 尊唐代演奏胡乐陶俑

琴的良岑长松、擅长琵琶的藤原贞敏等。唐文宗大和八年(834 年),藤原贞敏在长安拜刘二郎为师学弹琵琶,两三个月内就学会不少曲子。刘二郎赞赏之际,不仅赠给他几十卷曲谱、紫檀琵琶和紫藤琵琶各一张,还把擅长弹琴的女儿嫁给他。藤原贞敏回国后,先后担任"雅乐助"、"雅乐头"等职。由于他定的琵琶四调传于世,他成为乐坛上的一代琵琶权威。留学生吉备真备等归国时,带回《乐书要录》10卷和音乐定律的标准仪器铜律管。

日本朝廷还不断聘请唐朝音乐家赴日传授唐乐。如公元766年,唐人皇甫东朝、皇甫升女赴日演奏唐乐。天皇为美妙动听的唐乐所陶醉,即刻授予两人官职。他们对传播唐乐起了很大作用。

遣唐使将唐代著名乐舞《破阵乐》传入日本,使之在日本风行一时。他们还把《古今乐录》、《乐书要录》、《琵琶谱》、《横笛》等著名唐代音乐理论书籍和《万岁乐》、《武德乐》、《太平乐》、《千秋乐》、《庆云乐》、《王昭君》、《兰陵王》等百余首唐代名曲传入日本。

随唐乐传入日本的唐代乐器,如古琴(刻有开元年间铭文)、瑟、筝、箜篌、螺钿紫檀琵琶、螺钿紫檀阮咸、尺八等,仍完好地保存在奈良东大寺的正仓院,成为中日音乐文化交流的物证。

日本雅乐经1 000多年的悠久岁月后保留到今天,形式多少发生了一些变化,但大体未失古代唐乐的风格。

唐代中外音乐大交流的盛况,显示了中国文化史上人们称道的"汉唐气魄"。

三 唐律对亚洲国家封建法制的影响

中国的封建法律起自战国,成长于秦汉,发展于魏晋南北朝,成熟于隋唐,完备于明清,解体于清末。在法律的内容和立法风格上,别具特色,形成了作为世界五大法系之一的中华法系。

唐律上承秦汉魏晋南北朝法律之大成,下开宋元明清法律之先河,是中国封建刑律的集大成者,是中华法系的代表。它以儒家学说为指导思想的理论基础,贯彻"礼法结合"和"德主刑辅"的原则,即所谓"德礼为政教之本,刑罚为政教之用,犹昏晓阳秋相须而成者也"[①]。而这些原则正是中国封建统治阶级实行统治的基本经验。

唐律对亚洲各国封建法制的制定产生了深远的影响。

---

① 《唐律疏议·名例》。

朝鲜半岛自公元前 1 世纪始,为高句丽、百济、新罗三个政权所控制。公元 668 年曾一度为新罗所统一。至公元 9 世纪又分裂为新罗、后百济、泰封三国。公元 918 年,王建统一全国,国号高丽。李朝郑麟趾所编《高丽史·刑法志》云:"高丽一代之制,大抵皆仿乎唐。至于刑法,亦采《唐律》,参酌时宜而用之。"

高丽《刑法》,内容为:狱官令 2 条,名例 12 条,卫禁 4 条,职志 14 条,户婚 4 条,厩库 3 条,擅兴 3 条,盗贼 6 条,斗讼 7 条,诈伪 2 条,杂律 2 条,捕亡 8 条,断狱 4 条,总 71 条。作为高丽《刑法》范本的唐律,共有 500 条,其篇目有名例、卫禁、职志、户婚、厩库、擅兴、盗贼、斗讼、诈伪、杂律、捕亡、断狱,共 12 篇 500 条。两相比较,可见高丽《刑法》乃模仿唐律并简化而来。故朝鲜史学家洪汝柯《刑法志》云:"高丽《刑法》所遵用者,李唐焉。"

高丽朝承用唐律直至朝亡(1392 年)前夕的 1388 年,历时 470 年之久。

隋唐时期,日本兴起遣隋使和遣唐使运动,唐朝的经济、政治、文化等输入日本,对其社会的发展变革产生了极其深刻的影响。

公元 646 年(日本孝德天皇大化元年),孝德天皇模仿唐朝制度,进行自上而下的社会变革,史称"大化改新"。自此以后,日本确立以天皇为首的中央集权制,建立年号,全国统一,出现"奈良"和"平安"繁荣时期,历时 5 个余世纪(646—1185)。这一历史时期,日本大量吸收唐朝法制,设刑部省,属有赃赎司和囚狱司,并制定自己的法律法令,史称"律令制时代"。

律令制时代,日本所制定的刑律内容基本同于唐制。

公元 667 年(日本天暂天皇七年),日本依据唐高祖武德、唐太宗贞观、唐高宗永徽三朝的"令"文制定成文法令《近江令》。《近江令》22 卷的编纂者,是随同遣隋使小野妹子而入唐留学长达 22 年的高向玄理及留学长达 25 年的僧旻等。日本《近江令》基本与唐《贞观令》相同。

公元 684 年(日本天武十一年),日本制定成文法典《天武律令》。其编纂者为留唐学生伊吉博德等。《天武律令》内容与唐武德、贞观、永徽三朝的律令基本相同。

公元 701 年(日本文武天皇大宝元年),日本依唐律为蓝本制定《大宝律令》。《大宝律令》在名称、条目次序上,与唐《永徽律》完全相同。

就法律形式而言,自《大宝律令》之后,还有《养老律令》以及公元802 年桓武天皇的《弘任格式》、公元 869 年至 871 年清和天皇的《贞观格式》、公元 907 年至 927 年醍醐天皇的《延喜格式》等。《日本史·刑法志》解释这些法典中律、令、格、式概念的文字,基本与中国《新唐书·刑法志》内容相同。

由是观之,日本"律令制时代"的前期所制的成文法典,皆以唐律、唐令、唐格、唐式为楷模。日本法制史学者桑原骘藏在《中国法制史论丛·中国古代之法律》中说:"自奈良至平安时期,吾国王朝时代之法律无论形式上与精神上皆依据唐律。"岛田正郎在《中国法史篇》中说:"此一时代(即"律令制时代"),陆续继受唐法,制定律令,且皆以汉文书写。"可以说,历时 5 个世纪的日本"律令制时代",实即模仿唐律时代。

今日越南北部,公元 10 世纪中叶之前属中国疆域,秦时为象郡,汉时为交趾、日南、九真三郡。唐时,置安南都护府于交州(今河内),以统海南诸地。越南北部,秦时行秦律,汉时行汉律,唐时行唐律。

10 世纪中叶越南独立后,迨李朝(1010—1225)兴起,越南法制渐备。李朝太宗(佛玛)明道元年(1042 年,北宋庆历二年)颁布《刑书》3 卷。这是越南第一部成文的法律。继而陈朝(1225—1400)太宗建中六年(1230 年,南宋绍定三年)制定《国朝刑律》,进一步完善了越南法律。陈裕宗绍丰元年(1341 年,元顺帝至正元年),又颁布《皇朝大典》。越南李朝、陈朝所颁布的上述法律,基本依据唐律,少部分参照宋律。故潘辉注《历朝宪章志类·刑律志》云:"按李、陈刑法……当初校订律格,想亦遵用唐、宋之制,但其宽严之间,时加斟酌。"

综上所述,唐律对亚洲国家朝鲜、日本、越南的法律制度,均有直接或间接的影响。

四 唐代陶瓷器及其制作技术的外传

唐代是中国陶瓷史上的大发展时期,制陶制瓷工艺有了很多创新和进步。就陶器而言,唐三彩便是代表性器物之一。

唐三彩作为中国艺术宝库中的珍品,所体现的艺术特色,既不像汉代宫廷艺术那样偏重于外在事物的形貌,又不像魏晋六朝门阀贵族艺术专注于内在心灵的表现,而是吸收绘画、雕塑、诗歌艺术的优长,面对社会存在的人间现实,以写貌传神的深厚功底,塑造出具有生命力的艺术形象。唐三彩一经问世,便受到中外人民的喜爱,并进而传播到域外国家。

新罗于公元 668 年统一朝鲜半岛后,增强了与唐朝的睦邻友好合作和经贸往来。中朝两国商人不畏艰险,长途跋涉,携带大量唐朝的丝织品、香料、陶瓷器等到朝鲜贸易。在这种条件下,唐三彩传入了朝鲜。1973 年,在韩国庆州朝阳洞内发现的三彩镄(镄为大口锅),是迄今在中国以外所发现的惟一完整的唐三彩。在唐三彩的影响下,新罗人也仿制烧造出具有新罗文化特色的"新罗三彩"。

截至 1997 年,日本在奈良平原龙田川御坊 3 号古坟、福冈市西区十朗川遗迹、京都市中京区西之京中御门西町等 14 处古墓、宫廷建筑遗址和寺院遗址中均发现盛唐时期的唐三彩残片。日本九州大学教授冈琦敬认为,这些唐三彩很可能是由第 7 次、第 8 次遣唐使携带回国的。[①]

此外,日本在奈良时代还模仿中国唐三彩的生产工艺,制造出具有日本文化特色的"奈良三彩"。据目前的考古资料证明,"奈良三彩"遍及日本,如福岛、群马、千叶、东京、神奈川、长野、石川、三重、滋贺、奈良、大阪、和歌山、广岛、福冈等地都有发现。奈良三彩盛行于奈良时代,衰落于平安时代初期。在正仓院的藏书中,有如何制作"奈良三彩"的记载。

随着唐朝与中亚和北非等国友好往来和商品贸易的展开,经由陆海丝绸之路,唐三彩被传入埃及、伊拉克、伊朗和阿富汗等地。

中国唐三彩传入埃及后,被埃及人民仿制成融入伊斯兰文化色彩的"埃及三彩"。

唐时,伊拉克为大食帝国的版图。公元 751 年,唐朝与阿拉伯军队在怛罗斯发生大战,唐军溃败,数以万计的唐朝士兵和随军工匠被俘。其中的陶器制作工匠在当地人民的配合下成功地烧制出唐三彩的仿制品,从而使唐三彩的制作工艺在大食扎根。此外,当时的中外商人经由西北陆上丝绸之路也将唐三彩制品运到大食销售。目前在伊拉克出土

---

① 李正中、王伟凯编著:《中国唐三彩》,133 页,天津人民出版社,1997。

的唐三彩器物有大碗、盘子、绿釉黄釉罐的碎片。

伊朗在唐时属波斯帝国。波斯与唐朝关系至为密切,文化交流极为盛行。唐三彩人俑中,就有波斯人的形象。波斯在8世纪至9世纪,从中国输入唐三彩、邢州白瓷之后,不久就出现了华丽的所谓"波斯三彩"和白釉彩陶。波斯三彩和白釉彩陶只是基本采用了中国陶瓷的样式,而不是原样照搬,各个种类都加进了波斯的风格,这是由于波斯有着很深的文化传统的缘故。

如果说中国陶瓷器对波斯陶器的影响如此之深,那么也可以说明在波斯地区(包括美索不达米亚)也兴起过"中国热"。在叙利亚也是同样。由此可见,陶瓷器方面的中国风格的流行,是波及整个中东地区的。①

表明唐代陶瓷业大发展的另一个重要事实是,至迟从9世纪下半叶起,唐代陶瓷向国外输出。陆上丝绸之路所到的西亚,海上丝绸之路所到的东亚、东南亚、南亚,都发现有唐瓷碎片。日本陶瓷学者三上次男把这条运输中国陶瓷的海上航路称为"陶瓷之路"。关于唐代瓷器的外销情况史书失记,因此,不朽的唐瓷碎片记录了唐瓷外销的踪迹。

从考古发现的资料看,在朝鲜三国时代输入唐朝青瓷器的基础上,新罗人于9世纪末开始建窑模仿烧造青瓷器。从此,朝鲜从陶器生产开始转向瓷器生产。根据《韩国青瓷窑址》报告,在仁川京西洞,有9世纪末的青瓷窑1处;在全罗南道高兴郡豆原面云岱里,有9世纪至10世纪的青瓷窑5处。这些窑炉,几乎完全照搬浙江地区的越窑、龙窑的建造和烧造技术。10世纪,有中国浙江青瓷窑的窑匠瓷工到朝鲜全罗南道康津郡等地,负责指导砌筑瓷窑和青瓷生产,从而结束了朝鲜半岛完全从中国进口瓷器的历史。

20世纪五六十年代,日本福冈县太宰府町通古货立命寺出土唐代越窑瓷器。在平城京的调查发掘中,也发现唐代越窑青瓷。1969年在奈良县福原市安郡寺旧址西北出土有唐三彩兽足残片,在药师寺西僧房遗址,还发现有唐朝的白瓷和长沙窑的青瓷壶等。

东南亚的柔佛河流域古遗址、婆罗洲的文莱、马来半岛彭亨属哥拉立卑等地,发现唐代陶瓷碎片、唐青釉两耳尊、青釉凤头壶、青瓷四耳尊

① [日]三上次男:《陶瓷之路》,中译本,李锡经、高喜美译,152页,文物出版社,1984。

等瓷器。

日本陶瓷专家三上次男在有关文章中曾介绍菲律宾群岛的八打雁、布土安等地区发现有中国唐代邢窑、定窑、巩县窑等地的白瓷；越窑青瓷钵、水注、壶；湖南长沙窑釉下彩绘钵和贴印纹水注，还有其

在文莱的加里曼岛海滩采集到的宋代中国陶器

他一些窑工的产品。①

截至 20 世纪 80 年代，为数不少的中国陶瓷在泰国南部被发现，从北大年、宋卡、那空是贪玛叻，到素叻他尼省都有出土。出土陶瓷的年代最早为唐代，最晚至清代，绝大多数为江南地区的产品，以福建、浙江、江西三省占主要比重。

泰国曼谷国家博物馆里陈列有唐长沙窑釉下褐绿彩绘碗和越窑青瓷。1982 年，曼谷国家博物馆在那空是贪玛叻省古遗址出土了唐代陶

古代阿曼人喜爱的中国陶瓷

瓷标本 700 余件。其中有唐邢窑、越窑、长沙窑、广东窑等窑口的陶瓷

---

① 转引自周林:《从扬州出土的陶瓷资料看唐代的贸易陶瓷》,见《中国古代陶瓷的外销》(中国古陶瓷研究会、中国古外销陶瓷研究会 1987 年晋江年会论文集),紫禁城出版社,1988。

碎片。①

印度尼西亚不少地区发现中国唐代陶瓷,如中爪哇的格罗波甘、慕利亚山区、甫兰班南陵庙、葛都,东爪哇的玛琅,西爪哇,南苏门答腊,美拉威西,巴厘和龙目等。② 1978 年,印度尼西亚文教部考古研究中心的苏达里夫人、苏莱曼夫人及美国专家禾尔特尔斯,在巨港附近的甫吉·斯昆棠发现唐朝瓷器(9 世纪—10 世纪)碎片。③ 1987 年,印度尼西亚巨港附近的格丁苏洛发现了中国唐代的 40 个铜像、一批陶瓷和瓦片。④ 雅加达国立博物馆陈列有中国东汉至唐的多件陶瓷。

巴基斯坦卡拉奇东郊的班布尔是古代印度河沿岸的重要港口,这

埃及开罗伊斯兰博物馆陈列的中国瓷瓶

土耳其收藏的中国明代陶瓶

---

① 冯先铭:《泰国·朝鲜出土的中国陶瓷》,载《中国文化》,中华书局[香港]有限公司,1990(2)。

② 孔远志:《中国印度尼西亚文化交流》,268 页,北京大学出版社,1999。

③ 黄元焕:《室利佛逝古国的新探索》,见北京大学东方语言文学系编:《东方研究论文集》,510 ~ 511 页,北京大学出版社,1986。

④ 孔远志:《中国印度尼西亚文化交流》,274 页,北京大学出版社,1999。

里发现有中国晚唐时期的越窑青瓷壶和长沙窑碗。1854 年,英国人伯来西斯、利查孙发掘 7 世纪最为繁荣的巴基斯坦布拉民那古城,得到了一些唐朝邢窑白瓷和越窑青瓷的残碗。[①]

　　在波斯湾的阿拉伯重要港口席拉夫,出土了大量中国陶瓷碎片。其中的唐代白瓷和越窑青瓷,正是当地商人和旅行家苏莱曼于 9 世纪中叶写的中国游记中所记叙的中国瓷器。这部游记说:"中国人能用陶土做成用品,透明如玻璃,里面加了酒,从外面可以看到。"在伊拉克的萨马拉遗址也发现唐三彩、绿釉、蓝釉和白釉、青釉等外销陶瓷。

　　1912 年,英国人发掘 9 世纪昌盛的埃及开罗南郊福斯塔特遗址,获得若干唐三彩陶片和埃及仿唐三彩的多彩陶器的碎片以及唐代越窑系青瓷和唐代白瓷碎片。

　　综上所述,随着唐代海外交通的发达,陶瓷的外销形成了一个高潮。唐三彩的外传,促进了亚非诸多国家多彩陶器制造业的发展。唐中期以后,中国瓷器开始大量向外输出,形成了"海上陶瓷之路",沟通了亚非两大洲的文化交流。应该指出的是,除海路外,陆路经由新疆、中亚以至波斯,同样是唐代陶瓷外传的重要线路。

印度曼波尔遗址出土的
9 世纪中国陶器

五　遣隋使、遣唐使与中日文化交流

　　公元 589 年,隋文帝杨坚结束长达 360 多年的分裂时代,统一中国,建立中央集权政府。中国封建社会的发展进入新的时期。此时的日本正处于奴隶制末期,大贵族集团之间矛盾激化和斗争的结果是推古天皇(女皇)即位执政,圣德太子摄政。

　　为了加速移植先进的中国文化,巩固日本皇室的统治,圣德太子恢

---

①　傅振伦:《中国古陶瓷论丛》,102 页,中国广播电视出版社,1994。

复 5 世纪末叶以来中断的中日邦交,并于 7 世纪开始不再假手朝鲜半岛而直接向中国派遣使节以及留学生、学问僧等。于是,日本的遣隋使制度正式确立。

隋朝 38 年间,日本共派遣隋使达 4 次[①]:

第一次,隋文帝开皇二十年(600 年,日本推古天皇八年),日本的第一批遣隋使出访隋。使者一到隋都大兴(今西安),就受到隋文帝的接见。遣隋使向隋文帝介绍了日本的情况,隋文帝也进一步询问日本的民情风俗。

第二次,隋炀帝大业三年(607 年,日本推古天皇十五年),圣德太子任命小野妹子为大使、鞍作福利为通事(翻译),派来隋朝。圣德太子在致隋炀帝的国书中自称"日出处天子致日没处天子",反映出圣德太子致力于发展同中国对等外交的心态。隋炀帝于翌年(608 年)任命文林郎(官名)裴世清为使节,陪送日使回国。裴世清一行于 6 月到达筑波(今大阪),日本皇室为接待隋朝使节特建一座迎宾馆,并派出彩船30 艘热烈欢迎。8 月 3 日,裴世清等进入日本京城时,日本方面设仪仗,鸣鼓角,给予隆重接待。

第三次,隋炀帝大业四年(608 年,日本推古天皇十六年)9 月 11日,隋使裴世清等归国,圣德太子又派小野妹子为大使、吉士雄为副使、鞍作福利为通事,同行前来中国。圣德太子在其用汉文写的国书中自称"东天皇敬白西皇帝",再次表达与中国对等的意向。这次随同隋使来中国的还有首批入隋学习的留学生、学问僧共 8 人。他们都是渡日汉人的后裔,具有接受中国文化的条件。此次留学生、学问僧的派遣,是日本直接向中国全面汲取文化的开始。

第四次,隋炀帝大业十年(614 年,日本推古天皇二十二年),圣德太子派出以犬上御田锹为大使、矢田部造为副使的遣隋使团访隋,仍有留学生及学问僧随行。

日本遣隋使的派遣,为以后大规模的中日交往奠定了基础。来隋朝学习的留学生、学问僧长期留居中国,多方面接触中国文化,并亲身经历了隋、唐王朝的更迭,目睹了初唐的宫廷礼仪、政府机构以及完善的法制。对唐文化钦佩之至的留学生、学问僧回国后,直接引入中国先

---

① 　姚嶂剑:《遣隋使》,11 页,陕西人民出版社,1984。

进的文明,反对落后的氏族政治,并于大化元年(645 年)参与发动了日本历史上有巨大影响的宫廷政变——"大化改新"。

日本在大量引进中国文化的基础上所实行的大化改新,结束了奴隶社会,初步建立起封建的中央集权的统治。刚刚从奴隶社会过渡到封建社会的日本,对唐朝日臻完备的封建典章制度"益加赞叹向往,热狂地试图汲取、模仿。遣唐使的派遣就是实现这种愿望的手段"①。

遣唐使从唐贞观四年(630 年,日本舒明天皇二年)开始,一直延续到唐乾宁元年(894 年,日本宇多天皇宽平六年),前后长达 264 年之久。中日两国以遣唐使为主要形式,开展了人类历史上罕见的、空前规模的文化大交流。据近现代中日史学家考证,日本正式派出遣唐使达 19 次之多。②

遣唐使是遣隋使的延续和升级,不仅次数频繁,而且组织日趋完备。遣唐使初期,规模还不大,一般每次出动一二只船,每船约载 120人。第 9 次遣唐使后,形成完备的定制。遣唐使的官员,有大使、副使、判官、录事,一般选择在学术上有相当造诣或曾经来过中国、了解情况的人担任,如长期留学中国的高向玄理、吉备真备、药师惠日、菅原道真等。使团中包括各方面的人员,如船匠、舵师、水手、医师、阴阳师、翻译以及留学生、学问僧等。遣唐使的重要任务,就是遣送和迎还留学生和学问僧。遣唐使团一般每次有五六百人,分乘 4 艘船前来中国,因此,"四舶"在当时的文学作品中成为遣唐使的同义语。

遣唐使一般自难波的三津浦,乘船经濑户内海向西航行,至九州博多,再经隐歧、对马等岛屿抵朝鲜半岛,沿西南岸北行,横渡黄海至辽东半岛,再抵山东半岛的登州或江苏的楚州(今淮安)登陆。这就是北路,以前遣隋使即走此路。此路沿海岸航行,比较安全,但需时较长。7 世纪末叶以后,航线改走南路,即从九州西岸南下,从萨摩(今鹿儿岛)、益救岛(今屋久岛)、奄美大岛、阿尔奈波岛(今冲绳)等处,再横渡东中国海,至长江下游的扬州或杭州湾口的明州(今宁波)等地登陆,然后经扬州,通过邗沟、通济渠至汴州,西进而达长安。

7 至 9 世纪时,中日两国虽已具备相当先进的造船技术和航海知识,但航行东海还需冒很大风险。4 艘遣唐使船一般同时出发,夜间举

---

① ［日］木官泰彦:《日中文化交流史》,中译本,62 页,商务印书馆,1980。
② 姚崿剑:《遣唐使》,18 页,陕西人民出版社,1984。

日本奈良正仓院及其所藏的唐代螺钿紫檀五弦琵琶

火相互联系,但常因大风大浪失去联系。653 年,日本派出第二次遣唐使,有一条船出发不久即遇风暴,在萨摩郡沉没,仅有 5 人生还。743 年,第 9 次遣唐使回国,从苏州出发后,在海上突遇暴风,其中一船被风吹回中国,另一船漂至南洋,部分人又辗转来到中国,得到中国人民的援助而回到日本。778 年,第 11 次遣唐使在回国途中遭遇风浪,船篷被打破,执行大使任务的副使小野石根等 38 人和唐朝派去押送礼物的掖廷令赵宝英等 25 人同时被风浪卷走,不及拯救。许多在历史上留名或不留名的中日两国人士,战狂风、顶恶浪,历尽千辛万苦,甚至献出了宝贵的生命,为中日睦邻友好和中日文化交流做出了贡献。大自然给中日交往带来的危险虽然不断出现,但日本仍不断派出遣唐使,反映了日本政治、经济、文化上的需要和处于上升时期的新兴统治阶级的进取精神。

日本遣唐使、留学生和学问僧如饥似渴地学习中国文化,政体、法律、农业、手工业、商业到文字、文学、书法、史学、艺术、体育、音乐、戏剧、教育、天文学、数学、医学、建筑、军事、服饰、饮食等,无不从唐引进,使整个社会从经济基础到上层建筑,实现全盘唐化。正如郭沫若先生

所说:"把中国的文化,各种上层建筑的意识形态,差不多和盘地输运了去。"① 诸如:

(一) 国名和行政制度

日本原无国名。在唐以前,中国一直称日本为"倭"、"倭国"、"倭奴国"等。隋朝时,日本圣德太子又加了"大"字,成"大倭",后来演变成"大和",日本民族也就成了"大和民族"。可见"倭"是中国给日本起的国名。现在的"日本"

日本遣唐使船(局部)

国名,是唐朝时出现的。日本天皇制确立后,天皇为了提高自己的国际地位,自称"日出处天子"。唐高宗咸亨元年(670 年),更号"日本","使者自言国近日所出,以为名"。"日本"国号首次载于 720 年舍人亲王、太安麻吕等按中国史书编纂方法用汉文编成的《日本书纪》之中(该书把"倭"和"大和"等日本古称首次改为"日本")。据此可知,日本国名的产生,显然受到中国文化的影响,特别是唐文化的影响;也与日本统治者"日出处天子"的思想要求一致。唐政府本着平等的尊重邻国的态度,将此事载入史册。② 以后的中国史书均把"倭"字改为"日本"。从那时起日本国名沿用至今。

日本天皇制建立初期,并无年号。645 年,孝德天皇仿效中国,建

---

① 郭沫若:《日本民族发展概况》,见《郭沫若文集》,卷 12。
② 《旧唐书·东夷传·日本》。

立日本历史上第一个年号"大化"。自此成为一种纪年习惯。8 世纪中叶,日本天皇仿照唐玄宗的"天宝"年号,取年号为"天平胜宝"、"天平宝字"等。这种年号纪年,日本至今仍在沿用。

"大化改新"后,日本废除世袭的氏族等级制,确立中央集权制。中央设二官八省一台。其中太政大臣、左大臣、右大臣,号称"三公",与唐的太师、太傅、太保相当。左、右大臣之下又有大纳言、少纳言、左辨官、右辨官。左辨官负责中务(管修史、天文)、式部(掌官吏任免)、治部(管贵族婚娶、对外事务)、民部(掌户籍、民政)等 4 省。右辨官负责兵部(管国防)、刑部(掌司法)、大藏(管财政,此名词至今为日本财政部沿用)、宫内(管官田、官营手工业)等 4 项事务,与唐的"三省"(尚书省、门下省、中书省)"六部"(吏、户、礼、兵、刑、工)相似。同时设置的 33 郡弹正台(监察官)等及地方的国、郡、里等各级行政机构,均参照唐朝的行政制度。

(二)法律

日本在隋唐以前还不知道什么叫法律,所以遣唐使中派有许多留学生前来唐朝攻读法律。隋末唐初留学生高向玄理、舒明、南渊请安等人把唐的律令制度带回日本并加以运用。

日本"大化改新"后,于 646 年仿唐朝的政制设刑部省,其属有赃赎司和囚狱司,并开始制刑律。其所制刑律内容基本同于唐律。

日本天智天皇七年(667 年,唐高宗乾封二年)颁布的《近江律令》,是根据唐武德、贞观、永徽三朝的律令制定的,也是唐朝法律对日本直接发生影响和作用的第一个成文律令。编纂者是随同遣唐使小野妹子而来留学长达 32 年的高向玄理及留学长达 25 年的僧旻等。

日本天武天皇于天皇十一年(684 年,唐中宗嗣圣元年)颁布的《天武律令》,也是依据唐武德、贞观、永徽三朝的律令制定的。其编纂者是留唐学生伊吉博德等。

日本文武天皇大宝元年(701 年,唐武则天大足元年)颁布的《大宝律令》,则取自唐长孙无忌编纂的《唐律疏义》。其中的"笞、杖、徙、流、死"等五刑及所谓"六议"、"八虐",均由唐的"五刑、八议、十恶"派生而来。

与法律有关的印章和指纹的应用,也是由遣唐使带回日本,普及于民间的。

据日本学者研究，"大化改新"所颁布的律令，与唐朝的律令内容相同、相似的就达 420 余条。

（三）经济

646 年，日本孝德天皇颁布诏书，仿照唐"均田制"、"租庸调制"，实行

成书于公元 984 年的日本《医心方》书影

"班田收授法"和"租庸调制"。日本的"租庸调制"名称与唐同，且具体条文也极其相似。这是日本深受唐影响的又一确证。

遣唐使从日本携带各种特产，有银、丝、绵、布等，除一部分给中国政府外，自己手中还留有不少银钱、货物等。此外，他们又得到中国方面的馈赠，被允许在中国市场上进行大宗贸易，买回他们所需要的货物。这些货物运回日本后，大部分投入市场。如第 18 次遣唐使藤原常嗣一行回到肥前国生属岛（今生月岛）时，日本朝廷特派检校使指令由陆路递运礼物、药品等，然后在建礼门前搭起 3 个帐篷，称为"宫市"，向臣下标卖唐朝的珍贵家具、香药、彩帛、书籍、经卷、佛画、佛具等物品。"遣唐使带回的大量珍贵物品，对于促进日本文化的发展，直接间接起了很大作用，这是不言而喻的。"[①]

（四）农业手工业生产技术

遣唐使把中国著名农书《齐民要术》带回日本，向日本人民介绍和推广中国劳动人民在生产实践中积累起来的丰富的农业生产技术。

829 年，日本仿效中国制造龙骨水车，有手推、脚踏、牛拉等不同类型，大大扩大了水稻种植面积和灌溉面积。为适应农业生产的需要，"唐镬"（大型铁锄）、"唐箕"（飏谷风箱）、"唐犁"等大大提高了生产效率。伴随着农业技术和农具的东传，许多中国传统的优良农作物品种也被移植到日本。

---

① ［日］木宫泰彦：《日中文化交流史》，中译本，107 页，商务印书馆，1980。

日本《艾灸通说》书影

唐朝的冶炼技术传入日本，称为"唐锻冶"。唐朝的纺织技术、绘画技术、物品、纸张传入日本，日本人民便称之为"唐织"、"唐绘"、"唐物"、"唐纸"。

唐代，中国医药业又有新的发展。7世纪中叶，中国编成第一部药典《新修本草》，是当时药物学知识的总结。50多年后，该书被来访的日本人带去日本。713年，有了日本的手抄本，并被列为医科学生的必修课程之一。唐代医学传入日本，经日本人结合本国实际情况，加以补充和发展，形成"汉方医学"，长时期内，对保障日本人民的健康发挥了积极作用。

唐代手工业相当发达，手工业品种繁多，制作精巧，造型美观，驰名天下。遣唐使把唐朝精美的工艺品和制作技术大量输传日本。屏风、唐镜、棋盘、乐器等数以千计的唐朝艺术品，至今珍藏于8世纪建成的皇帝府库——奈良正仓院，便是有力的证物。

在"唐织"的影响下，日本丝织业发展迅速。8世纪时，日本已能织造别具风格的珍珠绢、美浓纯，均由遣唐使作为礼品赠给唐政府。李白曾写《送王屋山人魏万还王屋》诗，诗中有"身著日本裘，昂首出风尘"句。大诗人如此赞美日本丝织品，其纺织水平之高可想而知。

唐代制瓷技术有明显提高，所产白瓷、青瓷驰名海外。日本输入大量唐瓷，其中尤以唐三彩最受日本民众的喜爱。奈良宫廷工匠学习唐三彩制造技术后，创制出具有中日文化特色的"奈良三彩"。

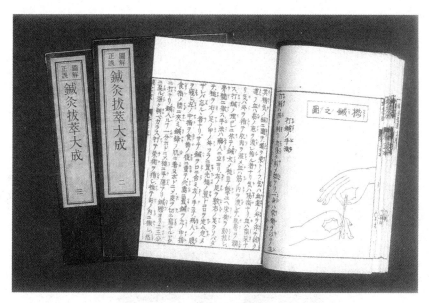

《针灸拔萃大成》书影

日本工匠还吸取盛唐漆器上绘制各种泥金画的技术,加以改造和创新,形成"莳绘"技术,至今名闻遐迩。

(五)天文历法和建筑艺术

中日之间天文历法的交流,这时也已开始。7 世纪中叶,日本仿用中国漏刻器计时。受唐影响,日本设阴阳寮,由中务省掌管,教授天文、历法知识。中国的历法也相继传入日本,如南北朝时的《元嘉历》、唐代的《麟德历》等,都先后为日本所采用。隋唐时,著名天文学家僧一行制定新历——《大衍历》。并于 729 年颁行。日本留学生吉备真备于 735 年返国时,将《大衍历经》和测影铁尺带回日本。日本于 763 年废《麟德历》,改用《大衍历》。10 世纪中叶后,又改用唐《宣明历》,以后一直沿用了 820 余年。中国古代著名数学著作《周髀算经》、《九章算术》,也在这时传入日本,并作为其教科书。

中国古代建筑艺术发展到唐代进入了全盛时期。唐都长安城是当时独一无二的规范化宏伟都城。日本在"大化改新"以前经常迁都,但自从接受中国建筑艺术的影响后,改变了这一传统,于 710 年和 794 年先后奠都于奈良和京都。

奈良和京都都是模仿长安而建的,其大小、比例虽各有不同,但布局、结构却多相似之处。如城郭大体都呈方形;宫城都位于城中轴线的

17世纪日本著名针灸学家杉山和一像

北部;都布有正确相交的棋盘式街道系统,从而划分出方形的坊里;坊内又各有"十"字或"井"字形小巷;主干道路都直对一个城门;都设有东、西市;宫城正门都称朱雀门等。甚至唐朝的城市植树绿化方法也由日僧普照传入日本。今天的奈良、京都古建筑,仍是研究唐代都城建筑艺术的重要依据。

随着唐代城市建筑技术大规模输入日本,中国的园林艺术也传入日本。8世纪,在建设平成京时,宫城内外修筑多处皇室园林,如南苑、西池宫、松林苑、鸟池塘等。平安京富有泉池木石,造园之风更盛。皇家园林有神泉苑、嵯峨院、朱雀院、云林院等。显贵们的园林多附在邸宅里。

(六)文学艺术

唐朝是中国古代诗歌的全盛时期。遣唐使和日本入唐留学生和学问僧带回大量唐朝的诗集。杜甫、李白、白居易等唐代诗人的作品在日本流传很广。日本官吏考试中也设有写作汉诗的科目。日本贵族模仿唐诗做汉诗在当时蔚然成风。8世纪中叶编成的日本最古老的汉诗集《怀风藻》收有60多人所做汉诗120篇。9世纪末叶，日本又先后编成《凌云集》、《文华秀丽集》、《经国集》3部汉诗集。日僧空海回国后，著有《文镜秘府论》6卷，对唐诗的平仄对偶作了精细研究。此后，近体律诗就开始在日本流行，长篇七言诗和乐府长短句也在日本诗作中出现，其文字之优美，与唐诗相比并无逊色。此外，8世纪之后，唐人传奇小说《游仙窟》等也开始在日本流行。

720年，舍人亲王、太安麻吕按中国史书的编纂方法，用汉文编成《日本书纪》。这是日本编著汉文体史籍的开始。此后，日本又先后编成《续日本纪》、《日本后纪》、《续日本后纪》、《文德实录》、《三代实录》等汉文编年体史书，与《日本书纪》合称"六国史"。这些史书的编纂反映了中国历史书籍编纂方法对日本的巨大影响。

与诗文相联系，中国的书法作为一种独特的艺术，也在唐代传入日本，称为书道。东晋著名书法家王羲之、王献之和唐初书法名家欧阳询等人的作品在日本享有盛誉，为日本书道艺术家学习和临摹。日本有许多书道艺术家，如在唐求法的日僧空海，钻研中国名家书法，有"日本的王羲之"之称。空海写的3封书简《风信帖》，独具风格，现已成为日本的国宝，保存在京都东寺。他与嵯峨天皇、桔逸势（入唐留学生）3人，被称为平安时代（794—1192）京都的"三笔"。

此外，在日本服饰和风俗习惯方面，随处可见唐文化的影响。服饰方面，天皇下诏改衣皆右衽，男女服饰皆依唐制，着唐装。风俗方面，正月初一饮屠苏酒，正月初七吃"七种菜"，三月初三举行"雏祭"（女儿节），三月上巳（七日）设"曲水宴"，四月初八"浴佛节"，五月初五"端阳节"（喝菖蒲酒），七月初七"七巧祭"（牛郎织女相会），七月十五"中元节"（盂兰盆会），九月初九"重阳节"，除夕之夜"驱疫鬼"等。这些来自唐代的社会风俗，在日本从奈良时代起，一直流行至今。

六 唐与新罗的文化交流

唐朝建于公元 618 年,亡于 907 年。新罗建于公元前 57 年,668 年统一朝鲜半岛,亡于 935 年。近 3 个世纪(618—907)中,唐朝与新罗两国在政治、经济、军事、文化方面有着密切的文化交往与联系。

唐朝建立之际,朝鲜被高句丽与新罗、百济 3 个政权分割。作为地处朝鲜半岛东南地区的新罗,当时正处于北面高句丽和西面百济两面夹攻的危险环境中。为了避免自身被高句丽或百济兼并的危险,新罗在外交上积极与强大的唐朝往来,借以取得唐朝对自己的保护和支持。

621 年,新罗真平王(579—631 年在位)派遣使节首次朝贡唐高祖(618—626 年在位),得到唐高祖的亲自接见。唐高祖即派庾文素前往新罗回访,册封新罗王为"柱国乐浪郡公新罗王",从而揭开了唐朝与新罗友好往来的序幕。据统计,从 618 年到 907 年唐朝存在的 290 年间,新罗向唐遣使 126 次,唐朝向新罗遣使 34 次。两国之间友好往来的频率,远远超过唐朝与其他任何国家之间的往来频率。

新罗在政治上依附于唐,向唐朝贡,受唐册封。唐对新罗政治上支持,军事上援助。

625 年,新罗向唐告急,诉说高句丽故意阻挠新罗对唐的朝贡,使唐在感情上倾向于新罗。不久,唐与高句丽围绕辽东归属问题而矛盾加深,唐决意在外交上支持新罗。而与高句丽结盟的百济,虽然也一直与唐进行频繁的往来,但它不理睬唐对其与新罗之争的调解,发兵攻占新罗 40 余城,并试图切断新罗与唐交通的道路。百济的这一计谋被新罗使节通告唐朝,从而使唐在对百济、新罗的外交天平上逐渐偏向新罗。不久,在新罗的一再求援下,唐与新罗结成军事同盟,联合出兵攻打高句丽和百济。660 年,唐朝与新罗的联军攻陷百济都城泗沘(今扶余),百济灭亡,领土为新罗所并。668 年,联军又攻陷高句丽都城平壤,高句丽灭亡,彻底解除了新罗的生存危机。735 年,唐玄宗决定将浿水(今大同江)以南的高句丽故土划归新罗。

新罗统一朝鲜半岛后,更加积极地发展与唐的友好交流关系,以便从唐吸取先进的汉族文化,增强自己的国力。主要途径有:

（一）官方贸易

唐与新罗的官方贸易，主要靠双方的使节往来进行。如前所述，在唐朝存在的 290 年中，新罗以朝贡、献物、贺正、表谢等名义向唐遣使 126 次，唐以册封、答赉等名义向新罗遣使 34 次，双方总共 160 次。平均近两年 1 次。

为了接待频频而来的新罗使团和留学生，唐朝政府在新罗客人航海登陆港口——登州（今山东蓬莱）城南街，专门设立新罗馆，用于安置新罗客人。另外，唐朝政府在登州至京城长安之间，还设置系统的馆驿，中央有 1 名检察使专管馆驿事务。

新罗使节访唐时，大都携带新罗王赠送唐帝的大批珍贵物品。主要有金、银、铜制品，金属工艺品，纺织品，毛皮类制品，药材等。新罗使节有时携带的珍贵物品种类相当多，数量也相当惊人。如 869 年，新罗使节携带的珍贵物品多达 37 件，有金 100 两、牛黄 15 两、人参 50 公斤。

新罗使节回国时必带唐帝回赠的珍贵物品。唐朝使节访新罗时也必带唐帝赠送新罗王的珍贵物品。主要有金属工艺品类的金器、银器；服装类的锦袍、紫罗绣袍、锦钿袋等；纺织品类的彩素、绫彩、五色罗彩等；饮料类的茶叶；动物类的白鹦鹉；书籍类的《最胜王经》《道德经》、《孝经》等。

这些物品虽然绝大多数是供上层社会王公贵族消费的奢侈品，但对当时劳动人民生产技术与科学知识的交流，推动两国的经济文化发展有着重大的促进作用。

（二）民间贸易

唐与新罗的民间贸易，于新罗方面而言，是极为活跃的。当时新罗商人从事海上贸易者甚多。一艘艘新罗商船往来于黄海的东西两岸，甚至向东延伸到日本。唐朝为接待新罗官员和商人，在今山东、江苏沿海州县设有多处"勾当新罗所"，所内设有通事，专事翻译。

此外，还有无数新罗商人到唐之今山东、江苏沿海地区从事商业活动。当时这些地区有大批新罗商人居住，故有许多"新罗坊"。新罗商人、农民之所以能在唐朝居住从事商业活动和农业劳动，主要是唐当时国势强盛，政治稳定，对外国人来唐及定居持欢迎态度，并给外国人享受免除赋税 10 年的优厚待遇。当时扬州、楚州（今淮阴）、密州（包括诸城）、海州、泗州（包括涟水）、登州（牟平、文登、赤山）、青州等地都有许多新罗商人、农民居住。

唐朝商人与新罗商人进行贸易的物品种类有绫、锦、丝、布等纺织品,金、银、铜等金属,人参、牛黄等药材。此外还有唐代汉籍。

当时新罗与唐之交通路线有三:一为陆路,从营州渡辽水,经安东都护府、平壤,至庆州;二为沿岸海路,从登州到大同江口或汉江口,或临津江之长口镇(穴口镇);三为越海海路,从今山东荣成市石岛越黄海东行,利用风帆,只需 1 日 1 夜即可抵达新罗西南沿海地区。

唐与新罗民间贸易的发达,促进了两国经济文化的交流。

(三)派使节求文

新罗常派使节赴唐索文求字。唐对其热情接待,并尽量满足其需求。公元 648 年,新罗遣使赴唐索书。唐太宗将新撰《晋书》送给新罗。公元 686 年,新罗又派使节赴唐求文。唐当时的女皇武则天送给新罗50 卷书籍。公元 850 年,新罗遣使入唐,求名士冯涓赴新罗撰写《庆州鸣鹤楼记》。新罗商人在唐土常购买诗文,如购买白居易的诗等。汉文诗文大量传入新罗,更激发了新罗人学习汉文诗文的兴趣,使汉文文学在新罗得到发展,并成为新罗文学的重要组成部分。

新罗吸收唐文化的重要途径是派大量学生入唐求学。公元 640 年,新罗首次将王族子弟派往唐朝,请入太学(即国学)。从此,新罗学生来唐者日众,最后新罗学生人数竟为外国学生之冠。新罗学生赴唐求学之盛,9 世纪达到高潮。837 年,新罗在唐留学生竟达 216 人。840 年一次回国的学生竟多达 105 名。可见当时新罗学生在唐留学的数量是相当可观的。据估计,新罗在近 300 年间派遣的留唐学生,当有2 000人左右。可以说,在唐代没有一个域外国家在派遣留唐学生方面能超过新罗,包括一向以吸收中国文化著称的日本。

唐廷对外国留学生同样实施科举制度,新罗学生也可应试。这无疑是对新罗学生的一种激励。凡及第者唐皆授予官职。在唐为官的新罗人,回国必会得到新罗王朝的重视,极易获得官职。

公元 821 年,新罗学生金云卿首次在唐应试及第。此后,直至 907年唐亡,新罗学生在唐及第者共 58 人。其中成就最显著者是崔致远。

崔致远(857—915),字孤云,新罗京城沙梁部人。868 年 12 岁时入唐求学。874 年 18 岁时在唐京都长安考取进士,历任唐侍御史内供奉、溧水(今江苏省南部)县尉、淮南都统巡官高骈幕府从事、都统巡官承务郎等职。885 年 28 岁时归国,在唐 17 年。归国后,历任真圣女王阿飡(新罗官职)、翰林学士、大山郡太守等职,晚年归隐伽倻山海印寺。高丽显宗时,追谥为文昌侯。

崔致远在唐 17 年中,著有许多著名诗文:《私试今体赋》5 首 1 卷、《杂诗赋》30 首 1 卷、《五、七言诗》100 首 1 卷、《中山复匮集》1 部 5 卷、《桂苑笔耕》1 部 20 卷、《诗文集》、《新罗殊异传》、《帝王年代历》等。崔致远所著诗文 461 卷及《桂苑笔耕》20 卷,载录于欧阳修撰《新唐书·艺文志》,在中国书苑受到重视。

崔致远于 885 年回国后,不但受到新罗王朝的重视,任为重要官吏,而且继续写诗著文,深得新罗文坛推崇,终成为朝鲜汉文学的开山鼻祖。由于他的努力和影响,新罗的汉文学和汉诗取得很大成就。他的著述和他的名字,永载中朝两国文化的史册。

(四)派僧侣赴唐求法

公元 4 世纪,佛教由中国传入朝鲜半岛。新罗佛教是从高句丽传入的。528 年,新罗正式承认佛教。此后不断派僧人到中国求法。唐之前,玄光曾到南朝陈之微山,受教于慧恩;圆光曾到南朝陈之建业学法。唐时,新罗派遣更多僧侣赴唐求法。自 6 世纪上半叶新罗正式信奉佛教始,至 10 世纪初,在这 380 多年间,新罗派遣入唐求法的高僧达 64 人,其中包括由唐入印的僧侣 10 人。赴唐求法的新罗僧成果最大的有圆测、义湘、元晓、慈藏、惠超、金乔觉等;由唐入印的新罗僧以惠超和惠轮成就最高。

圆测,原为新罗王族子弟。627 年赴唐求法,从唐名僧法常、僧辨学习唯识论,后又从唐名僧玄奘学习唯识论。他懂 6 国语言。676 年,参加印僧地婆诃罗携来的 18 部 34 卷梵文经本的汉译。693 年参加印僧菩提流志携来的《普雨经》的汉译。695 年参加于阗僧实叉难陀携来的《华严经》的汉译。他学问渊博,著述甚丰,主要有《解深密经疏》(10卷)、《成唯识论疏》(10 卷)、《仁王般若经疏》(6 卷)等,对中国、朝鲜佛教文化的发展有很大贡献。696 年圆寂于唐,享年 84 岁。

金乔觉,原为新罗王族子弟。唐时经由海路至江南池州府青阳县九子山(后称九华山),端坐山头数十载。贞元十九年(803 年)夏,召众示寂,尸坐于石函之中。据说 3 年后他的肉身未腐,与佛经中的地藏菩萨瑞相相似。佛徒认为他是地藏菩萨的化身,因此称之为"金地藏"。

当时僧众、居士在他的葬地建立"地藏塔",以供朝拜,九华山亦从此逐渐形成盛大的香火地,成为中国佛教四大名山之一。这是中朝人民友好往来、中朝文化交流的一段佳话。

惠超,723 年入唐求法,以印僧金刚智为师,受其劝导,后赴印求法。他走遍五天竺的佛教圣地,访师求经。后又西行,经波斯(今伊朗)、大食(今阿拉伯地区),直至拂临(今叙利亚)。此后返归,727 年到达唐之安西都护府之龟兹(今新疆库车)。733 年,在唐都长安荐福寺与金刚智共同研究密教经典,并于 740 年与金刚智着手《大乘瑜伽金刚性海曼珠实利千臂千钵大教王经》的汉译。不幸,翌年金刚智去世,合译终止。780 年赴五台山乾元菩提寺继续研究密教经典。他的《往五天竺国传》是一部极为重要的著作。它载有当时唐与印度、巴基斯坦以及中亚各国的佛教、人文地理、交通等方面的重要史料,是当时唐与印度等国的珍贵记录。787 年,惠超在中国圆寂,享年 83 岁。

除新罗派遣的入唐求法僧外,还有许多入唐常住的新罗僧。上文述及,随着唐与新罗贸易的发展,许多新罗商人和新罗农民居住在山东半岛、江苏沿海等地,从事贸易活动和与商贸有关的商品生产。这些新罗人集中居住的地方称新罗坊。新罗坊附近,建有新罗寺院,供常住唐土的新罗僧从事宗教活动。

新罗兴德王(826—836 年在位)时期,张保皋在山东半岛赤山村建立的法华院,是这种新罗寺院的代表。这座法华院的规制、宗教仪式与新罗本国相同。唐土新罗寺院里的常住僧,行新罗佛教教义教规,并教化当地的居民,实际上把新罗佛教文化传入唐朝,从而使两国佛教文化得以交流。

通过上述文化交流的途径,中国的书法、天文、阴阳卜术、历法、儒家思想、道教、医学、音乐、茶叶等陆续传入新罗。

唐与新罗的文化交流,对两国社会的繁荣昌盛都起了积极作用。

七 玄奘与中印文化交流

由于佛教的关系,唐朝与南亚诸国间的交流日益增多。求法活动的高涨和政府间接触的频繁,是这一时期唐朝与南亚各国文化交流的主要表现形式。

继法显西行求法之后,到唐代则达到了巅峰时期。据义净的《大唐西域求法高僧传》记载,从太宗贞观十五年(641 年)至武后天授二年(691 年),在短短的 50 年间,有近 40 位唐朝高僧历尽艰辛,忍受饥寒,翻山越岭,漂洋过海,西行求法。他们认真学习外国语言,作翻译,写游记,不断努力,大大开拓了中国人民的眼界,丰富了中国的学术文化。在整个中世纪中,中国人民能够突破地理上的壁障,和世界上不同地区的高级文化体系发生真正的交流,和其他国家的人民建立感情上的联系,有很大一部分不能不说是中国历代高僧的功劳。他们这种追求理想、不惜生命的精神,鲁迅称之为中国民族的脊梁,是非常宝贵的。在数以百计的求法僧人中,玄奘无疑是最杰出的代表。玄奘在印度求法17 年,回国后,翻译大量佛经,堪称伟大的翻译家,为中国佛教文化的发展、为中印两国文化的交流做出了巨大贡献。

玄奘(600—664)俗姓陈,洛州缑氏(今河南偃师缑氏镇陈河村)人,13 岁时出家,法名玄奘。成名后,人们尊称他为"唐僧",又因为他精通三藏经典,故也被称为"三藏法师"。

玄奘自幼聪明好学,曾到全国各地遍访有名的佛学大师,废寝忘食地钻研佛教经典。经过 10 多年的努力,他已精通各家学说,学问相当渊博。但玄奘并不满足于自己所学。自南北朝以来,中国佛门流行两大流派:一为地论学派,一为摄论学派。两派对佛性的解释各执己见。玄奘发现很难说清楚其中哪一派是正确的。此外,玄奘感到佛经译本太少,且有的译文晦涩难懂,往往有失原意,出现许多错误。为此,玄奘立下西行求法的决心,以解决佛教教义中的一些疑难问题。

唐太宗贞观元年(627 年)秋,28 岁的玄奘从长安出发开始了他西行求法的万里征程。[①] 他靠双脚穿过 400 公里渺无人烟的沙漠,攀登崎岖险恶的群山,历尽千辛万苦,战胜千难万险,经 4 个寒暑,于贞观七年(633 年)终于到达他梦寐以求的佛教发祥地天竺。

公元 7 世纪,印度依旧小国林立。玄奘从北到东,再从南到西,遍访印度半岛。每到一处,总是先瞻仰佛教圣迹,然后访求有学问的高僧、学者,向他们学习或共同讨论各种佛教理论,还注意观察和记录各

---

① 张力生:《玄奘法师年谱》,146 页,宗教文化出版社,2000。

玄奘法师像

个国家的风土人情、物产、气候以及地理、历史、语言、宗教的状况，为撰写不朽著作《大唐西域记》作准备。

那烂陀寺是印度佛教的最高学府。玄奘在此留居5年，90高龄的住持高僧戒贤亲自为其讲学。经15个月，玄奘很快掌握大乘瑜伽行派的学说，而且还有自己的创见。戒贤让他主持那烂陀寺讲座，为僧人们开讲《摄大乘论》和《唯识抉择论》。他论述精微，说理晓畅，很受欢迎。因之，他的博学之名传遍印度。

当时印度较有势力的羯若鞠阇国的戒日王特地约见玄奘，并在都城曲女城举行说法大会，请玄奘做"论主"，又邀请18位国王、4 000多名僧人、2 000多名其他教派的信徒参加。玄奘在会上用梵语宣讲自己的论文《会宗论》《制恶见论》。大会一共开了18天，会期内，没有人出来反驳，也没有人能改动玄奘两论一字。无论大乘还是小乘或是外道僧人，皆为玄奘的精辟议论所折服。玄奘不仅为自己，也为中国人民争得了极大的荣誉。

公元643年，时年44岁的玄奘谢绝戒日王的一再挽留，结束在印度 17 年的求法生涯,携回经卷 657 部(大乘经 224 部,大乘论 192 部,上座部经、律、论 14 部,大众部经、律、论 15 部,三弥底部经、律、论 15 部,弥沙塞部经、律、论 22 部,迦叶臂耶部经、律、论 17 部,法密部[即法藏部]经、律、论 42 部,说一切有部[即萨婆多部]经、律、论 67 部,因明论 36 部,声明论 13 部)、7 尊佛像、如来肉舍利 150 粒,取道中印度、北印度、中亚、于阗陆路回国,于贞观十九年(645 年)正月,抵达长安,受到长安成千上万百姓的欢迎。唐太宗在洛阳行宫立即召见他,详细询问他赴印求法的见

西安兴教寺玄奘墓塔

闻,并想让他还俗做官。可是,玄奘婉言谢绝,表示只想翻译他从印度带回的佛经,真正实现他最初赴印的抱负和理想。唐太宗也答应了。

　　玄奘回到长安,立即着手翻译佛经。他在长安大慈恩寺主持佛经译场 19 年,共译出佛经 75 部、1 335 卷,占唐朝新译佛经的一半以上。

　　中国的佛经翻译事业,以东汉初期摄摩腾、竺法兰翻译《四十二章经》为起始。从东汉到西晋,所翻译的大都只限于零星小品,这可以说是翻译史上的草创时代。从东晋到隋末,这时有鸠摩罗什在长安主持译场,大量翻译佛经。他懂中文,翻译时由他口述,由别人笔录,侧重意译。他所翻译的佛经,能以宏丽畅达的文字表达原作的精神,初步建立了中国翻译事业的基础。但这还是翻译史上的"旧译"时期。到了唐代,才开始了翻译史上的"新译"时期。玄奘就是"新译"的创始人。玄奘对译经工作十分认真,他翻译的佛经笔法严谨,斐然成章,数量、质量

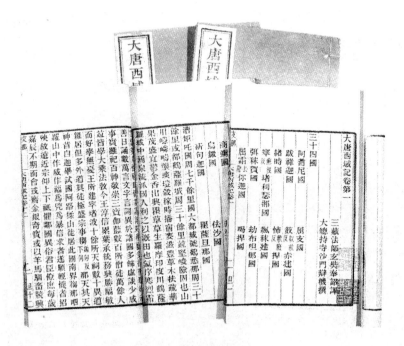

《大唐西域记》书影

大大超越了前代。他采取直译和意译并用的方法,使行文明白晓畅,流利自然,适于吟诵。玄奘的另一重大贡献是,他开创了中国人主持译场的先例。在他以前,佛经译场概由外籍高僧主持。自他开始,由他自任译主。译文也由他亲自定夺。玄奘还把《老子》、《大乘起信论》译成梵文,介绍到印度,是早期向国外翻译介绍中国学术著作的学者。他为保存古印度珍贵佛教文献和中印文化交流,做出了重要贡献。

在玄奘西行求法之前,中国人对印度的称呼为"身毒"、"贤豆"、"天竺"等。在印度求法时,玄奘发现这些称呼都不大符合当时的印度语音,认为音译为"印度"比较合适,于是就用"印度"二字。他是中国第一个称呼印度为"印度"的中国人。玄奘回国后,"印度"这个名称才流行起来,并一直沿用至今。

玄奘在回国之初,追记其西行见闻,撰写《大唐西域记》12卷。书中记载他周游古印度经历的100多个国家的山川风物、特产习俗,为研究印度、尼泊尔、巴基斯坦、孟加拉等国以及中亚等地古代历史地理,提供了重要的文献资料。在国外,很早就有该书的法文、英文和日文的译文。值得一提的是,埋没了几百年的那烂陀寺就是根据《大唐西域记》里的有关线索而发掘出来的。

玄奘毕生致力于中印人民的友好和文化交流,为盛唐文明的出现做出了贡献。他于 664 年 3 月 8 日圆寂,享年 65 岁。其业绩将永留在中印两国人民心中。他的名字在印度几乎家喻户晓。他的事迹已选入印度的小学课本。在印度博物馆里还陈列着玄奘负笈求经的图像。

玄奘法师以毕生精力,从印度把大乘佛教的最高成果移植中国,又通过翻译和讲授把它们输送到亚洲许多国家。他的影响所及,除中印两国外,还包括里海以东的伊朗、阿富汗、巴基斯坦、尼泊尔、斯里兰卡、越南、朝鲜、日本等国在内的东方大地。他不仅仅是一名中国佛教高僧,也是东方国家的一名高僧、一位杰出的思想家。他在世界佛教史上留下了不可磨灭的伟绩。

八 鉴真与中日文化交流

鉴真和尚(688—763),扬州江阳县(今江苏扬州市)人,俗姓淳于,是唐代高僧。他的活动主要在淮南地区,佛教史籍说他"以戒律化诱,郁为一方宗首",可见他威望很高。他坐镇淮南,在扬州大明寺(今发净寺)讲经传律。唐天宝元年(742 年),鉴真受日本学问僧荣叡、普照的延聘,毅然发愿东渡日本。当时他已 54 岁,明知漂洋过海要经历重重艰难险阻,但为了传播中国佛教文化,不惜冒生命危险,欣然接受。由于当时交通困难以及社会上各种阻力,4 次起行,4 次失败。但鉴真没有灰心。

天宝七年(748 年),60 岁的鉴真做好了第 5 次东渡的准备。6 月的一天夜晚,鉴真和他的弟子登上大船出发。船在舟山附近又遇到大风浪,他们漂在浙江海面,几次在一些小岛附近避风,直到 10 月才继续启航。没料刚行到中午时,海面上突然刮起暴风,船在海上漂了 14 天才靠岸。上岸后才知道,已经到了海南岛的振州(今海南省琼山县)。

接着,鉴真一行从振州出发,经雷州半岛,再取道广西、江西,重返扬州。沿途不幸的事情接二连三地发生。在第 5 次东渡中,荣叡和普照一直陪鉴真同行,共历艰险,但在重返扬州途中,荣叡积劳病重,在端州(今广东肇庆)病逝。鉴真也因长途跋涉,辛劳过度,感受暑热而双目失明。此外,跟随鉴真多年的得意弟子祥彦也去世了。这一系列打击和挫折,并没有把鉴真击倒。相反,他东渡的决心益坚。天宝十年(751年)春天,鉴真回到扬州,又着手筹备第6次东渡。

第二年,唐天宝十二年(753年),日本政府派出由藤原清河大使率领的第10次遣唐使,向唐玄宗正式提出在返回日本时聘请鉴真同行去日本传戒的要求。藤原清河还亲自到扬州拜访鉴真,向他发出邀请。这时候,扬州的僧侣仍然严密监视着鉴真,不肯让他去日本。鉴真和日本使者只好约定在黄泗浦(今江苏沙州西北长江之滨)会合。在鉴真的弟子仁干的帮助下,11月初的一天晚上,鉴真与其弟子24人,悄然离开寺院,登上了船。到黄泗浦,换乘日本遣唐使的船,开始第6次东渡。

鉴真每次入海东渡,都携带着大量的佛教经典和雕刻、绘画、医药、书法等文化艺术珍品。他的随行人员中,除学有专长的弟子外,还有玉匠、画家、建筑师等能工巧匠。可以说,鉴真的东渡,实际上是一次以僧团组织的形式向日本传播唐文化的文化交流活动。

鉴真第6次东渡,同航的有4只船。一号船在航行中遇难。鉴真乘坐的是二号船,经历了一个多月的漂海航程,于天宝十二年(753年)年底到达日本九州南部萨摩秋妻屋浦(今日本鹿儿岛县川边郡坊津町秋目)。

鉴真一行在前后12年中,6次启行,5次失败,几经绝境,先后有36人献出了生命。但是他笃志不移,百折不挠,虽然双目失明,但终于实现了他东渡的宏愿,于66岁高龄时,踏上了日本国土,在中日文化交流史上留下了感人的一页。

日本人热烈欢迎鉴真一行,首先邀请他在九州总督府所在地——大宰村(今日本福冈)停留。然后,又请他去都城平城京(今奈良市)最著名的东大寺。第二年,鉴真在东大寺大佛殿前筑起戒坛,亲自为日本圣武上皇和孝谦天皇、皇后、皇太子传授戒律,始行日本佛教徒登坛受戒的教规。从此以后,不论什么人,如果没有经过指定的戒坛受戒,就不能取得僧籍。鉴真所传以律宗为主,日本的律宗从此建立。

鉴真和他的弟子还传授过天台宗经典。

天宝十七年(758年),日本天皇赐给鉴真奈良垦田100町(1町为1公顷)。鉴真在这块土地上修造了一座新寺院——唐招提寺。他亲自参加唐招提寺的设计规划。经3年施工,天宝十九年(760年)建成。整个建筑结构气势宏伟,布局和谐,体现了中国唐代建筑的最高成就。它是日本奈良时代遗留下来的最宏伟的建筑物,对日本寺院建筑影响很大。从此,鉴真就在奈良唐招提寺中讲律受戒。于是,作为传戒中心的唐招提寺便成为当时日本最有影响的寺院之一。

鉴真传授干漆法(亦称"夹纻法")塑造佛像。这种方法是首先以黏土塑造像芯,在像芯上用漆将布贴上,制成外芯。再用香木的粉末和漆调和成糊料润饰细部,糊料胶着固定之后,将

鉴真和尚塑像

像芯的黏土弄碎取出,在其空间用编成的木框充塞以避免塑像崩塌,最后施以各种色彩完成塑像。用这种方法塑成的佛像造型厚实、稳重,分量轻,成本低,被称为唐招提寺造像派。它对日本佛像的制作艺术和日本的雕塑艺术影响很大。

鉴真精通医学。他将中国的许多药方和医药知识带给日本。他虽失明看不见东西,但仍能凭嗅觉鉴别药物,还亲自给皇太后等人看病,传授中草药知识,留有一卷《鉴真上人秘方》,是他对日本医学的贡献,因而被日本医药界尊为始祖。直到17世纪江户时代,日本药行的草药袋上仍印有鉴真的像。

鉴真还带去了中国的绣像、雕像、画像、书帖、佛经印刷品等,对日本的工艺美术发展产生很大影响。

鉴真在日本辛勤工作了10个春秋,为日本佛教、建筑、医学、文学、书法、工艺美术的繁荣发展做出了巨大贡献,因而受到日本朝廷的器重,得到人民的尊敬和爱戴。他被封为"传灯大法师",被誉为日本律宗的开山祖和天台宗的先驱者。

鉴真在日本建造的唐招提寺中金堂外貌

唐代宗广德元年(763年)五月初五日,鉴真和尚圆寂,终年76岁。他的遗体葬在唐招提寺后的松林中。鉴真圆寂前,他的弟子忍基等用干漆法为他制作了一尊高达81.8厘米的坐像。坐像双目紧闭似含深情,前额宽阔,面颊含笑,两唇紧敛,显示出鉴真和尚严肃温和的性格。这尊鉴真夹纻塑像,是世界雕塑艺术的杰作,一直被人们供奉在唐招提寺中。

鉴真塑像、唐招提寺以及鉴真东渡时带去的中国物品,被日本政府定为一级国宝。每年五月初五日鉴真圆寂纪念日,鉴真塑像及其带去的中国物品在唐招提寺陈列供人瞻仰。千百年来,鉴真和尚一直活在中日两国人民的心中。正如郭沫若先生1963年所做诗中赞颂的:"鉴真盲目航东海,一片精诚照太清。舍己为人传道艺,唐风洋溢奈良城。"从此以后,中日两国文化交流的大门更加敞开了。

九 中国道教的外传及其影响

道教是中国土生土长的宗教。它是在中国古代黄老学说的基础上,吸取神仙信仰和鬼怪崇拜观念而形成的一种宗教。史学界与道教界一般都认为它形成于东汉顺帝（126—144）年间。① 作为中国传统文化支柱之一的道教文化，曾对中国封建时代的政治、经济和文化思想产生过深刻的影响，有一定的贡献。鲁迅先生说："中国根柢全在道教……以此读史，有多种问题可以迎刃而解。"② 一语道出了道教的特点和重要性。

随着中华民族经济文化的对外交往，中国道教传向域外。

道教于公元 4 世纪传入朝鲜半岛。百济近仇首王（375—383 年在位）还是太子时，曾率军与高句丽打仗。一次，他率军将高句丽军队追击至水谷城后，仍打算乘胜追击，遭到将军莫古解的劝阻。莫古解说："我曾闻道家一句话：'知足不辱，知止不殆。'现在我们得地已不少，何必再求更多的呢？"这里所引的"知足不辱，知止不殆"一语，正出自老子《道德经》第 44 章。于此可见道家思想对当时百济统治阶级的影响。

在仙风弥漫的新罗，道教更容易被人们接受。道教传入新罗的时间虽不详，但人们认为，真兴王（540—575 年在位）时期所创立的花郎道，即一种培养青少年的民间修炼团体，其精神就是新罗传统思想与中国传来的儒、佛、道思想融合的结果。花郎道的成员称花郎徒，也称国仙徒、风月徒、风流徒。花郎徒的生活方式是："或相磨以道义，或相悦以歌乐，游娱山水，无远不至。故知邪正，择其善者，荐之于朝"。另外，高僧圆光还曾为花郎道制定过"世俗五戒"：事君以忠，事亲以孝，交友以信，临战无退，杀生有择。从其生活方式和"五戒"中，可以看出儒、佛、道三教的深刻痕迹。花郎道于 7 世纪中叶至 8 世纪达到全盛时期。

唐朝后期，道教的炼丹术传入新罗。最先学习炼丹的，是新罗留唐学生金可纪。他曾在中国入终南山习道教炼丹之术。此后 889 年入唐的新罗学生崔承祐也在唐朝学道炼丹 3 年。回国后，他传道于李清。李清传道于慈惠和明法，慈惠又传道于权清。权清再传道于契贤。权清和契贤都是高丽时代的丹学大师。他们所习授的炼丹术，属于唐朝的内丹，即企图通过自身精、气、神的内在修炼，凝成金丹而成仙。于是，以修炼自身为中心的中国道教内丹学在朝鲜半岛发展起来。

道教大约于 7 世纪初经由百济传入日本。602 年，百济僧人劝勒

---

① 李养正：《道教概说》，载中国道教协会主办《道协会刊》，1980(5)。
② 《鲁迅全集》，卷9，转引自卿希泰、唐大潮：《道教史·前言》，中国社会科学出版社，1994。

赴日本时,即带去了属于道教的遁甲和方术方面的书籍。[①] 7 世纪末编辑的《日本国见在书目录》就收有与道教有关的诸多书籍,诸如《老子化胡经》、《太上老君玄元皇帝圣化经》、《本际经》、《太上灵宝经》、《消魔宝真安志经》、《三甲神符经》、《三五禁法》、《太一经》、《黄帝注金匮经》、《黄帝龙首经》、《玄女经》、《龙虎上经》、《印书禹步》、《太清神丹经上篇》、《太清金液丹经》、《神仙服药食方经》、《调气导引法》、《五岳仙药方》、《神仙服药经》、《延年秘录方》、《八素真经》、《素女经》、《三五神禁治病图》等约 63 种。[②]

8 世纪末,日本僧人空海入唐求法,回日本后著有《三教指归》,对儒、佛、道三教的优劣作了比较。成书于 712 年的日本古籍《古事记》和成书于 720 年的《日本书纪》,很明显地以道教的哲学思想为主旨来论述宇宙生成论。由藤原明衡于 11 世纪编著的《本朝文粹》,书中载有 870 年的春澄善绳和都良香关于"神仙"问对的文章,不仅大量运用描述道教仙境、道术的词语,而且还提及三十六洞天、七十二福地和青童君。这些史料表明,至迟在唐代,道教文化已在日本受到官方和民间的重视,对日本社会产生的影响是广泛的,在哲学、民俗、医学、神道等方面都有所体现。

日本当代著名学者福永光司在其论文《日本古代史和中国道教——以天皇思想和信仰为中心》中,将道教对日本古代宗教思想核心的天皇思想和信仰的影响概括为 7 个方面。(1)"天皇"一语与"真人"一语关系密切。在中国,"天皇"概念原是将北极星神格化,是宇宙最高神,也称天皇大帝。东汉以来,天皇成了居住紫宫的神仙之帝,而"真人"是紫宫仙界里的高级官僚。(2)作为天皇之位象征的两种神器——镜和剑来自道教。关于紫宫天皇大帝神圣权威象征的两种神器镜和剑的记述,最早见于道教天师陶弘景的著作。唐道士司马承祯在《含象剑鉴图》中详细论述了两种神器具有的宗教哲学意义。(3)天皇及皇室重紫色,这与天皇大帝居紫宫、天皇宫殿门为紫门是一致的。推古女帝即位第十一年(603 年),圣德太子制定六色十二冠位,这种冠位从高到低依次为大德、小德、大仁、小仁、大礼、小礼、大信、小信、大义、小义、大智、小智,即依德、仁、礼、信、义、智六字为基本次序而排列,并依次配以

---

① 　陈尚胜:《中韩交流三千年》,205 页,中华书局,1997。

② 　卿希泰、唐太潮:《道教史》,377~378 页,中国社会科学出版社,1994。

紫、青、赤、黄、白、黑六色。这种六字之首为"德"字的六阶制和六色,乃是参照中国六朝道经《太霄琅书》制定的。(4)皇帝的祖先自天降临,天皇是现世人神的说法,受到中国道教关于"神人"的宗教哲学的影响显著。如道教中的于吉、张道陵、太上老君等都是天上降临的"天神"、"天师"、"神人"、"真人"、"真君"。(5)祈愿天皇长寿的祝词中有东王公、西王母,这无疑采用了道教的祝文。(6)天皇在元旦于宫中举行西方拜的仪式,是原封不动地将道教仪式引入日本宫廷。其中拜本命星的理论及仪式在道教经典《北斗本命延生真经》、《北斗二十八章经》、《七星移度经》中有具体记载。(7)日本神道或神道学与中国道教神学有密切关系[①]。

汉唐时代,今越南北部属中国版图。道教在那里盛行是自然的。汉代《牟子》一书的序言说,大约在公元 2 世纪末,那里已有一些人"多为神仙辟谷长生之术"[②]。唐代,安南道教很盛行。据《交州八县记》载:越南北部除有 88 个寺庙外,还有 21 个有名的道观。而修建于 650 年至 655 年间的白鹤(越池)的通圣观,一直保存到 14 世纪。

十 祆教、景教、摩尼教、伊斯兰教传入唐朝

随着中外文化交流广泛深入的发展,唐朝时期相继传入波斯的祆教、景教、摩尼教和伊斯兰教。

祆教,又称火祆教或拜火教,为波斯人琐罗亚斯德所创,流传于波斯和中亚诸国。其教义是宇宙间有光明的善神和黑暗的恶神互相斗争,以火代表善神而加以崇拜,也拜日月星辰及天。十六国时,祆教传入中国。

唐时,中亚一带康国、石国、安国、曹国、米国、史国都是祆教的信奉者。祆教也进而传入新疆境内的于阗、焉耆、疏勒、高昌。西域各族人相继来到长安,祆教随之在长安日益流行。唐朝政府中设置的萨宝府,即是管理祆教的机构。萨宝(回鹘语,原义为队商首领)即是管理祆教

---

① 刘国梁:《宗教与中国传统文化》,156 ~ 158 页,教育科学出版社,1990。
② [越]社会科学委员会编著:《越南历史》(第 1 集),中译本,98 页,北京人民出版社,1977。

的专官。唐高祖武德时,在长安布政坊建胡祆寺,太宗贞观时在崇化坊立祆寺。长安醴泉坊、普宁坊、靖恭坊也都有祆教的祠寺。祆教在长安,确曾一度得到唐政府的扶持。然而到唐武宗反佛时,祆教受到牵连,从此一蹶不振。宋时镇江尚有祆祠。宋以后就不见有关祆祠的记载。

景教是基督教的别支,为叙利亚人聂斯脱利(约380—451)所创,流行于波斯,故又称波斯教或波斯经教。其特点是不拜圣母。贞观九年(635年),景教教士阿罗本自波斯来长安,为景教传入中国之始。贞观十二年(638年),唐太宗令在长安置波斯寺一所。高宗时又令诸州置寺。玄宗天宝四年(745年),令两京及诸府、郡波斯寺改为大秦寺。想见景教的传布,早已不限于长安。德宗建中二年(781年),立"大秦景教流行中国碑"。此碑现存于西安碑林。

《大秦景教流行中国碑》碑文(大秦寺僧景净撰)记述景教自635年以来在中国的发展情况。此碑发掘出土年代为1625年(湮没近1 000年)。碑文用汉字和叙利亚文撰。碑文作者景净及碑文中述及的波斯僧及烈,据考均为波斯人。碑的左右方及上下所刻6名景教教士中,亦有不少是波斯人。

景教传入中国后即极力顺应中国固有宗教迷信和宿命论思想,不但袭用道、佛二教经典词语、模型与形式,而且接受了"尊君"的儒家思想,以代替天主教之教皇至上主义。景教徒以尊君事父相号召,表现出向中国传统思想妥协的倾向。这正是中国景教的特点。

景教在五代、宋时绝迹于中国,而在中亚一带仍有传布。12至13世纪,自蒙古成吉思汗征服信仰景教之回鹘,入主中华,中亚之景教僧乃卷土重来。他们渐得元主的信任而有势力。元代景教随元代而兴起,亦随元代而俱衰。

摩尼教为波斯人摩尼所创,一称明教,3世纪中叶流行于中亚及地中海沿岸。其教义是:宇宙间有明和暗二宗的斗争,初际天地未分,明暗各殊,势均力敌;中际暗来侵明;后际明暗各复本位。现时处于中际,人应助明斗暗。教徒应制欲,不食荤,不饮酒,不祭祖,白衣白冠,死则裸葬。武则天延载元年(694年),波斯人拂多诞把摩尼教的《二宗(明与暗)经》传入中国。开元七年(719年)吐火罗国来献一解天文的摩尼教师。大抵此时摩尼教已在长安、洛阳等地传播。

安史之乱,回鹘兵入洛阳,毗伽可汗在洛阳遇摩尼教师传法,携睿息等四教师回国。摩尼教从此自唐朝传入回鹘。后又因回鹘助唐平乱有功,得到特殊待遇,摩尼教徒恃势,更加推行于唐地。代宗大历三年(768年),唐朝准许回鹘在长安建大云光明寺。除长安、洛阳外,摩尼教也在南方各商埠流行。摩尼教倚仗回鹘势力,在唐地一度兴盛,唐武宗时回鹘破亡,摩尼教失去凭依,归于衰落。

摩尼教对贫苦民众有一定的吸引力,在中国封建社会后期的农民起义中,产生过较大的影响。有些农民起义用摩尼教的明暗相斗术来动员民众。唐末五代时开始发展的明教就是由摩尼教演变而来,并进而发展为秘密结社,直到元代还存在。五代时在河南陈州(今河南淮阳)起义的母乙、董乙等,就是利用摩尼教来号召民众的。摩尼教对五代、宋、元、明、清的秘密宗教组织明教、白云教、白莲教均有过重要的影响。

大秦景教流行中国碑

唐代,自波斯传入的祆教、景教和摩尼教三教,主要在居留唐地的西域人中流行,并没有多少唐人信仰它们。这是因为当时佛教盛行,对三教起着抵制的作用。

7世纪初叶,穆罕默德(约570—632)在阿拉伯半岛通过"宗教革命"创立了伊斯兰教。穆罕默德有一条圣训:"学问,虽远在中国,亦当求之。"说明当时阿拉伯人对中国已有相当的了解。

最早将伊斯兰教传入中国的,是唐代穆斯林商人。

在唐代,阿拉伯和中国的交通往来已具相当规模。通路主要有两条:一为陆路,经波斯及阿富汗到达新疆天山南北,后经青海、甘肃直至长安一带(即西北陆上丝绸之路);另一条为海路,由波斯湾和阿拉伯海出发,经孟加拉湾过马六甲海峡至南海到广州、泉州、杭州、扬州等地(即香料之路)。

泉州摩尼教遗址

上海博物馆藏唐代回鹘摩尼教
钱币"日月光金"拓片

唐代称阿拉伯为"大食"。经由上述陆、海两路来华的大食使节、旅行家、商人、匠人等不少,其中尤以穆斯林商人为多。他们以贩卖珠宝、香料和药材为业。他们因宗教与生活习俗相同而聚之。他们的聚居地称为"蕃坊"。在"蕃坊"内,唐政府允许他们从事伊斯兰教宗教活动。于是,这些最早来中国"住唐"的人,便成为最早把伊斯兰教传入中国的传教者。"蕃坊",便成为唐代伊斯兰教传入中国的早期组织形式。可见伊斯兰教早期向中国传布的一个特点,是以经商为主要方式的和平传教。这一时期,伊斯兰教与政治、经济、文化、习俗密切结合在一起,有明显的政教合一性质。但是,"蕃长"要由中国政府审批和任命,负有为中国政府招邀外商的责任,在一定程度上接受中国政府的管辖和领导,为中国政府服务。这说明,"蕃坊"内的伊斯兰教,虽属外来民族或侨民的宗教,但它毕竟迈出了外来伊斯兰教与中国传统文化交流融合的第一步。

唐代史籍称伊斯兰教为"大食法"。在唐代中国,信仰伊斯兰教的人数不是很多。因此,伊斯兰教作为一种外来宗教,所给予唐代人在文化、精神、生活上的影响不是很大。

新疆库车发现的公元8至9世纪的纸本摩尼教
经典残片(左图为正面,右图为反面)

唐末,黄河流域战事频仍,五代十国尤为剧烈。相对而言,五代时期长江以南的各个小国比较安宁,经济也比较繁荣。特别是闽、粤地区,由于濒临海疆,实收外贸之利,广州、泉州之繁华甚至超过昔日之盛唐。这一时期,大食同中国北方各国的交往因陆路受阻而几乎断绝,而

西安大清真寺始建于唐天宝元年(742年)

广州怀圣寺,中国现存最古老的清真寺之一

同南方各国的交往因海路的畅通发达而继续发展。于是,伊斯兰教传播的重心由中国西部转移到南部。

五代时期,中国东南沿海的几个小国出现了一个新的商业阶层——"蛮裔商贾"。他们是久居汉地的唐时称之为"蕃商胡贾"的后裔。由"蕃商胡贾"发展为"蛮裔商贾",表明伊斯兰教在中国的落地生根。如果说唐代"蕃商胡贾"尚有"外夷"的味道,那么五代的"蛮裔商贾"则说明他们落籍有年,已经完全是中国人了。换言之,五代时,伊斯兰教文化已开始被中国传统文化接纳。

十一 南传上座部佛教自缅甸、泰国传入中国云南

中国云南省西南边陲由德宏州到西双版纳州——这一西北东南走向的狭长地域,面积约 5 万平方公里,与缅甸、老挝毗连,与泰国相近。这里居住着傣、阿昌、布朗、佤等少数 民族。这些民族大都信仰南传上座部佛教(又称"小乘佛教")。南传上座部佛教主张以宗教道德修行实

现"自我解脱"。为达此目的,信奉南传上座部佛教的傣、布朗、佤等民族的人民追求一种寂静无争、和谐安宁的生活环境与精神境界,所以,这一地区,身着黄色袈裟托钵化缘的僧人列队行走于街巷,银光闪烁的塔寺星罗棋布于村寨,佛籍琳琅户户皆备,诵经之声朗朗不绝于耳,呈现出上座部佛教传布地特有的清净祥和的景象,形成了与中国其他民族地区迥然不同的文化风貌。

云南傣族 100 余万人口,布朗族 8.2 万人口,德昂族 1.5 万人口,全民信仰上座部佛教;阿昌族有 2.8 万人口,佤族有 35.2 万人口,部分信仰上座部佛教。[①]

信奉上座部佛教的云南傣族地区与缅甸、老挝、泰国、柬埔寨、斯里兰卡,共同构成南传上座部佛教文化圈。

上座部佛教传入中国云南傣族地区后,逐步扩大到现在云南省西双版纳傣族自治州、思茅地区、临沧地区、德宏傣族景颇族自治州、保山地区的傣族、阿昌族、布朗族和部分佤族之中。上座部佛教自缅甸、泰国传入云南傣族地区,在傣族文化发展史上具有划时代的意义。上座部佛教文化比原有的原始宗教文化先进、发达。随着这一新型宗教的传入,傣族地区的语言文字、文学艺术、天文历法、风俗习惯等各个文化领域都发生了深刻的变化,并发展到一个崭新的水平。正是由于从缅甸、泰国的直接传入,中国傣族文化明显受到缅甸、泰国文化的影响。

据文献记载,佛教初传傣族地区是在公元前 3 世纪,流传在西双版纳等地的傣语手抄本《佛教大事记》(*Lelolong*,音译为《列洛龙》)一书说,佛祖涅槃后 244 年(公元前 3 世纪),曾有 9 个使团外出弘法,其中第 8 个使团到达"金地"即中南半岛传教,随着岁月的推移,佛教渐渐普及中南半岛各地。

关于上座部佛教何时从何地传入云南傣族地区的问题,学术界意见渐趋一致。已故原中国佛教协会会长赵朴初认为:"南传上座部,在阿育王时传入斯里兰卡,并传入缅甸、泰国、柬埔寨等地区;约公元 7 世纪后又自缅甸传入中国云南省,迄今流行于傣族地区,形成中国的巴利

---

① 李弘学、吴正兴:《云南上座部佛教考察报告》,载中国佛教协会主办《法音》,1994(7)。

云南景洪县勐龙曼飞龙佛塔,系小乘佛教建筑

语系佛教。"① 已故学者邓殿臣认为,"经多次转抄而流传至今的一些傣文资料中,都有关于傣族地区佛教自缅甸传入的记载"。"最晚在 7 世纪以前,佛教(上座部)已从缅甸或经由缅甸传入傣族地区。7 世纪初开始建造佛寺。有史料证明,到八九世纪,佛寺已遍及西双版纳各个村寨"②。

斯心直先生持同样观点:"小乘佛教应是由暹罗或缅甸传入云南,但时间应早于公元 1290 年,因公元 1 世纪印度佛教 4 次大集结后,小乘佛教即开始传入暹罗和缅甸,此两国与中国云南毗邻,边界上各种民族早已相互往来。这自然使小乘佛教经边界传入云南成为可能。事实上,傣族的历法即是根据印度历法的数据制定出来的,其建元时间是公元 638 年。因此,从印度历法传入傣族地区的时间看,小乘佛教在云南各地传播的情况是不平衡的。最早传入的地区主要是在西双版纳一带,而德宏一带的传入时间要晚些。"③ 鉴于根据印度历法的数据制定出来的缅历的元年为公元 638 年;根据印度历法的数据制定出来的傣历之元年亦为公元 638 年,那

① 赵朴初:《佛教和中国文化》。此文系 1984 年赵朴初出席世界佛教徒联谊会第十四届大会时向大会举办的佛教学术座谈会提交的学术论文。收入净慧主编的《佛教与中国文化》,1 页,中国佛教协会编印,1990。
② 邓殿臣:《南传佛教史简编》,185～186 页,中国佛教协会编印,1991。
③ 斯心直:《西南民族建筑研究》,114～115 页,云南教育出版社,1992。

么,可以认为,小乘佛教由印度经缅甸、泰国传入中国云南傣族地区的年代,当在公元 638 年之前,即公元 7 世纪上半叶之前。

上座部佛教在傣族地区的传布和发展并非一帆风顺。在上座部佛教传入之前,傣族地区盛行原始社会流传下来的自然崇拜和精灵崇拜。傣族先民相信山有山

西双版纳橄榄坝曼听塔

神,树有树神,村寨有寨神,粮食有谷魂,万物有灵,定期祭祀,以祈保佑。上座部佛教刚传入时,便遇到这种多神灵崇拜为主要内容的原始宗教的抵制。经过一段时间的较量,上座部佛教以它精深周密的义理,简便易行的仪轨,以积德行善为主要内容的道德观念,终于赢得了人们的信仰。

傣族统治阶级除自己信仰以外,也把佛教作为精神武器,用以治国安邦。上座部佛教的教义说,有二法不可违:一是佛法不可违,二是王法不可违。这完全符合统治阶级维护和巩固其统治的需要,所以历代傣族统治阶级欢迎、扶持、推广上座部佛教。西双版纳第一代召片领(即车里宣慰使)叭真王获得"至尊佛主"称号,开创了政教合一的先例。召片领常借宗教力量推行其政令。他们多在宗教节日颁布政令和任免官员,以提高政令的权威性。寺院授予封建统治者以高级僧侣的尊称,而高级僧侣晋升时,又往往获得召片领的赐封和认可。这样,政权和宗教结合为一体,再加以傣族农村以村寨为单位的自然经济做基础,就使封建领主制成为长期稳定的社会体制。在长达 1 000 多年的历史时期内,云南傣族封建领主制社会形态之所以相当稳定,上座部佛教是起了

作用的。

一般来说,公元 8 世纪之后,傣族地区上座部佛教进入了发展期,而在 11 世纪至 15 世纪的 500 年间取得突飞猛进的发展。这个时期,发生在东南亚上座部佛教文化圈内的几件大事构成了这种大发展的原因:

(一)缅甸蒲甘佛教和泰国勐润佛教的传入

公元 1044 年,缅王阿奴律陀征服南方古老的上座部佛国直通,获得完整的巴利三藏和大量佛教文献,在国师阿罗汉的大力倡导下,蒲甘佛教文化迅猛发展起来,成为中南半岛南传上座部佛教的中心。缅王阿奴律陀还招纳一位掸族公主为妃,使掸邦(今缅甸)和缅甸蒲甘王朝的关系空前紧密;掸族首领亦常往缅甸都城蒲甘朝贺。于是,缅甸蒲甘上座部佛教文化顺利地播传到掸族地区,包括今日云南傣族地区。尤其是德宏地区,明显地受到了缅甸蒲甘佛教文化的影响。15 世纪,滇西傣族地区已是"塔寺遍村落"。蒲甘王朝开国君主阿奴律陀死后,即位的数位缅王曾为开拓疆土发动战争,西双版纳地区佛教曾一度遭受战乱影响,但战事停止、和平恢复后,佛教很快就复兴起来。这时以清迈为都城的润国(傣族人称之为"勐润")佛教通过景栋传入西双版纳。润国僧人还把经书和那里的僧伽制度及佛教艺术带到西双版纳。这个时期西双版纳建造的佛寺大都带有润国风格。"倘若把我国傣族佛寺与之比较,可发现傣族佛寺的建筑特征与泰国佛寺的风格是一脉相承的。但其规模约小于前者且建筑质量也稍逊于前者。因此,如果说干栏式建筑是从云南传播到泰国和缅甸去的,那么云南傣族佛寺的风格则明显受到泰国和缅甸佛寺建筑的影响"[①]。正是由于缅甸、泰国、老挝及中国云南傣族地区都受到南传上座部佛教的影响,加之地缘上的联系和傣、掸、泰跨境民族的相互往来,使其佛教建筑有许多相同之处。可以说,在中国与东南亚各国民族建筑艺术的交流中,佛教的传播客观上起到了推波助澜的作用。

(二)西双版纳景龙金殿国弘扬佛教

据西双版纳傣文《泐史》记载,公元 1180 年,叭真统一西双版纳各邦,建立以景洪为都城的勐泐政权,自称"景龙金殿国至尊佛主"。实际

---

① 斯心直:《西南民族建筑研究》,257 页,云南教育出版社,1992。

上,叭真既是邦国的君王,又是佛教的首领,推行政教合一的政策。他还将润国(兰那,今泰国清迈一带)、勐艮(景栋,今属缅甸掸邦)、勐老(今老挝琅勃拉邦一带)、勐交等邦国降为属国,形成地跨云南、缅甸、泰国、老挝四国边界地区,包括以景洪为中心的西双版纳、以清迈为中心的润国、以景栋为中心的掸邦、以琅勃拉邦为中心的老挝北部的统一的上座部佛教文化区。政治的统一必然带来文化的融合。比较发达的润国佛教及景栋佛教便畅通无阻地传播到西双版纳。

(三)孟莱王弘扬佛教

公元 1296 年,在今天泰国西北部以清迈、景海为中心的古代勐润一带的孟莱王(Mangrai 1296—1317)征服南奔、景栋,建立以清迈为中心的兰那泰王国。中国元朝称之为"八百媳妇"国(传说因国王有妻八百,各领一寨因而得名)。兰那泰王国君王孟莱是一个虔诚的佛教徒,深信佛教兴则国家兴。他在清迈、南奔等地广建佛寺,令僧侣用傣润文翻译和注释大批巴利语佛经,并订立适合当时需要的政教合一的《孟莱法典》,形成"润派佛教"。润派佛教不仅传到老挝,而且反馈到缅甸掸邦,自然也传入西双版纳。孟莱王的母亲是西双版纳第四代召片领(亦即车里宣慰使)匋陇建仔的女儿。孟莱王对景洪的外祖父母孝敬备至,每年供献方物。由于这样亲密的联姻关系,使清迈佛教(亦即润派佛教)传入西双版纳,大批巴利文佛经和注释译成泰润文在傣族、掸族、老族地区传布,促成了这一地区的上座部佛教文化的大交流、大融合。

(四)云南南传上座部佛教派别的出现

今天,中国云南上座部佛教存有"润"、"摆庄"、"多列"、"左抵"4 个教派,4 个教派又细分为 8 个支派。

润派:前面已经提到,以清迈为中心的泰国北部地区,历史上称为"润国",所以这里的佛教称为"润派"。同属于"润派"的"莲花塘寺派"和"花园寺派"后来对戒律的解释发生分歧,"莲花塘寺派"主张严守阿兰若戒律;"花园寺派"主张对阿兰若戒律可作适当的改革。这样,"润派"便分成了两派,各派单独建立自己的寺庙进行羯磨。"莲花塘寺派"傣语简称为"摆罢",意为"荒山佛寺";"花园寺派"傣语简称为"摆孙",意为"村寨佛寺"。"润派"僧团的分裂,直接影响到西双版纳,使西双版纳的"润派"也分裂为"摆罢"和"摆孙"两派。

"润派"佛教传到德宏、临沧等地比西双版纳稍晚,大约公元 1473

年先在临沧、耿马地区传布,后来在德宏地区传开。

德宏州及保山地区的傣族、德昂族、阿昌族有一派僧团,称为"摆庄",意译为寺院,很久以前从缅甸瓦城传入,其经典、戒律、仪规均属"润派"。

多列派:"多列"一词来自缅语,其含义不详。相传此派创立人因违犯戒规,师父以钵盛水,钵底捅一针孔,令弟子将此钵挂于颈前而行,水滴尽处方可居住。弟子行至山林时水才滴尽,便在山林建寺创建"多列派"。"多列派"在发展过程中,又先后分裂为"达供旦"、"苏特曼"、"瑞竟"、"缅座"四支派。这四支派的名字皆来源于缅语,其含义不详。"达供旦"的僧人将所着袈裟一端折叠搭在左肩故名,约于 16 世纪从缅甸传入德宏地区,后经变迁,现已同于"摆庄"。现在芒市有该派佛寺,信众多属德昂族。"苏特曼"派约于 17 世纪从缅甸传入,分布于德宏的瑞丽、陇川两县。"瑞竟"派源自 20 世纪 20 年代,为缅甸佛教师徒二人到德宏所传。"缅座"派何时传入不详。

左抵派:"左抵"意译为"诚心"。相传此派系从"多列派"分出来。20 世纪初,由缅甸仰光传入芒市。此派远离村寨,僧人严守戒律,无故不出寺门,更不准入于民家。僧人不可久住一寺,经过一段时间后,便由大佛爷带领本寺僧人离开寺庙到各地游化,然后定居于另一寺中。

云南上座部佛教寺院一般规矩为:一、脱鞋的规矩。佛门被认为是清净圣洁之地,任何人进入佛殿之前必须脱掉鞋子,否则被认为是对佛陀的亵渎。二、多数教派的僧侣不忌荤腥,但见杀不食,以示出家人慈悲为怀。僧侣只吃早餐、午餐两餐,过午不食。三、以献香花代替烧香。信徒到寺院佛塔拜佛,须手持一束鲜花,必恭必敬地插到佛案的花瓶里。居家的佛龛前,也供奉鲜花(不像汉地丛林须焚香),给人一种幽雅美观的感受。

(五)傣缅联姻

缅甸东吁王朝(1531—1752)第二代国王莽应龙(Bayinnaung,1551年—1581 年在位)统一全缅后又远征兰那泰王国。当他率领缅军攻陷兰那泰王国的都城清迈后,曾拨款在那里修建寺庙(这些佛寺至今犹存)。同时,在掸邦各地也兴建了不少塔寺。缅王莽应龙还与西双版纳傣族邦国联姻,于公元 1569 年把公主嫡巴杜麻波罕(即嬢呵罕,又称"金莲公主")嫁给西双版纳第 19 代召片领(宣慰使)刀应勐为妻,并派

佛教使团随同公主来到景洪,弘扬佛教。公主在景洪建一佛寺,取名
"金莲寺"。傣缅联姻,促进了缅傣佛教文化的交流和西双版纳佛教文
化的发展。

缅王莽应龙还与斯里兰卡联姻。他于 1571 年遣使至斯里兰卡,表
示愿娶斯里兰卡公主为后。斯里兰卡国王达磨波罗(Dharmapala,
1551—1597 年在位)没有公主,便以养女相许。金莲公主从西双版纳回
缅省亲,便与斯里兰卡公主晤叙,从而以联姻方式织成了一条傣—缅—
斯南传上座部佛教文化交流的纽带。

南传上座部佛教至晚于 7 世纪之前自缅甸、泰国传入中国云南傣
族地区后,对信仰此教的傣族人民的思想文化、伦理道德、价值取向、社
会经济产生了深刻的影响。傣族群众的天文、地理、法律、建筑、文字、
教育、绘画、音乐、舞蹈等方面的知识的形成无一不与佛教相关。由东
南亚传入的南传上座部佛教文化促进了傣族社会经济的发展,对傣族
社会的进步起到了重要作用。

十二 佛教传入西藏及藏传佛教的形成

中国西藏和内蒙古、青海、甘肃、云南、四川等部分地区所传之佛教
称藏传佛教(元朝时称"喇嘛教")。它属藏语系佛教,与汉语系佛教、巴
利语系佛教构成中国三大语系佛教。

佛教在西藏经历了"前弘期"和"后弘期"两个历史时期。

前弘期从公元 7 世纪开始,至朗达玛禁佛(838 年)为止,约 200 年
时间,是藏传佛教的形成期。

公元 629 年,已经建政于山南地区的鹘提悉补野部族,在征服雅鲁
藏布江以北的苏毗政权后,基本统一西藏高原,建立吐蕃王朝。王朝的
第二代王松赞干布,为了发展吐蕃的经济、政治和文化,深感有必要创
立一种正规和统一的文字,于是,两次派人赴天竺学习文字,但因旅途
艰难、气候不适等缘故,未能如愿以偿。第三次又派屯米·桑布扎前往
天竺。屯米·桑布扎到达天竺后,拜精通声明(即音韵学)文字的大学者
李敬和拉日桑格为师,除学习诸种科学知识外,还学就大乘佛经。他携
带包括大乘佛经在内的多种书籍返回吐蕃,并模仿纳卡热及伽什弥罗

7 世纪西藏吐蕃时期创作的藏传佛教释迦牟尼佛石像,
它具有典型的印度笈多风格

(今克什米尔)等文字,创立了藏文。

佛教正式传入吐蕃是蕃泥(泥婆罗,即今尼泊尔)和蕃唐文化交流的结果。

松赞干布当政后,着力于从都城逻娑(即拉萨)至四边驿道的开拓,这就突破了文化的闭塞状态。他重视吸收外族文化,借以丰富吐蕃民族文化。约在 7 世纪 30 年代,他用兵征服象雄部落联盟后,即和喜马拉雅山国泥婆罗有了接触。公元 639 年,泥婆罗国王鸯输伐摩将女儿墀尊公主嫁给松赞干布。松赞干布派大臣噶尔携带大量礼物与随员 100 人去泥婆罗迎亲。墀尊公主赴藏时,许多泥婆罗臣民相送。大规模的送往迎来不仅为中国西藏与泥婆罗王国开辟了一条国际通道,也为蕃泥文化交流创造了条件。公元 641 年,唐朝与吐蕃和亲,唐太宗决定将宗室女儿文成公主下嫁松赞干布。于是,从甘肃经青海到西藏的道路得以畅通,从而为汉藏两族的文化交流创造了条件。实际上,松赞干布娶墀尊公主和文成公主,即为大规模文化交流的重大事件。

唐朝和泥婆罗都是盛行佛教的国家,特别是上层社会,崇信佛教蔚然成风。文成公主和墀尊公主都是虔诚的佛教徒。其丰厚的嫁妆中,有多尊栩栩如生的佛像。她们的信仰在吐蕃王朝中产生了深刻的影响。松赞干布首先受两位公主的影响,开始信仰佛教。他根据佛教思想,颁发"十善"及"十六要律"的"民众守则"。

所谓"十善"是:一不杀生;二不偷盗;三不邪淫;四不妄语;五不两舌;六不恶口;七不绮语;八不贪欲;九不瞋恶;十不邪见。

所谓"十六要律"是:一要虔信佛教;二要孝顺父母;三要尊敬高德;四要敦睦亲族;五要帮助邻里;六要出言忠信;七要做事谨慎;八要行为笃厚;九要得钱知足;十要报德报恩;十一要如约还债;十二要斗秤公平;十三要不生嫉妒;十四要不听谗言;十五要审慎言语;十六要处事宽厚。

松赞干布不但公然要求吐蕃民众虔信佛教,而且用佛教的精义,演变为社会共守的道德和行为标准,并用这些标准来判断民众善恶和进行赏罚。由于松赞干布的提倡,吐蕃的文明又向前迈进了一步。

为了安顿好两位公主,松赞干布不仅为之修建华丽的宫苑,而且还征调工匠在逻娑江山脚下,修建两座佛寺,一座供奉墀尊公主带来的泥婆罗式佛像,称为"四喜幻显殿",即今大昭寺之前身;另一座供奉文成公主带来的汉式佛像,称为"罗娑幻显殿",即今小昭寺之前身。这两座佛殿在当时仅是施供香火的殿堂,而不是佛、法、僧三宝俱备的寺院。不过,佛教至此在吐蕃总算有了落脚之地。历史上一般都以此作为佛教正式传入西藏的标志,即"前弘期"的开始,时间大约是公元7世纪40年代。

松赞干布时期(629—650),佛教正式由泥婆罗和唐朝传入吐蕃,藏族社会开始接受佛教,但信仰者仅限于官僚阶层和贵族阶层的部分人士。公元650年松赞干布去世,其孙芒松芒赞即位。公元710年,吐蕃王墀德祖丹从唐朝迎娶金城公主。金城公主进藏后,把文成公主带去的释迦牟尼佛像移到大昭寺,并安排汉僧管理寺庙。从此汉僧在吐蕃王朝占有重要位置,但随后受到尊重本教贵族的无情打击。

公元755年,墀松德赞执政,弘扬佛教,迎接天竺高僧寂护、莲华生传授显、密两宗。他们二人在"前弘期"影响大,建树多,主要表现在建寺院、译经典、收门徒、授密法、灭本兴佛和创建僧伽制度,实为开创藏传佛教的祖师。

公元838年,反佛贵族杀害崇佛的吐蕃王热巴坚赞,拥立朗达玛(838—842年在位)执政,开始在西藏全境禁佛,"前弘期"到此结束。禁佛时间延续达 140 年。

公元 978 年,佛教从西康、青海重新传入西藏,并得以弘扬光大。重新弘扬光大的佛教与吐蕃时期流传的佛教已有明显不同。它经过与本教的长期斗争,互相渗透融合,以佛教的经典教义为基础,又在宗教仪式、宗教神灵方面,吸收了不少本教的东西,从而成为一种西藏地方形式的佛教。11 世纪初,藏传佛教正式形成。

在中国,信奉藏传佛教的民族有藏、蒙、土、羌、裕固等,汉族中也有信奉者;从地域上说,遍及西藏、甘肃、青海、四川、云南、新疆、内蒙古等地。在国外,藏传佛教传播到印度、不丹、尼泊尔、蒙古等国家。

第 五 章

宋元时期的中外文化交流

概　述

宋元两代(960—1368)历时 4 个世纪,是中外文化交流史上的繁荣期。

宋元两代的对外文化交流,较之唐代向前发展了一大步。这一方面表现在地域上的扩大,不仅中国与北非、东非国家有了直接的文化往来,而且与周边国家的文化往来又有新的发展;另一方面,从物品上看,唐代以前中国的出口以丝绸制品为主,而这一时期,除丝绸制品外,瓷器占有突出的地位。其他日常生活、生产用品的出口也增加了。这说明,宋元时期的民间贸易较前代更为发达。更有意义的是,中国这一时期的火药、指南针、活字印刷术的发明、发展和外传,影响并推动了世界文明的历史进程,对欧洲资本主义的萌芽和发展发挥了巨大的促进作用。

与此同时,中国周边国家的经济文化也有了新的发展。中国向域外学习的东西多了。如朝鲜、日本的手工艺品,阿拉伯国家的文化等,都对中国文化产生了影响。

外来的印度佛教文化,自西汉末期传入中国后,经与中国文化的交流和吸收以及南北朝、隋唐时期的改造与融合,到宋元时期,进入了同化阶段。

海运的发展为宋代开辟了中外文化交流的广阔通道。海舶比马、车、骆驼运量大、成本低、速度快。这才使宋代的中外文化交流较之汉唐更为频繁。交流的方式和内容,主要是和平时期的人员来往、货物交换、书籍交流等。

宋人积极开辟国际通道,勇于开展中外文化交流的进取精神是值得称道的。正是他们数百年的努力实践,才创造了宋代文化的辉煌。

宋代文化是源远流长的中华文化发展过程中的高峰阶段。宋接盛唐,承传开启,勇于创新,创造了独具风貌的宋代文化。宋代虽然在武力上不如汉唐,但在文化学术上都超过前代。可以这样说,政治上是汉唐盛世,而在学术文化上宋代超过了汉唐。宋代文化的辉煌,其中有中外文化交流的贡献在内。许多外国人创造的文化,已经不声不响地融入宋代文化。

元代的中外交通特别发达。陆路通波斯、阿拉伯、俄罗斯、欧洲,海路通日本、朝鲜、东南亚、印度、波斯湾以至非洲各地。交往的范围比宋代更广。当时,东西方使臣、商旅的往来已很方便。元朝人形容说:"适千里者如在户庭,之万里者如出邻家。"同时代的一位欧洲商人也说,从黑海沿岸城市到达中国各地,沿途十分安全。这是因为,陆路交通有严密的驿站系统作保障。海路交通方面,已能熟练运用季候风规律出海、返航,已能熟练利用针路定向行船,已经达到"虽天际穷发不毛之地,无不可通之理"的地步,航行范围远远超过以前任何时代。元代,中国的航海技术不但在世界上处于领先地位,而且比西方提前 2 个世纪至 3 个世纪进入"定量航海"的阶段。于是,海上丝绸之路迎来了它的鼎盛阶段。

元代发达的远洋航海事业为明初三宝太监郑和下西洋创造了条件。

元朝在中国历史上建立了地跨亚欧的空前规模的大帝国,原来的中国西部边界完全处于开放状态,中原地区同中亚的阿拉伯、波斯、伊斯兰世界连成一片。元代中国西北地区的政治态势,有利于阿拉伯商队的东进,有利于伊斯兰教的东传。许多阿拉伯人和信仰伊斯兰教的中亚人纷纷来中国,达到"元时回回遍天下"的地步,这就为中外文化交流提供了广阔的舞台。外来伊斯兰教在元朝政治和文化生活中的地位大大提高。伊斯兰教文化与中国传统文化进一步交流融合,华化的伊斯兰教文化终于成为中国传统文化的一部分,从而奏响了中外文化交流的动人乐章,凸现出各民族文化相互交融、中外多种文化交相辉映的时代特色。

一 繁盛的海上丝绸之路与对外文化交流

两汉至唐代,中国的对外交通以陆上丝绸之路为主。入宋以后,特别是到南宋,发生了划时代的变化——以海上丝绸之路为主了。元代又开创了对外交通的新局面,达到了所谓"古代中西交通史之极"的地步。这是由于以下几个因素形成的:

(一)全国经济重心南移,江南及东南沿海地区经济日益发展,为发展海外交通提供了物质前提

唐中叶"安史之乱"以后,北方经济由于战争的破坏,萧条至极。而南方经济,由于相对稳定,却得到一定程度的发展。经过五代十国到北宋,尤其是在宋室南渡之后,全国经济、文化重心也从黄河流域转移到长江流域,江南与东南沿海地区成为全国的经济重心。

(二)科学技术上的成就,造船工艺的进步,尤其是罗盘针(指南针)应用于航海,为发展海外交通提供了技术保证

在盛唐造船的基础上,宋元制造海船的技术与工艺水平又有了新的提高。据文献记载和1974年在福建泉州出土的宋船残骸以及1976年在朝鲜半岛南部新安发现的元船遗存可知,其时之海舶,体势庞硕,载重量大;船体坚固,结构精良;航器先进,设计齐备。宋元海舶,在当时世界上是独步一时的。

中国应用罗盘针航海当不晚于11世纪与12世纪之交。成书于北宋徽宗宣和元年(1119年)朱彧的《萍州可谈》卷2云:"舟师识地理,夜则观星,昼则观日,阴晦则观指南针。"这是世界上见诸史籍关于指南针用于航海的最早确切记载。航海指南针的问世,是世界航海史上划时代的变革,标志着人类征服海洋能力的跃进,而其开创之功则应归于中国宋代航海者。

(三)陆海交通比重发生的变化,推动了海外贸易的发展

宋元时期,中国的经济结构发生历史性的转折。其特点主要表现为私有经济的进一步发展,农民隶属关系有所减轻,在工商业发达的基础上海外贸易和商品经济有所发展。同时,由于当时西夏、辽、金、蒙古与宋对峙,宋东北与西北边防受威胁,军费支出浩大,致使其财政难以收支平衡。为此,不能不谋求广开财源,注目于发展海外贸易。尤其是南宋偏安江左以后,中西陆路交通几乎断绝,海路交通空前发达,市舶收入已成为国家财源之一。

(四)积极的航海贸易政策,推动了与域外文化的交流

北宋时期,阶级矛盾与民族矛盾一直十分尖锐,特别是黄河以北的辽、西夏与金,先后给北宋朝廷以严重的威胁,迫使后者割地赔款。为了维持国家经济,追求奢侈享受,北宋历朝十分重视发展航海贸易,鼓励"商贾懋迁"、"以助国用"①。宋太宗雍熙四年(987 年),朝廷就"遣内侍八人赍敕书、金帛,分四纲,各往海南诸蕃国,勾招进奉,博买香药、犀、牙、真珠、龙脑"②。宋神宗要求臣下"创法讲求",积极推动对外航海贸易,以期"岁获厚利,兼使外蕃辐辏中国,亦壮观一事也"③。

南宋历届政府还积极鼓励有雄厚资金实力的豪家大姓,以私商身份打造海船,购置货物,招聘船员,前往海外经营,并制定了有关的奖惩与税收制度。凡能"招诱舶货"的本国纲首(即船长)与积极运货的外国海商,都"补官有差";凡"亏损蕃商物价",影响航海贸易者,俱以降职处办。④

元朝统治者以空前辽阔的疆域及远播欧、亚、非的强大国威为背景,使中国航海事业继续保持鼎盛的发展势头。早在元朝灭宋的同时,元朝政府即着手接管并组织对外航海贸易事务。至元十四年(1277 年),元世祖攻占浙、闽,初定江南后,即招降并重用在海外有广泛影响的南宋泉州提举市舶司提举兼大海商蒲寿庚,设置海外诸蕃宣慰使与市舶司。次年 8 月,他又下诏中书省,通过唆都、蒲寿庚等向海外宣布:"诸蕃国列居东南岛屿者,皆有慕义之心,可因蕃舶诸人宣布朕意,诚能来朝,朕将宠礼之,其往来互市,各从所欲"⑤。同时,令唆都奉玺书"招谕南夷之国"⑥。又遣亦黑迷失、杨廷璧、周达观、勃罗等频频出使南海与印度洋诸国,进行招诱贸易活动,"于是,占城、马八儿二国首来通商,其他诸国次第效之,元代互市遂臻于盛"⑦。

上述经济重心的南移、航海工具的进步、陆海交通比重的变化和航海贸易政策的制定,促成了宋元时期海外交通与贸易的繁盛。

北宋出现以下几条海上交通线:(1)从广州通往今越南、印尼等地,

---

① 《宋会要辑稿·职官 44》。

② 《宋会要辑稿·职官 44》。

③ 《续资治通鉴长编拾补》,卷 5。

④ 《宋会要辑稿·职官 44》。

⑤ 《元史·世祖本纪》。

⑥ 《元史·唆都传》。

⑦ 桑原骘藏:《蒲寿庚考》。

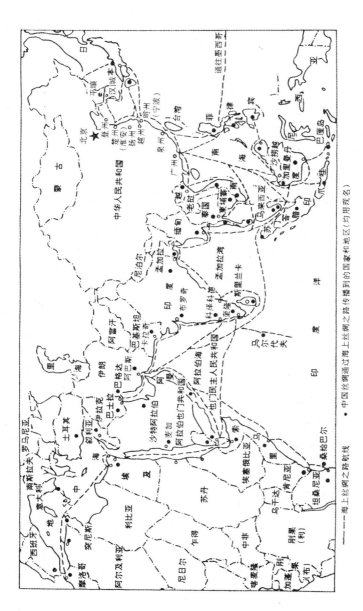

海上丝绸之路示意图

再由此和大食(阿拉伯)交通。这是唐朝以来的一条旧路,北宋更加繁盛。(2)从明州(宁波)或杭州起航,通往日本和高丽。因辽朝屹立在东北,这条海路成为高丽和宋交通的重要道路。(3)高丽与宋交通的另一条路,是入渤海到登州。但因登州接近辽境,北宋禁止自海道入登州、莱州经商。后来,哲宗以密州板桥镇为贸易港。密州北通高丽,南沿海岸通明州、泉州、广州。京东、河北、河东等路都可经密州板桥镇输入外国商品。南方向朝廷上贡物品,也可由广州运至板桥镇,再陆运到东京,形成内河漕运路线之外的一条海运路线。(4)哲宗时增开泉州到南海的一路,可抵达阿拉伯各国。①

宋代的对外贸易港有广州、海南、钦州、泉州、漳州、杭州、澉浦、明州、华亭、温州、台州、登州、密州(主要是板桥镇)等。

宋代海外贸易所及地区东起高丽、日本,南至南洋群岛,西迄波斯湾及东非海岸。海外贸易活动地区之广、贸易之频繁是前所未及的。

宋代与朝鲜半岛上的高丽的陆路交通虽为辽、金所隔,但双方之间的海上交通却十分发达,贸易关系十分密切。

北宋与高丽主要以"贡"和"赐"为形式进行官方贸易。据《宋史》、《宋会要》不完全的记载统计,高丽向北宋遣使57次,北宋向高丽遣使30次。高丽向宋廷进献的贡物有:金器、银器、铜器、螺钿器、青瓷、纹罗、色绫、金花注丝、幞头纱、白毡、金银饰刀剑、弓矢、匕首、马具、良马、骡、貂、麝、青鼠皮、黄漆、硫磺、香油、人参、药物、纸墨、书籍等。

宋廷向高丽回赠的货物主要有:绢绫、锦、缎、绮、缯、䌷、金器、银器、瓷器、漆器、金带、鞍勒马、礼服、乐器、祭器、茶、酒、象牙、玳瑁、沉香、钱币以及各种珍贵书籍等。

南宋与高丽之间,以民间贸易为主。高丽政府对宋商的到来给予热情欢迎。"(宋)贾人之至境,遣官迎劳",安顿于专门的宾馆。对他们带来的货物,常"计其值以方物数倍偿之"②。所以,宋商趋之若鹜,数十人、数百人地漂洋过海,赴高丽贸易。当时住在高丽首都开城的宋商多达数百人。

来宋贸易的高丽商人也很多。每年春末夏初,高丽商船纷纷从朝鲜半岛礼成江口的碧澜渡和介于礼成江与临津江之间的贞州启航,来

---

①　蔡美彪等:《中国通史》(第5册),89页,人民出版社。
②　[宋]徐兢:《宣和奉使高丽图经》,卷3,《贸易》。

到山东、浙江和福建沿海港口,与宋方贸易。其中明州(今宁波)是高丽商人主要的贸易港口。

北宋对日本的贸易以民间贸易为主。据中日史籍记载的不完全统计,北宋160多年间,宋船往来于中日之间达70多次。有的宋商专门经营对日贸易,多次泛海到日本。日本对宋贸易的港口是博多。

泉州出土的南宋海船(1974年)

南宋时,日本对海外贸易采取积极的政策,对赴日贸易的宋船给予优厚的待遇,除博多港之外,还开辟了濑户港、轮田港供宋船停泊,宋船赴日贸易更加频繁。这时,中日海上贸易出现空前盛况。

日本向宋输出的货物主要有沙金、硫磺、水银、锦、绢、布、木材、药材及工艺品,如折扇、屏风、铜器、金银莳绘、螺钿、刀剑等。其中硫磺,宋朝输入的数量很大。如元丰七年(1084年),宋廷派人到日本采购硫磺,数量达25万公斤。[①] 宋朝向日本输出的货物主要有锦、绫、香药、瓷器、文具、书籍、铜钱、茶叶等。其中,铜钱尤受日本人民的喜爱,进口数量很大。

宋与中南半岛国家交趾、占城、真腊、罗斛、真里富、蒲端、蒲甘、佛罗安、蓬丰、登流眉、单马令、凌牙斯加等国的海商贸易进一步发展。

交趾是古交州之地,原是中国的属土。宋初,交趾自立,但双方的经贸关系仍很密切。据赵汝适《诸蕃志·交趾国》云,交趾对宋"岁有进贡"。贡品有香料、药材、珍珠、玳瑁、犀、犀角、象、象牙、绢、绸、布、金

① 《续资治通鉴长编》,卷343。

器、银器及一些工艺品。宋廷"以器币优赐其主"外,还根据实物价值"计价回答",回赠以金银、铜器、铜钱以及丝织品等,实际上是一种大规模官方贸易。

宋商也大批赴交趾贸易。交趾统治者对宋商甚为欢迎,千方百计予以招徕。当时乘船到交趾经商者多为福建商人。

位于越南中部的古国占城,与宋朝的经贸关系很密切。据不完全统计,占城向宋廷遣贡使达 40 多次。占城使者携运的贡品种类与交趾的相似,但其中香药、香料的数量很大。每次入贡少则数千公斤,多至5 万多公斤。宋廷则根据贡物的"估值"予以回赠。

宋与占城民间贸易的规模更大。占城商人经常往返于两国港口之间,运来各种香药,换回所需要的中国货物。宋商也络绎不绝地前往占城贸易,有的寓居于占城,并与当地妇女通婚。宋商运去草席、凉伞、绢扇、漆器、瓷器、铅、锡、酒、糖等,丰富了占城人民的物质生活,促进了当地社会经济的发展。

真腊(今柬埔寨)物产丰饶,尤以香料著名,素有"富贵真腊"之称。真腊经由海路向宋输出的货物有金颜香、苏木、沉香、暂速香、粗熟香、黄蜡、翠毛、蕃油、姜皮等。宋朝商船频繁到真腊港口,运去品种繁多的中国产品金银、瓷器、假锦、凉伞、皮鼓、酒、糖等。中国货物对真腊人民的社会生活产生了巨大影响,元初周达观访问真腊回来后说,真腊人"欲得唐货","以唐人金银为第一,五色轻缣帛次之,其次如真州之锡腊、温州之漆盘、泉州之青瓷者,及水银、银砵、纸扎、硫磺、焰硝、檀香、草芎、白芷、麝香、麻布、黄草布、雨伞、铁锅、铜盘、水珠、桐油、蓖箕、木梳、针"等物。人民日常生活中也普遍使用中国货,如,"盛饭用中国瓦盘或铜盘","地下所铺者,明州之草席"。因此,真腊人对中国商人给予热情欢迎,"见唐人颇加敬畏,呼之为佛,见则伏地顶礼"。许多中国商人、水手"利其国中不著衣裳,且米粮易求,妇女易得,屋室易办,器用易足,买卖易为,往往皆逃逸于彼",成为旅居柬埔寨的早期华侨。

宋朝与罗斛、真里富、蒲端、蒲甘、佛罗安、蓬丰、登流眉、单马令、凌牙斯加等国也建立了密切的海上贸易关系,频繁与这些国家进行物质层面上的文化交流。

宋朝与南洋群岛上三佛齐、阇婆、渤泥等国的海上贸易也相当繁盛。

以苏门答腊巨港为中心的三佛齐领有苏门答腊东海岸和马来半岛南部，是当时东南亚的强国。北宋建立初，三佛齐就遣使朝贡，以后又频繁遣使。据不完全统计，三佛齐向宋遣使达 30 多次，每次朝贡都运来大量的象牙、香料等贡品，与宋官方进行大规模的交易。南宋绍兴二十六年（1156 年），三佛齐向宋廷进献的贡品中，仅乳香就有40 840公斤、胡椒5 375公斤、檀香9 967.5公斤，而宋廷则回以金银、铜币、瓷器、丝绸等。[①]

三佛齐吸引众多的宋商前往贸易。南宋初"泉州纲首朱纺舟往三佛齐国……舟行迅速，无有艰阻，往返曾不期年，获利百倍"[②]。

在整个宋代，中国与三佛齐的海上贸易始终保持兴盛的势头。

10 世纪，爪哇岛上的东爪哇王国兴起，这就是宋代史籍称谓的"阇婆"。阇婆是当时东南亚强盛的国家之一，经济繁荣，商业发达。阇婆不仅经常派出商船到广州、泉州等中国港口贸易，而且还采取措施招徕宋商前往贸易。对于前去的宋商，"馆之宾舍，饮食丰裕"[③]。故双方之间的海上贸易呈一时之盛。

渤泥（今文莱），为南洋群岛上的古国之一。地处"东洋尽处，西洋所自起也"，是中国海外交通的枢纽地域，官方和民间船队的必经之地。宋渤官方交往始于太平兴国二年（977 年）。是年，渤泥国王向打派出以正使施弩为首的使团，携带大片龙脑、米龙脑、苍龙脑、玳瑁、檀香、象牙等，由宋商蒲芦歇带路，奉表来到宋朝，向宋太宗朝贡。宋神宗元丰五年（1082 年），渤泥国王锡理麻喏又派出使团，携带贡物朝贡宋朝。

宋渤民间交往的方式，《诸蕃志·渤泥国》云，宋船到港必须进行接二连三的拜会、宴请、馈赠等交际活动，经过一两个月繁文缛节的忙碌之后，才开始议价交易。交易完了，又是一连串的回赠、饯送，然后等待季风回航。这是友好的、平等的海上贸易，这是和平的、友谊的文化交流。

宋与南亚国家天竺、南毗、注辇、故临、细兰等的海上贸易十分发达。

宋代以前，中国与印度发生关系主要通过陆路。宋朝建立以后，由

---

① 李金明、廖大珂：《中国古代海外贸易史》，93 页，广西人民出版社，1995。
② 《福建莆田祥应庙碑记》，载《文物参考资料》，1959(9)。
③ [宋]赵汝适：《诸蕃志》，卷上，《阇婆国》。

于辽、西夏的隔阻,宋与印度的关系以海路为主,双方之间的海上贸易迅速发展起来。

南毗,故地在印度马拉巴尔(Malabar)海岸,又译做"麻离拔"、"麻罗拔"。11 世纪至 12 世纪时南毗国势强盛,商业发达,是东西方海上贸易的一个中心。北宋哲宗元祐三年(1088 年),南毗遣使入贡宋朝。①南宋时,双方民间贸易发展,故宋商多至其国贸易。该地"土产之物,本国运至吉罗达弄(在马来半岛)、三佛齐",然后与中国商人交换。② 但南毗国的商船也常直航广州、泉州等港口。

注辇,是 10 世纪至 13 世纪在印度科罗曼德尔海岸兴起的南印度大国。宋大中祥符八年(1015 年),注辇王遣使娑里三文由水路来宋,历1 150日(3 年多),向宋廷进贡真珠、彩帽各一、真珠27 700两、象牙 60 株、乳香 30 公斤、香药1 650公斤,受到宋廷的热情接待,"赐物甚厚"。九年(1016 年),三文携带真宗国书及所赐礼品返国。注辇王得知三文的中国之旅后,决心打通通往中国的海路,发展对华贸易。注辇使者先后于天禧四年(1020 年)、明道二年(1033 年)、熙宁十年(1077 年)向宋朝贡,与宋朝进行大规模的官方贸易。

故临(Kulam),印度马拉巴尔海岸之奎隆一带的古国。为古代中国与印度洋和波斯湾沿岸海上交通所必经之地。宋时,中国船舶欲往大食,必自故临易小舟而往,而大食人来中国,也必自故临易大舟东行。故临国成为国际贸易的中心。

细兰,旧称锡兰,今称斯里兰卡,是东西方海上交通的必由之地。细兰盛产猫儿眼、红玻璃、玛瑙、青红宝珠、珊瑚、白豆蔻、木兰皮、粗细香等,由中外商人运销东西方各国。宋朝贩运到细兰的商品有金银、瓷器、丝帛以及檀香、丁香等物。

宋与西亚、非洲国家的海上贸易也相当繁盛。

宋代载籍把阿拉伯帝国阿拔斯王朝称为"大食",但也把西亚、非洲信仰伊斯兰教的国家和地区归入"大食诸国"。宋周去非云:"大食者,诸国之总名也。有国千余,所知名者特数国耳。"③ 宋朝与西亚、非洲海上贸易关系密切的国家和地区有:

---

① [宋]周去非:《岭外代答》,卷 3,《大食诸国》。
② [宋]赵汝适:《诸蕃志》,卷上,"南毗国、故临国"。
③ [宋]周去非:《岭外代答》,卷 3,《大食诸国》。

大食——阿拔斯王朝的领土包括今伊朗、伊拉克和阿拉伯半岛。大食于"开宝元年（968 年），遣使来朝贡。四年（971 年），又贡方物。……六年（973 年）遣使来贡方物。七年（974 年）国王诃黎佛又遣使不罗海。九年（976 年）又遣使蒲希密皆以方物来贡。太平兴国二年（977 年）遣使蒲思那、副使摩诃末、判官蒲罗等贡方物。……四年（979 年）复有朝贡使至。雍熙元年（984 年）国人花茶来献。……淳化四年（993 年）又遣其副酋长李亚勿来贡"①。可见，大食国王非常重视与宋朝的贸易关系。据不完全统计，宋代大食国派遣使团入贡于宋廷达 30 多次。大食国使团每次入贡都携带品种繁多的"贡品"，经由海路，来到宋廷。宋廷对大食国的贡物一般都"优给其值"，给予丰厚的回赐。实际上，这是一种大规模的官方贸易。其次，双方的民间贸易也很活跃。两宋期间，中国商船经常从广州、泉州出发，赴大食贸易。大食商人也经常驾船从波斯湾的诸多港口出发，直航中国的各港口。有的商人还以个人名义向宋朝进贡方物，换取"回赐"；有的则与市舶司和民间进行贸易，贸易数额往往非常可观。

由于宋朝与阿拉伯国家海上贸易的繁盛，阿拉伯商人留居中国港口者日渐增多，逐渐形成阿拉伯人聚居区。如广州的"蕃坊"以阿拉伯人为最多。熙宁年间（1068—1077），蕃长辛押陀罗，家资数百万缗，朝廷封他为归德将军。泉州的外国人聚居区曰"蕃人巷"，其中居民也以阿拉伯商人为主。

勿斯里国（今埃及）与宋朝的海上贸易也很繁盛。勿斯里是地中海中国货物贸易的中心。中国的丝绸、瓷器海运到勿斯里之后，除了一部分在当地销售，以满足勿斯里人民的需要之外，大部分通过憩野（开罗）亚历山大港被转运到地中海沿岸各国。

默伽猎国（今摩洛哥）商业很发达，是东西方海上贸易的中心，产珊瑚树。珊瑚是默伽猎运销宋朝的重要商品。

弼琶啰国（东非索马里一带）是香料、象牙的重要产地，素有"香料之角"的称号。宋时波斯人、阿拉伯人大批移居东非海岸，建立商业据点，从事香料、象牙贸易。该地出产的香料、象牙、犀角等先运到阿拉伯半岛的港口，再渡印度洋运至三佛齐，最后运抵中国。中国的丝绸、瓷

---

① 《宋史》，卷 490，《大食传》。

器、铜钱等也由波斯、阿拉伯商人大量运销东非各地。

西亚、非洲盛产乳香、象牙、犀角等。这些产品在中国有很大的市场。中国的丝绸、瓷器驰名于世，远销西亚、非洲各国。唐中叶之后，由于中国与西亚、非洲的陆路交通受阻，到宋代，双方之间的海上交通和贸易崛起。可以说，宋代中国与西亚、非洲的海上贸易和文化交流进入了一个新时期。

元朝政府继续执行招徕外商来华贸易的政策。从至元十四年（1277年）起，先后在泉州、华亭（上海）、澉浦、温州、广州、杭州、庆元（宁波）等7个港口设置市舶提举司，管理海外贸易。至元十五年（1278年）向外商宣布"其往来互市，各从所欲"①。

元代的海外贸易范围在宋代基础上有了明显的发展。当时主要航线是：东线达日本、高丽；南线抵南洋诸国以及印度半岛；西线连接中亚、波斯、阿拉伯半岛，直至地中海东部以及东非海岸。元中期泰定四年（1327年）之后，中国商船还曾参与印度半岛南端马拉巴尔（奎隆）—红海口亚丁—东非基尔瓦（坦桑尼亚）的三角贸易。海上丝绸之路进入了鼎盛期。

13世纪至14世纪，南印度和中国之间的海上交通已全被中国帆船操纵。正是这些中国远洋帆船成了印度洋上叱咤风云的海上使者，在印度、阿拉伯南部沿海以及东非与伊斯兰世界进行频繁的海上贸易，传递着东西方之间最新的信息。

宋元时期，中国通过南洋地区、印度洋直达阿拉伯地区和东非海岸的海路已完全畅通，商船往来频繁。东西海路的畅通，为其后明初郑和下西洋的伟大航海活动准备了条件。

二　印刷术、火药、指南针的发明和外传

宋王朝结束了五代十国的战乱，统一了中原地区，使辖区内社会基本稳定，经济由恢复步入发展，文化事业随之兴旺发达。这就为科学技术的发明创造提供了极为有利的条件。

---

① 《元史》，卷10，《世祖本纪》。

宋代是中国科学技术大发展的时期。李约瑟博士曾指出,中国"在
3 世纪到 13 世纪之间保持一个西方所望尘莫及的科学知识水平"。
"中国的这些发明和发现往往超过同时代的欧洲,特别是在 15 世纪之
前更是如此(关于这一点可以毫不费力地加以证明)"①。特别是中国
古代文明的重要标志四大发明中的后三项发明——印刷术、火药、指南
针,均是在宋代得以完善和广泛应用并传出域外的。

宋代的科学技术成就曾引起世界的关注。被马克思称为"英国唯
物主义和整个现代实验科学真正的鼻祖"的培根曾评价宋代科学发明
说:"我们应该观察各种发明的威力、效能和后果,最显著的例子便是印
刷术、火药、指南针","这 3 种东西曾经改变了整个世界事物的面貌和
状态,第一种在文学方面,第二种在战争上,第三种在航海上,由此产生
了无数的新变化。这种变化是这样大,以致没有一个帝国,没有一个教
派,没有一个赫赫有名的人物,能比这 3 种机械发明在人类事业中产生
更大的力量和影响"②。

(一)印刷术

印刷术是中国古代劳动人民的伟大发明之一,也是中国对世界文
明发展的一项重大贡献。

宋代雕版印刷的发展得益于唐、五代印刷事业的实践和成就。宋
初,雕版印刷书籍的品种和数量大幅增长。北宋第一部雕版印书是宋
太祖建隆四年(963 年)大臣窦仪等编纂的《宋刑统》,它是中国第
一部刻印的国家法典。北宋时期还大规模地雕刻印刷佛藏和道藏。从
开宝四年(971 年)开始,官府在四川益州(今成都)雕印佛教大藏
经,至宋太宗太平兴国八年(983 年),历时 12 年方告完成,印就
《开宝藏》。这是历史上第一次大规模雕版印刷的大型丛书。《开宝藏》
收佛教经典1 076部,计5 048卷,共用雕版 13 万多块。这一世界雕版
印刷史上的壮举,对当时和后世雕版印刷的发展和文化传播都有深远
影响。

雕版印刷术的发明,把人们从既慢又累的手工抄书中解放出来,使
书籍得以大量印刷,有力地推动了人类文明的发展进程。

中华民族发明了造纸法,创造了雕版印刷技术,进而在宋代创造出

---

① [英]李约瑟:《中国科学技术史·序言》,中译本,1~2 页,上海古籍出版社,1990。
② 转引自石训、朱保书主编:《中国宋代文化》,475 页,河南人民出版社,2000。

一种全新的印刷技术——活字印刷术。

北宋庆历年间（1041—1048），布衣毕昇在总结前人经验的基础上首创泥活字印刷术。中国活字印刷术的发明，具有划时代的重要意义，因为它大大促进了人类科学文化的发展和交流。

北宋毕昇发明活字印刷术不久，中国西部地区的西夏和回鹘便在中原地区活字印刷术的影响下率先使用活字印刷术，并从泥活字印刷演进为木活字印刷。

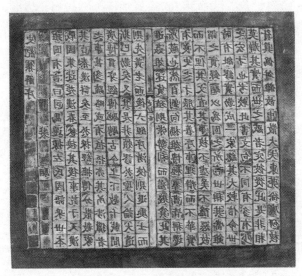

毕昇发明的泥活字板（北宋）

活字印刷术在中国内地首创之后，向东西两个方向传播。向东首传高丽。当时朝鲜处于高丽政权统治之下，南宋（1127—1279）与高丽的海上贸易很频繁，宋朝商人向高丽运去各种货物，其中包括大量的印本书籍，很可能有活字印本。南宋灭亡前后，大批宋人渡海到高丽避难谋生，其中有各种手艺人，包括江浙一带的印刷工匠。他们将中国内地的活字印刷术传到高丽。高丽人民在接受活字印刷术后，很快对制字材料作了革新，创造出铜活字、铁活字、木活字、陶活字、瓢活字等。目前有据可查的金属活字印刷的书籍，是高丽人崔怡（又名崔禹）于1234年用铸造的金属活字所印的《古今详定礼文》。

高丽发展活字印刷术，在3个方面受到宋朝的影响，第一是采用活字的思想，这无疑是受到宋朝文献或信息的启发。第二是宋朝的铸钱技术和工艺，高丽肃宗二年（1102年），高丽从宋朝引进铸钱技术和工艺，这对铸造活字是必不可少的。第三是由于社会对书籍的大量需求，只有活字印刷才能缓解供求之间的矛盾。高丽在印刷史上是成绩最突出的,其最先大量铸造金属活字。这是高丽人对世界文化的伟大贡献。①

历史上的朝鲜和中国的文化交流从未中断,在印刷术方面的交流也是如此。当中国在印刷技术方面获得较大进展时,朝鲜肯定会十分关注,率先传入,并进一步完善。朝鲜早期使用中国汉字,后来创制了适合朝鲜语特点的音节文字"谚文"。14 世纪末的高丽政府设置书籍院,专掌铸字印书事务,从而促进了朝鲜金属活字印刷术的普及。15 世

《高丽藏经》高丽高宗二十九年壬寅(1242 年)刊
《大乘三聚忏悔经》,行款字体仿宋《开宝藏》

纪,朝鲜不但使用汉字活字,而且使用音节文字"谚文"的活字。可以说,朝鲜活字印刷技术的发展过程,经历了由单一使用汉字活字转变为汉字活字与音节活字并用的两个阶段。

15 世纪,朝鲜又开始使用铅活字印刷,成为世界上第一个铸铅字的国家。世界上最早的铅活字本,是朝鲜于 1436 年印刷的《通鉴纲目》。

在朝鲜金属活字印刷术的影响下,中国元朝初年也使用锡活字,但未能推广普及。到明朝中期,中国书坊改用铜活字印刷。中朝两国人民在印刷技术上的相互交流和相互促进,为人类文化事业的发展做出

① 张秀民:《中国印刷术的发明及其影响》,115 页,人民出版社,1958。

了贡献。

宋代是中国印刷术大规模传入日本,并在日本开始应用的时代。北宋初年,由政府主持雕版印刷历史上第一部佛经总集《开宝藏》之后不久,宋太宗将一部该佛经赐予日本僧人奝然,并由他带回日本。这部佛经传入日本后,对促进日本印刷术的发展起了推动作用。

1009年,日本雕版刻印1 000部《法华经》。1014年又刻印1 000部《法华经》,其装订方法和前述中国的《开宝藏》相同。这是日本正式印刷书籍的开始。当时奈良和京都的各大寺院,都曾从事雕版印经活动。

中国元代,佛经以外的经典和书籍更多地传入日本,其中有文学、儒家经典和医药著作等。这些中国书籍对日本读者很有吸引力,促成这些书籍在日本的翻刻,从而刺激了日本雕版印刷业的发展。

据记载,日本京都五山(京都和镰仓二地的定南禅寺、天龙寺、建仁寺、东福寺和万寿寺5座禅宗大寺为五山)刻印了近80部中国书籍。这些书籍都以中国版本为蓝本,雕版和印刷精良,装帧样式也仿照中国样式,简称"五山版"。主持"五山版"的五山僧人大都是精通汉文的学问僧。"五山版"书籍印刷的时间在镰仓末期至室町后期,历时200多年。"五山版"在日本印刷史上占有重要地位。

16世纪末,日本才开始使用活字印刷。1592年,日本丰臣秀吉侵略朝鲜时,从朝鲜掠去汉城校书馆的全部活字印刷设备,献给后阳成天皇。由此,日本始知活字印刷技术,并于1593年用活字印刷《古文孝经》,这是日本第一本活字印本。它标志着中国的活字印刷术经由朝鲜而传入日本。

1597年(日本长庆二年),天皇下令以朝鲜铜活字为原形,制造木活字,并以这些木活字印刷《大学》、《中庸》等7种中国书籍。

日本的活字印刷技术,早期用汉字活字,后来发展到汉字活字和假名活字并用。

中国印刷术传到越南后,越南的印刷事业得以起步。陈朝陈太宗元丰年间(1251—1258)木印的户口帖子,为中国印刷术在越南实用之滥觞。

越南虽没有像朝鲜那样进行相当规模的刻印《大藏经》等佛教大型经典,但民间善男信女刊刻的佛经为数却相当可观,反映越南印刷术已达一定水平。后黎朝(1428—1527)探花梁如鹄(今越南海阳省嘉禄县人)先后于 1443 年、1459 年两次奉使赴中国,学习中国人的刻书方法,回国后传授给乡人,仿刻经书版本,印行于世。500 余年来,整个越南的雕版之术都受到他的影响。越南刻工们为纪念梁如鹄的功绩,尊奉他为刻字行的始祖。

阮朝宪宗绍治年间(1841—1847),越南曾向中国买得木活字一副。翼宗嗣德八年(1855 年),越南用这副活木字印《钦定大南会典事例》96 册,后又印《嗣德御制文集诗集》68 册。这是中国印刷工具在越南直接发生作用,从此开始了越南的活字印刷业。

中国东部之琉球群岛散在大洋之上,介于中日之间。琉球自明代洪武年间开始至清代光绪年间,上下 500 余年,其国王累世接受中国皇帝册封,派遣使节对中国皇帝称臣纳贡,举国奉行中国年号正朔,接受中国政治文化和社会经济等全方位的影响,从而构成了对中国的从属关系。但中国封建王朝并不干涉琉球内政,许其自治。

琉球刻书约起于尚真王(1477 年—1526 年在位)统治时期[①]。至明正德年间(1506—1521)已刻有“四书”。后来的国王又先后刻有“四书”、“五经”、《小学》、《千家诗》等中国书籍。琉球除翻刻中国书籍外,也刊印他们自己的著作。程顺则、蔡温、蔡铎、蔡应瑞、蔡文溥等人的文学作品都有刻印本。

琉球印刷品中最普通的是临时历书。

菲律宾雕版印刷始于 1593 年,并出于中国刻工之手。菲律宾早期的印刷业为中国人所经营。1593 年至 1640 年中国刻工可考者有 8 人,只是取了西班牙化的名字。而其中最著名的是马尼拉天主教中国教徒约翰·维拉。他的第一个产品是 1593 年雕印的《无极天主正教真传实录》的汉文和菲律宾文两种文字的印本。

中国刻工刻书约 17 年后,即 1610 年,才有菲律宾本国人从事印刷工作。可见,中国刻字工匠对菲律宾印刷业的兴起和发展起了重要作用。

14 世纪中叶,南洋其他国家如暹罗(今泰国)、真腊(今柬埔寨)、爪哇国(今印度尼西亚)等都曾得到中国明朝政府赠送的刻印本《大统历》和“大明宝钞”(明代通行纸币)。1404 年,明成祖还将刻制的《烈女传》

---

① 张秀民:《中国印刷史》,782 页,上海人民出版社,1989。

1 万册赠送给这些国家。中国的雕版印刷术随之传入南洋各国。

中国发明的印刷术 13 世纪至 14 世纪经由西北陆上丝绸之路西传西夏、畏兀儿、中亚、欧洲。

12 世纪至 13 世纪,中国西部地区的西夏和回鹘在中原地区活字印刷术的影响下,相继使用活字印刷,并且将泥活字印刷演进为木活字印刷,为中国印刷事业的发展和西传做出了贡献。

13 世纪末期,到中国旅行的意大利人马可·波罗,把中国用雕版印刷的纸币带至西方。欧洲人看到后颇受启发,便想模仿雕版印刷。与此同时,波斯(今伊朗)人用中国发明的雕版印刷术印造纸币。这种纸币是仿照中国元朝的"至元宝钞"印刷的,上面有汉文和阿拉伯文。这表明中国的雕版印刷术已传入波斯。波斯的历史学家拉施德在 1310 年完成的名著《世界史》中,还对中国的雕版印刷术作了详细的记述。1317 年出版的巴纳卡地的巨著《智者之园林》也对雕版印刷术作了记述。他们的著作后来传到欧洲,使欧洲人开始认识中国的印刷术。当时在波斯的欧洲各国商人很多,他们来中国也多取道波斯。因此,波斯是印刷术西传路途上的另一个中转站。

14 世纪至 15 世纪的欧洲文艺复兴时期,人们对读物和书籍的需求量迅速增加。而中国元明两代是印刷业全面发展的时期。这一时期中国与中亚、欧洲的接触十分活跃,来往于陆、海丝绸之路的传教士、商人、工匠、医生、官员和一般百姓都有可能成为信息的传递者。这就为印刷术的西传创造了极为有利的条件。只要得到中国的印刷品和有关印刷的知识,欧洲从事技术的人士或工匠就可以进行摸索和仿制。

14 世纪末,欧洲一些国家如德国开始出现宗教图像,这是欧洲最早的雕版印刷品。接着,出现上图下文的印刷图像。这样,逐渐演变成雕版印刷本书籍。

由于雕版印刷不适用于拉丁字母等拼音文字,所以在欧洲没有得到广泛使用。等到活字印刷术问世后,欧洲的印刷术才又迅速发展。中国开始发明和应用雕版印刷术,比欧洲要早大约 800 年,毕昇发明的活字印刷术则比德国人谷登堡使用的金属活字印刷要早 400 年。

15 世纪中叶,德国人谷登堡使用活字印刷。1456 年后,德国的活字印刷术很快向欧洲各国传布,意大利、瑞士、捷克、法国、荷兰、比利时、匈牙利、波兰、西班牙、葡萄牙、英国等国在 15 世纪均先后设立印刷所,纷纷出版书籍。由此大大促进了科学技术的突飞猛进,并导引欧洲脱离中世纪的黑暗时期而进入文艺复兴时期。1539 年,欧洲印刷术传到新大陆的墨西哥。1563 年,俄国菲多洛夫开始在莫斯科印书。1638 年,英属北美(即今美国)设立第一个印刷所。1802 年,澳洲悉尼出版了本洲第一册书,印刷术至此传遍了全世界。

中国雕版印刷术和活字印刷术的发明开创了人类文明的新纪元。美国科普作家阿西莫夫高度评价中国印刷术的巨大科学价值:"印刷术虽然没有立即带来科学革命⋯⋯但它必然导致这场革命。反过来看,如果没有印刷术,这场科学革命也许是不可能的。"①

(二)火药

火药是中国古代劳动人民的伟大发明之一,也是中国对世界文明发展的又一项重大贡献。

火药虽然是宋代以前炼丹家发明的,但是,把火药广泛应用于军事方面,却是入宋以后的事。

由于宋代手工业生产的发达及战争的需要,火药已从道家的炼丹炉中解放出来,逐渐被应用到军事上,对人类社会产生了巨大影响。

宋太祖开宝三年(970 年),兵部令史冯继升曾向宋太祖赵匡胤献火箭法。开宝八年(975 年),宋攻南唐时,曾用火箭 2 万枝以及火炮等物,这说明宋政府已开始用火药正式制造武器了。宋在开封设置的"广备城作",即是一个制造战争物资的国防工场,其中有火药、沥青、猛火油等 11 种。火药成了国防所需的重要物资。宋真宗时,神卫水军队长唐福献火箭、火蒺藜等。冀州团练使石普自言能造火球、火箭,并在皇宫作了表演。上述情况表明,10 世纪末叶,中国北宋初的军事家,根据炼丹家在炼制丹药过程中使用的火药配方,配成最初的火药并制成火器用于作战,开创了人类战争史上火器与冷兵器并用的时代。从此以后,在刀光剑影的战场上出现了火器的声响与弥漫的硝烟。

在科学技术进步、官私手工业发展、战争需要的条件下,南宋火药武器的制造又有了进一步的发展。南宋初,陈规发明的把火药装在竹管子里被称为竹管火枪的火枪,是管形火器的始祖。这种火器在战争临阵时点燃发射,以烧伤敌人。管形火器的出现,是火器史上一项划时

---

① 郑延慧主编:《传播文明的使者》,扉页,河北少年儿童出版社,1994。

代的进步,它揭开了世界军事史上的热兵器时代。

中国中原汉族发明的火药与创制的火箭、火球等武器,通过宋元时期国内各民族政权之间的战争,传播至北方各少数民族地区。辽、金、蒙古等少数民族政权又组织火器技术人员与统兵将领,在研究汉族已有火器技术的基础上,创制出飞火枪、铁火炮等新型武器,形成国内各民族政权之间火器技术大交流和多元化发展的局面。13世纪初,崛起于漠北的蒙古民族政权,又在兼并各民族并进行统一战争的基础上,相继融合宋、金、辽所创制的火器技术,形成统一的中华民族的火器技术。蒙古(元)统治者利用这一火器技术,作为其进行对外战争的先进技术手段。也正是在这种民族战争过程中,中华民族创造的火器技术被传播到兵锋所及之地。13世纪后期,元军用兵高丽、日本、安南、爪哇时,即把中国的火器技术传播到那里。

中国的火器技术向西方的传播,首先是从阿拉伯开始的,而后又从阿拉伯传播到欧洲。

中国的火器技术向西首传阿拉伯是有原因的。8世纪至9世纪,中国的炼丹术传入阿拉伯帝国。随着炼丹术的传入,中国的硝同时传入阿拉伯。中国硝被阿拉伯人用于燃烧方面,当始于1225年至1248年之间。[①]

从1225年起,中国的烟火以及火药制造的方法由中国商人或阿拉伯商人从南宋传入阿拉伯国家。阿拉伯国家得到烟火和火药的制造技术后,利用自己发达的冶金和金属加工技术,配制成含硝的烟火剂。在十字军第七次东征(1248年—1254年)时,阿拉伯人用含硝的烟火剂,打退了敌人的进攻。

中国重要的火器是由战争传入阿拉伯的。1219年,成吉思汗西征,蒙古兵力西达中亚,再由中亚而及波斯,由波斯而及黑衣大食。乌浒河(即阿姆河)之战,蒙古兵使用"毒火罐"、火箭、火炮、火铳等火器。1258年,蒙古灭黑衣大食(首都巴格达),接着又向西把以前白衣大食的首都大马士革攻下。战争中,兵败乃常事。不时有蒙古军投降或被俘。这些蒙古军人随身带有许多火器。因此,阿拉伯人便得到了中国的火器和制造火器的人。

---

① 冯家昇:《火药的发明和西传》,42页,上海人民出版社,1954。

13 世纪末至 14 世纪初,阿拉伯人把蒙古人传去的火箭和突火枪发展为两种"马达发"(阿拉伯语,意为"火器"),用于军事。

火药由阿拉伯国家传入欧洲,可分为两个阶段:第一阶段,13 世纪下半叶,欧洲知识分子从阿拉伯文的书里得到火药的知识;第二阶段,14 世纪初,欧洲的几个国家在战争中获得了用火药进行火攻的方法。

13 世纪中叶,阿拉伯人曾著有《制敌燃烧火攻书》。13 世纪下半叶,该书被译成拉丁文传到欧洲。当时欧洲著名的炼丹家和科学家大亚力卑尔特和罗吉尔·培根便将该书述及的火器知识引入自己的著作中,从而使中国的火器知识得以在欧洲传播。

1235 年至 1242 年,蒙古军西征时,把火球等火器和火药带到了欧洲战场,使欧洲人开始见到火器的威力,但因当时欧洲科学技术水平的限制,并没有能直接掌握这些火器的制造和使用技术。但是,蒙古军的西征和伊儿汗国的建立,为中国与欧洲交通和科学技术文化的交流拓宽了通道,中国的造纸、印刷、丝织、制瓷、炼丹等科学发明和技术创造,以阿拉伯人为桥梁,先后传入欧洲,使欧洲科技文化的综合水平开始走出中世纪黑暗时代的低谷而获得较大的提高。中国发明的火药与火器的制造技术,随之于 14 世纪初经由阿拉伯而传入欧洲。

中国发明的火药与火器传入欧洲后,不仅对欧洲火器的发展和作战方法的变革产生了巨大的影响,而且对欧洲近代社会的变革和科学的兴起以至人类文明的进步,都起着重大作用。对此,马克思、恩格斯作了精辟论述。马克思认为,中国的火药、印刷术和指南针等三大发明的西传,是欧洲资产阶级社会到来的三大预告。恩格斯则说,火药从阿拉伯人那里传入欧洲,使整个作战方法发生了变革:"火器一开始就是城市和以城市为依靠的新兴君主政体反对封建贵族的武器。以前一直攻不破的贵族城堡的石墙,抵挡不住市民的大炮;市民的枪弹射穿了骑士的盔甲。贵族的统治跟身穿铠甲的贵族骑兵同归于尽了。"[①]

(三)指南针

指南针是中国古代劳动人民的又一伟大发明,也是中国对世界文明发展的又一重大贡献。

中国是世界上最早发现磁铁指极性的国家。公元前 3 世纪战国时

---

① [德]恩格斯:《反杜林论·三暴力论(续)》。

代,《吕氏春秋》上有"磁石召铁"的话,可见当时中国人已知道磁能吸铁。公元 1 世纪初,即东汉初年,王充《论衡》说磁勺柄指南,可见当时已发现了磁石的指极性。从磁勺柄指南到指南针,其中经历了漫长的演进过程,即经历了磁学和地磁学两个阶段:利用天然磁石阶段和人工磁化阶段。前一个阶段,由战国时期算起,到宋初,有1 400年左右。后一个阶段,是一次飞跃,它不是仅仅改造自然物的形状,加以利用,而是利用自然物的特性,制造出胜过自然物的东西。北宋时,中国劳动人民完成了这次飞跃——发明了指南针。

北宋科学家沈括在所著《梦溪笔谈》中,最早记载了人工造磁铁的办法。他对指南针的制造和应用,作了许多科学的说明和分析。他按照不同的装置方法,将指南针分为四种。一是水面漂浮法。指南针横穿上几段灯草,借以浮在水面,一旦水静针定,即可指示方向。二是指甲旋定法。将指南针放在平伸的拇指指甲上,稳定时针尖所指,就是南方。三是碗唇旋定法。与指甲旋定法类似,将指南针放在碗唇上。四是蚕丝悬挂法。用黄蜡将蚕丝粘在指南针中腰的重心上,挂在避风处所,针不动时,针尖指向南方。

除此之外,中国科学家又发现了许多磁学规律。

宋代张君房发现,磁石的吸引力只有铁和镍可以阻断,其他物质都不能阻断。这个磁力现象,英国科学家到 17 世纪才发现,比起中国要迟 400 多年。

沈括在《梦溪笔谈》中说,根据他的计算结果,指南针所指的方向是朝南而稍微偏东。他把指南针的偏向,叫做磁偏角。后来,有人更精确地指出偏角约为 5 度,并说明这个偏角在全国各地有所不同。如中国长江流域汉口的地磁向东偏 2 度,沿海地区向东偏 4 度。而在西方,直到 1492 年,哥伦布横渡大西洋,使用中国发明的指南针,才发现磁偏角,这比中国的发现晚了 400 多年。

指南针应用于航海,是宋代科技发展的一大成就。

1119 年,宋代朱彧在《萍州可谈》中写到,当时,广州的一些海船出海,遇有阴雨,就用指南针指示方向。这是世界航海史上使用指南针最早的记载。1123 年,宋代徐兢从宁波乘海船出使朝鲜。他在《宣和奉使高丽图经》中记载,舟师在航行中,夜观星,昼观日;遇阴晦天,白天黑夜都看指南针。当时用的是指南浮针(即水罗盘)。

有了指南针,就可在航行中逐渐开辟出越来越多的航道。元明时代的好多书籍都有关于针路航海的记载。有了罗盘针和针路航道,航海事业迅速发展起来。

宋代,中国的海上交通和对外贸易相当发达。泉州、广州都是世界上第一流的大商港。这些大商港的造船技术相当高。所造的海船,可载几百人以至千人,而且结构坚固,乘坐舒适,航行便利,有指南针导向。当时,许多阿拉伯人侨居广州、泉州、杭州以及开封等地。他们都乐于乘坐中国的海船,来往于中国和阿拉伯之间。

在这种情况下,指南针就很自然地由阿拉伯商人传入阿拉伯国家,尔后传入欧洲。当时,意大利和西班牙的航海家,有机会向阿拉伯人和印度人学习或直接向中国人学习先进的航海技术,学会使用指南针。

欧洲人首先提到指南针,见于记载的是 1190 年法国诗人普罗文写的一首诗。但是,当时没有能将指南针广泛地用于航海。大约 15 世纪,欧洲人才将指南针广泛用于航海。

指南针使航海人获得了全天候航行的能力,因而人们不断地开辟航线,不断地缩短航程,大大促进了人类航海事业的发展,有力地推动了欧洲正在酝酿的社会变革。反过来说,没有中国指南针的发明和应用,就不会有世界近代发达的航海事业,就不会有哥伦布的发现美洲大陆、麦哲伦的环球航行和一系列的地理发现,就不会有各国之间大规模的经济文化交流和世界近代文明的突飞猛进。

对火药、指南针、印刷术这 3 项中国人民的伟大发明在人类历史特别是在西方现代文明历史进程中的巨大作用,马克思作了不容置疑的肯定。这不能不说是中华民族的光荣和骄傲。马克思说,在欧洲,"火药、指南针、印刷术——这是预告资产阶级社会到来的 3 项伟大发明。火药把骑士阶层炸得粉碎,指南针打开了世界市场并建立了殖民地,而印刷术则变成新教的工具,总的来说变成科学复兴的手段,变成对精神发展创造必要前提的最大的杠杆"[①]。中国火药等四大发明的西传,都是在欧洲文艺复兴运动之前。正如欧洲人自己承认的,没有中国四大发明的西传,就没有欧洲文艺复兴运动,而没有文艺复兴运动,也就没有欧洲的近代化。

---

① 《马克思恩格斯全集》,卷 47,427 页。

三　妈祖信仰及其外传

　　随着宋代航海业的崛起,地处中国东南沿海福建莆田地区的民众,将当地的女神妈祖("妈祖"是福建话"母亲"的意思)奉为航海神、海神,形成了最初的妈祖崇拜。后来由于历代王朝的多次封谥,民众进而把妈祖视为主宰风调雨顺、生儿育女、战争胜负、去病求吉的万能之神,逐渐形成中国南方最有代表性的民间信仰之一——妈祖信仰。

　　自宋代开始,随着历代闽籍粤籍华人的迁徙海外,中国的妈祖信仰向海外传播。据统计,目前全世界共有妈祖信徒2亿多人,3 000多座妈祖宫庙,分布在世界22个国家和地区。[①] 这种情况说明,随着社会的发展和国际交往的增加,"妈祖"已不仅仅是华侨华人中的善男信女崇拜并期望得到其保佑的"天后",连许许多多外籍人士都崇拜妈祖、研究妈祖文化。在1995年澳门举行的妈祖文化国际学术研讨会上,内地和海外的一些著名学者和教授,其中有日本人和欧洲人,都发表了很有水准的论文。这对研究历史学、社会学、宗教学、文化语言学以及中国的航海史、商贸史、中外关系史、建筑史、沿海岛屿开发史等都有积极意义。可以说,源于中国宋代的妈祖信仰,经由文化交流之途径,已然成为一种国际文化现象——妈祖文化。

　　历史上,妈祖确有其人。五代闽王都巡检林愿,于北宋建隆元年三月二十三日(960年4月27日)生育一女,排行第七,名林默。林默自幼好道,专事行善济困,扶危救难。宋雍熙四年(987年)农历九月初九,时年28岁的她在一次救助海难中,不幸遇难,乡亲们传说她升天而去。人们感其恩德,昵称她为娘妈、妈祖,在福建莆田市东南方约40公里的湄州岛上立妈祖庙纪念,并奉其为女神、海神、航海神。中国传统文化认为,天地之间以天为尊,以地为大,故天为"上帝",地为"帝后",而海洋只能作为天的次要配偶——"帝妃"。所以海神被称为"天妃"。于是妈祖成了"天妃"。

　　始建于北宋的湄州岛上的这座妈祖庙,开始仅"落落数椽",后经历

① 连锦添等:《在海上女神的故乡》,载《人民日报》(海外版),2000－05－30(5)。

代名士修建、扩建，方形成规模。至清代，已形成 5 组建筑群、16 座殿堂楼阁、99 间斋舍客房，雕梁画栋，金碧辉煌，恰似"海上龙宫"。妈祖庙山顶湄峰上，矗立着一尊高 14 米的妈祖石雕塑像。塑像雍容而安详，面对万顷碧波，沐海风，祈安福。庙旁有"升天古迹"、"妈祖镜"、"潮音洞"等多个景观，庙里还陈列有宋代妈祖神像、御赐金玺、御赐匾额等珍贵文物。

湄州妈祖雕像

妈祖信仰最早不是任何宗教，妈祖仅是百姓崇拜的一个民间女神。当这一信仰产生、发展并形成广泛影响之后，被佛教、道教吸纳，因此，今天的妈祖崇拜，已是混合多种宗教的信仰。[1]

妈祖信仰于宋朝在莆田地区扎根后，沿海岸线同时在国内向南北方向传播。南向传播中，泉州、东山、龙海、云霄、同安、漳浦、诏安、永定、宁德、长乐、汕头、佛山、仁化、英德、澄海、吴川、海南、澳门、澎湖、鹿港、台南、北港、台北等地都建有妈祖庙或天妃宫。

北向传播中，温州、台州、宁波、镇海、平阳、海宁、绍兴、杭州、太仓、

---

① 徐晓望：《妈祖的子民——闽台海洋文化研究》，401 页，学林出版社，1999。

丹徒、南京、盐城、日照、青岛、烟台、威海、蓬莱、文登、长岛、德州、大直沽（天津）、秦皇岛、北戴河、锦州、兴城、沈阳、丹东、大连、旅顺、九江等地均建有奉祀妈祖的妈祖庙、天后宫、灵慈庙、海神娘娘庙等。

天妃图（中国历史博物馆藏）

妈祖信仰不仅在近海地区广为传播，而且随着中国明末清初沿海地区妈祖的信仰者——船工、渔户、商人和华侨的外迁而远播异国他乡。几乎可以这样说，凡有华人聚居的地方，皆有妈祖庙。

妈祖信仰向内地以外的地区的传播，首为琉球。1405年，琉球那霸天使馆东侧，建有天妃宫。1424年，琉球国王尚巴志（1422年—1439年在位）下令在久米修建上天后宫。1561年，中国明廷册封使郭徐霖下令在那霸修建下天后宫。1756年，清册封使全魁、周煌等建姑米岛天后宫。这表明，15世纪初，妈祖信仰已播及琉球。

日本是妈祖信仰传播广泛的国家。长崎是日本信仰妈祖的主要地区。当地有3座妈祖庙，都附建于佛寺中。一是南京寺（兴福寺），建于1612年；二是漳州寺（福济寺），建于1611年；三是福州寺（崇福寺），建于1512年。长崎的这些天后宫，建筑十分壮观。

在神户中华会馆内设有天后宫。九州的五岛、平户也建有天妃宫。北海道的青森县也建有天妃庙。这说明，妈祖庙在日本分布甚广，妈祖信仰者在日本甚众。日本妈祖信仰的特点是，不专建妈祖庙宇，而把妈祖供奉在佛寺中。

散居在菲律宾各地的华侨，把妈祖信仰带到他们的侨居地。在陆上建宫奉祀,在海上则在船里供奉。据统计,截至20世纪60年代,全菲律宾华商奉祀的妈祖庙或天后圣母庙达100多处。[①]

从明代开始,在越南各地的华侨华人聚居地普遍建有天妃宫庙,一般都附设在华商的会馆中。据调查,在会安广肇会馆、会安潮州会馆、会安福建会馆、琼府会馆、边和七府古庙、堤岸的中华理事总会、三山会馆、义安会馆、广肇会馆(西贡)、琼府会馆(西贡)、温岭会馆、霞漳会馆等处,均供有天妃。

泰国华人普遍信奉妈祖,很多地方建有天后庙,或称七圣妈庙、七圣庙(潮

澳门妈祖阁

州人称妈祖为七圣妈、七圣)、妈祖庙。曼谷市建有七圣妈庙、七圣庙,奉祀妈祖。北太年区建有灵慈圣宫,又名林姑娘庙。宋卡城隍庙的左殿供奉天上圣母。

缅甸南部丹那沙林行政区的海港城市丹老,19世纪初叶建有天后宫,是经常航行于缅甸与南洋各地的华侨船户捐资兴建的,供奉妈祖。丹老天后宫,是丹老华人供奉的庙寺。

马来西亚也供奉天妃,如马六甲青云亭正殿供奉观音菩萨,左侧供奉关公,右侧供奉天后娘娘。马六甲宝山亭,中央供王室公,右侧供蔡士章,左侧供天上圣母。马来西亚的兴安会馆,下属27馆,每馆最高层均供有天妃神像。丁加奴的安宫也供奉天妃。

---

① 高伟浓:《菲律宾》,224页,广西人民出版社,1995。

新加坡天福宫,供奉妈祖神像。该神像是华人船工从福建泉州祖庙请来的。琼州会馆天后宫,也供奉妈祖神像。

日本、东南亚诸国的天妃庙基本建于华侨的会馆内。

妈祖信仰在海外的传播不限于亚洲,也传到了欧美。法国巴黎有一个"真一堂"妈祖会,其内还设有妈祖史料文物研究中心。挪威、丹麦也有妈祖信仰。美洲供奉妈祖的地点有加拿大、墨西哥和美国旧金山、纽约、檀香山及巴西的圣保罗市等。

妈祖信仰所以能在域外广泛传播,首先是中国航海业的崛起,在当时的技术条件下,船工涉洋航海需要海神庇护;其次历代统治者对妈祖的屡屡褒封,起到了积极的推动作用;华侨迁居海外,妈祖信仰随之被传向海外。

妈祖信仰在海外的传播和发展,无疑显示了中华风俗文化的奇特魅力,表明中华风俗文化有与域外文化碰撞交融的气度,有同域外文化与时俱进、生生不息的传承能力。

四 佛教向中国社会文化领域的渗透

佛教作为一种外来文化,要在中国生存、发展,首要的问题,也是最关键的问题,就是佛教如何与中国固有文化相适应、相协同。佛教从汉哀帝元寿元年(前2年)传入中国后,经过不断的中国化而与中国传统思想融合,至宋元时代已经潜移默化地渗透到了社会文化的各个领域,对中国政治、伦理、文学、艺术、哲学等方面产生持久而深刻的影响。

(一)佛教与中国政治和伦理

佛教虽然是一种以出世为最终目的的宗教,但在注重现实生活的中国这块土地上,它不仅强调出世而不离入世,而且还在一定条件下直接参与社会政治活动,从而对中国的社会政治和伦理产生一定的影响。

宋代佛教发展的总趋向是世俗化,从泛泛地提倡普度众生转向实际的忠君爱国,从泛泛地主张三教调和转到依附儒家的基本观念。君王往往将自己说成是救苦救难、普度众生的"现世佛"。于是,佛教开始与政治挂钩。

宋明理学的出现,与佛教关系至大。理学有许多观念是沿袭佛教而来,理学家大都从佛教中摭取思想养料以滋补自己,故理学中处处散发出佛学(主要是禅学)的气息。例如,佛教的禁欲主义渗透到了被定于一尊的理学中而加强了统治者对人性的束缚。佛教宣扬的忍辱、顺从、追求来世幸福等对民众的麻醉,无疑起到了维护封建统治的作用。

元代实行的帝师制度和西藏地区实行的政教合一,构成了元代以后中国佛教对政治发生重大影响的重要方面。元代的帝师拥有很大的政治权势,帝师之命曾与皇帝的诏敕并行。

宋元时期农民起义常常打出"弥勒出世"的旗号,利用佛教来反抗封建暴政。帝王经常派遣佛教使节以加强与邻国的友好关系和各民族之间的团结。这都是入宋以后佛教与中国政治融合的具体表现。

佛教不杀、不盗、不淫的道德戒规和"诸恶莫作,众善奉行"的伦理训条,对中国传统伦理道德产生了一定影响,特别是大乘佛教慈悲度人、普度众生的精神,曾激励过许多志士仁人为救国救民而奋斗。

(二)佛教与中国文学艺术

佛教传入中国,给中国人输入另一种与固有传统不同的意识形态和思维方式。这种意识形态和思维方式,成了中国文学创作的一种滋养和补充,成了推动中国文学发展的新活力。可以说,佛教使中国文学添加了新内容,赋予了中国文学以新的形式。

中国民间文学受佛教影响是极深的。正是在这种影响下,产生了民间文学的新体裁——变文和宝卷。

变文是流行于8世纪到10世纪的200多年间的一种通俗的、以韵散结合为特征的说唱文学。它已经从单纯讲经的格式下解放出来,在内容上不一定依附于某部佛经作讲解,可以是宣扬佛教的,也可以是表现世俗的;演出者不限于僧人,还有民间艺人;形式不但有说唱,还辅以绘画。

宝卷是由变文直接发展而来的一种佛教通俗文学,其题材多为佛教故事,宣扬因果报应。以用七字句、十字句的韵文为主,间以散文。现存的《香山宝卷》一般被认为是北宋普明禅师的作品。佛教僧人和佛教徒宣讲宝卷被称为"宣卷",后来发展成为一种曲艺形式。北宋时出现而流行于宋、金、元的诸宫调也是受变文影响的一种以唱为主、以讲为辅的说唱艺术,它用多种宫调的曲子联套演唱。董解元的《西厢记诸宫调》是今存宋金时期惟一完整而又标志当时说唱文学水平的作品。

宋时盛极一时的宝卷,影响了近世多种戏曲及曲艺音乐。

唐宋传奇小说、宋元话本小说以及明清章回小说,从体裁结构到思想内容,都深受佛教的影响。金元时期产生的元杂剧不仅取材于唐宋传奇小说,而且往往直接引入佛教故事,直接或间接地表达佛教信念。佛教主题的元杂剧,大部分是写点化人醒悟的内容,如《忍字记》、《度柳翠》、《猿听经》等。另一类佛教主题的元杂剧,宣传因果报应和灵魂不灭的思想,如《冤家债主》、《省钱奴》、《来生债》等,宣传与世无争、忍让顺从的思想。

中国自元杂剧表现形式出现后,才有合乐歌、舞蹈(身段)、科白的正式戏曲。可见,佛教对中国戏曲的产生起了重大的促进作用。

宋代以来,佛教音乐、佛教舞蹈、佛教绘画、佛教雕塑和书法有进一步的发展。

宋元佛教音乐因市民阶层的出现而日益通俗化,并多方面影响了中国说唱音乐及器乐演奏的发展。从现存宋词元曲的词牌、曲牌中,可以看到佛教影响的重大遗痕,如词牌《菩萨蛮》、曲牌《双调五供养》等。显然,这一时期佛教音乐吸取民间音乐甚至道教音乐丰富自身而得以发展,涌现了许多佛教乐曲。正是由于唐、宋、元佛教音乐的发展,才使明初成祖朱棣于永乐二年(1404年)搜集通行南北各地的佛教乐曲400余首编成《诸佛世尊如来菩萨尊者名称歌曲》一书行世,通令全国佛教徒习唱。这本曲集不但影响全国,还流传越南、缅甸一带。①

元代宫廷典礼宴享中,常表演富有佛教色彩的舞蹈。当时著名的宫廷舞队有"女弟子队"和"小儿队"。在由120人组成的"女弟子队"表演的舞蹈中,有几个舞蹈具有十分明显的佛教色彩,如《菩萨蛮队》,源于唐代的大型女子舞蹈《菩萨蛮舞》。舞者穿绯生色窄砌衣(即僧衣),戴卷云冠。又如《凤迎仙乐队》,舞者穿红仙砌衣,戴云鬟凤髻。又如《菩萨献香花队》,舞者穿生色窄砌衣,戴宝冠,手执花盘。上述舞蹈,其舞名、装束与舞具富有浓郁的佛教色彩。

元代,由于蒙古族笃信藏传佛教,元廷编制的宫廷宴乐中,有许多佛教舞蹈。舞者装扮成佛教中著名的如来佛、文殊菩萨、普贤菩萨、八大金刚、五方菩萨及飞天、夜叉等进行表演。《元史·乐志》对这些舞蹈,

---

① 闻妙:《佛教音乐漫谈》,6~7页,黄山书社,1993。

只记载他们的服饰、面具或舞具等,对舞蹈动作、场面缺乏记载。但从仅有的记载中,已十分清楚地显示出这些是佛教色彩浓郁的宫廷舞蹈。

元代宫廷名舞《十六天魔舞》是在宫中做佛事时表演的女子群舞,其乐声舞态之优美,宛若仙乐仙女。其服饰化装是:首垂数发辫,戴象牙佛冠,身披璎珞、大红绡金长短裙、云肩合袖天衣、绶带、鞋袜。手执法器——加巴剌般之器。其中 1 人执铃杵奏乐,另外还有 11 个宫女组成的伴奏乐队。宫官中受过秘密戒者才能入观,其他人不准观看。这美丽迷人的女子娱佛群舞,得到帝王及文人学士的赞赏。元人张昱在《辇下曲》诗中赞《十六天魔舞》云:"西方法曲曼声长,璎珞垂衣称艳妆。大宴殿中歌舞上,华严海会庆君王。西方舞女即天人,玉手昙花满把青,舞唱天魔供奉曲,君王常在月宫听。"

宋代以来,佛教绘画也有进一步的发展。"宋代绘画,仍有佛教题材,惟不在寺塔,而在气势高远、景色荒寒,以表现明心见性的修养"①。受禅宗影响而出现的南宗画风至宋元趋极致,为中国绘画艺术园地增添了奇葩。

在西域美术史上,从 10 世纪开始,崛起的佛教画师多是江孜地方的人,因此被称为"江孜派"。该派的绘画有着浓厚的印度和尼泊尔风格。这在江孜县白居寺可以看得很清楚。

宋代佛教雕塑在这一时期的雕塑艺术中仍占很大的比重和重要的地位。宋代石窟造像较有代表性的是陕北、四川两地。陕北延安清凉山万佛寺、黄陵县的万佛洞,是人们已知的著名宋代石窟造像之地。

四川大足北山的佛湾、宝顶的大佛湾,是宋代佛教雕塑艺术的荟萃之地。

元代沿袭五代、两宋,形成了以世俗化为基本特点的佛教造像传统。这一时期,佛教寺庙及雕塑佛像遍及全国。

元代佛像中真正有鲜明时代风格的,则是西藏佛教造像及其在内地传播的藏传佛教造像,当时称做"梵像"。现存元代佛教造像,属于梵像者有杭州飞来峰藏传佛教造像及故宫博物院收藏的铜石小型造像。

佛教的传入对中国书法艺术也产生了很大影响。这种影响主要表现在两个方面:一是佛教书法直接丰富了中国的书法艺术,二是佛教特

---

① 方豪:《宋代佛教对绘画的贡献》,载《现代学苑》,卷 7,第 10 期。

别是禅宗对书法理论和书法实践的影响。

佛教书法主要是指与佛教直接相关的抄经、造像和石刻等。出于弘法的需要,佛教十分重视抄经、造像活动,并由此形成了富有特色的佛教书法艺术。在佛教中,对于经典有 10 种行法,谓之"十行法"。即书写、供养、施他、谛听、披读、受持、开演、讽诵、思维和修习。其中书法位于诸行之首。浩如烟海的佛教经典传入中国后,中国佛教徒以虔诚的态度和精湛的书艺为后人留下了大量的书法艺术珍品,并产生了许多杰出的僧侣书法家。书法之道重性灵,讲究"凝神静思"、"意在笔前",这与重妙语而强调静虑、无我和任心随缘的佛教禅趣有某种内在的联系。晚唐以来,经宋元,在佛教禅宗的影响下,许多书法家以禅入书,把书法看成是禅的表现方式,形成独特的以禅论书、以禅喻书的书法理论。宋代著名的书法四大家(苏轼、黄庭坚、米芾、蔡襄)的书法作品,无不充满着禅的底蕴,是佛教影响中国书法艺术的典型例证。

(三)佛教与中国哲学

从先秦诸子百家之学、两汉经学、魏晋玄学、隋唐佛学到宋明理学的兴起,标志着中国古代哲学思维发展的几次重要飞跃。

隋唐佛、道的发展,给社会造成了两方面的后果:一是唐末至五代的长期混乱、分裂,二是封建伦常的丧绝。理学就是为了挽救这种理论危机和社会危机,解决此两方面后果而兴起的。理学的实质是把佛、道"养神"、"修身"引向"齐家"、"治国"、"平天下"。如果说,佛、道通过"修身"而达到脱离苦海红尘的现实世界,到达成佛成仙的彼岸虚幻世界;理学则是要通过"修身",而达到圣人之治的此岸现实世界。理学把伦理与哲学结合起来,取代隋唐佛、道,乃是古代理论思维自身内在逻辑的必然结果。

反过来说,宋明理学的形成与发展集中体现了佛教对中国哲学的深刻影响。因为宋明理学是在以道家哲学为基础、以儒家理论为核心,融合吸收佛教心性论的合理内核,摒弃其出世的价值取向,进一步从天人合一的角度完成了对儒家名教的本体论论证,构建了以儒家伦理为核心的儒、佛、道三教合一的心性本体论哲学,把传统哲学的发展推向了新的高度。

佛教在本体论、认识论、人生哲学、伦理道德、方法论等方面,补充了中国哲学。中国哲学在本体论方面缺乏系统的论述。佛教的惟识学说,填补了中国哲学的不足。中国哲学没有西方哲学那样的认识论系统,佛教般若学的传入在一定程度上丰富了中国哲学的认识论。佛教哲学比中国哲学强于思辨。它在诡辩中蕴藏的辩证法因素对于推动中国哲学转向抽象思辨有一定意义。理学吸收佛教的思辨精华使之成为中国传统哲学的有机成分。

五 理学向亚洲邻国的播传及其影响

理学是中国封建社会后期别具特色和风格的哲学思维形态,是一个包括自然、社会和个人生活各方面的广泛哲学体系。它的兴起,是社会经济和自然科学发展的结果,是对儒、释、道批判继承的结果,是当时统治者现实政治和重整伦常的需要。理学被统治阶级奉为官方哲学长达六七百年之久,给予中国经济、政治以及文化以深刻的影响。

理学是中国哲学发展史上的一个新阶段,是理论思维深化的表现。它批判而又融合了佛教文化和道教文化,继承而且发展了儒家思想,是中国封建哲学发展的一个高峰。

北宋的周敦颐、张载、程颢、程颐是理学奠基人,而南宋朱熹(1130—1200)则建立了完整的理学思想体系,并开始确立了理学作为官学的统治地位。因此,朱熹的理学思想又称“朱子学”。

从中外文化交流史的角度来看,中国理学传到域外,对亚洲邻国的精神文化产生了深远影响。理学从 13 世纪起跨越中华民族的地域界线,传播到亚洲邻国。

(一)理学传入朝鲜半岛及其影响

元朝时,理学由高丽学者安珦传入朝鲜半岛。安珦(1243—1305)为朝鲜半岛顺兴(庆尚北道)人。18 岁及第,官至集贤殿大学士、宰相。46 岁时出使元朝大都,得到新刊《朱子全书》,认为是“孔子正脉”,欣喜异常,随即全部抄写下来,并摹画孔子、朱熹等人真像携带回国。他回国后即在成均馆(太学府)中讲授朱子学。作为宰相,安珦亲自以兴学养贤为己任,培养门生弟子数百人。57 岁时,他用自己的俸禄修建孔子庙,为朝鲜半岛儒学的振兴和理学在朝鲜半岛的传播做出了贡献。

继安珦之后传播理学的高丽学者有白颐正、权溥、禹倬、李齐贤等人。

白颐正是高丽忠宣王的侍臣,也是安瑞的学生。他在元大都先后居住了十多年,刻苦研习朱子学,并把朱子学经典带回朝鲜半岛,传授给弟子。

权溥在翻刻朱子学著作方面做出了贡献。他曾翻刻朱熹的《四书集注》,为高丽学者学习朱子学提供了读本。

禹倬(1263—1342),是与安瑞、白颐正齐名的高丽朝理学家。他"通经史,尤深于易学卜巫,无不中。程朱初传东方,无能知者,倬乃闭门月余参究,乃解。教授生徒,理学始行"[①]。

李齐贤(1278—1367),既是白颐正的入门弟子,又是安瑞的得意门生权溥的女婿,精研经籍,且多才多艺,以"诗书画三绝大师"见称。28岁时他被忠宣王王璋派到元大都留住万卷堂,同元朝学者名流同席讲论诗书乐理。李齐贤认为,如果在朝鲜倡导程朱理学,就能抛弃浮夸之劣风,树立持敬笃实、修德实践的新风,对治理高丽末期的内忧外患最为有效。他还认为,理学与佛、道及旧儒学相比,是更实际的学问,可称之为"实学"。李齐贤坚持倡导朱子持敬笃实的修养精神,引导高丽学界学风由训诂词章之学逐渐转入程朱理学。

理学于13世纪末传入朝鲜半岛后,对朝鲜半岛学术及政局都产生了重大影响。郑道传(1337—1398)、权近(1352—1409)等朝鲜理学家在军队统帅李成桂的支持下,为解决内忧外患,断然拥戴李成桂推翻高丽王朝,于1392年建立起新的李氏朝鲜王朝。

李氏朝鲜王朝在郑道传等理学家的襄助下,自建朝之初就以理学作为制定内外政策的理论基础,从而确立了朱子学在朝鲜的官方哲学和正统学术思想地位。理学思想在李朝初期对朝鲜民族思想的统一、封建社会的发展,产生了一定的进步意义。

(二)理学传入日本及其影响

作为入宋僧之一的日本东山泉涌寺禅僧不可弃俊芿(1168—1227),来中国南宋浙江四明等地参禅学法后,于南宋嘉定四年(1211年)回日本时携回中国书籍2 103卷(律宗大、小部文327卷,天台教观文字716卷,华严章疏175卷,儒书256卷,杂书463卷,法帖、御笔、堂

---

① [朝]《高丽史》,列传22。

帖等碑文 76 卷)。他带回的中国典籍中儒书很多。这是因为他入宋住在宋都临安时,和当时卓越的博学儒士过从甚密。当时宋朝的理学,已有朱熹集其大成,其所著《大学中庸章句》和《论孟集注》,恰在不可弃俊苾回国的嘉定四年(1211 年)出版,因此"他所带回的儒书中,四书及有关宋学的书当不在少数"①。这是中国理学传入日本之始。

继而,日本禅僧圆尔(1202—1280,字辨圆,日本佛教临济宗的祖师)于南宋理宗端平二年(1235 年)来南宋,淳祐一年(1241 年)回国时携回经籍数千卷,其中包括《晦庵大学或问》、《晦庵中庸或问》、《论孟精义》等。他在日本宣讲《大明录》(南宋圭堂撰),大量引用二程、朱熹等理学家的言论,系统介绍二程和朱熹的理学思想,被称为"日本传播宋儒的第一人"②。

接着,淳祐六年(1246 年),中国僧人道隆(1213—1278,字兰溪,四川涪江人),应邀东渡日本,先住镰仓长乐寺,后为建长寺开山,以儒僧身份宣传理学,主张"圣人以天地为本","行三纲五常","正心诚意,女佞绝奸","兴教化、济黎民,实在于人耳",达 32 年之久。"他无疑也是宋学的传播者之一"③。

元庆元府普陀山名僧一宁(1247—1317,字一山,浙江临海人),元大德三年(1299 年),奉元命,持国书赴日本博多,又过京都,下关东,宣传宋学。"结果一山门人如虎关、梦窗、中岩、龙山,皆以当时名僧而兼通宋学。宋学的研究,可以说是从一山开始,自此以后禅僧无不兼儒,蔚成禅学与儒学之一大合流,禅僧合一,参禅者无不倾心宋学"④。

宋代理学和禅学几乎是同时在日本传播的。

中国理学由 13 世纪传入日本,经一批日本禅僧的研习和传播,至15 世纪末已形成三大学派:萨南学派、海南学派和博士公卿学派。

萨南学派的代表是禅僧桂庵。桂庵(1427—1505),字玄树,号岛阴,少学宋代理学,崇信朱熹。他既是诗人,又是儒者,岁居释门而崇奉"四书"如神明。1467 年,时年 41 岁的桂庵奉使明朝,受到明宪宗朱见深的接见。之后,游学苏杭之间,潜心经学研究,与明初江南诸儒多有

---

① [日]木官泰彦:《日中文化交流史》,中译本,353 页,商务印书馆,1980。

② 楼宇烈、张西平主编:《中外哲学交流史》,122 页,湖南教育出版社,1998。

③ 朱谦之:《日本的朱子学》,42 页,人民出版社,2000。

④ 朱谦之:《日本的朱子学》,46 页,人民出版社,2000。

往来,领悟理学颇深。1473年归国后,正值日本"应仁之乱",京师讲学受挫,遂到丰、筑、肥、萨(今九州一带)广收门徒,传授理学。他的贡献在于完成了"四书"和化(日本化)的工作。

海南学派的开创者是南村梅轩。南村梅轩生平失考,漂泊至土佐后,曾在豪族吉良宣经家做门客,向宣经讲授"四书"、《孝经》,又论政治,作《三十六策问》。他讲授儒学的特点是突出道义的核心地位,号称"君子儒",鄙视追求名利的"小人儒"。

博士公卿学派主要由朝臣和贵族组成。其代表人物清原业忠(1409—1467),为当朝正三品高官,著有《论语讲义》、《永享大飨记》、《本朝书籍目录》,被称为当时的大儒。他讲《论语》、《大学》、《中庸》时,采用朱熹新注。

程朱理学和禅宗学说融为一体,长期成为日本封建统治的思想武器。

(三)理学传入越南及其影响

南宋末年,理学开始从中国向越南传播。陈朝(1225—1400,国号大越,首都升龙)开国皇帝陈太宗(1225年—1258年在位)于建朝的第二年(1226年),仿效中国科举制度,重修国子监,重视儒学儒士。天应政平一年(1232年),陈太宗仿效宋朝通过殿试录取进士的做法,对太学生进行考试,根据成绩高低分三甲录取人才。元丰三年(1253年)创办国学院,塑孔子、周公、亚圣像,并画七十二贤像,定期祭祀,同时诏谕天下儒生到国学院讲习"四书"、"六经"等儒家经典。这表明,理学代表人物朱熹的"四书"学已传入越南。

陈氏政权建立伊始,亟须一种适应封建专制制度存在和发展的意识形态,而朱子学正具有这一鲜明的特点。因此,朱子学受到陈朝统治者的褒扬。陈圣宗于绍隆十四年(1272年)下诏求贤才,能讲"四书"、"五经"之义者,入待经幄。这时,出现了一批在越南积极传播朱子学的先驱者,如朱文安、黎文休、陈时见、段汝谐、张汉超、黎括等。

被誉为越南儒宗的朱文安(？—1370,字灵泽,号樵隐),以毕生精力研究和传播朱子学。其弟子盈门。陈朝大臣、名儒范师孟、黎括等都是他的学生。陈明宗(1314年—1329年在位)时,他曾担任国子监司业,给太子讲儒经。陈裕宗主政后,恣意行乐,奸佞横行。朱文安进谏,裕宗不听,乃上疏请斩七佞臣。此疏轰动朝野,被时人称为《七斩疏》。

疏被驳回后,他愤然退隐,聚众讲学,培养人才,宣传朱子学。其坚守正道、拒斥奸佞之高风亮节,一直为越南人民所称颂。著有《四书说约》、《樵隐诗集》。《四书说约》反映其对朱熹思想的继承和发展。《越南史总论》将其学术思想概括为"穷理、正心、除邪、拒嬖"。他对朱子学在越南的传播,做出了重要贡献,被誉为越南朱子学的一代宗师。

陈朝统治者仿效中国科举制度,这对朱子学在越南的传播无疑起了催化作用。许多越南士子想通过科举考试,跻身仕宦。此时,官办学校不能满足大量学子对功名追求的需要,私学应运而兴盛起来。私学的发展,推动了朱子学在百姓中的传播和普及,一时大有非朱子之书不读、非朱子之言不说的局面。这就为朱子学在越南确立统治思想的地位奠定了社会基础。

明朝永乐四年(1406年),明成祖为惩罚安南陈朝外戚黎季犛及其子黎苍篡夺帝位的罪恶,命80万大军下安南,郡县其地,把越南暂时纳入中国统治。1427年,明朝军队撤退,安南复国。明朝在越南的短暂统治,加速了朱子学在越南的传播。

1428年,黎利即帝位,在越南建立黎朝(1428—1527,国号大越,首都河内)。黎朝重视制礼乐,创学校,振兴儒学。黎太祖振兴教育,设国子监于京师,以使官员及平民俊秀子弟入学学习;开办学堂,延请教师教授儒学(此时的儒学,指宋明新儒学,尤指朱子学)。黎圣宗(1460年—1497年在位)执政38年,大力提倡朱子学,将朱子学确立为正统的国家哲学。

六 元代华化的西域人

元人著述中所谓的"西域",范围极广,大致东起唐兀、畏吾儿,历西北三藩所封地,以达于欧洲、非洲。元代西域人称色目人(元时分国人为四个等级:蒙古人、色目人、汉人、南人),地位仅次于蒙古人,而高于汉人、南人。西域民族成分复杂,有24种。其中居住在现中国国境以西的民族有:回回、阿速、康里、钦察、乞失迷儿、阿儿浑、秃鲁花、哈剌吉达歹等。

元军先定西域,后下中原,所以西域人之从军者、被掳者、贸易者,

元代也里可温教徽章(之一)

接踵而至中原。此时他们平昔所向往之文明尽触于目前。他们与中国人自由杂居,受到中华文化的熏陶,敦诗书而说礼乐,或接受儒家教育,或转信中国化的佛、道,有的创作诗文戏曲,有的擅长美术书法,有的从事建筑和土木工程。

由于受到中国传统习俗的濡染,从姓名、丧葬、祭祀、居处等方面改从中国习俗,得以华化。

历史学家陈垣(1880—1971)有感于这一中外文化交流现象,感叹:"既限于元西域,故蒙古、契丹、女直诸族不与,亦以蒙古等文化幼稚,其同化华族不奇,若日本、高丽、琉球、安南诸邦,则又袭用华人文字制度已久,其华化亦不奇。惟畏吾儿、突厥、波斯、大食、叙利亚等国,本有文字,本有宗教,畏吾儿外,西亚诸国去中国尤远,非东南诸国比,然一旦入居华地,亦改从华俗,且于文章学术有声焉,是真前此所未闻,而为元所独也。"①

元朝在中国历史上建立了空前规模的大帝国。在大一统的局面下,大批西域人来到中国,接触了中华文化,受到感染,出于自愿(非有政策之奖励及强迫),慕效中华,这就是"华化"。"华化"是指文化上的影响、吸收、接受或认同。

西域人中华化最深的著名人士,既有儒家学者、进士,又有诗人、曲家、画家、书法家、史学家和科学家。如:

瞻思丁(1211—1279),即赛典赤·瞻思丁,回回人。成吉思汗西征,瞻思丁率千骑归附,充宿卫,随从作战。忽必烈时升为燕京宣抚使、中

---

① 陈垣:《元西域人华化考》,2页,上海古籍出版社,2000。

书平章政事。1274
年任云南行省平章
政事,封咸阳王。
瞻思丁在云南推崇
儒学,提倡礼仪,婚
姻行媒,种桑植麻,
创建孔庙,购经史,
授学田,对云南传
播伊斯兰教和儒学
都有重大建树。明
代著名航海家郑
和,即为元咸阳王
赛典赤·瞻思丁的六世孙。[①]

元代也里可温教徽章(之二)

瞻思(1278—1351),字得之,阿拉伯人。《元史·儒学传》卷 190 有
其传。元初大父鲁坤迁居真定。父斡直,始受儒家教育。瞻思从小在
翰林学士王思廉门下受学,是元好问的再传弟子,9 岁能日诵古经千
言,年少已为乡邻推重。瞻思博览群籍,学识渊博,易学尤深,至于天
文、地理、钟律、算数、水利,旁及外国之书,皆究极之。一生著述宏富。
所著经书有《四书阙疑》、《五经思问》、《老庄精诣》、《奇遇阴阳消息图》,
历史有《西域异人传》、《金哀宗记》、《正大诸臣列传》,地理有《西国图
经》、《镇阳风土记》、《续东阳志》、《重订河防通议》,刑法有《审听要诀》,
并有《文集》30 卷。现存者,有《河防通议》2 卷(守山阁本),辑诸《永乐
大典》。瞻思是元代精通儒学、法学和科学的阿拉伯学者。

萨都剌(1308—?),字天锡,号直斋,先世为西域回回族。居雁门
(今山西代县)。早年贫寒,经商谋生。他虽为回回人,但精通汉语,具
有深厚的中国古典文学修养,所作诗词,成就在当代诸家之上。他事母
至孝,南北仕途,俱奉母而行。泰定四年(1327 年)中进士,官至淮西江
北道。晚年寓居武林。后入方国珍幕。作品有《雁门集》、《萨天锡诗
集》等。毛晋跋《雁门集》曰:"天锡以北方之裔,而入中华,日弄柔翰,遂
成南国名家。今其诗诸体俱备,磊落激昂,不猎前人一字。"顾嗣立《元

---

① 纪念伟大航海家郑和下西洋 580 周年筹备委员会、中国航海史研究会:《郑和家世资
料·序言》,2 页,人民交通出版社,1985。

诗选·萨都剌小传》云："有元之兴,西北子弟,尽为横经,涵养既深,异才并出,云石海涯、马伯庸以绮丽清新之派,振起于前,而天锡继之,清而不佻,丽而不缛,真能于袁、赵、虞、杨之外,别开生面者也。"他仕宦江南一带,为风光所感,写出许多优美的写景小诗。而尤长于抒情,用字清圆,曲折婉转,表达极为细腻。善作宫词,颇多讽谏之意。因才情富健,各种形式都能运用自如,古体、律、绝俱有佳作。尤以怀古词彪炳词坛、脍炙人口。其《金陵怀古·满江红》、《登石头城·百字令》,是词史上的一流作品,是元词的莫大骄傲。两词均气象高迈,风格雄壮,是典型的豪放词。后一首《登石头城·百字令》步东坡词原韵,风格酷似东坡;前一首《金陵怀古·满江红》,更多沉郁之气,逼近稼轩。萨都剌堪为元词中的"苏、辛"。

迺贤(1310—?),字易之,西域人,元人著述称合鲁易之,或称葛逻禄迺贤。葛逻禄,意为"马",故又称马易之。世居金山之西,元时移居内地,称南阳人。后随其兄塔海仲良官江浙,遂卜居于庆元(今宁波)。精通汉文,工诗,曾游京师,尽交名士,有《金台集》传世。又性好古,所至访求名迹,摩挲断碣,发为咏歌,著《河朔访古记》。迺贤好佛好道,故可谓之"西域词人之佛老"①。

丁鹤年(1335—1424),著名的回回诗人,由伊斯兰教世家而成儒家学者,晚年又改信佛教。元亡时他 33 岁,至明永乐末年始卒,享年 90岁,故《元史》无其传。瞿佑曾在杭州见鹤年,鹤年为佑审阅《鼓吹续音》,示以著述之法,佑深感之。瞿佑《归田诗话》记丁是回回人,曾祖阿老丁,元初巨商,祖瞻思丁,任临江路达鲁花赤,丁姓由此而得。鹤年幼年受儒家教育,17 岁通《诗》、《书》、《礼》三经,为大儒周怀孝所器重。他不应官职,由武昌迁居四明,方国珍歧视西域色目人,鹤年只得辗转逃匿,以卖药自给。丁鹤年以孝子、高士著称于世,又工律诗,精医药,通算数,具有广博的知识。回回诗人中,丁鹤年的名声仅次于萨都剌。他在诗集《鹤年集》中,自称"西域鹤年"为"落魄乾坤一腐儒"。

高克恭(1248—1310),字彦敬,号房山,是移居燕京的回回人,是诗画兼长的诗人画家,享有大名,足以和赵孟頫分庭抗礼。官至刑部尚书。所画山水尤其有名。曾师从"二米"(米芾父子),后学董源、李成。

---

① 陈垣:《元西域人华化考》,44 页,上海古籍出版社,2000。

墨竹画临黄华。董其昌《画旨》云:"诗至少陵,书至鲁公,画至二米,古今之变,天下之能事毕矣。独高彦敬兼有众长,出新意于法度之中,寄妙理于豪放之外,所谓游刃余地,运斤成风,古今一人而已。"高克恭作品传世较多,《夜山图》和《秋山暮霭图》二帧,当时名诗人多有题咏,尤享盛名。

元代有许多西域人移居中国内地,其中景仰中国文化,受其熏陶,所谓华化者不在少数。由此可见,西域人受中国文化影响之深广。

七 茶文化向日本的传播

中国是世界上最早发现茶树和利用茶叶的国家。茶叶的故乡是中国。茶文化是中国人民的一项伟大创造,是中国人民贡献给人类文化宝库的一件瑰宝。中国饮茶之风三国两晋时已在士大夫中流行,隋唐时更遍及全国。不过,茶文化得以形成,还是以 8 世纪末唐人陆羽著《茶经》为标志。

中国茶叶及品茶法在唐代已传入日本。留唐僧最澄、空海、都永忠都是中国茶文化的热心传播者。唐德宗贞元二十一年(805 年),日本僧人最澄来中国浙江学佛,旅居在当时中国著名产茶地浙江天台山国清寺。由于最澄酷爱饮茶,回国时曾携带大量茶树种子种植在日本滋贺县的一块土地上(现为池上茶园)。日本平城天皇大同元年(806年),留唐僧还空大师又将中国茶种及制茶方法传入日本。由于茶树在日本引种成功和中国制茶方法的传入,日本一度出现饮茶之风。然而,当时日本饮茶之风仅限于宫廷贵族、留唐僧等阶层,茶叶主要依赖中国输入,很难普及民间。9 世纪后,随着遣唐使的停派,日本从中国进口茶叶骤减,而日本自己尚无制茶经验,所以饮茶之风随之逐渐衰微。

宋时,日本禅师荣西将中国茶种及茶的栽培制茶饮用方法再次传入日本,并加以推广,进而写出日本第一部茶书《吃茶养生记》,从而奠定了日本茶道的基础。

荣西禅师(1141—1215),日本禅宗临济宗的创始人,字明庵,号叶上房,出生于备中国(今冈山县)的一个神官家庭。8 岁起学习佛法,14岁正式出家为僧,法名荣西。1162 年,他去伯耆国(今岛取县)大山寺向基好法师学习天台宗密教,成为继慈觉大师圆仁后的第 11 代法嗣。为了深入学习中国佛教,荣西下决心渡海入宋。1168 年,他从九州博多搭乘中国赴日贸易船入宋,从明州(今宁波)登陆,参拜浙江天台山和阿育王山。他亲眼见到南宋禅宗的兴盛。回日本后潜心研究十几年。为了进一步求取佛法,于 1187 年再度入宋,到天台山万年寺学习禅宗。宋代是中国茶文化大发展的时期。荣西在南宋 5 年期间,除学习中国禅宗外,还学得浙江天台禅宗茶学思想。

荣西 1168 年第一次入宋回国时,将中国茶子带回日本。他首先在肥前(今佐贺县)的背振山上进行试种,发现那里非常适合茶树生长,所制的岩上茶闻名日本。1191 年,荣西第二次入宋回国时,因季风的关系在长崎县平户岛登陆,又将茶子播在该地富春园。次年,荣西将他在中国学得的茶艺和天台禅宗茶学思想写成《吃茶养生记》(两卷)献给幕府。这是日本第一部茶书。该书开头写到:"茶者,养生之仙药也,延龄之妙术也。山谷生之,其地神灵也。人伦采之,其人长命也。天竺唐土同贵重之,我朝日本曾嗜爱矣,古今奇特仙药也,不可不摘。"该书无论其内容和思想都直接取材于中国唐、宋茶学文献,并以中国的"五行"说来解释茶对人的五脏的调和作用。他还把陆羽《茶经》的部分内容介绍到日本,如介绍茶的功能、种类、茶具,以及采茶、制茶、点茶的方法等。

荣西提倡饮茶的动机,主要为了养生、延寿和修禅。他指出修禅有三大障碍,首先是瞌睡,而饮茶恰有"散梦醒睡"的作用,有益于坐禅。因此,日本饮茶风气再度在禅僧中盛行,然后才普及世俗社会。所以,中国天台宗茶学思想便成为日本茶道的基调。

荣西禅师传入日本的天台宗茶学思想仅是中国茶文化的一部分。在当时的历史条件下,荣西禅师不可能对中国茶文化的整体,包括儒、道、佛诸家精神,以及宫廷茶文化、文人士大夫茶文化、市民茶文化、民间茶俗等作全面的了解。

荣西的茶道理论后来被室町时代的村田珠光、武野沼鸥等人继承发扬,战国时代的千利休又进一步把茶道平民化,创立草庵茶道,使之普及城乡平民百姓中间,形成一种追求"和静清寂",联络感情,陶冶性情,进行自我修养和社会交际的独特功能。荣西禅师被日本民众奉为茶业中兴之祖,或尊称"茶祖"。

中国宋代流行一时的"斗茶游戏"在镰仓幕府末期也传入日本。至室町时代前期,"斗茶游戏"流行于日本朝廷和幕府上层社会,后来演进为日本茶道内容之一。

日本民族是一个善于学习而又具有创造力的民族。中国茶文化的一部分一经传到日本就带上了浓厚的"大和气氛",改造成富有民族特色的日本文化的一部分。

中国茶文化历史悠久,层次复杂,内容丰富,讲究选茶、蓄水、烹煮、择器与行茶、品味,这是"茶艺"。饮茶又讲人品、意境、思想精神、美学观点和一定的礼节,这些与茶艺相结合形成中国茶道。茶在人民群众中产生广泛影响,各阶层、各地区、各民族的饮茶习俗和与之相关的茶诗、茶歌、茶舞、茶礼、茶画、茶建筑……茶艺、茶道以及种种与茶有关的文化体系,便构成中国茶文化体系。从这种意义上说,只有中国才有过完整的茶文化体系。而日本,只能说吸收了这个体系的一部分——茶艺与茶道(在日本统称"茶道")。

以文化交流的视角,从思想源流、美学倾向、社会层面等方面作一比较,可以发现中国茶文化与日本茶道的联系与区别:

1. 日本茶道源于中国茶文化的一部分,但它不再是中国茶文化一部分的简单翻版,而是被赋予了日本民族的特性。源于中国茶文化部分内容的日本茶道自然难以体现中国茶文化那博大精深的内涵。之所以如此,显然与其最初的源流有关。

2. 中国茶文化以儒家思想为核心,融儒、释、道为一体;日本茶道则主要反映中国禅宗思想。

3. 中国茶文化崇尚的是自然美;而日本茶道程式严谨,强调古朴、清寂之美。

4. 中国茶文化包含社会各阶层的文化。自宋代后,中国茶文化深入市民阶层,其最突出的表现便是大小城市广泛兴起的茶楼、茶馆、茶亭、茶室。在这种场合,士、农、工、商都把饮茶作为友人欢聚、人际交往的手段。而日本茶道还未具备全民文化的内容,尽管日本人崇尚茶道,有许多著名的茶道世家,日本茶道在民众中也有十分深远的影响,但作为一种文化现象,日本茶道远远不及中国茶文化所包含的社会层面之深广。①

---

① 王玲:《中国的茶文化与日本茶道》,载《新华文摘》,1990(6)。

八 马可·波罗与中西文化交流

元朝的中外交通特别发达。陆路通波斯、叙利亚、俄罗斯、欧洲等地,海路通日本、朝鲜、东南亚、印度、波斯湾以至非洲各地。交往的范围扩大了。当时,东西方使臣、商旅的往来非常方便。元朝人形容说:"适千里者如在户庭,之万里者如出邻家。"同时代的一个欧洲商人也说,从黑海沿岸城市到达中国各地沿途十分安全。这是因为,陆路交通有严密的驿站系统作保障。海路交通方面,元代的航海技术有很大进步,能利用季候风规律出海,能利用指南针返航。

由于中外交通发达,元朝的对外关系得到了发展,使节、商人往来不绝于途。在中西交通大道上,欧洲各国旅行家来中国的也络绎不绝。有的还在中国进行过广泛的旅行,居住多年才归国,其中,以意大利人为最多。意大利人中以著名旅行家马可·波罗最享盛名。

马可·波罗(Marco Polo,约 1254—1324),生于意大利威尼斯。1271年,他沿着丝绸之路,乘舟渡过地中海,到达小亚细亚半岛,经由亚美尼亚折向南行,沿着美丽的底格里斯河谷,到达伊斯兰教古城巴格达,由此沿波斯湾南下,向当时商业繁盛的霍尔木兹前进。霍尔木兹濒临阿拉伯湾。在此由海陆两路东行可以到中国。马可·波罗循陆路向北穿越荒芜无人的伊朗高原折而向东,到达阿富汗,再翻越帕米尔高原,过喀什,沿塔克拉玛干沙漠的西部边缘,经敦煌、酒泉、张掖、宁夏等地,历经 3 年半的跋涉,于至元十二年(1275 年)夏抵达内蒙多伦的元代上都,觐见忽必烈,受到忽必烈的热情欢迎。

马可·波罗年轻聪明,善于学习,很快熟悉了东方的风俗和语言,加上他办事谨慎认真,忽必烈对他十分器重,除留他在京城居住外,几次安排他出访国内各地和一些邻近的国家。1277 年至 1280 年间,马可·波罗首次离开京城到云南旅游访问。他从北京出发,经由河北到山西,过黄河,入关中,然后越秦岭,到四川成都,从成都西行,渡金沙江,到达云南昆明。马可·波罗出访云南之后,又游历了长江下游的淮安、宝应、高邮、泰州、扬州、南京、苏州、杭州、福州、泉州等城市。忽必烈还任命马可·波罗为扬州地方官,在那里任职 3 年。马可·波罗在中国期间,还奉命访问过东南亚一些国家：印度尼西亚、菲律宾、越南和缅甸等。

马可·波罗在中国生活 17 年后，因其父、叔、侄思归故里，遂于 1292 年奉 忽必烈命从泉州启航，经爪哇、苏门答腊，渡印度洋到达波斯湾，完成护送阔阔真公主下嫁伊儿汗的使命后，取道两河流域，经高加索，渡黑海至君士坦丁堡（今伊斯坦布尔），沿近东航道，于 1295 年返抵威尼斯。

马可·波罗像

1298 年，马可·波罗参加威尼斯舰队抗击热亚那，战败被俘，在狱中 4 年，口述东行见闻，由其同狱笔记成书，称《马可·波罗游记》。全书分 4 卷：第一卷，记马可·波罗东游沿途见闻，直至上都为止；第二卷，记忽必烈事迹及宫殿、都城、朝廷、政府以及西南、江南行程中经历的各城市和各省的见闻；第三卷，记日本群岛、南印度和印度海的海岸与岛屿；第四卷，记鞑靼各王公之间的战争和北方各国的概况。卷下分章，每章叙述一个地方的情况或记载一件史事，共 229 章。书中记叙的国家、城市有 100 多个。这些国家和城市的情况，综括起来有山川地形、生物矿产、气候寒暑、工商贸易、珠宝香料、居民肤色、宗教信仰、风俗习惯等，以及国家的琐闻逸事、朝章国故等。

《马可·波罗游记》是一部震撼中世纪欧洲的奇书。那时欧洲在罗马教会的统治下，闭塞而愚昧。他们以为基督教可以征服全世界，使东方也拜倒在教皇的脚下。然而中国元朝崛起在亚洲，建立了一个前所未有的大帝国。马可·波罗亲历了这个国家，记下了这个国家的物质文明、精神文明和制度文明，以致使欧洲人初则难以置信，继而惊羡向往。从这个意义来说，马可·波罗第一次比较全面地向欧洲人介绍了高度发达的中国物质文明和精神文明，将地大物博、多姿多彩的高大的中国形象展现在欧洲人面前，冲击了长

《马可·波罗游记》汉译本书影

期以来欧洲流行的"欧洲中心"和"基督教文明至上"的偏见，开阔了中世纪欧洲人的地理视野。这无疑对欧洲人走出中世纪、迈向近代文明有着重要影响。

《马可·波罗游记》对 15 世纪至 16 世纪欧洲航海事业的发展，是起了促进作用的。当时一些著名的航海家和探险家读到此书后，受到巨大的鼓舞和启示，激起他们对于东方的向往和冒险远游的热情。例如，著名的葡萄牙航海家亨利、意大利航海家哥伦布，都津津有味地读过此书。15 世纪至 16 世纪，随着资本主义的萌芽和文艺复兴的兴起，欧洲人由向往东方转而开始了到东方寻财觅宝的活动，因而引发新航路的开辟和新大陆的发现。更大规模的东西方文化交流随之展开，促进了世界形势的大变革。

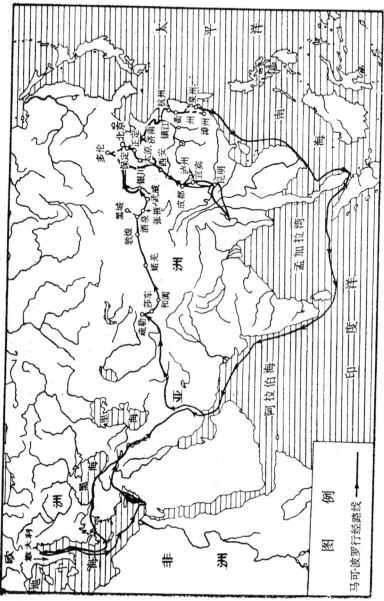

马可·波罗行程图

图 例

马可·波罗行经路线 ——▶

从这个意义上来说，《马可·波罗游记》引发哥伦布决心漫游东方、发现美洲，可视做这本游记的最伟大功绩。

马可·波罗的东游和他的游记，在中西文化之间架起了一座交流的桥梁。如前所述，他是第一个向欧洲报道文明发达的中国的人。他对在中国的游历和记述，所持态度是热情、真诚和友好的。诚然，马可·波罗不是第一个到中国来的欧洲人，但完全可以这样说，如果马可·波罗之前来华的欧洲人能够在中西文化交流的长河中吹起轻澜微波，那么，马可·波罗则在这条长河中激起了轩然狂涛。因而，从文化交流的视角来看，称誉马可·波罗是中西文化交流的先驱者，当是不为过的。

九 伊斯兰教文化与中国传统文化的进一步交流融合

宋朝伊斯兰教在中国的传播，同唐代一样，主要是在落籍中国的阿拉伯人、波斯人及其后裔中间。然而，这一时期来华的穆斯林日众。穆斯林在中国的覆盖面远比唐代广泛得多。

北宋时，中国西部地区、中原一带、沿海城市及海南岛等地，均有数量可观的穆斯林聚居。另外，生活在新疆天山南北的一些民族，也陆续改信伊斯兰教。南宋以后，政治中心南移，居于江南各地的穆斯林人数也急剧增多。这些穆斯林经与当地居民通婚，其子孙改信伊斯兰教者有增无减。他们完成了从侨居到落籍的转变，成为中国穆斯林的先祖。

为了适应日益增多的穆斯林从事宗教活动的需要，宋代兴建和重建了相当数量的清真寺。留存至今的有广州怀圣寺、泉州圣友寺、扬州仙鹤寺、北京牛街清真寺等。除建清真寺外，宋时的穆斯林在广州、泉州等地还设置"蕃学"，辟有公共墓地。

宋代社会称中国穆斯林为"土生蕃客"。这说明他们的祖先是落籍中国的阿拉伯穆斯林，而他们自己则是生于斯长于斯的。"土生蕃客"是阿拉伯穆斯林在中国发展过程中的一个环节。他们从唐代的"蕃商胡贾"，经由五代的"蛮裔商贾"，发展到宋代的"土生蕃客"，逐步融入中国传统社会。所以，宋代史籍又称他们为"化外人"。

穆斯林在宋代，不仅数量增加，而且形成了一定的势力。他们在经济上相当富有，开始影响政治，在文化上也有不少建树。他们是形成后

来回回民族的重要
来源之一。

元朝统一中国
后,中国与中亚、西
亚诸国已在蒙古人
统治的一体之内。
原先的中国西部边
界完全处于开放状
态,陆路交通再度
畅通,中国同中亚
伊斯兰教世界连成
一片。元代中国西
北地区的政治态势
有利于阿拉伯商队
的东进,有利于伊
斯兰教的东传。许
多阿拉伯人和信仰

北京牛街清真寺礼拜殿内景

伊斯兰教的中亚人因此纷纷来到中国。于是,伊斯兰教在中国进入全
面发展的新阶段。

元代穆斯林人数急剧增多,主要是因为随元军东征的穆斯林士兵
落居中国。蒙古人在征服和统一中国的过程中,曾调集"西域亲军"(由
被征服的西域各族人组成)随之东来,其中不少是信奉伊斯兰教的阿拉
伯人、波斯人和中亚各族人。他们大都被遣发为军士,包括炮手、水军、
军匠,编入"探马赤军",战时从征,平时就地屯垦,分驻各地,以西北陕、
甘、宁为多,有的迁往西南、江南和中原各地。尤其是这些军士在荡平
南宋后,成为元朝地方镇戍兵力的组成部分。他们定居后,除充当职业
军人外,有的从事手工业、农业、商业活动,也有少数人入仕做官。元代
官方统称他们为"回回"。他们充当军士时绝大多数为单身,定居后,与
当地汉、蒙、维吾尔等族居民通婚。他们的后代成为中国出生的穆斯
林,接受中国文化的熏陶。

元时从海路来华的阿拉伯人、波斯人络绎不绝,居住在东南沿海的
广州、泉州、宁波、杭州、扬州诸城,泉州尤为集中。他们之中有商人、宗

教学者、旅行家。这些沿海城市是阿拉伯销往中国各类商品的集散地，是阿拉伯传统文化与中国传统文化的交融之地。

泉州又名刺桐城(刺桐城城名,是中外文化交流的产物。刺桐乃盛产于地中海一带的一种油果树,9世纪传入中国,五代时广种于泉州城郊,遂得名),元代时世界最大港口之一。城内有穆斯林聚居区。元时泉州中外客商云集,东西方货物荟萃,外贸盛极一时,长期由当地的阿拉伯客商掌管。祖籍阿拉伯的香料富商蒲寿庚于南宋末年被任命为泉州提举市舶司提举,亦官亦商,降元后,因协助朝廷平定东南沿海有功,升任福建行省中书左丞。其后由阿拉伯人赛典赤·瞻思丁之孙艾卜伯克·乌马儿(伯颜平章)充任泉州提举市舶司提举。

杭州的穆斯林有一部分是南宋时随宋室南下的"西域夷人","元时内附者,又往往编管江、浙、闽、广之间,而杭州尤夥,号色目种"[1]。他们比较富有。元末明初人陶宗仪撰《南村辍耕录》卷之二十八"嘲回回"载:"杭州荐桥侧首,有高楼八间,俗谓八间楼,皆富实回回所居。"杭州建有清真教寺,为杭州穆斯林宗教活动的处所。

扬州的阿拉伯人和波斯人为数不少。扬州南门外为馆驿所在,穆斯林多聚居此地。穆罕默德16世孙普哈丁于南宋咸淳年间(1265—1274)来扬州弘扬伊斯兰教。他乐善好施,扶弱济贫,并创礼拜寺(即现今的仙鹤寺),受到扬州穆斯林的爱戴和尊敬,也受到当地地方官的赏识和礼遇。1275年逝世后,他被葬于扬州新城东水关河东高岗上,后人辟成普哈丁墓园,至今保存完好。

元时改信伊斯兰教者为数不少。元成宗(1295年—1307年在位)从弟安西王阿难答因自幼受穆斯林抚育,后皈信伊斯兰教,并于军中宣教。所部受其影响,15万人中大部分改信伊斯兰教,于此可见一斑。

元朝统治者把回回人划为色目人,色目人的社会地位仅次于蒙古人,而高于汉人和南人。他们在科举、服官、荫叙、刑律及私有兵器拥有方面均较汉人享有优越的待遇,还享受免赋、免差、免役的特殊待遇;经济上,他们多从事商业贸易,比较富有;政治上,一部分回回已跻入统治者之列。元时西域来华之穆斯林,数量已经超过昔时,再加上改信伊斯兰教的新穆斯林以及唐宋以来久居中国的穆斯林后裔,全国穆斯林人

---

① [明]田汝成:《西湖游览志》,卷18。

数远远超过昔时。他们不仅居住在大城市和沿海港口,而且已遍于中华大地,以致《明史》说"元时回回遍天下"①。此时,回回有了自己的居住区域、经济形态、共同心理和语言文字。于是中华民族大家庭里一个新成员——回族便形成了。回族信仰的中国伊斯兰教在元代进入了它的兴盛期。

伊斯兰教自唐代传入中国后,经唐、宋、元三代数百年之久的与中国传统文化的交流融合,完成了它的华化阶段,逐渐衍变成华化的中国伊斯兰教文化。而华化的中国伊斯兰教文化自然成了中国传统文化的一部分。

十　宋元与阿拉伯波斯文化的交流

随着宋朝与阿拉伯的海上交通和经济贸易的发展,文化交流也随之加强。

(一)医学

宋代阿拉伯地区的药物输入中国的数量是很大的。根据《宋史·大食传》记载,当时大食使臣向宋赠送的方物中,香药占了很大的比重。赵汝适《诸蕃志》云,从大食输入中国的药材有:乳香、龙涎香、木香、肉豆蔻、安息香、芦荟、没药、血碣、阿魏、腽肭脐等。这些香药,已直接为中国药物界所采用,对中国药物学的发展起到了积极的作用。

宋朝有近60种药材输入大食,其中川芎对医治采胡椒工人的头痛病有显著疗效。而牛黄在12世纪前输入大食后,又由大食传到欧洲。中医脉学传入大食后,也为阿拉伯医学所吸收。阿拉伯"医学之王"阿维森纳(Avicenna,980—1037)所著《医典》记载的48种脉象中的35种,与中国脉象相同。阿维森纳《医典》载药800多种,其中300余种,由中国传去。有些药名,带有词尾chini,显然是中国传去的药:

大黄	rawand-chini	肉桂	dar-chini
花椒	kababa-chini	黄连	mamuran-chini
中国茴香	badvan-chini	天竹黄	chop-chini

---

① 《明史·西域传四·撒马儿罕》。

阿维森纳创造的丸衣方法传入宋朝后,立即被医药界采用,并发展到用朱砂、青黛、矾红、麝香等为丸衣,最后创制了蜡丸,得到推广。这证明,中阿医学交流在宋代已经更加深入了。

(二)指南针

指南针随着宋朝与阿拉伯海上交通的发展而于 12 世纪末 13 世纪初传到阿拉伯、伊朗。这些国家的人民除了自己学习使用以外,还把指南针的应用技术传到欧洲。中国指南针的发明和外传,大大促进了世界航海事业的发展,促进了世界各国人民经济文化的交流。

(三)火药和火药武器

火药是中国古代人民的重大发明之一。在 8 世纪至 9 世纪的时候,中国劳动人民发现的硝石、硫磺和炼制火药的技术就传到了阿拉伯、波斯等国家。阿拉伯人民把硝称为"中国雪",波斯人则称之为"中国盐"。当时他们只用它治病、炼金银或制造玻璃。13 世纪,中国火药经由中国商人和阿拉伯商人传入阿拉伯国家。

火药武器是在战争中传到阿拉伯的。蒙古军队在对南宋作战中,获得了制造火药武器的技术。1241 年,蒙古军队和阿拉伯人作战时,也使用了火药武器。阿拉伯人在战争中学习,于是也逐步掌握了制造火药武器的技术,造出了火枪和火箭。

阿拉伯国家的文化对欧洲的影响是很大的。欧洲人就是从阿拉伯人那里学会了制造和应用火药。学会制造和应用火药是一种历史的进步,正如恩格斯所指出的那样:"在 14 世纪初,火药从阿拉伯人那里传入西欧,它使整个作战方法发生了变革,这是每一个小学生都知道的。但是火药和火器的采用绝不是一种暴力行为,而是一种工业的,也就是经济的进步。"[1]

(四)建筑艺术

宋代阿拉伯商人来到中国广州、泉州、扬州等港口城市留住并从事贸易,其信奉的伊斯兰教及其建筑艺术也随之传入中国。如在泉州建立清净寺,广州重建怀圣寺,扬州建立仙鹤寺。这些清真寺建筑,既具阿拉伯建筑风格,还吸取了中国古代建筑的精华。这些清真寺建筑是中阿古代建筑艺术相互交流的结晶。

---

① 转引自《中国古代的发明创造》,37～38 页,上海人民出版社,1976。

宋代是中国科学技术大发展的时期。宋代科学技术的大发展,自然有中国阿拉伯文化交流的贡献在内。

元代阿拉伯文化的东传,对元代文化的发展产生了重大影响。其中影响较大的有:

(一)天文历法

蒙古初兴,曾采用赵知微重修的金代大明历。元初对回回天文历法非常重视,除在大都(今北京)设司天台外,又专设回回司天台,由穆斯林色目人主持天文观测。忽必烈登位前,曾召集回回天文学家议事。波斯人扎马鲁丁因精于历算,应召入华。来自拂菻(今叙利亚)、操阿拉伯语的科学家爱薛精通西亚多种语言,擅长星历、医药之学。他在1246 年东来蒙古,得到蒙古贵由汗、蒙哥汗及其母亲的信任。后入忽必烈藩府,建议设西域星历、医药专署。忽必烈即位后,便委任爱薛掌管西域星历、医药二司。这些波斯天文学家曾成功制造了地球仪、浑天仪等 7 种仪象器件,有力地推动了元朝的天文观测的研究。

应召来华入忽必烈藩府的穆斯林星象学家扎马鲁丁,于元世祖至元四年(1267 年)编制万年历,忽必烈命令颁行。万年历是第一部得到政府许可获准使用的回回历。自元到清初,中国沿用回回历达 400 多年之久。[①]

阿拉伯数码字由于回回司天台及穆斯林的使用而在中国得到了推广,并沿用至今。

(二)医药

元代的医学,主体上仍是汉医,设有太医院、典医监等,一承宋制。但元廷有由西域侍卫亲军等主要是阿拉伯、波斯来的回回人组成的侍卫部队。因此,元世祖忽必烈增设了专为回回同胞及阿拉伯、波斯等国来华之兵民服务的医药机构,先后命名为西域医药司、广惠司、京师医药院、回回药物院、回回药方院及回回药物局等。1270 年,忽必烈立广惠司,仍由精通阿拉伯医药的名医爱薛执掌。广惠司有职官 20 多人,都是医术高明的回回医生。爱薛的妻子撒剌也精通阿拉伯医学,曾主持爱薛创建的阿拉伯式医院——京师医药院。1273 年,京师医药院与广惠司合并。

---

① 任继愈总主编、金宜久主编:《伊斯兰教史》,438 页,中国社会科学出版社,1990。

回回药物和回回医术在元代享有很高威信。阿拉伯本来盛产各种香药,各种香药相互配制能形成具有奇效的良方。国外进献的各种珍贵药物和海上输入的名贵药物,均由 1269 年创设的御药院统一管理。1292 年,在太医院专设阿拉伯式的药学管理机构回回药物院,分管大都(北京)和上都(多伦)的宫廷医药。1322 年,又将之拨隶于广惠司统一管理,设置达鲁花赤一员、大使二员、副使一员。于此可见阿拉伯药政管理在元代卫生行政中所占的地位。

回回医药在民间亦广为流传。许多来华经商的阿拉伯人便以卖药为业。一些回回老医生常在江南各地街头卖药行医,尤以金丝膏药治疗跌打损伤为最妙。明代王沂《伊滨集》卷 5 中录有《贾胡歌》:"西域贾胡年八十,一生技能人不及。《神农本草》旧知名,久客江南是乡邑。朝来街北暮街东,闻掷铜铃竞来集。……海上奇方效如昨。眼中万事不足论,流寓无如贾胡乐。"可见,西域人在民间摆地摊卖药之实。

中国的穆斯林聚居地,一般都设有民办的回回医院。

随着伊斯兰教在中国的传播和发展,穆斯林的卫生习俗也传入中国。穆斯林有严格的小净、大净规则。小净经常做,大净 7 日一次。他们认为"清洁近于圣洁"。大净仪式一般在清真寺或有流水的地方进行。穆斯林长久以来习惯于用汤瓶、吊罐冲洗身体,俗云"回回家中三件宝,汤瓶、盖碗、小白帽"。穆斯林民族因此成为比较讲究卫生的民族。伊斯兰教徒的这些卫生习俗,对保证本民族健康繁衍是起了积极作用的。

阿拉伯医药传入中国后,华化的穆斯林医生结合中国传统文化,特别是穆斯林的自身经验,译著的医学著作逐渐问世。五代、宋、元时期,全国最有名的医学著作有《海药本草》、《饮膳正要》、《回回药方》、《瑞竹堂经验方》等 4 种。

《海药本草》,凡 6 卷,李珣撰。李珣为波斯贾人李苏沙之后人,或称"蜀中土生波斯"。《海药本草》记载大食、波斯所产药物 28 种,南海交广所产 59 种,东海 7 种,新罗 3 种,西南所产 8 种,不明产地所产 13 种。《海药本草》是今之可考第一部记述外来药物之专书,是研究中外医药文化交流之不可多得的文献。

《饮膳正要》,系元代宫廷饮膳太医蒙族人忽思惠所著,共 3 卷。它上承孙思邈《千金要方》"食治"等食疗著作精要,结合元代宫廷饮膳,扩展成宫廷食疗配膳专著。中国之"药膳",可谓始于此。该书第一次将少数民族之饮膳风俗纳入中国药膳大系之中。其内容,虽主要为汉蒙民族的药膳总结,但其中不乏回回医药内容,反映出阿拉伯、波斯外来医药文化与中国传统医药文化的交流融合。

《回回药方》,36卷,不著撰人。有学者"颇以为此书为元末回回医生所撰,此医生且甚可能原任职于回回药物院。因为内皆阿拉伯传方,回回所习用,而汉医并不熟悉。尤其不少名词,仍保留音译。回回医生著成此书,当供刊刻,以广流传;且可能为授徒教科书"[①]。《回回药方》是回回医药之集成,记录回回各种医药方剂,包括内外科、妇科、儿科、骨科、针灸和药剂等各个分科。药物和病症的名称旁注波斯文音译。元末译成,原书已佚。今北京图书馆善本室仅存明初刻本4卷残本。计存:目录下1卷,计58页;第12卷,计63页;第30卷,计63页;第54卷,计49页。《回回药方》是中国医药文化与阿拉伯、波斯医药文化交流融合的产物。

《瑞竹堂经验方》,5卷,为回族医家沙图穆苏·萨谦斋撰。元泰定三年(1326年)之前已流行,至明中叶亡佚。今本从日本仿明刻重校本来,并修入《四库全书》。卷1:调补、劳伤、遗浊,每方均以香药为主,多波斯舶来品;卷2:喘嗽、痰饮、湿气、诸痛、补益、脚气、疝、淋、泄;卷3:眼、耳、鼻、唇、齿、面、髭发,几乎90%方中有香药或舶来品;卷4:女、幼科;卷5:疮科,50%方用香药,并有多处谓系"海上方"。此书堪称善以阿拉伯、波斯等之香药、海药与汉方汉药互相合成制方治疾者。

元代阿拉伯、波斯医药文化通过陆上丝绸之路和海上丝绸之路传入中国,大大丰富了中国传统医药文化。尤其是葱岭以东的中国境内西域诸民族,受其影响更大。其中回回医药成了中阿医学文化交流融合的产物。

(三)建筑

元代是域外建筑文化对中国建筑文化再度发生影响的时期。由于伊斯兰教文化在元代得到空前发展,阿拉伯与中亚的建筑文化也随之传入中国,表现在元朝宫廷建筑和各地的清真寺建筑上。

元初著名的回回建筑师也黑迭儿奉忽必烈之命,修造元大都京城。

---

① 马伯英等:《中外医学文化交流史——中外医学跨文化传通》,233页,文汇出版社,1993。

他设计督造的大都京城平面接近正方形,南北长7 400米,东西宽6 650米,皇城位于偏南部的中央。全城11座门,东、南、西三面各辟3门,惟北面只辟2门。城内分50坊,坊各有门,坊与坊之间配列平直宏阔的大道,极为壮观。全城共分384大巷,以钟鼓楼为全城中心点。皇城中有3组宫殿以及太液池、御苑等。所造宫殿和御苑,"崇楼阿阁,缦庑飞檐",极具阿拉伯建筑风格。保存至今的北京北海琼岛,即是当年也黑迭儿设计督造的御苑之一。也黑迭儿死后,其子马哈马沙继任父职,掌管工部,又修造多处兼具中国传统建筑风格和阿拉伯建筑风格的宫苑。这两位回回建筑师设计督造的元大都宫城,为后来明清两朝的京城北京奠定了基础。

元代各地兴建的清真寺,如广州光塔寺、泉州清净寺、喀什艾迪卡尔大寺、吐鲁番穆纳尼·王·伊敏大寺等,都采用阿拉伯或中亚风格。中国内地大部分清真寺,一般都包括望月楼、礼拜殿、唤醒楼(又名宣礼楼、邦克楼)、对厅、讲堂、碑亭、水房(教徒礼拜前沐浴净身用)等主要建筑。采用中国传统的殿宇式四合院,大门前有石雕,左龙右虎,门前有照壁,大殿上有圆顶建筑,寺内装饰有许多阿拉伯文书写的伊斯兰教经文或穆罕默德的语录,装饰纹样则由阿拉伯文字和几何线纹组成,整体建筑兼具中国传统建筑风格和阿拉伯建筑风格。

此外,各地的回回高层居宅和穆斯林墓葬,也明显具有阿拉伯建筑风格。

(四)炮术

中世纪伊斯兰国家设计制造的抛石机威力很大,能发射360公斤的巨石,远远胜过宋代《武经总要》中只能发射几公斤、几十公斤石头的抛石机。元朝在征伐南宋战争中,便使用这种回回人制造的新颖的巨石炮。因这种巨石炮是由回回制造和使用的,又称"回回炮"。

1271年,忽必烈的使者到达伊朗,请伊利汗阿八哈派遣炮匠支援即将进行的元朝最后吞并南宋的军事行动。阿八哈派旭烈人亦思马因和木发里人阿老瓦丁携家眷到大都任职,在北京造大炮,在午门前实验成功。1273年,亦思马因参加进攻南宋襄阳的战斗。亦思马因根据地势,在襄阳城外东南角装置能发75公斤石头的巨石炮。这种炮发射时,声如雷震,攻坚能力很强,所击目标无不摧毁,使襄阳城宋朝安抚使吕文焕束手无策,只得投降。亦思马因因功升任回回炮手总管,佩虎符。1274年,亦思马因病死后,由其儿子布伯袭职。元军大举南下渡长江时,布伯用回回炮在长江北岸击溃南宋舟师,渡江之后,重大战役都有布伯的回回炮手参与。1281年,布伯荣膺三珠虎符,加镇国上将军、回回炮手都元帅,成为回回炮手的最高统帅。

南宋于1273年侦知威力甚大的回回炮后,下令边郡仿造,所造抛石机胜过蒙古人的回回炮。虽然如此,却仍难以挽回南宋在军事上的失利。

南宋灭亡后,元廷下令全国能制造回回炮的工匠,集中大都,统一管理,让他们承担研制新型兵器的任务。1281年,元廷又命回回炮手在南京屯田。1285年,将回回炮手都元帅府改为回回炮手军匠万户府,以布伯的弟弟亦不剌金为万户。1329年,亦不剌金死后,由他的儿子亚古袭职。可见终元一代,回回炮的制造和利用,均都掌握在回回人手中。

(五)音乐

元代宫廷中设有回回乐队。1312年起设管勾司,专管回回乐人。1316年改常和署,下有署令、署丞、管勾、教师、提控。达达乐(蒙古乐)中演奏有回回乐曲,如《马黑某当当》、《清泉当当》等。

元朝使用的回回乐器多种,其中火不思、七十二琵琶、兴隆笙,均为新传入的阿拉伯波斯乐器。

火不思,是穆斯林常用的四弦琴,与胡琴类似。它是一种古老的弹拨乐器,可能源于突厥族。火不思的名称即为突厥语的音译。在中国文献中,尚有多种译名,如胡拨、胡拨四、虎拨思、浑不似、琥珀词、阔布孜等。记载火不思的可靠史料有《元史·礼乐志五》,云:"火不思,制如琵琶,直颈,无品,有小槽,圆腹如半瓶榼(盛酒用的器皿),以皮为面,四弦皮绗(弦丝),同一孤柱。"根据这一乐器的归类,可以明确它是一种用于宴乐的乐器。

关于火不思传入中国中原的途径,元代的记述认为它是从回回国传入的。元文宗(1328年—1329年在位)时人杨瑀在《山居新语》中说:"镶铁胡不思("胡不思"即"火不思"),世所罕有,乃回回国中上用之乐,制作轻妙。"所谓"回回国",很可能指中亚古国花剌子模,它地处阿姆河下游,靠近大盐池(今咸海)一带,11世纪至13世纪时是塞尔柱突厥统治的国家,1218 年至 1220 年间曾被成吉思汗征服。①

唐宋时期火不思在中原地区尚未流行,其流行则自元代始。在元代,火不思是一件相当重要的乐器。

现在新疆、内蒙古和云南丽江等地仍有火不思的改进型乐器在流行,名称或有差别。如新疆柯尔克孜族的考姆兹(或称"库木孜")、云南丽江纳西族的胡拨(或称"色古杜"、"苏古杜")等。纳西古乐《别时谢礼》演奏的乐器中,有胡拨,即火不思的改进型乐器。

七十二弦琵琶,是一种古老的拨奏乐器,亦名"卡龙"、"卡侬",类似现代中国流行的扬琴,但扬琴是击奏乐器,而七十二弦琵琶是拨奏乐器。

七十二弦琵琶的发明者据说是阿拉伯哲学家兼音乐家艾布·乃思尔·法拉比(约 878—约 950)。七十二弦琵琶在随着伊斯兰教的传播而发展的过程中,阿拉伯人做出了很大贡献。12 世纪时,七十二弦琵琶远播东方和西方一些国家,至迟在 13 世纪中叶,经由南亚西北部一带传入元代中国。② 七十二弦琵琶,在清代宫廷"四部乐"中被称为"喀尔奈"。在现代新疆,称它为"卡龙",是维吾尔族多朗木卡姆音乐的重要乐器。

兴隆笙,类似管风琴的一种乐器。忽必烈中统年间(1260—1263),回回国进献一台兴隆笙。《元史·礼乐志五》"宴乐之器"说:"兴隆笙,制以楠木,形如夹屏,上锐而面平,缕金雕镂枇杷、宝相、孔雀、竹木、云气,两旁侧立花板,居背三之一,中为虚柜,如笙之匏。上竖紫竹管九十,管端实以木莲苞。柜外出小檼十五,上竖小管,管端实以铜杏叶,下有座,狮象绕之,座上柜前立花板一,雕镂如背,板间出二皮风口,用则设朱漆小架与座前,系风囊于风口,囊面如琵琶,朱漆杂花,有柄,一人按小管,一人鼓风囊,则簧自随调而鸣。"原来有声无律,经玉宸乐院判官郑秀考正音律,分定清浊,加以改造,列入宴乐大器,大朝会时演奏,每具用乐工两人。

兴隆笙虽不能与今日规模宏大的管风琴同日而语,但在当时元朝宫廷的人们看来,已经是一件十分宏伟而玄妙的乐器了。

元末明初人陶宗仪的《南村辍耕录》卷 5 说:"此笙一鸣,众乐皆作。

---

① 冯文慈主编:《中外音乐交流史》,152 页,湖南教育出版社,1998。
② 冯文慈主编:《中外音乐交流史》,154 页,湖南教育出版社,1998。

笙止,乐亦止。"可见,它在宴乐中是件起导乐作用的重要乐器。

《元史·礼乐志五》又载,在元仁宗延祐年间(1314—1320),又制作改进型兴隆笙 10 台,取名"殿庭笙"。这时距离中统年间兴隆笙的初次传入,已有 50 多年。

元末明初人王祎(1322—1373)写过一篇《兴隆笙颂并序》,说"其制之宏巨,历古所无",是非常吸引人的。

中国传统音乐,多以打击乐器、吹奏乐器为主。西亚音乐的东渐,使中国音乐的乐器编配和使用发生了变化。许多传入中国的西亚乐器,经过改制变化以后,逐渐成了中国民族乐器。

宋元时代,中国文化与阿拉伯波斯文化的交流,对双方乃至整个世界都产生了积极而深远的影响。从这个意义上说,阿拉伯波斯文化在空间上沟通了东西方,在时间上连缀了古近代。

十一　棉花的传入及其影响

棉花是中国制作衣被的主要原料。中国人民普遍穿棉衣的历史还不到 1 000 年。宋元以前,麻布是中国平民长期的主要衣着原料。宋元以后,棉花逐渐取代麻而成为纺织业的主要原料。

中国并非棉花原产地,棉花是由国外传入的。传入边疆地区较早,而传入中原较迟。棉花传入中国,大约有 3 条不同的途径:

第一条途径是印度的亚洲棉经由东南亚传入中国的海南岛及两广地区。《后汉书·南蛮传》载:"武帝末,珠崖太守会稽孙幸调广幅布献之。"珠崖即今海南岛东北部,广幅布就是棉布。由此可知,秦汉时海南岛已经植棉生产棉布了。

第二条途径是由印度经缅甸传入中国云南地区。《后汉书·西南夷传》记哀牢夷"有梧桐木华,绩以为布,幅广五尺"。左思《蜀都赋》云"布有橦华",李善注引张揖曰:"橦华者,树名橦,其花柔毳,可绩为布也,出永昌。"这里的哀牢、永昌,均指今滇西地区,而"梧桐木华"、"橦华",即指棉花。

第三条途径是非洲棉经由中亚传入中国新疆地区,再到河西走廊。《梁书·西北诸戎传》:"高昌国,多草木,草实如茧,茧中丝如细纩,名曰白叠子,国人多取织以为布。布甚软白,交市用焉。"高昌就是今天盛产棉花的新疆吐鲁番。①

棉花通过上述3条途径传入中国后,长期停留在边疆地区,未能广泛传入中原。851年,著名的阿拉伯旅行家苏莱曼在其《苏莱曼东游记》中,记述在今天北京地区所见到的棉花还是在花园之中作为"花"来观赏的。唐宋文学作品中,"白叠布"、"木棉裘"都还是珍贵之物。北宋末年,蔡絛在《北征纪实》中还称棉花为"南货",可见,当时棉布主要还是在岭南地区生产的。

由于唐代与西域地区经济文化交流的频繁,由于宋代经济中心的南移,长江流域与两广、云贵地区经济来往密切,棉花在唐宋时期不断向中原地区移植。在宋代,周去非的《岭外代答》、赵汝适的《诸蕃志》、方勺的《泊宅编》等书,都有关于"南人"、"闽广之人"如何纺绩棉花的记载,证明中土之人对棉花渐有了解。元代官修的《农桑辑要》称:"苎麻本南方之物,木棉亦西域所产。近岁以来,苎麻艺于河南,木棉种于陕右,滋茂繁盛,与本土无异。二方之民,深荷其利。"元代王桢《农书》亦称,木棉"其种本南海诸国所产,后福建诸县皆有,近江东、陕右亦多种,滋茂繁盛,与本土无异"。据这两条记载可以明显看出,宋元时期棉花由边疆地区向中原地区传播的趋势。

元代,棉花种植迅速发展并超过桑麻而成为中国纺织工业的主要原料。元至元二十六年(1289年),元世祖忽必烈在浙东、江东、江西、湖广、福建等地设置木棉提带司,专门督课棉植,征收棉布。可是,当时长江流域的棉纺技术十分落后。据元代王桢的《农书》记载,那时仅有揽车、弹弓、卷筳、纺车、拨车、线架等生产工具,这些生产效率低下的生产工具和简陋的生产技术满足不了社会的需要。于是,改进纺织工具,提高织造技术,便成了亟待解决的社会现实问题。宋代女纺织专家黄道婆为这一社会现实问题的解决做出了贡献。

黄道婆约1245年生于松江府乌泥泾镇(今上海县华泾镇)的贫苦家庭。十二三岁时被卖做童养媳,因不堪虐待,深夜逃入道观之中。以后被一道姑带上海船,到海南岛南端的崖州(今海南省崖城镇)。她受到海南黎族同胞的友好接待,生活了30余年,在种植棉花千余年的崖

---

① 袁庭栋:《棉花是怎样在中国传播开的》,载《文史知识》,1984(2)。

州学会了种植、棉
纺、棉织的全部技
术。1295 年至 1296
年间,她又搭船回
到阔别多年的家乡
乌泥泾,传播植棉
技术,并对家乡落
后的纺织工具作了
极为成功的改革,
如以轧车去除棉
子,以 4 尺大弓击
弦弹棉,以三锭脚
踏纺车纺纱,以"错
纱、配色、综线、挈
花"等技术织造各
种美丽的棉织品。
三锭脚踏纺车是当
时最先进的棉纺
车,比英国哈格里
夫斯于 1765 年创造
的西方第一架手摇
纺纱机,即著名的
"珍妮机"早 400 多
年。

黄道婆塑像

　　消息传出,震动大江南北。上海、太仓等地的百姓纷纷到松江乌泥
泾学习、仿效。从此,"乌泥泾被"名传四方,享有"松郡棉布,衣被天下"
的盛誉。各地富商巨贾纷至沓来,争相购买。短期之中,松江成为著名
的棉纺中心,推动了大江南北植棉业和棉纺织业的迅速发展。

　　综上所述,公元前 2 世纪到公元前 3 世纪,中国棉区在海南岛、云
南、新疆等地,是棉花传播到中国的初期阶段。海南岛、云南的棉种是
亚洲棉,新疆的棉种是草棉。这一时期,植棉和纺织技术已为兄弟民族
所掌握,汉族虽已看重棉布,但未植棉。

3世纪至13世纪,中国植棉区主要在岭南,另在四川也有种植。这一时期,南方的亚洲棉已逐渐由两广北上至福建。汉人已逐渐掌握了棉花栽培技术和棉纤维的纺织技术。闽、广一带已获植棉之利,但棉花在国民生计上,尚不占重要地位。12世纪前,中国内地许多地区尚未大量种植棉花。

13世纪后期至14世纪初,棉花的种植由边疆分南北两路扩展到长江流域和黄河流域,形成"南北混一"的局面。于是,棉花很快成为中国人民普遍享用的服装原料。

此后不久,棉花又从中国传到朝鲜。朝鲜《李朝太祖康献大王实录》记载,1363年,高丽使臣书状官文益渐奉使元朝。回国时,看见路边种有棉花,就摘了十几颗棉桃,装在口袋里。第二年,回到家乡晋州,送一半给同乡郑天益试种。结果只有一株成活,到秋天收得100多颗棉桃。以后年年加种,到1367年郑天益把棉种分给乡里农民,劝他们种植。有一天,胡僧弘愿到郑天益家,看到棉花,高兴之至,便传授纺织知识,还替做了工具。郑天益立刻叫家里人织成一匹,邻里很快学会了,并教会了一乡。不到10年工夫,又教会了一国。

可见,朝鲜种植的棉花是由文益渐于1363年从中国传入的,1364年在晋州试种,1377年左右推广到全朝鲜。[1]

---

① 吴晗:《木棉的广泛种植和传入朝鲜》,见《灯下集》,14～15页,生活·读书·新知三联书店,1960。

中 * 外 * 文 * 化 * 交 * 流 * 史

第 六 章

明清时期的中外文化交流

概　述

　　明清时期(1368—1911)是中国卷入世界资本主义的时期。它一般可分为三个阶段:明初政治经济文化开放繁荣期、明中叶至 1840 年闭关锁国期、近代半殖民地半封建时期。

　　自古以来,中国传统文化独步亚洲,领先世界,直到明初。"恐怕明朝明成祖时候,郑和下西洋还算是开放的。明成祖死后,明朝逐渐衰落。以后清朝康乾时代,不能说是开放。如果从明朝中叶算起,到鸦片战争,有 300 多年的闭关自守,如果从康熙算起,也有近 200 年。长期闭关自守,把中国搞得贫穷落后,愚昧无知"①。

　　明初郑和下西洋,把以"输出"为主流的中外文化交流推向了顶峰。

　　明初是中国封建社会由盛至衰的转折,也是中国文化由盛至衰的转折。15 世纪郑和下西洋后 59 年,就出现了以 1492 年哥伦布发现美洲新大陆为标志的"地理大发现"。由于地理大发现所产生的巨大影响,欧洲文艺复兴运动的兴起,导致西方工业文明迅速崛起,就发展水平而言,超过了还在缓慢发展的中国文化。于是,一向被认为是"高势文化"的中国文化,变成了"低势文化"。因此,在中外文化交流中,由以"输出"为主,不得不变为以"输入"为主。这种势位的调换、磨合、适应、会通,便成为明清时期中外文化交流的基调。

　　明代中叶以后,以利玛窦为代表的欧洲传教士东来,揭开了"西学东渐"的序幕。欧洲传教士到中国后,察知明朝国力尚盛,在中国传教

---

　　① 邓小平:《在中央顾问委员会第三次全体会议上的讲话》,见《邓小平文选》,卷 3,90 页,人民出版社,1993。

不能采用当时在基督教世界占主导地位的军事征服策略,而必须采用适合中国国情的适应性策略,与儒家思想进行调适;另一方面,在明末社会剧烈变革的冲击下,以徐光启为代表的受经世致用思想影响的中国士大夫,在对基督教和西方科技知识有所了解后,认为西方文化在一定程度上可能有益于中国社会的进步,从而投入到会通中西、促进中西文化交流的事业中。

1840 年的中英鸦片战争迫使中国向古代告别,蹒跚地走向近代。

西方资本主义列强的侵略使中国一步步地陷入了屈从于西方列强的半殖民地半封建社会的深渊中。外祸日亟,国贫民困,亡国大祸迫在眉睫,民族危机日趋严重。中国近代的民族危机是西方资本主义国家入侵引发的,它不同于以往任何一次汉民族危机,而是封建政治经济文化的全面危机,也是中华民族的生存危机。作为封建政治和经济的反映并反转过来为之服务的中国传统文化,已不能回答和解决社会所面临的救亡图存、富国强兵等问题。为了建立和发展中国的资本主义文化,近代中国人民做出了向西方学习的文化选择。这是在西方列强冲击下中华民族被迫的选择,也是中华民族走向复兴之路的选择。诚如毛泽东所说:"自从 1840 年鸦片战争失败那时起,先进的中国人,经过千辛万苦,向西方国家寻找真理。洪秀全、康有为、严复和孙中山,代表了在中国共产党出世以前向西方寻求真理的一派人物。那时,求进步的中国人,只要是西方的新道理,什么书也看。向日本、英国、美国、法国、德国派遣留学生之多,达到了惊人的程度。国内废科举,兴学校,好像雨后春笋,努力学习西方。""要救国,只有维新,要维新,只有学外国。"①

林则徐是第一个睁眼看世界的中国人。他在广州查禁鸦片走私时,组织人员搜集有关英国的情报,主持编译了《四洲志》。这本书是第一部向国人系统介绍世界地理的著作,打开了中国人的眼界。此后,魏源等人编著了多部有关世界历史或中外关系的著作。这些著作表现出中国人最初的世界意识。中国人最初表现出学习西方的意向主要是仿造船炮。魏源根据林则徐的思想概括出一个具有普遍意义的命题——师夷长技以制夷,并提出了比较系统的学习西方军事技术和民用科学

---

① 毛泽东:《论人民民主专政》,见《毛泽东选集》(合订一卷本),1358～1359 页,人民出版社,1964。

技术的具体主张。从"开眼看世界"到"师夷长技",是深刻的文化观念的变化,它为大规模学习西方科学技术、为 19 世纪 60 年代洋务运动的兴起提供了思想准备。

洋务运动的重大贡献是大量输入西方科学技术知识,冲击和动摇了中国传统文化的价值取向和思维习惯,为中国近代文化的形成创造了条件。

洋务运动的兴起,表明中外文化交流经过调适后进入了会通期。文化交流从来都是双向的运动过程,没有也不可能存在单纯的输入或输出。因此,西学东渐,中学西传,仍然是明清时代中外文化交流的基本格局。不过,相对而言,代表近代资本主义文明的西学较之中学的发展水平为高,因而在近代中外文化交流过程中,西学东渐始终是主流。

必须指出的是,西方文化的传入是随着西方殖民主义者的侵略同时进行的。西方文化在当时中国人面前表现出既野蛮又先进的双重性格。就野蛮而言,足令中国人民愤慨万分。以西医的传入为例,少数欧洲传教医生在中国开办的教会医院里拿中国病人做实验,注射痉挛药,培养蚤子,试验斑疹伤寒传染过程。更有甚者,中国孕妇崔淑萍因缺钙而患软骨病,本来只要服些钙片及维生素 D 即可治愈,但帝国主义分子为了收集这种病症的标本,竟在将病人收住医院期间,不给病人服钙及含钙食物,而活活把病人折磨致死,以取得一份所谓"珍贵"的骨骼标本。至今这个标本作为帝国主义罪行的见证,仍保留在北京首都医院。正如列宁所说:"中国人的确憎恶欧洲人,然而他们究竟憎恶哪一种欧洲人呢? 并且为什么憎恶呢? 中国人并不是憎恶欧洲人民,因为他们之间并无冲突,他们是憎恶欧洲资本家和惟资本家之命是从的欧洲各国政府。那些到中国来只是为了大发横财的人,那些利用自己的所谓文明来进行欺骗、掠夺和镇压的人,那些为了取得贩卖毒害人民的鸦片的权利而同中国作战(1856 年英法对华的战争)的人,那些用传教的鬼话来掩盖掠夺政策的人,中国人难道能不痛恨他们吗?"[①]

但是也必须指出,传教医生把西医的科学技术知识传入中国,为中国训练了一批医药技术人员。所有曾经在中国工作过的外国医护人员,也并不都是帝国主义分子,真正推行侵略政策的是少数人。有的传

---

① [苏]列宁:《中国的战争》,见《列宁选集》,卷 1,214 页,人民出版社,1960。

教医生对中国还是友好的,如帕特里克·曼松医师,1896 年曾在伦敦保护过被绑架的孙中山先生。中国人并不憎恶这些友好的欧洲人,更不仇恨欧洲的文化和文明。西医西药方面的科学技术知识,中国人民从来都是乐于接受,并且努力发展使之成为自己战胜疾病、维护健康的有力武器,即证明了这一点。

物质文化层面上的交流,一般都会惠及双方,产生正面影响,起推动文化发展的积极作用。但在一些特定历史条件下,物质文化层面上的少数交流却会带来弊端和危害,产生负面影响,起阻滞文化发展的消极作用。明清时期烟草和鸦片的输入,给中国人民和中国文化带来许多弊端和严重危害,即为典型的二例。

一 郑和下西洋与中外文化交流

明初,由于明成祖朱棣实行对外开放政策,海上丝绸之路得以空前繁荣,其中最为壮观、影响最大的,要数 15 世纪初的郑和下西洋。

郑和(1371—1433)是中国历史上杰出的政治活动家和伟大的航海家,也是世界历史上的伟大航海家。从明永乐三年(1405 年)到明宣德八年(1433 年)的 28 年间,郑和连续 7 次统率百艘巨舰,27 000 多名官

郑和像

兵,"云帆高张,昼夜星驰","维艄挂席,际天而行",渡南洋,过印度洋,达红海,航程总计 16 万海里,历经东南亚(又称"南洋")、南亚、西亚和东非的 30 多个国家和地区,与所到国家和地区建立了和平友好关系,进行经济文化交流。郑和下西洋不仅是中国航海史上的空前创举,也是具有世界性影响的历史事件,可以说它是世界地理大发现的先导。郑和下西洋的成就,概而言之,政治上建立了亚非国家间的和平局势,提高了中国在国际上的威望;经济

上发展了亚非诸国同中国的国际贸易,促进了海上丝绸之路的繁荣发展;文化上敷宣了中国传统文化,增强了中国与亚非国家的相互了解和友谊。郑和的功绩,诚如梁任公所言,虽张博望、班定远亦无以过之。孙中山先生给予充分肯定,称之为"中国超前轶后之奇举"。

明成祖制定的开放政策,促成了郑和七下西洋的历史壮举。

郑和所率船队主要活动在东南亚、南亚和东非三大区域。郑和经略这三大区域,在总体战略上,是按"三级"式格局,呈梯状层层西进的。即以南洋诸国为后方基地,以印度南半岛及其沿海诸国为活动中心,远至西亚、东非。历时28年的郑和下西洋,大大促进了中外文化交流。

(一)物质文化的交流

郑和船队七下西洋,出使亚非30多个国家和地区,每到一处,宣读皇帝诏书,向各国国王君主颁赐印绶、冠服、礼品,产生了巨大的吸引力,从而为招徕各国到明朝朝贡,扩大中国与海外各国友好通商关系起到了重要的作用。"自是蛮邦异域,前代所不宾者,亦皆奉表献诚,接踵中国。或躬率妻孥,梯航数万里,面谒阙庭。殊方珍异之宝,麒麟、狮、犀、天马、县神鹿、白象、火鸡诸奇畜,咸交廷实。天子顾而乐之,益泛海通使不绝。"[①]

郑和父马哈只之墓,位于云南省晋宁

---

① 南京图书馆藏佚名:《明史稿·郑和传》。

15 世纪初,东南亚、南亚许多国家与中国相比,还处于较为落后的社会发展阶段上,往往一个城邦或一个部落即号称一国,社会文明程度极为低下。如爪哇国,"国人男子蓬头,妇女椎髻,上不著衣,下围手巾";"国人坐卧无床凳,饮食无匙箸。饭用盘盛,沃以酥汁,手撮而食"①。"人吃食甚是秽恶,如蛇蚁及诸虫蚓之类,略以火烧微熟便吃,家畜之犬,与人同器而食,夜则共寝,略无忌惮"②。又如暹罗货币制度很不发达,使用的是原始贝币海贝。又如占城国,无纸笔,"不解朔望"③。其落后程度可想而知。在这种情况下,不难理解东南亚国家人民对发达的中国封建经济文化的载体之一——中国制造品的渴求和仰慕。

郑和船队通过赏赐、贸易等途径输入东南亚的物品,据《瀛涯胜览》、《星槎胜览》、《东西洋考》、《西洋番国志》等书的记载,计有:青花瓷器、青瓷盘碗、麝香、烧珠、樟脑、橘子、茶叶、漆器、雨伞、金、银、铁鼎、铁铫、铜钱、湖丝、绸缎、丝绵、铁制农具、金属制品等。其中以丝绸、瓷器为大宗。

郑和船队通过丝绸贸易,使中世纪南洋各国人民享受到先进的中国丝绸文明,并使之在衣着服饰等方面受到中国文化的影响。据美国学者奚尔恩著《远东史》第 16 章云,郑和下西洋后,马来西亚"衣服装饰亦受中国之影响。摩罗妇女所服之有袖短衫与宽大之裤、玻璃珠、各式礼帽、雨衣、履底等类皆由中国传入。丝瓷及各种光滑之陶器,亦来自中国"。

就陶瓷器而言,尽管郑和船队每次带出去的陶瓷器无确切的文字记载,但据《瀛涯胜览》、《星槎胜览》记载,当时中国的青瓷和青花瓷器在东南亚很受欢迎。《瀛涯胜览·占城国》说:"中国青瓷盘碗等品……甚爱之。"该书还提到爪哇"国人最喜中国青花瓷器"。朴素大方、隽永雅致的青花瓷,是江西景德镇传统名瓷。它虽然色彩单一,但看来并不觉得单调。在绘瓷工人的生花妙笔下,浓抹淡施,寥寥数笔,使人感到美不可言。"在郑和时代,青花瓷为适应外销,广泛注意到各地的特殊

---

① [明]巩珍:《西洋番国志》"爪哇国"条。
② [明]马欢:《瀛涯胜览》"爪哇国"条。
③ 《明史》,卷 324,《占城传》。

需要。如大批军持运往东南亚……"① 由于大批青花瓷被郑和船队销往东南亚,使青花瓷成为东南亚各国不分贵贱喜见乐用的日用器皿和珍贵礼器。"缅甸常将中国瓷罐埋在地下,或送往佛庙供奉。菲律宾居民将青花瓷当做尊贵的用具,过节时才从窖藏取出。青花瓷也被嵌置室内,以供观赏。……在(马来西亚)沙捞越和肯尼亚沿海,都可见到风格独特的柱墓,竖立在墓葬前高达 5 米的四角、六角或八角形柱子上刻有花纹,并镶有中国青花瓷。大量外销的青花瓷器,在暹罗、菲律宾卡拉塔甘和沙捞越的曼拉诺人中间,又是最重要的陪葬品。在南海(东南亚)和印度洋各地,青花瓷的价值早已超过它的经济含义,而成为友谊和永恒的象征,具有神圣的精神内涵了"②。

郑和时代,东南亚某些地处偏远的小国,饮食文化相当落后。宋人赵汝适《诸蕃志》"登流眉"③ 条,记载泰国地域内的这个古国的饮食习俗:"饮食以葵叶为碗,不施匕箸,掬而食之。"《诸蕃志》"苏吉丹"④ 条:"饮食不用器皿,缄树叶以从事,食已则弃之。"同书"渤泥"⑤ 条:"无器皿,以竹编贝叶为器,食毕则弃之。"郑和船队输往东南亚的中国精美陶瓷器具,正可作为东南亚各国人民普遍喜爱的理想食具,《明史》卷 323 "文郎马神"⑥ 条:"初用蕉叶为食器,后与华人市,渐用瓷器。"中国陶瓷改进了东南亚国家的饮食习俗,提高了他们的饮食文化层次,丰富了他们的物质生活。其后,他们乐而沿用中国陶瓷器具至今。

郑和下西洋,把当时中国发达的工业制品及其生产技术带到东南亚、南亚,这对于促进东南亚、南亚经济文化的发展,是做出了贡献的。远航的结果又促进了海内外货物的交流,大大刺激了国内手工业的生产,并使国内大批民众得以顺利地向南洋寻求发展。

东南亚物产丰富,若干物货为中国人日常生活所不可缺。所谓"夷

---

① 沈福伟:《中西文化交流史》,310 页,上海人民出版社,1985。"军持"是印度梵语的音译,指印度游僧使用的一种盛水器,15 世纪盛行于东南亚。

② 沈福伟:《中西文化交流史》,311～312 页,上海人民出版社,1985。

③ 登流眉,古国名,地域在今泰国西南部、马来半岛洛坤一带。《宋史》,卷 489,"外国传"作"丹眉流"。

④ 苏吉丹,又称"斯吉丹",古国名,故地在印度尼西亚爪哇中部。

⑤ 渤泥,今文莱之古名。

⑥ 文郎马神,古国名,故地在印度尼西亚加里曼丹南部马辰一带。

阿曼香料

中百货,皆中国不可缺者,夷必欲售,中国必欲得之"[1]。东南亚盛产的香料(主要有龙涎香、沉香、乳香、木香、苏合香、丁香、降真香、豆蔻、胡椒等)和药材(主要有大枫子、阿魏、没药、荜澄茄等)为中国所无或很少出产,而香药在中国有多种用途。首先,是在饮食方面,加入适量香药,可使饮料和食品气味芬芳,刺激食欲,还可起防腐作用;其次,用来净化环境,祛除秽气;再则,宗教仪式和祭祀仪式中使用香药,芳香弥漫,烟雾飘升,可增加宗教仪式和祭祀仪式严肃、神秘的气氛。

东南亚出产的香药不仅种类齐全,而且产量多、质地好。多种香药的发现和利用,是东南亚各国人民对世界文明所做的贡献。这些香药,实乃"中国不可缺者"。故明成祖"大赍西洋,贸采琛异",大量购买和采集奇香异药,"由是明月之珠,鸦鹘之石,沉南龙速之香,麟狮孔翠之奇,梅脑薇露之珍,珊瑚瑶琨之美,皆充舶而归"[2]。

郑和下西洋之前,中国与东南亚的香药贸易早已存在,所得香药乃属富贵人家的奢侈品,寻常百姓家并不普。郑和下西洋将香药贸易推向巅峰,使香料得以与平民百姓的日常生活联系起来,丰富了中国人

---

① [明]严从简:《殊域周咨录》,卷8,"暹罗"。

② [明]黄省曾:《西洋朝贡典录·自序》。

民的饮食文化。以胡椒为例,可见一斑。15 世纪以前,胡椒在中国一直是珍品。唐代主要用做药物,仅在"胡盘肉食"时才用胡椒调味。宋元时,"胡椒八百万"长期成为描述奢侈富有的传统说法。然而,至明代,由于郑和远洋贸易的结果,胡椒开始大量充斥市场,甚至成为货币的代用品,与宝钞、绢布相互替用。胡椒大量推上市场,致使价格一降再降。到万历年间(1573—1619),胡椒由珍品变为常物。诚如明人李时珍所云,昔日珍品胡椒,已成为"今遍中国食品,为日用之物也"[①]。

郑和船队从南洋带回的以香药为主,包括燕窝等大量草药,成为中国本草的重要组成部分,从而为促进中医药的发展、保障中华民族的繁衍昌盛,起到了重要作用。如郑和从婆罗洲的居民中发现他们食用能"健身壮阳"的燕窝,"带回中国后,便风靡大陆"。与此同时,郑和船队为南洋诸国带去了中国生产的人参、麝香、大黄、肉桂、茯苓、姜等中药,丰富了南洋本土药物。

郑和船队每次出海都配备医官、医士 180 余名,平均 150 名官兵配备 1 名医官或医士,并动用太医院的医官,"主一舶之疾病"。平均每艘设医官、医士 2 名至 3 名。郑和船队的医务人员除为出海的船队人员防病治病外,还为南洋各地居民防病治病,传授先进的中国医药知识,从而促进了中国与东南亚的医药文化交流。

据文献可考,郑和从东南亚等地采集引进的珍稀植物和香料还有:南京静海寺、太仓天妃宫的西府海棠,南京白云寺的蔷葡花,南京报恩寺、天界寺的五谷树(相传可验年岁丰歉),南京天妃宫、泓济寺、报恩寺、高座寺、灵谷寺内的娑罗树和太仓天妃宫的返魂香等。

15 世纪初,许多东南亚国家还没有像样的纸和笔。据《瀛涯胜览》记载:占城"其书写无纸笔,用羊皮搥薄,或树皮熏黑,折成经摺,以白粉载字为记"。《星槎胜览》也记载:占城"其国无纸笔之具,但羊皮搥薄熏黑,削细竹为笔,蘸白灰书写,若蚯蚓委曲之状"。郑和出使占城时,传去明朝制造的纸、笔、墨和造纸、制笔、做墨的技术。这些制造品和制造技术的传入,对于占城文化教育事业的发展无疑起了积极的作用。

郑和下西洋,把当时中国较先进的工业制品和农业生产技术带到东南亚,促进了东南亚经济文化的发展。远航的结果,促进了海内外货

---

① [明]李时珍:《本草纲目·果部》,卷 32。

物的交流,刺激了国内手工业的生产,并使国内大批民众获得了更多的东南亚地理知识,进而引发了东南沿海人民向南洋寻求发展的高潮。

(二)制度文化、精神文化的交流

郑和访问东南亚时,奉命"颁诏",赐明朝冠服予满剌加、占城、暹罗、爪哇、渤泥等国,同时主持"施恩封泽"仪式。对国王赐以皮弁玉圭、麟袍、龙衣、犀带、玉带,而对一般使节则赐以"朝服"和"公服"。如永乐七年(1409年),郑和奉命赐满剌加头目双台银印冠带袍服,建碑封城,建立满剌加国。于是,接受郑和颁赐冠带袍服的满剌加头目拜里米苏剌,便由一个"不习衣冠疏礼义"的部落首长,正式成为一个国家的国王。其宫廷百官的服饰制度与明廷亦毫无二致。这就改变了原先"不习衣冠疏礼义"的原始部落的落后状态,使之几乎跨越了数个历史时代,跃入了文明发达的封建社会。

颁赐冠服,除郑和代表明廷主动颁赐以外,有些东南亚国家的使臣还主动要求颁赐。如永乐四年(1406年)正月,渤泥国使臣生阿烈伯成、通事沙扮等访明回国前,主动请求成祖:"远夷之人,仰慕中国衣冠礼仪,乞冠带还国。"成祖"嘉而赐之生阿烈伯成镀金银带、沙扮素银带"①。又如正统二年(1437年)三月,爪哇国使臣亚烈来哲奏:"臣在永乐、宣德中,以通事来朝,累蒙恩赐银带。今国王升臣亚烈,乞赐金带。"英宗"命如例予之"②。

上述东南亚国家由"不习衣冠疏礼义",到"仰慕中国衣冠礼仪",表明其在文物典章礼仪方面实现了由落后愚昧的状态向文明社会的飞跃。

永乐十四年(1416年)四月初六日,明成祖在论及郑和下西洋一事时明确指出:"恒遣使敷宣教化于海外诸番国,导以礼义,变其夷习。"③郑和忠实执行明成祖旨意,"所至颁中华正朔",就是颁给本朝的历法;要求海外诸国承认中国为"正朔所在",奉行明廷颁给他们的历法。所颁历法,即《大统历》,有"王历"与"民历"两种,记载上至国家大事,下至民间生活各项应行事宜,达62项。其主要内容包括了当时中国国家政治、经济、社会生活、劳动生产、封建礼俗的各个方面。郑和向东南亚诸

---

① [明]《太宗实录》,卷50。
② [明]《英宗实录》,卷28。
③ 南京《御制弘仁普济天妃宫之碑》。

国颁赐历法,引导海外诸国学习、遵循,目的是提高其整个社会文明发展的程度。永乐十五年(1417 年),郑和第 5 次下西洋时,成祖命郑和将《大统历》赐予占城国王占巴的赖。宣德元年(1426 年),明宣宗又派人前往占城颁赐《大统历》。从此,占城普遍采用明朝的《大统历》。明代颁行的《大统历》,源于元代郭守敬创制的《授时历》,是当时比较精确的历法。这种历法的传入,对占城社会生活和农业生产具有积极意义。

郑和出使,每次都携带大量的中国铜钱,或作为礼品馈送,或为贸易用的货币。因此,郑和船队通过赏赐、贸易等方式输出的中国铜钱,大量传布到东南亚,致使原来使用贝币的东南亚国家过渡到使用中国铜钱。在爪哇,"国人多富,买卖俱用中国铜钱"[①]。在旧港,"市中交易亦使中国铜钱"[②]。在泗水,"买卖交易行使中国历代铜钱"。"国人最喜中国青花瓷器,并麝香、锁金丝、烧珠之类,则用铜钱买卖"[③]。使用中国铜钱,大大有利于当地的商品流通,从而促进印尼各岛农业、手工业和商业的发展。中国的金融制度在东南亚通行了几个世纪,一直到第二次世界大战前,印尼巴厘岛及小巽他群岛尚用清代铜钱。时至今日,这种文化影响仍然存在。1956 年 9 月,宋庆龄在《访问印度尼西亚的报告》中说道:"在巴厘岛上我们发现比别处较多的中国、印度尼西亚历史上文化交流的事实。我们国内已不易见到的铜钱,在巴厘岛上家家都能找到,这种铜钱被停止流通还是不久的事情。现在人们把铜钱结成一串一串的吊起来作为宗教仪式上不可缺少的神器。在一家银店里我们发现一串串铜钱中有开元年号的,有万历年号的,也有清朝各种年号的,可见中国、印度尼西亚历史上文化关系的密切。"[④]

郑和下西洋,本着"敷宣教化于海外诸番国,导以礼义,变其夷习"的精神,向东南亚国家敷宣中国的教化,以提高其文化程度,改变其落后面貌。28 年中,郑和船队"周游南洋群岛,所至宣布大明德政,抚慰土人;又所至皆有遗迹,凿山开路,掘地取泉,至今英荷二属均有三宝井留存"[⑤]。曾作为郑和使团在南洋的重要据点的马六甲城,现存有三宝

---

① [明]巩珍:《西洋番国志》"爪哇国"条。

② [明]马欢:《瀛涯胜览》"旧港国"条。

③ [明]马欢:《瀛涯胜览》"爪哇国"条。

④ 《人民日报》,1956-09-27。

⑤ 梁绍文:《南洋旅行漫记》,"三宝井与喷火山"。载《东方杂志》,卷 41,第 10 号。

城和三宝井遗址。张礼千《三宝和宝船》一文认为,"据说满刺加人从郑和那里学会建筑城市和掘井取水的本领外,还为他们开山筑路,发展交通,给人们医病防病,传授先进的生产技术和经验,教给文明生活的知识,使他们文明生活的水平大大提高了一步"。印度尼西亚三宝垄有三宝庙,三宝庙内有三宝洞,三宝洞旁有三宝井,是当年郑和所凿。三宝井之井水清新甘美。"人们常成群结队来这里饮水、冲凉,据说可以祛病延年"①。

由于郑和船队的努力,东南亚不少国家出自对中华风物的仰慕,除派使臣来华朝贡之外,4个东南亚国家渤泥、满刺加、苏禄、古麻刺朗国的11位国王亲自率领庞大使团访问明朝。明廷隆重接待了上述4个国家的多位国王及其使团,赐给仪仗及宫廷所用贵重用品,"自王以下,衣服之制如中国","礼乐明备,祯祥毕集",使之有机会"睹天子声光",沐中华礼仪。其中访明的三位国王——渤泥国王麻那惹加那、苏禄国东王巴都葛巴答刺、古麻刺朗国王斡刺义亦敦奔因病逝于中国,明成祖按中国礼制分别谥号"恭顺王"、"恭定王"、"康靖王",命以王礼厚葬,成为中国与东南亚国家友好交往的佳话。

郑和每次出访,都带有一支威武雄壮的仪仗队,其成员由官校、旗军、勇士等组成。每到一处,首先出动队列整齐的仪仗队,一方面担任警卫,壮大声威;另一方面则使海外诸国目睹中华礼仪之美。

郑和使团在国外努力"宣敷文教",直接或间接帮助各国建立健全国家制度、礼仪制度、法律制度,或邀请各国使节到中国访问,使其目睹中国的社会文明。明朝政府制定了藩王朝贡礼、藩王遣使朝贡礼、藩国进贺表笺礼等,使来访的外国使节接受中华礼仪的熏陶。逢喜庆节会,明廷常邀使节与臣民同乐,参加酒宴、射击、观灯等活动。永乐二十一年(1423年)九月,郑和邀请包括东南亚的满刺加、苏门答腊在内的亚非16个国家的1 200余名使臣随郑和船队访问明朝。16国使臣在中国访问两个月后,又应邀参加迎接成祖"车驾入居庸关"的盛典。1 200余名"生居绝域"的亚非国家的使节应郑和邀请来明访问,受到明廷和中国人民优厚的礼遇,亲见中国文物典章之美,一睹"天朝太平乐事之盛",意识到自己所处的落后状态,自然为中华文教的魅力所吸引,仰慕

① 曾铁波:《郑和下西洋考略》,112页,1995。

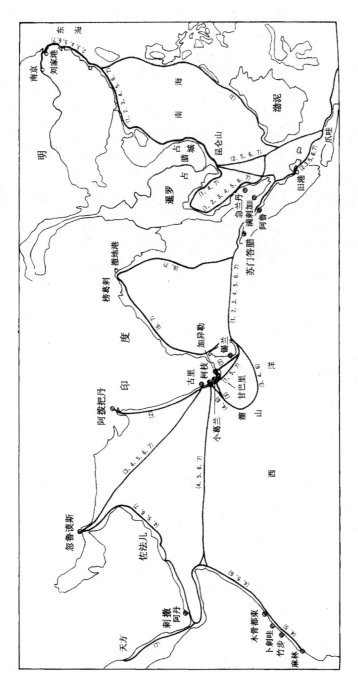

郑和七次下西洋航线图

马来西亚马六甲城内的"三宝井"
相传此井为 15 世纪初中国航海家郑和下西洋时所凿

中华雍容揖让的道德风貌,愿意接受中国的礼仪制度,改变习俗。

马来西亚学者赵泽洪说:"在发展南洋经济贸易、改善生活方面,郑和做出了突出的贡献,使南洋各国各地都信任的钱币、中国的度量衡制度和政府组织等等,都是郑和下西洋期间从中国带出来而在南洋流通、通行的。"①

郑和七下西洋,历尽惊涛骇浪。每当遇险时,总祈求中国的民间航海保护神妈祖庇护。罗懋登的《三宝太监西洋记通俗演义》对妈祖神灯作了生动描述。南京下关天妃宫的《御制弘仁普济天妃宫之碑》、江苏太仓刘家港的《娄东刘家港天妃宫石刻通番事迹碑》和福建长乐《天妃灵应之记碑》,就是郑和崇信妈祖的具体记录。崇信和祭祀妈祖,在科学不发达的中世纪,显然是一种消极的迷信行为,然而在当时,人们通过祭祀妈祖在心理上得到某种安慰,从而对稳定人心、增强信心、协力完成充满艰难险阻的远洋航海任务,能起到一种精神支柱的作用。福建是妈祖的故乡,郑和下西洋对妈祖的宣扬首先在中国南方各省尤其

① [马来西亚]赵泽洪:《马中关系与三宝山》,见南京郑和研究会编:《走向海洋的中国人》,281 页,海潮出版社,1996。

郑和宝船模型

是福建、台湾、广东等沿海省区产生了深刻影响;随着福建广东人徙入东南亚的增多,妈祖信仰在东南亚盛传不衰。

　　明初的郑和船队,有效地清除了洪武以来中国东南沿海和东南亚地区的海盗之患,完全打通了由中国至东南亚各国的"海上丝绸之路",增进了中国人民对东南亚国家的认识和了解,并在东南亚建立起明帝国的巨大威望,"使船所到之处,以金银钱钞,上等丝织品,瓷器和其他手工业产品来换取当地土产象牙、犀角、明珠、异香之类。这是互助互利的公平交易,普遍受到海国人民的欢迎。他们也乐意中国人移居其地,共同发展生产"①。当时曾有一部分随郑和下西洋的人留居东南亚。如文莱、爪哇等地有不少广东、福建人留居,成为早期的华侨。他们讲中国话、读中国书、绘中国画,在饮食、服饰、风俗等方面对留居国留下了不小的影响。这就为其后闽广之民成批赴东南亚开发南洋经济,传播中华文化创造了条件。

　　在郑和出使前,华侨已遍布南洋各地。由于郑和下西洋,更进一步

――――――――――

　　① 朱杰勤:《东南亚华侨史》,22 页,高等教育出版社,1990。

推动了华侨向南洋的移入,从而促进了南洋各地社会经济的开发。郑和研究专家郑一钧认为:"郑和下西洋开辟了中国海外交通史上的新时期,也开创了华侨开发南洋的新时代。""南洋华侨中心的形成,实肇始于郑和下西洋之时"。[①]

郑和下西洋促进了回教在东南亚的传播和佛教在中国和东南亚的弘扬。

郑和具有回教徒和佛教徒双重身份,这是他出使西洋的必备条件。著名史学家吴晗指出,明朝政府选派郑和出使西洋,是因为"当时南洋的许多国家信仰回教,而郑和也是回教徒(但也同时信仰佛教),选派这样的回教徒到信仰回教的地方去,就可以减少隔阂,办好事"[②]。郑和每次在爪哇等地停留期间都积极主动地从事传播伊斯兰教的活动。"1405年郑和访问爪哇后,1407年在旧港便产生了华人伊斯兰教区,接着1411年,在雅加达的安卓尔、井里汶、杜板、锦石、惹班及爪哇其他地方,纷纷建立清真寺。1413年,当郑和船队碇泊在三宝垄时,郑和与他的随从马欢、费信一起去当地的清真寺祈祷"[③]。1430年,郑和已成功地在爪哇奠定了宣扬回教的基础。印尼学者写道:"郑和先是在巨港,后来在山巴斯(西加里曼丹)建立穆斯林华人社区,接着,又在爪哇沿海、马来半岛和菲律宾等地建立了类似的社区。他们遵照哈纳菲教派的教义和义务用汉语传播伊斯兰教。"[④]

新加坡学者李炯才在其《印度尼西亚:神话与现实》一书中称,15世纪上半叶爪哇岛的一些地区,如雅加达的安卓尔、井里汶、杜板、锦石、惹班等地兴建清真寺,巨港出现华人伊斯兰教区等,都与郑和在当地积极传播伊斯兰教密不可分。郑和还支持满剌加发展成为一个强大的回教王国。1409年,郑和奉命封拜里迷苏剌为满剌加国王,赐予银印、冠带、袍服,支持满剌加发展成为强大的国家。满剌加的强大给满剌加的改宗以真正的动力。商业发达的"马六甲对伊斯兰教在东南亚

---

① 郑一钧:《论郑和下西洋》,488~489页,海洋出版社,1985。

② 吴晗:《明史简述》。

③ 孔远志:《郑和与印度尼西亚》,见南京郑和研究会编:《郑和研究论文集》(第一辑),103页,大连海运学院出版社,1993。

④ [印尼]斯拉默特穆里亚纳:《印度尼西亚印度教爪哇王国的衰落和伊斯兰王国的兴起》。

的传播给予了新的刺激"①。终于一跃成为"东南亚最重要的商业中心,又是伊斯兰教传播的主要中心"②。郑和在东南亚使商业贸易渠道畅通与宗教信仰两者统一方面做得相当成功。

印度尼西亚著名伊斯兰教学者哈姆加曾指出:"印尼和马来亚伊斯兰教的发展,是与一名穆斯林有着密切关系的。这位穆斯林就是郑和将军。"③

伊斯兰教的广泛传播是东南亚历史上最重要的事件之一。15世纪初郑和下西洋对伊斯兰教在东南亚的传播起了巨大的推动作用。

历史学家吴晗(1909—1969)认为,郑和下西洋的结果,使"南洋各地政治上的领袖和著名的山川都受中国册封,在经济方面,更是贸迁有无,息息相关。两地交通经过几千年的历史,更经过成(明成祖)宣(明宣宗)时代的积极经营,南洋的社会文物渐有华化的趋势。如北婆罗洲之杜森族(Dasuns)为土著狄亚克族(Dyaks)与中国人之混合种,自称为中国人之苗裔,

锡兰布施碑　现存斯里兰卡科伦坡博物馆,系永乐七年(1409年)郑和第二次下西洋时所立。石碑用汉文、泰米尔文和波斯文分别记述了郑和在当地佛寺做供养及布施的物品名类等

①　[英]D.G.E.霍尔:《东南亚史》,中文版,268页,商务印书馆,1982。
②　[英]D.G.E.霍尔:《东南亚史》,中文版,267页,商务印书馆,1982。
③　雅加达《星星》周刊,1961-03-18。

泰国三宝公庙

其耕织均用中国之法。菲律宾之由游牧时代而进于农业时代，实由于闽人林旺之启导。爪哇旧港南渤里诸地多使中国铜钱。甚至地名亦中国化，如爪哇之新村、北婆罗洲之中国河（Kina Katangan）、中国寡妇峰（Kina Balu）、拉布恩岛之中国河（Kina Benua River）"①。

历史学家翦伯赞（1898—1968）称赞郑和"以毕生精力，致之于海洋探险，他发现了许多为当时中国人所不知道的世界，直接替中国人民在南洋一带开辟一个新的世界；间接扩大了中国人的地理知识"②。郑和下西洋，使中华民族进一步认识了南洋。尤其是船员们回来后，把南洋的所见所闻如神话般地讲给亲友们听时，无形中增长了他们对南洋地理风情的认识，促成了他们移居南洋的想法。

郑和下西洋促进了中国与东南亚物质文化、制度文化和精神文化的交流，推动了东南亚华侨移民与商业、宗教的发展，而华侨、商业与宗教三者相辅相成的作用，既推动了东南亚社会经济文化的进步，又反过来推动了明代中国社会经济文化的进步。从郑和下西洋带给东

---

① 吴晗：《十六世纪前之中国与南洋》，见《吴晗史学论著选集》（第一卷），642页，人民出版社，1984。
② 翦伯赞：《论明代海外贸易的发展》，《中国史论集》（第一辑），166页，文风书局（上海），1946。

南亚各国的巨大变化来看，郑和下西洋于东南亚各国而言，不亚于一场生产技术和科学文化的革命。正因为如此，东南亚人民才把郑和船队视为上帝的福荫，把郑和奉为神灵，顶礼膜拜直到如今。

东南亚众多的郑和遗迹、感人的郑和传说、盛大的郑和纪念活动，从另一个侧面印证：郑和下西洋，向东南亚传输中华文化，为促进东南亚的社会进步和发展、推动中国与东南亚的经济文化交流，做出了有口皆碑的历史贡献；郑和不但是中国的伟人，也是东南亚各国共同敬仰的伟人。

郑和船队从第 4 次下西洋开始，即第 4 次、第 5 次、第 6 次、第 7 次，共 4 次，将活动重点由东南亚移至南亚、东非地区。郑和下西洋与南亚、东非国家之间的文化交流，主要侧重于物质文化层面。

由于郑和下西洋的影响，南亚国家榜葛剌（今孟加拉）国王赛弗丁于永乐十二年（1414 年）遣使贡献瑞兽麒麟。明初中国人尚难见到稀罕的麒麟。榜葛剌向中国贡献麒麟无疑增加了中国瑞兽的种类，开阔了中国人民的视野。

郑和船队抵达南印度后，把中国渔民使用的渔网和捕鱼技术传授给喀拉拉邦渔民。这种中国捕鱼方式自郑和下西洋时传入印度五六百年来，一直流传至今，不少当地渔民仍在使用它。

郑和下西洋把中国精美的瓷器输入西亚，使西亚陶瓷制作技术出现了一个质的飞跃。中国陶瓷传入东非地区后，被东非许多国家使用和珍藏，从而扩大了东方文明的传播范围。

永乐宣德年间，东非地区受郑和下西洋的影响而来中国朝贡的国家有米昔尔、木骨都束、卜剌哇、竹步、麻林、速麻里儿等。其中，1415 年 12 月，"麻林国贡麒麟"传为中非文化交流史上的美谈。"麒麟"是一种吉祥动物，它与索马里语 girin（长颈鹿）恰巧同音。麻林国进献的长颈鹿在明廷中引起轰动，以致明成祖亲自到奉天门迎接护送的使臣，百官稽首称贺。

综合各种记载，郑和下西洋期间，中国与南亚、东非之间贸易的货品大致为：中国出口丝绸、瓷器、铜钱、金币、铁器等手工业品；进口的则是象牙、犀角、乳香、龙涎香、没药、斑马、长颈鹿、骆驼、鸵鸟等珍禽异兽和农矿初级产品。在进口的货物中，一部分奇异珍宝被送往宫廷，成为统治阶级的奢侈品，而那些属日常用的物品，有的被变卖，充盈国库，还有的被直接充做官吏的俸禄。其功用，正如严从简所说："自永乐改元，遣使四出，招谕海番，贡献毕至，奇货重宝，前代所希，充溢库市；贫民承令博买，或多致富，而国用亦羡裕矣。"[1] 应当一提的是，郑和船队与亚非各国的贸易，与稍后东来的欧洲殖民者相比，它不是以掠夺性的资本积累为目的，而是一种和平友好的贸易。尽管中国当时处于封建社会的强盛时期，但是，郑和船队并没有以强凌弱，相反在经贸活动中还常常予对方以"厚赐"。

郑和船队经南亚四访非洲，进一步增进了中国人民对南亚、东非的认识和了解。随郑和船队航行的马欢、费信和巩珍，在他们分别所著的《瀛涯胜览》、《星槎胜览》和《西洋番国志》中，都对船队所访问的南亚、东非诸国的位置、气候、土壤、居民、生产、土特产品、风俗习惯、货币及贸易情况，作了生动的描述，为后世研究 15 世纪初南亚、东非地理提供了第一手材料。与前人相比，经过郑和下西洋，在其后的中国文献中对南亚、东非地名的载录更加准确，内容更加详备。

郑和船队经南亚 4 次访问非洲，从历史的客观效果看，促进了中国与南亚、非洲的经济文化交流，也把印度洋的古代航海事业推向了高潮，把古代中非关系推向了顶峰。

郑和下西洋引发的中外文化交流，就其影响的程度而言，中国文化对域外文化的影响往往大于域外文化对中国文化的影响。

二 安南建筑师阮安设计建造明初北京城

明永乐五年（1407 年）明将张辅占领安南之初，明成祖朱棣即命张辅搜罗安南各种人才，赴京听用。永乐五年六月癸卯，明成祖命张辅等将领曰："交趾应有怀才抱德、山林隐逸、明经能文、博学有才、贤良方正、孝悌力田、聪明正直、廉能干济、练达吏事、精通书算、明习兵法、武艺智谋、容貌魁伟、语言便利、膂力勇敢、阴阳术数、医药方脉之人，悉心访求，以礼送赴京擢用。"[2]

---

① ［明］严从简：《殊域周咨录》，卷 9。
② 《太宗实录》，卷 68。

同年九月，"交趾总兵官新城侯张辅遣送交趾诸色工匠七千七百人至京。上念南土远来不耐寒，命工部悉给锦衣"①。越南史籍《大越史记全书》也说，是年明将遵朱棣敕谕，不仅广泛搜罗上述各种人才，还选送"砖巧香匠"等，陆续送南京听用。

永乐十一年（1413 年）五月，"交趾工匠百三十余人以妻子至京，命所司给钞、米、衣服、居室，病者与医药"②。

永乐十五年（1417 年），交趾布政、按察二司使黄福又遣交趾工匠阮勋、梁汝笏等并以家人，赴燕京营造宫殿。③

永乐年间明朝将领先后 3 次搜罗安南各种人才，计有 1.6 万人到明朝京师南京或燕京听用，这些能工巧匠为明朝的建设事业贡献了力量，促进了中国与东南亚的文化交流。

上述永乐年间被遣送明朝京师南京和燕京的 1.6 万名交趾优秀工匠中，范弘、王谨和阮安 3 人得到妥善安置，明成祖派官员教他们读书，攻研中国经史，使之接受中国传统文化的熏陶。后来，范弘和王谨都曾在明朝任职，而阮安则成为出色的建筑师，对明初北京城的建筑倾注了毕生心力。

永乐四年（1406 年）闰七月，明成祖颁诏，"以明年五月建北京宫殿，分遣大臣采木于四川、湖广、江西、浙江、山西"④。就是说，永乐五年（1407 年）五月开始，启动北京宫殿的筹建准备工作。明成祖朱棣命安南建筑师阮安规划北京城的城池、九门、两宫、三殿、百官衙署，工部诸曹都听从他的指导。阮安实际上是明都北京城和明皇城的总设计师。

明代北京皇城是在元代皇城的基础上，按照明太祖朱元璋营造的南京皇城的形制进行规划和设计的，布局与南京皇城相同而气魄更加宏伟。正式建造始于永乐十五年（1417 年）。中央集权的大一统封建制度，保证了人力和材料的供应；模数化、标准化、装配化的中国古代木结构体系，使施工进度大大提高，因而不过 3 年，到永乐十八年（1420 年）就完成了大部分工程。无论是规划、设计，还是动工营

---

① ［明］《太宗实录》，卷 71。

② ［明］《太宗实录》，卷 140。

③ ［越］陈荆和编校本：《大越史记全书》，本纪卷 6。

④ 《明史》，卷 6。

紫禁城宫殿全景

太和殿正面全景

建，阮安始终是一个全面负责此工程的主要人物。据明人郎瑛（仁宝）撰《七修类稿》卷13国事类"本朝内官总能"条云："阮安，交趾人，清介善谋，尤长于工作之事，北京城市九门两宫三殿五府六部及塞杨村驿诸河凡诸役一受成筹（算）而已。"当时的重点工程是建造紫禁城（即宫城）和皇城。由阮安设计的紫禁城南北长960米，东西宽760米。其中有前三殿（奉天殿、华盖殿、谨身殿）和后三殿（乾清宫、交泰殿、坤宁宫）。宫门正门是午门，北门是玄武门。后三殿北通御花园，园的中央有钦安殿。宫城东西两面城墙，设有东华门和西华门。紫禁城周围开凿护城河，全都用条石砌岸。此外，还在南郊兴建了规模宏大的天坛。

经过修建的北京城，布局匀称，庄严雄伟，是继中国古代历史文化名城长安之后的又一座饮誉全球、世人向往的名城。永乐十八年（1420年）十一月四日，因北京城及其宫殿业已建成，明成祖遂颁迁都诏："……选永乐十九年正月朔旦，御奉天殿，朝百官，诞新治理，用致雍熙。"自永乐十九年（1421年，农历辛丑年）正月初一起，北京正式成为明王朝的新都。

明正统五年（1440年），明英宗下令重建北京宫城中的奉天、华盖、谨身三殿，仍由阮安设计。阮安在已有的基础上，再接再厉，精思擘画，使重建后的三大殿比之原来更为壮观。

人们称赞阮安"手自指画，形见势立"，"目量意营，悉中规制"，巧思神算，精构细筑，堪称东方建筑史上不可多得的天才建筑家。巍然屹立的北京城及其宫城可以视为中越建筑文化交流的结晶。

此后，阮安还负责治理杨村河道。竣工后，又奉命治理张村河。因劳累过度，不幸病逝于道。据记载，阮安"道卒，囊无十金"。安南天才建筑家阮安到中国后，兢兢业业，四十年如一日，为中国的建筑事业奉献了一生。他死于任上，"囊无十金"。他克己奉公的品德受到当时许多人的称赞。他为中越两国人民的友谊和中越建筑文化的交流做出了宝贵的贡献。

三　闽菲新航路和大帆船贸易与文化交流

宋元时期，中国帆船开辟了通往菲律宾群岛的定期贸易航线。明代初期，菲律宾群岛的苏禄王国和古麻剌朗国与中国明朝政府建立了十分友好和密切的朝贡关系。明代中期（具体时间是明穆宗隆庆元年，即1567年），为了适应社会经济的发展和对外交往的需要，决定开放海禁，准许私人出海贸易。"于是五方之贾，熙熙水国，刳舻艎，分市东西路"①。其中东洋贸易主要是指中国与菲律宾群岛各地开展的贸易。

明朝海禁开放后，到吕宋经商的人更多了。于是，开辟了一条从福建漳州月港直航吕宋的新航路，取代了宋元以来从泉州经占城（今越南中南部）绕道加里曼丹岛北端的文莱至吕宋的旧航路。新航路的开辟大大缩短了中国至菲律宾的航程。从福建漳州月港出发的中国商船，乘东北季风约10余日便可到达马尼拉港。明朝政府开放海禁之际，正值西班牙人在菲律宾群岛地区大肆进行殖民扩张之时。1565年6月，西班牙东方远征军在黎牙实比（Miguel Lopez de Legazpi）的率领下，在菲律宾群岛占领了第一个殖民据点宿务。1569年8月，西班牙国王任命黎牙实比为第一任菲律宾总督。1571年6月，西班牙人占领菲律宾群岛中最大的一个岛屿吕宋，并以马尼拉为中心，建立西属菲律宾殖民地。因此，明朝开放海禁以后，以福建漳州、泉州之私商为主体的中国东南沿海海商前往菲律宾贸易，实际上是与西属菲律宾进行贸易。

西班牙殖民者初占菲律宾之后，急需同中国建立贸易关系。黎牙实比在1569年7月发给西班牙国王的请示报告中明确指出："我们必须想方设法同中国建立商业联系，以期获得中国的丝绸、瓷器、安息香、麝香和其他物资。通过开展此种商业活动，（菲律宾）居民便可以马上增加他们的财富收入。"②西班牙菲律宾殖民当局对中国帆船贸易采取积极招徕和鼓励政策，致使赴菲律宾（尤其是吕宋）贸易的中国商船数量迅速上升。1579年以后，中国与菲律宾的帆船贸易进入鼎盛时期。1580年至1643年的64年中，赴马尼拉贸易的中国商船计有1 677艘，平均每年26.2艘。据有关材料归纳的1570年至1760年之间中国出口到西属菲律宾的商品种类有：

（一）丝绸及纺织品：细纱、粗纱、面纱、花缎、锦缎、白绸、彩绸、印花绢、线绢、刺绣、天鹅绒、丝袜、花绸阳伞、丝麻混纺制品、各色棉布、夏布、头巾、长袍、披肩、棉被单、坐垫、棉布衣

---

① ［明］张燮：《东西洋考》序（周起元）。
② 转引喻常森：《近代中国与西属菲律宾的贸易关系》，载《东南亚学刊》，1998（1）。

料、棉毛毯、地毯等；

（二）**食品及医药用品**：面粉、饼干、牛油、火腿、米粉、茶叶、米酒、药材、各种水果、香料等；

（三）**日用品**：瓷杯瓷盘等各色瓷器、陶缸、瓦器、锡壶、木盆、铁锅、铜壶、针线、纸伞、渔网、绳索、明矾、屏风、板料、小箱子、盆子床、椅子、各式油漆好的凳子、石磨、铜盆、铁盘、套盘、青面石器、石条、方砖、台阶石料、大石板、生铁、铜、锡、水银、火药、钢、铅、炮、青铜、硝石、铁钉等；

（四）**装饰品**：珍珠、宝石（红、蓝宝石）、青玉、水晶、鹦鹉、精美的陶瓷、珠子串、宝石串、各色石髓串、各色玩具饰品、黄金、人造宝石、极为精美的木雕漆器、象牙等；

（五）**家养禽畜**：马、母牛、水牛、鸡、鹅、骡、驴、猪、鸭子等。[①]

上述种类繁多的中国商品，几乎涵盖了菲律宾人民所需要的衣、食、住、行等等方面。可见中国商品对维持菲律宾人民的日常生活起到了重大的保证作用。

随着中菲贸易的发展，福建漳州一带的中国海商群趋吕宋。张燮在《东西洋考》中说："华人既多诣吕宋，往往久而不归，名曰压冬，聚居'涧内'为生，渐至数万"。所谓"涧内"，当地称 parian，即华人聚居的市场"帕利安"，又称"八连"或"八连坡"，西语称之为Alcaiceria，意为"生丝市场"，可见此处丝绸贸易之盛。帕利安可以说是马尼拉的一座中国城。16世纪末叶，住在马尼拉帕利安的华侨，通常在两千至四千之间。此外，每年大约有两千左右从事中菲贸易的中国商人在此临时居留。

1571年，西班牙殖民者占领马尼拉，控制菲律宾之后，因其自身无力满足菲律宾和西属美洲人民对工业品和生活必需品的要求，便开辟了一条由马尼拉横渡太平洋通往墨西哥阿卡普尔科的新航路。鉴于新航路上航行的是西班牙大帆船，故人们称此种大帆船进行的贸易为大帆船贸易（Galleon Trade）。

西班牙大帆船贸易，实际上是以对华贸易为基础的；对菲律宾来

---

① 转引喻常森：《近代中国与西属菲律宾的贸易关系》，载《东南亚学刊》，1998（1）。

说，它只是一种过境贸易。西班牙殖民者垄断了全部大帆船贸易。它让中国商船将中国货品从闽、浙、粤沿海运到马尼拉，用墨西哥银圆购买中国的丝绸品和瓷器等商品，然后把中国商品和其他一些亚洲国家的商品用西班牙大帆船转运到墨西哥的阿卡普尔科，从中攫取高达600％至800％的巨额利润。这时恰逢中国重开海禁，从福建漳州月港至马尼拉的中国商船，满载丝绸、瓷器和其他日用品，公元1588年达46艘，公元1609年至1612年每年平均为37.2艘。中国商船在各国驶往马尼拉的商船中，占压倒性优势，有时进港的商船几乎全部来自中国。17世纪初，马尼拉海关每年对中国货物征收的进口税，竟占该港进口税总额的80％左右，最高年份（1641—1642）竟达92.06％。可见中国商品在西属菲律宾的对外贸易中占有绝对重要的地位。

从马尼拉起航的西班牙大帆船多为定居在菲律宾的华人工匠所建造，水手穿的航海服和盛淡水的大瓮以及食用的面粉也都来自中国，而船中装载的货物90％以上是中国货，其中主要是丝和丝织品，所以人们又称它为"丝绸之船"。大帆船从墨西哥回航时，运载银圆和其他货物返回菲律宾，转运到中国。西班牙殖民者由于生产力水平低下，还拿不出任何能够为中国人民所欢迎的商品，惟一平衡贸易的办法，就是向中国输出白银。据估计，1565年至1820年期间，墨西哥向马尼拉输送白银4亿比索，绝大部分流入中国。简言之，马尼拉对中国和墨西哥的三角贸易关系，就是以墨西哥的银圆交换中国丝绸的关系。而这种关系对中国的经济文化产生过深远的影响。中国是产银不足的国家，"皇皇以匮乏为虑者，非布帛五谷不足也，银不足耳"①。中国通过马尼拉从墨西哥进口的鹰洋重七钱二分，与中国自制的银圆并行流通，成为法定的本位币。它对明、清以来的中国社会经济和货币流通起了重要作用。

新开辟的中、菲、拉美海上丝绸之路及其大帆船贸易（1571—1815），对促进中、菲、拉美三方的经济发展和文化交流做出了重大贡献：

1. 它把价廉物美的中国商品传入菲律宾和美洲，满足了当地人

---

① 《皇朝经世文编》，卷299。

民对生活必需品的需求。特别是美丽的丝绸、瓷器的传入，丰富了当地人民的服饰文化和饮食文化。

2. 中国生丝绸传入美洲，提供了廉价的原料，促进了墨西哥丝织工业的发展。

3. 中国丝绸大量传入菲律宾和美洲，扩大了海外市场，刺激了中国国内丝织工业和其他民族工业的发展以及福建沿海如漳州、厦门等海港城市的兴起。墨西哥银圆大量流入中国，使中国的对外贸易由入超变为出超，促使中国原始资本的积累和资本主义萌芽的产生。

4. 为华人移居菲律宾和西属美洲创造了条件。大量移居菲律宾和墨西哥的华人不仅是中国文化的传播者，而且在发展当地工农业生产、繁荣商业和城乡的经济、文化建设中，做出了有益的贡献。因华人聚居而形成的马尼拉涧内和墨西哥城多洛雷斯大街（Dolores st.）等唐人街，成为传播中华文化的媒介之一。

5. 新航路把中国的农作物如茶树、柑橘、樱桃等传入美洲。

6. 西属美洲的一些农作物如甘薯、玉米、马铃薯、烟草、向日葵、花生等也通过新航路而传入中国。特别是甘薯、玉米的引进，不仅初步解决了中国东南沿海一带因人多地少、粮食不足而导致的粮荒问题，而且改变了中国以稻、稷、麦、菽传统作物为主的种植及其布局，促进了粮食大幅度增产和农业的商品化，并为畜牧业、手工业和商业的发展奠定了基础。因此，有人称之为第二个"粮食生产的革命"[1]。

四　玉米、甘薯、花生、南瓜、番茄等传入中国

中国与东南亚的文化交流，是在中国与世界各国文化交流的大背景下进行的。它既受到中国与东南亚双边关系的影响，也受到中国、东南亚与世界各国关系的影响。1492 年，哥伦布发现美洲新大陆，将分开的世界连成了一体，促进了东西方文化交流，也促进了中国与东南亚文化交流。16 世纪中期开始，美洲农作物玉米、甘薯、花生、

---

[1]　陈炎：《海上丝绸之路与中外文化交流》，217 页，北京大学出版社，1996。

南瓜、番茄等辗转经由东南亚传入中国，从而引发了中国农业发展史上的一次"粮食生产的革命"。400 多年来，这场"粮食生产的革命"对中国的农耕文化、饮食文化产生了深刻的影响。

（一）玉米

玉米原产拉丁美洲。拉丁美洲的印第安人在公元前 3500 年就已种植和食用玉米。[①] 玉米的培育奠定了印第安古文明的基础，在这个基础上出现的绚丽多彩的印第安文化，为人类的发展做出了重要贡献。美国学者摩尔根在《古代社会》一书中指出，由栽培而来的淀粉性食物的获得是人类发展史上最伟大的事迹之一。因而，印第安人的远古文化被形象地喻为"玉米文明"，而玉米则被誉为"印第安古文明之花"。

哥伦布发现新大陆以后，这枝"印第安古文明之花"远涉重洋传入中国。16 世纪中期，玉米传入中国有三条途径：一是由西北陆路，也就是经波斯、中亚西亚传入甘陕地区；一是经西南陆路，由缅甸传入云南；一是由海路，从南洋群岛先传入福建等沿海地区，然后传入内地。

在中国地方志中，1511 年安徽的《颍州志》、1551 年河南的《襄城县志》、1560 年甘肃的《平凉府志》、1563 年云南的《大理府志》都有关于玉米的记载。1560 年甘肃的《平凉府志》载："番麦，一名西天麦，苗如薯秫而肥短，末有穗如稻而非实，实如塔，如桐子大，生节间，花垂红绒在塔末，长五六寸，三月种，八月收。"明代杰出的农学家、杭州人田艺蘅在 1572 年写成的《留青日札》中记述："御麦出西番，旧名番麦，以其曾进御，故曰御麦。干叶类稷，花类稻穗，其苞如拳而长，其须如红绒，其实如芡实，大而莹白。花开于顶，实结于节，真异谷也。吾乡传得此种，多有种之者。"明代伟大的医学家和药物学家李时珍（1518—1593）在其巨著《本草纲目》中写到，玉蜀黍又名玉高粱，"种出西土，种者亦罕。其苗叶俱似蜀黍而肥矮，亦似薏苡。苗高三四尺。六七月开花成穗如秕麦状。苗心别出一苞，如棕鱼形，苞上出白须垂垂。久则苞拆子出，颗颗攒簇。子

---

① 叶秋：《玉米和土豆——中国和拉丁美洲友好交往的物证》，载《人民日报》，1996 - 11 - 03 （3）。

亦大如粽子，黄白色。可炸炒食之。炒拆白花，如炒拆糯谷之状"①。徐光启的《农政全书》也有关于玉米的记载。可见，早在 16 世纪，中国人民对玉米已有系统、科学的认识。

17 世纪，玉米在江苏、山东、陕西、河北、贵州、湖北、山西、江西、广东、辽宁、湖南、四川、台湾、广西、新疆、青海、吉林、黑龙江等地推广，在地方志中都有记载。

玉米易种，适应性强，产量高，营养价值也高，食之耐饥。4 个世纪以来，玉米在中国传播、推广的速度很快。首先在山区栽种，特别是耕地少的山区，山民刀耕火种，粗放经营，赖此为生。明末，玉米尚未被广泛种植，只被用来"以娱孩稚"或精制成食品待客。明代小说《金瓶梅词话》里曾多次提到用玉米精制而成的食品。第 31 回写道："一盘子烧鹅肉，一碟玉米面玫瑰馅蒸饼儿。"第 35 回宴客一段中写道："两大盘玉米面鹅油蒸饼儿。"这说明当时人们视之为比较珍贵的宴客食品。到清代乾隆、嘉庆年间，玉米已开始在中国大面积种植。至鸦片战争前，玉米已在中国大部分地区广为种植。1841 年《遵义府志》记载，该府"岁视此为丰歉"，"价视米贱而耐食，食之又省便，富人所唾弃，农家之性命也"。进入 20 世纪前期，中国北方的粮食作物中，谷子种植最多，高粱次之，玉米处于第三位。就全国范围而言，玉米已成了中国人民的主粮之一，种植面积占全国粮田总面积的 1/6 左右，仅次于稻、麦而居杂粮之首。

1949 年新中国成立以来，中国在扩大玉米种植面积的同时，十分重视提高玉米生产的科技含量，已培育出适宜从北到南种植的春玉米、夏玉米、秋玉米和冬玉米，从而成为世界上绝无仅有的一年四季玉米均熟的国家。还培育出几代玉米高产品种，使玉米的单产水平从新中国成立初的每亩 90 公斤提高到目前每亩 500 公斤上下。近年来，中国还培育、引进了许多玉米新品种，有被统称为"三高"玉米的高油玉米、高淀粉玉米和高赖氨酸玉米，还有味道甜美的甜玉米、鲜嫩可口的笋用玉米、味同水果的水果型玉米、专门用于制作玉米花的爆裂玉米、制作黑色食品的黑玉米等。

玉米生产能力的提高，为加工、转化产业的发展提供了坚实的基

---

① ［明］李时珍：《本草纲目》，23 卷。

础。据专家介绍，目前在中国玉米可以加工成 500 种以上的后续产品，广泛应用于食品、医药、化工、造纸、纺织等行业，并成为一些高科技新产品的基础原料。玉米现在可制成许多种食品，如玉米米、玉米片、方便粥、玉米饮料、爆玉米花等；用精玉米面加工的面包、糕点、面条；用玉米油提纯制成的色拉油；用发酵方法生产的味精等。更深层次的加工，使玉米转化为具有多种用途的产品。广泛应用于食品、医药行业的果葡糖、低聚糖、麦芽糖等淀粉糖类；用于纺织、造纸、化工行业的热变性、酶变性等变性淀粉类；用于燃料、造酒、医学领域的酒精类，以及作为饲料重要成分的蛋白粉、胚芽饼都是从玉米转化而来的工业品。这些产品依据自身的特性，在不同领域发挥着重要作用。

据农业专家介绍，1997 年，中国的玉米种植面积已超过 2 000 万公顷，正常年景玉米产量达 1 亿吨左右。1996 年产量创历史最高记录，约占世界总产量的 1/5，位居世界前列。[①] 中国目前已经成为世界玉米生产加工大国。

（二）甘薯

甘薯，原写做甘藷，中国各地对其有不同的称谓，如番薯、红薯、白薯、金薯、红苕、地瓜、山芋等，属旋花科。甘薯原产美洲。据考古发掘，在秘鲁的古墓里发现了 6 000 年前的甘薯块根。美洲印第安人的先人培育了甘薯，并以甘薯作为粮食作物。1492 年，哥伦布发现新大陆后，甘薯被传到世界各地。16 世纪传到东南亚。大约在 16 世纪 80 年代至 90 年代（相当明代万历八年至十八年）始由东南亚传入中国。

1582 年，甘薯从安南引入中国广东。引种人是广东东莞县人陈益。据《中国农史系年要录》援引《凤岗陈氏族谱·素讷公小传》："万历庚辰（1580 年）客有泛舟之安南者，公（陈益）偕往，比至，酋长延礼宾馆，每宴会，辄飨土产曰薯者，味甘美，公觊其种，贿于酋奴，获之。地多产异器，造有铜鼓，音清亮，款制工古，公摩挲抚玩弗释，寻购得，未几伺间遁归。酋以夹物出境，麾兵追捕，会风急帆扬，追莫及。壬午（1582 年）夏，乃抵家焉。……初，公至自安

---

① 《我国成为玉米生产加工大国》，载《人民日报》（海外版），1997 - 03 - 06。

南也，以薯非等闲物，栽植花坞，冤白日，实已蕃滋，掘啖益美，念来自酉，因名'番薯'云。嗣是种播天南，佐粒食，人无阻饥。"①据此可知，广东东莞人陈益 1582 年从安南引种甘薯于中国，其后在广东东莞、电白等县和福建泉州、漳州等地小范围内推广种植。

1593 年，甘薯从菲律宾吕宋传入中国福建，引种人是福建长乐人陈振龙。据清代乾隆年间陈振龙的裔孙陈世元编撰和刊行的《金薯传习录》（共 2 卷）记载，陈振龙是往来于福建与菲律宾之间的商人。他的儿子陈经纶是当时福建巡抚金学曾的幕僚。万历年间福建常闹灾荒，金学曾征求赈灾的方法，陈经纶便把从父亲陈振龙处听来的吕宋有一种极易种植且产量很高的粮食作物的消息告诉了金学曾。金学曾很想一试。陈经纶把福建巡抚金学曾的意图转告其父陈振龙。这正合陈振龙之意。陈振龙在菲律宾见到"朱薯被野，生熟可茹"，"功同五谷，利益民生"，便想到当时故乡福建"隘山阨海，土瘠民贫"，如能将甘薯引种回国，则"可济民食"，"荒年无饥馑之忧"。由于当时统治菲律宾的西班牙殖民主义者严禁薯种出国，陈振龙于万历二十一年（1593 年）用重金向私人购买了几尺薯藤，并学习了栽种方法，经过 7 天 7 夜的航行，终于在是年农历五月下旬到达中国福州，随即在福州南台纱帽池试种，当年即获高产。陈振龙指示儿子陈经纶向福建巡抚金学曾陈述甘薯有"六益、八利，功同五谷"，建议政府大力推广。

万历二十二年（1594 年），福建大旱，发生饥荒。陈经纶遵父嘱向福建巡抚金学曾建议推广种植甘薯。金学曾接受建议，下令各县大量种植。结果收效显著，渡过了大灾荒。金学曾还特地撰写刊行一篇《海外新传七则》，详细介绍甘薯的栽培、繁殖方法。因此，甘薯的种植很快就在福建全省推广开来。明末，甘薯已经传到浙江。著名农业科学家徐光启非常重视这一外来农作物，撰写《甘藷疏》一文大力鼓吹种植甘薯，还多次从福建引种到松江、上海等地。甘薯的推广，徐光启有重要功绩，是他最早把甘薯自福建引种到长江流域。明代末年，"甘薯所在，居人便足半年之粮"②。清康熙初年，陈经纶的孙子陈以桂又在浙江鄞县一带推广种植甘薯，"秋成卵大逾闽地"。乾隆十四年（1749 年）陈以桂的儿子陈世元在山东胶州一带引种甘薯，得

① 闵宗殿编：《中国农史系年要录》，178 页，农业出版社，1989。
② ［明］徐光启：《甘藷疏》。

到山东布政使李渭的重视。李渭还撰写了《种植红薯法则十二条》，称"以种薯为救荒第一要义"。于是山东等地"自此家传户习，菁葱郁勃，被野连岗"。后来，陈世元又叫他的 3 个儿子到河南朱仙镇、北京齐化门外、通州等地推广种植。陈世元在乾隆年间刊行他编纂的《金薯传习录》（共 2 卷）。该书详细记载甘薯引种、推广的经过及其栽培管理方法，并收入历来有关甘薯的诗文题咏，是一部极有历史价值的农学著作。甘薯在中国引种和在全国范围内推广种植，与陈氏家族的努力是分不开的。

从以上材料可以看出，陈振龙是传入甘薯的功臣；他的后人对甘薯的推广有重大贡献。

后人在陈振龙逝世 300 年后，于福州乌石山建"先薯祠"，将陈振龙、陈经纶、陈以桂、陈世元祖孙 4 代同金学曾列在一起，纪念他们引种和推广甘薯的功绩。祠内刻有郭柏苍的一首颂诗："种薯功与课农兼，闽海家家乐利沾。三百年来修缺典，名山祠宇瓣香粘。"[①]

由东南亚引种到中国的甘薯，400 余年来，对中国山地和瘠土的利用，对杂粮种植的多样化，起了极深刻的影响。甘薯在某种程度上改变了中华民族的食物构成，缓解了其后出现的人口增长与粮食不足的矛盾，从而为中华民族的繁衍发展做出了巨大贡献。近些年来，随着饮食文化的丰富和食疗保健事业的发展，越来越多的人懂得：甘薯的营养十分丰富，内含蛋白质、脂肪、多糖、钙、磷、胡萝卜素、维生素等，多吃甘薯可促进机体的抗病能力，提高人体的免疫功能。甘薯中的胡萝卜素是胡萝卜的 3.5 倍，嫩叶煎水喝，能补虚益气、健脾强身、抗癌。现在，北至黑龙江，西至新疆，中国已有 20 多个省、市、自治区种植甘薯。由于中国人民精于栽种和善于利用甘薯，中国的甘薯产量、品种、利用方法以及栽培面积都荣居世界第一位。据 1978 年有关材料，"今日的中国是全世界最大的甘薯生产国，产量占全世界的 83%"[②]。这个数字再具体不过地说明中国的甘薯种植在世界农业中的地位。

16 世纪从东南亚传入中国的甘薯已深深融入中国人民的农业经

---

① 林更生：《古代从海路引进福建的植物》，89 页。

② 何炳棣：《美洲作物的引进、传播及其对中国粮食生产的影响》；转引自吴德铎：《科技史文集》，198 页，上海三联书店，1991。

济、商品经济、科学研究和文化生活之中。

（三）花生

花生原产南美洲的巴西和秘鲁。1492 年，哥伦布发现新大陆后，揭开了花生种植的新历史。尔后，早期的航海家把花生从南美洲传至欧、非、亚各洲。

15 世纪末期至 16 世纪初期，花生从南洋群岛引入中国[①]。一说 16 世纪中叶花生经菲律宾传入福建[②]。最先在福建、广东等沿海省份种植，逐渐传入内地。1503 年《常熟县志》云："三月栽，引蔓不甚长，俗云花落在地，而生子土中，故名。"清初王凤九在《汇书》中称花生为"奇物"，奇在"枝上不结实，其花落地，即结实于土中"。故花生亦称"落花生"。

从南洋引入中国的花生始是小粒型。100 多年后，中国又引进一种大粒型的花生，先在山东沿海种植，后在长江、黄河流域推广。

花生是一种颇受中国人民喜爱的引种干果，炒食香脆可口。王世懋的《学圃杂疏》、陈昊子的《花镜》都把它视做芋类，当水果来吃。赵学敏 1756 年完成的《本草纲目拾遗》最早讲到用花生榨油。1885 年梁起《花生赋》云："仙子黄裳绉春谷，白绵带中笼红玉；别有煎忧一寸心，照入劳民千万屋。"可见花生当时已在人民生活中占有重要地位。

经中国劳动人民 400 多年的精心培育，已育成 4 种类型的多个花生品种。主要类型有：普通型、多粒型、珍珠豆型、蜂腰型等。全国常年种植花生的土地达 2 700 多万亩。除国内消费外，还远销国际市场。在国际市场上被称为"中国坚果"。

花生富含蛋白质、脂肪，为中国新增的油料来源之一，亦是中国人民喜爱的果品副食和加工糖果的好原料。除食用外，在药用、工业用等方面都有很高的经济价值。

（四）南瓜

南瓜，俗称番瓜、饭瓜，系葫芦科一年生草木瓜类蔬菜。果作杂粮、蔬菜及饲料，种子供食用或榨油，也供药用。

南瓜原产美洲，明代从东南亚经海路引种中国。李时珍《本草纲

---

① 闫万英、尹英华：《中国农业发展史》，269 页，天津科学技术出版社，1992。
② 徐振保：《中外文化交流记趣》，49 页，复旦大学出版社，1996。

目》菜部第 28 卷云："南瓜种出南番，转入闽、浙，今燕京诸处亦有之矣。三月下种，宜沙沃地。四月生苗，引蔓甚繁，一蔓可延十余丈，节节有根，近地即着。其茎中空。其叶状如蜀葵而大如荷叶。八九月开黄花，如西瓜花。结瓜正圆，大如西瓜，皮上有棱如甜瓜。一本可结数十颗，其色或绿或黄或红。经霜收置暖处，可留至春。其子如冬瓜子。其肉厚色黄，不可生食，惟去皮瓤瀹食，味如山药。同猪肉煮食更良，亦可蜜煎。"可见生长在东南亚的南瓜，经海路首先在福建、浙江引种，其后逐渐播传到全国。福建《同安县志》云："南瓜种出南番，果实为大浆果，作椭圆形，皮外有棱，色绿，肉厚色黄，亦名番冬瓜，有青、黄、白三种，俗称枕头瓜，可玩、可食。"《泉州府志》亦载："南瓜种出南番，俗名番瓜。"

南瓜从南洋传入中国后，先在东南沿海省份闽、浙落地生根，然后迅速传遍长江南北、黄河中下游乃至全国。春季，中国农民常在屋前、房后、田边、地头等闲散边地种植南瓜，一次性施上基肥后，一般不用再管理，便会茂盛生长，瓜蔓铺地。春季，每天上午盛开雄花，雌花一般盛开两三天。雄花当日便萎。雌花经蜂蝶传媒授粉后，即渐渐长成南瓜。未成熟的青南瓜，可切丝片热炒佐餐。成熟的南瓜，又甜又粉，加少许糯米煮熟，味道美极；也可切片蒸熟后食用。瓜蔓嫩头和叶柄，可辣炒当菜；也可做煮面条的作料。盛开的雄花花瓣，亦可热炒当菜，营养丰富。秋季粮荒时，南瓜和甘薯一样可充做救荒度日的杂粮之一。南瓜子可榨油。20 世纪 80 年代后，南瓜子被用做冬季炒货的主要原料之一，能工巧匠将其加工炒制成各色各味各种品牌的南瓜子，当做人们招待客人和茶余饭后的消闲食品。

400 多年来，南瓜业已成为中国劳动人民喜爱种植的常见作物之一，成为中国人民喜爱的食品之一。

此外，中国人民还十分重视南瓜的医用保健价值。药祖李时珍在《本草纲目》中称南瓜"甘，温，无毒。补中益气"。中医认为：南瓜有消炎、止痛、解毒、养心补肺等功效。据研究，南瓜含有丰富的蛋白质、淀粉、脂肪和糖类，还含有人体造血必需的微量元素钴和锌。钴是构成血液中的红细胞的重要成分之一；锌直接影响成熟红细胞的功能。因此，民间早有"南瓜补血"的传说。南瓜还含有瓜氨酸、精氨酸、麦门冬素、维生素 B 和 C 等多种营养素，对人体有明显的营养保健作用。尤其值得注意的是，南瓜含有某些活性物质，有促进人体内胰岛素分泌的功能。常食南瓜可防治糖尿病，对高血压及肝、肾疾病也有一定疗效。

由东南亚传入中国的南瓜，丰富了中国的作物品种，增加了中国的粮食产量，并深深融进中国人民的物质文化之中，在人民的日常生活中随处可见。

玉米、甘薯、花生、南瓜等美洲农作物的传入，改变了中国的粮食生产布局，促进粮食总产量的巨大增长，使人口迅速增长成为可能。美国芝加哥大学教授何炳棣 1978 年为纪念《大公报》在港复刊 30 周年而撰写的著名论文《美洲作物的引进、传播及其对中国粮食生产的影响》[1] 说，"近千年来，我国粮食生产史上曾经有过两个长期的'革命'。第一个革命开始于北宋真宗 1012 年后，较耐旱、较早熟的占城稻在江淮以南逐步传播"。"我国第二个长期粮食生产的革命，就是本文所讨论的对象。……美洲作物传华四百年来，对中国土地利用和粮食生产确实引起了一个长期的革命"。

（五）番茄

番茄，又称西红柿、番柿等。番茄起源于南美洲秘鲁、厄瓜多尔和玻利维亚，驯化于墨西哥。1492 年，哥伦布发现新大陆后，16 世纪初传入意大利，然后传入德、法、英等国家。19 世纪中后期，番茄生产急剧增加。现在几乎普及世界各国。

番茄大约在 17 世纪由西方国家的传教士从东南亚经海路传入中国[2]。然而，很长一段时间没有大量种植。到 20 世纪初期，番茄在中国当时的主要通商口岸及附近大城市才开始大量种植。而中国东北及华北地区 20 世纪 30 年代才逐渐栽种、食用番茄。1949 年新中国成立之后，特别是 80 年代以来，随着人民生活水平的不断提高及消费习惯的改变，不仅城市及其郊区，而且广大农村也普遍种植食用番茄。目前，番茄已成为中国最重要的蔬菜之一，四季生产，全年供应市场。

中国番茄以鲜食种植为主，罐藏加工番茄的种植正在迅速发展。近几年，中国番茄加工工业发展很快，并与番茄种植相配套。番茄罐

---

① 《大公报在港复刊三十周年纪念文集》下。

② 曲丰金、王礼编著：《番茄生产 150 问》，2 页，中国农业出版社，1995。

藏制品主要有番茄汁、番茄酱及番茄罐头等。这些制品除国内销售外，还畅销几十个国家和地区。

经由东南亚传入中国的美洲农作物，提供给中国人民新的食源，平添了中国人民日常消费的诸多蔬菜果品，大大丰富了中国的饮食文化。

五 烟草的传入及其影响

文化交流的结果不一定全都产生深刻的积极的影响，有时会产生深刻的消极的影响。烟草的传入，对中国的消费习俗和人民健康产生了深刻的负面影响，即为一例。

烟草的原产地是美洲。1492 年，哥伦布发现新大陆时发现了烟草。从此，烟草向世界各地传播。17 世纪初期，烟草由吕宋（菲律宾）传入中国，所以早期有"吕宋烟"之名。

烟草传入中国的过程，古人并无准确的或系统的记载。史学界第一次对这个问题进行认真研究并写出文章的，是著名的明史专家吴晗先生。他的《谈烟草》一文写于 1959 年 10 月，先在报上发表，后收入《灯下集》一书中。吴晗先生研究后认为："在中国方面，最初传入烟草的是 17 世纪初年的福建水手，他们从吕宋带回来烟草的种子，再从福建南传到广东，北传到江浙。明末名医张介宾（景岳）在他的著作中，第一次提到烟草的历史和故事。他说：'烟草自古未闻。近自我明万历（1573—1620）时，出于闽广之间，自后吴、楚地土皆种植之，总不若闽中者色微黄质细，名为金丝烟者，力强气胜为优。求其服食之始，则闻以征滇之役，师旅深入瘴地，无不染病，独一营安然无恙，问其故，则众皆服烟。由是遍传，今则西南一方，无分老幼，朝夕不能间矣。'"[①]

明人著作中，除上述张介宾的《景岳全书》（本草·隰草部）提到烟草的历史外，公元 1668 年方以智的《物理小识》卷 9 记："淡把姑，烟草，万历末，有携淡把姑至漳泉者，马氏造之曰淡肉果，渐传

---

① 吴晗：《谈烟草》，见《灯下集》，17～18 页，生活·读书·新知三联书店，1960。

至九边，皆衔长管而火点吞吐之……崇祯时严禁之不止。其本似春不老而叶大于菜，曝干以火酒炒曰金丝烟，北人呼为淡把姑，或呼担不归。其性可以祛湿发散，然服久则肺焦，诸药多不效，其症为吐黄水而死。"漳泉的烟草来自台湾。《台湾府志》"土产"门："淡芭菰冬种春收，晒而切之，以筒烧吸，能醉人。原产湾地，明季漳人取种回栽，今名为烟，达天下矣。"台湾的烟草又来自菲律宾。姚旅《露书》："吕宋国有草名淡芭菰，一名金丝烟，烟气从管中入喉，能令人醉，亦辟瘴气，可治头虱。"据此可知，从菲律宾到中国台湾，到漳、泉，再传到北方九边，这是烟草传入中国的第一条路线。

第二条路线是由越南输入广东。广东《高要县志》："烟叶出自交趾，今所在有之，茎高三四尺，叶多细毛，采叶晒干如金丝色，性最酷烈，取一二厘于竹管内以口吸之，口鼻出烟，服之以御风湿，独取一时爽快，然久服面目俱黄，肺枯声干，未有不殒身者，愚民相率服习，如蛾赴火，诚不可不严戢之也。"

第三条路线，是由日本传入朝鲜，再由朝鲜传入辽东。

吴晗先生的上述看法，在国内有很大影响，长期被人们转相引用。20世纪八九十年代以来，关于烟草传入路线的研究有了进展，但其基础，仍是吴晗先生的《谈烟草》。

"烟"这一名称，在菲律宾产地原本是没有的，这一点，古人也清楚，正如《金丝录》的作者汪师韩写的咏烟草的《律诗四首》之一所云："移根吕宋始何年，芳草从新拜号烟。"为什么中国会将其称为烟？当然是出自吸烟时，有吞云吐雾的烟气。正如清代学者李调元在《烟赋》的"序"中所说："干其叶而吸之，有烟，故曰烟。"另外，烟草在传入中国之前，先已传入日本（据记载，在1605年左右），日本就在称其淡巴姑的译名的同时，又称之为烟，这个名字又由海上传入中国。黎士宏在《仁恕堂笔记》中明确写道："烟之名始于日本，传于漳州之石马。"烟草、烟叶等名称也就由之而起。[①]

17世纪初烟草传入中国后，由于吸烟能给吸烟者带来前所未有的感官上的和心理上的刺激，立即赢得了一批批吸烟爱好者。所以，烟草在中国播传速度很快；四五十年后，即"到崇祯末年已经弄到

---

① 袁庭栋：《中国吸烟史话》，37页，商务印书馆国际有限公司，1995。

'三尺之童，无不吸烟'的地步了"①。

明末已是如此，到清代，则以更快的速度向前发展，吸烟习俗逐渐遍布全国。叶梦珠的《阅世编》卷7说："顺治初，军中莫不用烟。一时贩者辐辏，种者复广，获利亦倍。"

清初董含在《莼乡赘笔》卷中云："明季服烟有禁，惟闽人幼而服之，他处百无一二焉。近日宾主相见，以此为敬，俯仰涕唾，恶态毕具。初犹城市服之，已而沿及乡村；初犹男子服之，既而遍及闺阁。习俗移人，真有不知其然而然者。"

康熙时的著名诗人王士禛（1634—1711）在《香祖笔记》卷3中这样写道："今世公卿士大夫逮舆隶（指仆从）妇女，无不嗜烟草者，田家种之连畛，颇获厚利。考之《本草》、《尔雅》，皆不载。姚露云，吕宋国有草名淡巴菰，一名金丝醺。烟气从管中入喉，能令人醉，亦辟瘴气。捣汁可毒头虱。初，漳州人自海外携来，莆田亦种之，反多于吕宋。今处处有之，不独闽矣。"

可见，福建漳州是中国烟草的发源地；至迟不晚于18世纪初，中国已普及烟草。

清代人倪朱谟的《本草汇言》曾描述当时烟草从下种到收获的大致情况："烟草原来出产在江南的浙江、福建等地，如今四方传播，连西北各省亦已种植。每逢初春季节下种，其性耐肥，肥料愈多长势愈好。烟草的叶子是深绿色，每片叶子比手掌还大。初夏时开花，花的形状有如簪头，四瓣合抱，稍微有一股辛烈气味，藕荷色，其姿态娇嫩可爱。烟草的茎可以长到五六尺高。到了秋天，将烟叶采摘下来，晒干之后切成细丝就可以吸用。吸烟时用一个烟筒，将烟丝放在筒口，点燃之后吸气，烟气从口鼻吸入，可以通达全身各个孔道，使其舒畅。烟草的质量以福建石马镇的产品为最好。"

有如此之多的人吸烟，必然要有大量土地种烟，要有大量人力来加工制成可吸用的成品，要有大量人力从事烟草的贩运和销售，要有大量人力征收烟税。这样，在明清的社会经济中，就出现了一个前所未有的烟草行业。

烟草传入中国之后，不同的吸烟方式也随之传了进来。其中最主

---

① 吴晗：《谈烟草》，见《灯下集》，18页，生活·读书·新知三联书店，1960；又见王肱《枕蛳庵琐语》云："予儿时尚不识烟为何物，崇祯末三尺童子莫不吃烟矣。"

要的是覆盖面最广的旱烟、新起的水烟、少数人的鼻烟，还有少数雪茄烟和斗烟。中国所吸用的旱烟，是美洲印第安人用烟管吸烟和欧洲人用烟斗吸烟两种方式的综合。水烟，是通过水来吸烟的一种吸烟方式。水烟起源于古代波斯（今伊朗），约于 16 世纪后期辗转传入中国。鼻烟是传教士利玛窦在明万历九年（1581 年）带入中国的。鼻烟的制作，要比旱烟、水烟细致，成本也高，使用者一般都是经济条件较好的人家。《红楼梦》第 52 回就有晴雯患感冒用鼻烟治愈的描述。清代文人笔下描述最多的是鼻烟壶，而不是鼻烟。因为鼻烟壶细小玲珑，制作精美，质料讲究，是一种令人喜爱的高级工艺品。鼻烟壶发展到清代中期，竟出现了风靡一时、朝野俱重的鼻烟壶热。雪茄（cigar），指用烟叶卷成的烟卷，大约于明末清初传入中国。据郑振铎先生考证，明代福建漳州传入的烟草及其制品称之为"醺"，就是指的 cigar，因为漳州一带的语音，二者读音很相近。① 从海外传入中国的雪茄烟一直未能流行，真正流行的是一种吸烟者自己用手卷制的全烟叶卷烟，这就是直到今天在西南各省农村仍极为普遍的"叶子烟"。

烟草自明代中期传入中国以来，传播的速度之快，连外国人也感到惊异。英国驻华公使爱尼斯·安德逊在 1873 年曾这样说过："中国烟草栽培和加工技术都达到了很高水平，而品种之多，也是各国难以比拟的。""中国烟草的消费量与生产量是无法估计的，因为吸烟在中国太普遍了"②。无论从生产还是消费来说，中国是一个烟草大国。

吸烟与人体健康的关系是人们十分关注和激烈争论的问题。早在清代康熙年间黎士宏《仁恕堂笔记》中，即对烟草的流行发出了深切的忧虑与无限的感慨：

"烟之名始于日本，传于漳州之石马。天、崇间（指明末的天启、崇祯年间）禁之甚严，有犯者杀无赦。今则无地不种，无人不食。约之天下，一岁所费以千万计。金丝、盖露（均为名烟之号），等于紫笋、先春（均为名茶之称）；关市什一之征（指各种税收），等于丝麻绢帛；朝夕日用之计，侔于菽粟酒浆。不知数百年后，此种有消歇时否？又不知数百年后，更有何物争新出奇，如烟等类否？江河日下，运会无穷，千岁茫茫，真可浩然一叹。"

---

① 袁庭栋：《中国吸烟史话》，97 页，商务印书馆国际有限公司，1995。
② 袁庭栋：《中国吸烟史话》，99 页，商务印书馆国际有限公司，1995。

400多年来，经由东南亚传入中国的烟草，带给中华民族的累累祸害简直罄竹难书，它所吞噬的中国人的健康和性命实在难以胜计。烟草的传入及其传播和对中华民族的危害，可视为中外文化交流中出现的一个极不悦耳的插曲，留在中外文化交流史上的令人心沉的一页。

六　安南诸王朝仿用中国典章制度

自秦始皇三十三年（公元前214年）至五代南汉大有十一年（938年），明永乐五年（1407年）至宣德二年（1427年），交趾为中国郡县者凡1 172年。这一时期，越史称为"北属时代"。公元939年，吴权大败南汉军，自立称王，在位7年，是为越南独立之前奏。944年，吴权死；963年，吴权次子吴昌文死，十二使君起而割据。968年，丁部领锄平十二使君，统一安南，建立大瞿越国。自此以后，安南自建王朝900余年，然对中国仍保持封贡关系，称为"藩属时期"。丁部领死后，980年，大将黎桓篡位自立，建前黎朝。前黎朝之后，有李朝、陈朝、胡朝、后陈朝、黎朝、莫朝、后黎朝、阮朝等继之。据张秀民先生考证，安南诸王朝多为华裔创建[①]。换言之，越南独立后所建立的诸王朝，其统治者大多为中国血统。

前黎朝（980—1009）的创建者黎桓（980年—1005年在位）是华裔。陈修和先生说："黎桓究竟何处人？查阅我国《广西通志》，得一解答，该书238卷胜迹：'桂林府阳朔县，宋黎桓祖墓，在县东南面寨江东一里。桓五代时遁入交趾，宋初封郡王。'"[②]

康熙《阳朔县志》卷2记载："黎氏墓在白面寨江东一里，五代中遁入交趾为酋长。宋初，有黎桓者篡（丁氏）而废之，伪作璇上表，令桓代之。太祖（当做宋太宗）封桓为王，安南为黎氏所有始此，三传二十年（当做二十九年）为李公蕴夺。"

李朝（1010—1225）的创建者太祖李公蕴（1010年—1028年在位）是华裔。宋沈括《梦溪笔谈》卷25："景德元年（1004年），土

---

① 张秀民：《安南王朝多为华裔创建考》，载《印度支那》，1989（3）。
② 陈修和：《入越受降的片段回忆》，载《文史资料选辑》，增刊第2辑。

人黎威（即黎桓，宋人避讳）杀丁琏自立，丁部领与长子丁琏同时被内人所杀，非为黎桓所杀；时在太平兴国四年（979 年），非景德元年（1004 年）。三年威死，安南大乱，久无酋长。其后国人共立闽人李公蕴为王，由华闾迁都升龙城（即今河内）。"现代越南史学家陈文珥先生也认为李公蕴是福建人。

陈朝（1225—1400）的创建者陈日照（太宗，1225 年—1258 年在位）是华裔。宋周密《齐东野语》卷 19："安南国王陈日照者，本福建长乐邑人，姓名为谢升卿。少有大志，不屑为举子业，间为歌诗，有云：'池鱼便作鲲鹏化，燕雀安知鸿鹄志？'类多不羁语。"潘辉注《历朝宪章类志》："东潮安生，为陈家祖墓，得国陵寝皆归于此。陈家先世自闽浙来，卜宅于生地，其后始移居于天长即墨。"显然，陈日照系福建人。

胡朝（1400—1407）的创建者胡季犛（1400 年—1401 年在位）也是华裔。《大越史记全书》卷 8 云："胡季犛字理元，自推其先祖胡兴逸，本浙江人，五季后汉时来守演州。其后家居本州之泡突乡（后称琼疏县泡突社），因为寨主。至李时，娶月的公主，生月瑞公主，至十二代孙胡廉，徙居清化大吏乡，为宣威黎训义子，自此以黎为姓，季犛其四世孙。……移陈祚，国号'大虞'，复姓胡。"胡季犛是中国五代后汉演州刺史，浙江永康人[①]。胡兴逸的十六代孙。他自谓乃帝舜胡公满之后，因讽刺明成祖篡位，成祖大怒，暴跳如雷，喊出"此而不诛，兵将何用"之愤语，并于永乐四年（1406 年）派兵 80 万，命 33 岁青年将军张辅，8 月之内平定其国。永乐五年（1407 年）俘获胡季犛父子，改其国为"交趾布政司"，设立 17 府州县。胡季犛之长子黎澄，善造火器，被喻为明代"火器之神"，为中国的兵器制造业做出过贡献。

浙江永康人胡兴逸之后人除胡季犛外，居越南义安省者代出文学家。胡宗鷟宴席上一次赋诗百篇。子顿、孙成皆陈朝状元。胡玘绩、胡士杨、胡士栋，于清代先后均奉使来华。胡仲延于阮朝嗣德年间（1848—1883）官至工部尚书。《中学越史撮要教科书》云："其能以文事武功显名诸国，多从华裔中来。"其中以义安胡氏最为有名。

---

① 阮先羽：《越南胡季犛祖籍考略》，载《东南亚纵横》，1990（4）。

莫朝（1527—1595）的创建者莫登庸（1527 年—1529 年在位）也为华裔。

明严从简《殊域周咨录》卷 6 云："且莫登庸其先不知何许人，或云广州东莞县蜑（与"蛋"字通）民，其父流至安南海阳路宜阳县古斋社，社长名之曰萍，盖戏语无迹之意也。萍生登庸及撝，父子以渔为业。"

明李文凤《越峤书》卷 7 云："莫登庸本广州东莞县蛋民，其父流寓安南海阳路，社长名之，曰萍萍，生登庸及撝，父子以渔为业。"

广南国开国之主阮潢（1558 年镇顺化），也为华裔。

《皇朝文献通考》"四裔"："广南国为古南交地，王本中国人，阮姓。历代以来通职贡。"清陈伦炯《海国闻见录》云："自淳化（当做顺化）而南至占城，为广南国，亦称安南王。阮姓，本中国人士。"楚金《南洋华侨人物略》："广南国阮潢（阮淦子，称太祖）中国人，明时广南开国之主，即越南阮朝之太祖。"

越南阮朝开国之主阮福映（即阮世祖，1802 年—1819 年在位），亦为华裔。阮福映为广南阮淦第 10 代阮福晈（兴祖）之子，借法国人之力消灭西山阮氏，统一全越，为安南最后一个王朝。阮福映欲以"南越"名其国，清嘉庆八年（1803 年）改名为"越南"，是为称"越南"之始。越史称阮福映为世祖高皇帝，年号嘉隆（1802—1819)，其先世不论为福建人，或广东人，是中国人无疑。陈修和先生说"保大之祖坟在昆明，由河南迁去"。保大帝阮福典（永瑞）则为阮福映六代孙，受法国保护，居顺化皇宫，为越南封建王朝阮朝的末代傀儡皇帝（1926 年—1945 年在位）。

综上所述，前黎、李、陈、胡、莫、阮六朝的创建者均为华人血统。而其后继者们自然亦为华人血统。

具有华人血统的安南诸王朝，奉中国封建王朝正朔，很自然地将中国封建王朝的治国安邦的制度文化移入安南。

明严从简《殊域周咨录》卷 6 云："黎氏诸王自奉天朝（中国封建王朝）正朔，本国递年差使臣往来，常有文学之人则往习学艺，编买经传诸书，并抄取礼仪官制内外文武等职，与其刑律制度，将回本国，一一仿行。因此，风俗文章字样书写衣裳制度并科举学校官制朝仪礼乐教化翕然可观。如科举之制，则有乡试、会试。其乡试则每至子午卯酉年秋间入场，中三场为生徒，中四场为贡生。如会试至壬戌丑未年春间入场，中四场为赐同进士出身，中五场为赐进士及第，又有第一名第二名第三名为三魁。其第一场则用九经之文，次二场则用诏制表之文，次三场则用诗赋之文，次四场则用对策之文，次五场则入殿庭在国王面前，又用对策之文。此乃科举之制。如学校之制，则在国都置国子监，则有祭酒司业五经博士教授之官，以教贡士辈。又有崇文馆、秀林局，则有翰林院兼掌官，以教官员子孙崇文秀林儒生辈。在各府则制学校文庙，有儒学训导之官，以教生徒辈。此乃学校之制。如文官各职，六部则有尚书、左右侍郎之官，六科则有都给事中、给事中之官，六寺则有寺卿、少卿、寺丞之官，通政司则有通政使、通政副之官，御史台则有都御史、副都御史、佥都御史、提刑、十三道监察之官，东阁则有东阁大学士、东阁学士之官，翰林院则有掌院、承旨、侍讲、侍读、编修、校书、检讨之官，中书监则有中书舍人、正字、华文之官，六部所属各司则有郎中、员外郎之官，在外承政司则有承政使、参政、参议之官，宪察司则有宪察使、宪察副使之官，首领官则有经历、录事、知簿、典簿、推官、主事之官，牧民官则有知府、同知府、知县、县丞、知州、同知州之官，直隶府县则有府尹、少尹、治中、县尉、通判之官，武官各职五府，亦不敢如天朝之号呼为东西南北中五府，则有署府都督、左都督、右都督、同知、佥事之官，直金光殿并锦衣、金吾二卫则有掌卫都指挥使、同知、佥事之官，神武效立殿前三司则有提督、参督、都检点、左右检点之官，藩镇各卫则有总兵、使总兵、同知、佥事之官，在内各卫司则有指挥使、同知、佥事之官，在外各卫则有总兵、知同总知、佥总知之官，在内各所则有千户、百户、统制之官，在外则有管领武尉之官，沿边各所则有经略使、经略同知、佥事之官。又有五等公侯伯子男之爵。此乃文武官僚之制。"可见黎氏诸王朝移用了中国的治国制度。

再如阮朝（1802—1945）创建者世祖阮福映（1802 年—1819 年在位），壬戌年（1802 年）建元登至尊之位，年号嘉隆，但至甲子年（1804 年）即嘉隆三年，清朝皇帝仁宗始遣使封其为国王，故至丙寅年（1806 年）才行即皇帝位之典礼于顺化皇宫太和殿。他制定朝仪，每逢阴历初一日和望日（即阴历十五日）设大朝于太和殿，六品以上具大朝冠服朝拜；初五、初十、二十日和二十五日等日设常朝于勤政殿，四品以上具常朝冠服朝拜。"诸城营镇，朔望日，各于行宫望拜"①。这一套宫廷朝仪制度与中国相仿。

再如阮朝圣祖阮福瞻（1820 年—1840 年在位，年号明命）所修订的官制品级，自一品至九品，每品分正和从两级：

正一品

文：勤政殿大学士，文明殿大学士，武显殿大学士，东阁大学士。

武：五军都统府都统掌府事。

从一品

文：协办大学士。

武：五军都统府都统。

正二品

文：尚书，总督，左右都御史。

武：统制，提督。

从二品

文：参知，巡抚，左右副都御史。

武：掌卫，轻车都尉，都指挥使，副提督。

正三品

文：掌院学士，侍郎，大理寺卿，太常寺卿，布政使，直学士，通政使，佥事，府尹。

武：一等侍卫，指挥使，亲禁兵卫尉，领兵。

从三品

文：光禄寺卿，太仆寺卿，通政副使。

武：兵马使，精兵卫尉，亲禁兵副卫尉，副领兵，骁骑都尉，驸马都尉。

正四品

文：鸿胪寺卿，大理寺少卿，太常寺少卿，祭酒，郎中，侍读学士，少佥事，太医院使，漕政使，府丞，按察使。

武：管奇，二等侍卫，兵马副使，精兵副卫尉，城守尉。

从四品

---

① 《大南实录正编》，卷29。

文：光禄寺少卿，太仆寺少卿掌印，给事中，侍讲学士，京畿道御史，司业，祠祭使，管道。

武：副管奇，宣慰使，骑都尉。

正五品

文：鸿胪寺少卿，监察御史，翰林院侍读，员外郎，长史，祠祭副使，御医，监正，漕政副使，督学，副管道。

武：三等侍卫，亲禁兵正队长，防守尉。

从五品

文：翰林院侍讲，翰林院承旨，庙郎，监副，副长史，副御医，知府。

武：精兵正队，四等侍卫，亲禁兵正队长率队，宣副使，飞骑尉。

正六品

文：翰林院著作，主事，同知府，经县，知县，医左院判，五官正。

武：五等侍卫，锦衣校尉，精兵正队长率队，士兵正队，助国郎。

从六品

文：翰林院修撰，知县，知州，庙丞，学正，通判，士知府，医右院判。

武：亲禁兵正队长，恩骄尉，士兵正队长率队。

正七品

文：翰林院编修，司务，录事，监丞，监灵台郎，教授，经历。

武：亲禁兵正队长，内造司正匠，精兵正队长。

从七品

文：翰林院检讨，医生，精灵台郎，士知县，知州。

武：精兵队长，奉恩尉，驿丞，从七品千户，内造副司匠。

正八品

文：翰林院典籍，训导，正八品书吏。

武：正八品队长，正八品百户，驿目，正八品正司匠。

从八品

文：翰林院典簿，医副，从八品书吏。

武：从八品队长，从八品百户，承恩尉，从八品副司匠。

正九品

文：翰林院供奉，正九品书吏，太医医正，寺丞，府吏目。

武：正九品队长，府隶目，正九品百户，正九品匠目。

从九品

文：翰林院待诏，从九品书吏，省医生，县吏目，正总。

武：从九品队长，从九品百户，县隶目，从九品匠目。①

从上述阮朝圣祖明命年间（1820—1840）所用官制品级来看，安南明显仿用了中国封建王朝的官制。

据越南史学家陈重金《越南通史》记载，阮圣祖明命十二年（1831 年），圣祖仿清朝之制，改镇为省，并设置总督、巡抚、布政使、按察使和领兵等官职。② 总督管理辖区之内的兵民事务，考核官吏，维护疆界；巡抚则管政治、教育和维护风俗；布政使管赋税、丁田、丁壮以及传达朝廷之恩泽或禁令使各地知之；按察使管刑律并兼管驿站邮传；领兵专管士兵、军务，进一步完备了阮朝的官制。

安南诸朝的宫廷文化也深受中国封建王朝宫廷文化的影响。安南封建朝代的年号和王室称谓所使用的尊号、庙号、谥号，其制度基本与中国相仿，甚至连用字也与中国近似。③

年号是中国汉代以降古代封建帝王纪年的名号，也是皇帝即位的一种标志。在很长时期内，年号主要具有纪年的功能，发展到明清时，基本上是一帝一年号。正由于一帝一年号，年号遂又成为帝王的替代词，如永乐帝、康熙帝等，或者以某年号指称某皇帝。作为一种传统的纪年方法，年号传播到安南后，安南也仿用中国的年号之制。

安南仿用中国年号纪年是 968 年丁部领建立大瞿越国之后开始的。此年也是安南自主封建国家产生之时。

安南自主封建时代早期的丁朝（968—979）和前黎朝（980—1009），国祚短暂，建元之制只是初具雏形。丁部领建国两年后，于970 年建元"太平"，越南史籍云"我越年号始此"。丁部领仿中国制度以年号铸钱，有"太平兴宝"铜钱。980 年，黎桓取代丁氏建立前

---

① ［越］陈重金：《越南通史》，中译本，戴可来译，316～318 页，商务印书馆，1992。

② ［越］陈重金：《越南通史》，中译本，319 页，商务印书馆，1992。

③ 于向东：《浅谈越南封建帝王的年号、尊号、庙号和谥号》，载《东南亚纵横》，1995（2）。

黎朝之后，初以"天福"为年号，铸"天福镇宝"；989 年改元"兴统"；994 年又改元"应天"；其子黎龙铤篡立，数年间仍用"应天"年号，1008 年才建元"景瑞"。

丁朝和前黎朝以降，安南诸封建王朝建元之制渐趋完备。帝王登基，均有年号。年号多选用祥瑞福禄之字词，一般取二字，用四字的也很多见。李朝（1010—1225）皇帝自太宗开始，尤喜以四字为年号。李太宗登基后，先以"通瑞"二字为年号，后改以四字"乾符有道"为年号，后又改为二字"明道"为年号，后又以四字"天感圣武"为年号，最终还以四字"崇兴大宝"为年号。李圣宗登基后，先后以四字"龙瑞太平"、"彰圣嘉庆"、"龙章天嗣"、"天贶宝象"为年号，最终以二字"神武"为年号。安南诸朝在位时间较长的帝王一般都曾用过二个以上的年号。李太宗（1028 年—1054 年在位）在位 27 年，先后改元 5 次，是安南封建时代改元较多的帝王之一。

后黎朝（1533—1788）末期，改元已逐渐少见。黎显宗在位 47 年（1740—1786），只用"景兴"一个年号。至安南最后一个封建王朝——阮朝（1802—1945），历代皇帝基本上是一帝一年号。此时，年号即也发展成为皇帝的一种称谓。

安南诸朝各帝正式使用过的年号有 120 余个，不同朝代重复者很少。安南在选用年号用字上，还注意与中国同时期的年号既有联系又有区别。如中国宋神宗用"熙宁"（1068 年始）、"元丰"（1078 年始），安南李仁宗用"太宁"（1072 年始）、"会丰"（1092 年始）。1457 年起，明英宗用"天顺"，1460 年起，后黎圣宗用"光顺"，这些都反映出安南封建帝王在接受中国宫廷文化的影响方面，几乎到了亦步亦趋的地步。更有甚者，安南官修正史在使用其帝王年号纪年的同时，还往往加注中国帝王纪年的年号。于此可见中国文化对安南文化浸渍之深。

尊号是中国封建时代尊崇帝、后的一种称号。一般说，尊号是在帝、后生前所接受的。安南自主封建时代也仿用中国的尊号制度。968 年，丁部领即位后，群臣拥上尊号曰"大胜明皇帝"。李太祖（李公蕴，1010 年—1028 年在位）的尊号是"奉天至理应运自在圣明龙见睿文英武崇仁广孝天下太平钦明光宅章明万邦显应符感威震藩蛮睿谋神助圣治则天道政皇帝"，计 52 字。李太宗（1028 年—1054 年在位）的尊号是"开天统运尊道贵德圣文广武崇仁尚善政理民安神符龙见体元御极亿岁功高应真宝历通玄至奥兴龙大定聪明慈孝皇帝"，计50字。[①] 于此可见安南尊号礼制源于中国且比中国更复杂烦琐。

庙号是中国封建帝王死后被给予的一种名号，主要是为了后人在祖庙中奉祀他们而使用的。史书中记载帝王生平事迹，也是以庙号称之。

安南自李朝（1010—1225）以降，庙号之制日臻完善。从李朝至阮朝，期间帝王均有庙号，大多以祖、宗称之，一般称"祖"者，均为开国或早期的君主，其后的帝王则大多称"宗"。李朝历216年，共传9帝，只有其建立者李公蕴被称为"太祖"。余下皆被称为"宗"。阮朝12帝，前3帝分别称"世祖"、"圣祖"和"宪祖"，余下称"宗"或"帝"。这显然因袭中国唐朝以降帝王之制中立庙号的有关惯例。一般来说，"祖"高于"宗"，"宗"高于"帝"。

谥号在中国起源于殷商之时，是封建时代朝廷评价已故帝王道德、才干、功过的一种名号。立谥制度在中国一直延续到清朝。安南封建时代沿袭中国之制，也行谥号。其自立封建时代早期的丁、黎朝，谥法粗疏。979年，丁部领为人所弑，史载臣下"尊帝曰先皇帝"。这"先皇帝"聊可视做丁部领（天皇）的谥号。1005年，黎朝皇帝黎桓死后，暂号"大行"，后来即因以为谥号、庙号。安南封建时代早期的谥号和尊号在史书记载中还不分明，时常混淆。

自李朝、陈朝，至阮朝，安南谥制渐趋完备。不仅帝王有谥，后妃也有。李仁宗在位时，其母倚兰太后死，火葬之，上尊谥曰"扶圣灵仁皇太后"。后来仁宗本人死去，群臣尊谥曰"孝慈圣神文武皇帝"。陈朝第一代皇帝陈太宗尊其父陈承为上皇，其父死后，给谥曰"开运立极弘仁应道纯真至德神武圣文垂裕至孝皇帝"，多达22字。帝后谥号的用字数，一般少于帝王。

后黎朝和阮朝帝王谥号以字多为尚，一般均有10字，多者可达20字以上。如阮朝开国之君嘉隆皇帝，谥曰"开天弘道立纪垂统神文圣武俊德隆功至仁大孝高皇帝"。阮朝最为流行朝廷给贵族赐谥，一般赐2字，如忠诚、敦厚、慎德、慎勤之类。

谥号关乎封建体统，关乎获谥者的千秋名声，安南诸朝同中国历

---

① ［越］阮维馨：《李朝的思想体系》，林明华译，载《东南亚研究》，1987（1～2）。

代帝王一样重视。

总之，安南诸朝皇帝的年号、尊号、庙号和谥号之制全仿中国典章制度，其内容无不反映其遵照儒教准则治国安邦的思想与道德。

安南诸朝帝位的传继系据中国儒教所主张的长男制度。以李朝（1010—1225）8帝为例，太祖李公蕴（1010年—1028年在位），传位于长子太宗，太宗传位于长子圣宗，圣宗传位于长子仁宗，仁宗传位于侄子、圣宗之孙神宗，神宗传位于长子英宗，英宗传位于六子高宗，高宗传位于长子惠宗。传位于嫡子，符合长男制度。李朝8帝，6帝传位于嫡子，惟仁宗和英宗二帝例外，然前者是因为仁宗无嫡子，故而立侄子，仍与体制相符；后者是因为长子犯罪被废，继位权才落在第六子身上，仍与体制相符。[①]

越南仿中国北京故宫建于1833年的顺化故宫午门

安南诸朝皇帝、大臣的服饰与中国相类。《安南志略》卷14"章服"云："国主之冠，曰平天冠、卷云冠、芙蓉冠。服衮衣，金龙带。领挂白罗蹙绵巾，缀金珠。方心曲领。手执圭。受臣贺。王冠三级，侯冠二级，明字冠一级，名拱宸冠，上缀金蜂蝶，大小疏密有差。亲

---

① ［越］阮维馨：《李朝的思想体系》，林明华译，载《东南亚研究》，1987（1～2）。

越南河内文庙——国子监。建于越南圣宗神武二年（1070 年），立孔子、
周公及四配塑像，画七十二贤像。图为文庙——国子监门楼

王着销金紫服。侯着凤鱼绣服。大僚班而下，衮冕各有级等（文班加金鱼）。"20 世纪三四十年代受法国保护之顺化小朝廷的皇帝（阮永瑞），群臣上朝时，仍穿戴中国明代之衮冕龙袍，角带皂靴，而中国只能从京剧戏台上见之矣。①

安南诸朝所使用的度量衡制度，则完全移用中国度量衡制度。《安南志略》卷 14 云："度量权衡，与中国同。……交易用唐宋时钱，七十文为一钱，七百为一贯。"②

七　华人下南洋及对双边文化交流的贡献

华侨是中华民族的海外部分。公元前后至 15 世纪（由汉至明），华侨开始出现并广泛分布于世界各地。从 16 世纪至 1840 年鸦片战

---

① 张秀民：《安南内属时期职官表自序》，载《中国东南亚研究会通讯》，1986（1～2）。
② ［越］黎崱：《安南志略》，329 页，中华书局，1995。

争，华侨出国人数大量增加，在侨居国逐渐确立社会经济之基础。
1840 年至 1949 年，华工大量出国，华侨民族意识日益觉醒，并开始
成为当地民族。中国华侨主要分布在东南亚地区。至 1949 年中华人
民共和国成立之前，全世界华侨总数达 2 000 万左右，其中东南亚华
侨约有 1 240 万，占华侨总数的 60％以上。华侨在中外文化交流中所
起的桥梁作用，以东南亚华侨最为明显，最为典型。

明清时代，华人大批下南洋，他们把中华民族勤劳勇敢、艰苦奋
斗、自强不息的优良传统和中国的物质、精神及制度文化带到了他们
的侨居地。东南亚华侨与东南亚人民和睦相处，风雨同舟，披荆斩
棘，流血流汗，为东南亚的经济开发和文化建设做出了有口皆碑的贡
献。

（一）明末清初华人集团式下南洋

宋、元、明、清各代交替之际，先后有大量华人南徙东南亚。而
以明末清初集团式的移民势头最大。

明崇祯十七年（1644 年）4 月，李自成领导的农民起义军占领北
京，推翻了明朝政权。5 月，驻守山海关的明朝总兵吴三桂向清兵投
降，并勾引清兵入关，共同镇压农民起义军。同年 11 月，满族统治
者福临从沈阳来到北京即位，乃为顺治帝。清朝建立。清朝建立后，
清军南下扫除明朝残余势力。明朝宗室虽在南方数地建立过几个小朝
廷，以图抗清复明，但因内部钩心斗角，闹得如同水火，最终都偃旗
息鼓。不少人眼看复明无望，又不服清朝的"剃发变服"之令，便不
得不移居海外。临近中国的东南亚移居者最多，因而出现了中国历史
上较大规模的集团式移民。

规模最大的集团式移民为杨彦迪、陈上川所率领。越史《大南实
录》记载："己未（1679 年）春正月，明将龙门总兵杨彦迪、副将黄
进，高雷廉总兵陈上川、副将陈安平，率兵三千余（原五千，中途沉
没，约死其半），着明服，战船 50 艘（原百艘，遇风沉没其半），投
思容沱囊（今越南中部岘港）、海口，派员入富春（今顺化），自陈以
明国逋臣，义不事清，故南来，愿臣仆。时议：以彼异族殊音，猝难
任使，而穷途来归，不忍拒绝。真腊国东浦（今嘉定、边和）地方，
沃野千里，朝廷未暇经理，不如因彼之力，使辟地以居，一举而三得
也。上（即阮福凋，号贤王）从之，乃命宴劳嘉奖，仍各授以官职，

令往东浦居之。又告谕真腊，以无外之意。彦迪等诣阙谢恩而行，彦迪、黄进兵船驶往雷腊（今嘉定地方）海口，驻扎美湫（现称定祥）。上川、安平兵船驶往芹苴海口，驻扎于盘辚（今属边和）。辟闲地，构铺舍，清人及西洋、日本、阇婆（爪哇）诸国商船辏集，由是汉风渍于东浦矣。"①

另一批较大规模的集团式移民是 1671 年由广东雷州人莫玖率领的 400 余人，分乘 10 艘战船，从雷州港出发，留发南渡流亡到柬埔寨金边，后到柴末府（今沙密地区）。他们通过开赌场、挖银矿、得钱财后带领大批人员到暹罗湾（今泰国湾）荒漠的茫坎地区定居、开发，日渐繁荣。郑怀德著《嘉定通志·河仙镇》记载："河仙镇乃真腊故地，俗称茫坎，华言芳城也。初，大明国广东省雷州府海康县黎郭社人莫玖，于大清康熙十九年（1680 年），明亡，不服大清初政，留发南投于高蛮国南荣府，见其国柴末府华民、唐人、高蛮、阇闾诸国辏集，开赌博场，征课，谓之花枝，遂征买其税。又得坑银，骤以致富，招越南流民于富国、陇棋、芹渤（今贡不）、淬贪（今磅针）、沥架（今迪石）、哥毛（今东川）等处，立七社村。以所居相传常有仙人出没于河上，因名河仙云。"越史《大南实录》云："戊子（1708 年）8 月以莫敬玖（即莫玖）为河仙镇总兵。玖广东雷州人，明亡，留发而南逃于真腊，为屋牙，见其国柴末府，多有诸国商人辏集……因流民于富国、芹渤、架溪、陇棋、香澳、哥毛等处，立村社。以所居地相传有仙人河上，因名河仙。至是，玖上书，求为河仙长。上许之，授总兵。玖建之营伍，驻于芳城，民归日众。"

杨彦迪、陈上川、莫玖所率大批华人移民，对下柬埔寨（水真腊，今越南南部地区）的开发和建设做出了卓越的贡献。下柬埔寨地区气候温和，雨量充沛，江河交叉，土地肥沃，但人烟稀少，未曾开发。《嘉定通志》说，这里"地方多薮泽林莽"，"地虽广，人民未众"。杨彦迪率众开荒美湫（今定祥），陈上川屯垦边和，陈安平斩棘嘉定，莫玖开发河仙。这些中国移民胼手胝足，拓土效力，把中国的农耕技术带到这里，垦地造田，兴修水利，使荒野变成物产丰富的绿洲，使城镇成为繁华热闹的都市，俨然成了华风盛行的"特区"。

---

① 《大南实录·前编》，卷 6。

另一批大规模的集团式移民是明末随永历帝逃往缅甸的南明永历帝的随从官兵。1659年春，南明末代皇帝桂王永历帝（朱由榔）在清军的追击下，败走云南，由腾越进入缅甸。追随永历帝入缅的人不少。这些追随者，大致分成两大支：

一支是以永历帝朱由榔为首的皇族宗室、各部大臣及其家属以及少数警卫扈从，大约2 450人。这一支最后被缅甸东吁王朝国王平达格力（Pindle，1648年—1661年在位）安置在缅京阿瓦对江的者梗（今实皆）。永历帝的住地，是"草房16间，以编竹为城"。其余文武大员自备竹木，结茅为屋居住。由于陡然增加了许多陌生客人，当地群众便经常拿出新鲜瓜果出售。于是者梗便成为一个热闹的小城镇。但是毕竟人数太多，靠政变上台的新缅王莽白（Pye，1661年—1672年在位）对他们又不大友好，不久生活即显窘迫，以致总兵邓凯大骂于"朝堂"，逼得永历帝无法，只好把传国金玺拿出来敲成碎块，分给官员解决生活困难。在生活逼迫下，为了活命，不少人也顾不得所谓"君臣大义"而陆续散去。所以到1661年8月发生"咒水之祸"时，驻者梗的永历官属只有460人。"咒水之祸"中被缅甸人屠杀或不愿受辱自杀的共100余人，尚余340人。在这场灾祸后又有不少人逃散，自谋生路。所以次年1月吴三桂率清兵入缅甸，逼近阿瓦城下时，缅王莽白只将永历帝及其母亲、妻妾、儿子等少数几个皇室成员交与吴三桂。留下来的人及其子孙便形成后来的桂家和敏家。

另一支人马是以李定国、白文选为首的南明将领及其所部。自孙可望降清、刘文秀病死后，原大西军所部及追随永历帝小朝廷的明朝将领及其部队，统归李定国指挥，人数是很可观的。清军进入云南后，尽管在普棚、大理、磨盘山等战斗中，李定国、白文选连战皆败，损失惨重，但估计被他们带到缅甸境内的仍不下三四万人。例如1659年2月，白文选在缅京阿瓦附近的雍会大败缅师10万之众，当时白文选的兵力就有1万余人。次年，贺九仪率精兵万余人自广南出发，和李定国会于耿马，兵势复振。与此同时，祁三升、吴三省、魏勇、张国用、赵得胜等被清兵冲散的将领，经过艰苦转战，各带残部进入滇缅边界，与李定国、白文选会合。可以想见，在这两三年中间，不愿投降清廷而陆续到达滇缅边境追随永历帝与李定国的原大西军战士是不少的，只是失于记载而已。正如旅缅华侨学者甄修明所云："这时候中缅间交通多循八莫一路，明桂王的驻跸者梗（今实皆），白文选与李定国率部入缅，南抵风沙摆古（今勃固），北至孟艮（今景栋），两人的余众，流散缅甸中部、勃固及掸邦一带，为数当在不少。"①

流落在缅甸北部的永历官族和李定国遗部，一部分以农业维持生计，把中国的农耕文化和风俗习惯进一步传播到缅甸。他们生活于掸族、拉祜族之中，并深受其影响，但是中国汉族先民的特征并未完全消失。这一点，连缅甸《百科全书》也不敢否认，它介绍：桂家不信佛教，但"每一个桂家族村寨都有一间小庙和一尊神像。在这些小庙中还不时发现中国字。初一、十五是桂家族敬神的日子"。"桂家人死后用木料做棺材实行土葬。有钱人死后用金银首饰陪葬"。"父母死后，儿子们平均分享父母的遗产，女儿无权过问。生活在缅甸境内的少数民族几乎没有这种习惯。因此，桂家的这种习惯似乎来源于中国"。"他们的服饰与汉族相同，大多穿深蓝色衣裤"。这一切都是中国内地汉族的文化习俗。

另一部分人则到距离妈搭耶不远的波龙大山开采银矿。波龙亦名波顿（缅文 bowtwin 意为银矿，今译为包德温）。据 H．L．奇伯说："可以断定，最迟不晚于 1412 年，中国人就在这里开采了。"② 清人赵翼《平定缅甸略述》、《粤滇杂记》云："（乾隆）三十三年（1768 年）春，乃取道大山土司以归。……过波龙老厂、新厂，桂家所采银处。居民遗址径数里，计当日厂丁不下数万。""滇边外有缅属之大山银厂，极旺。而彼土人不习冶炼法，故听中国人往采，彼特税收而已。"据此可知：一、自明初起，中国人就在缅甸开采银矿，并把开采冶炼的生产技术传入缅甸，促进了缅甸矿业生产的发展；二、随永历帝入缅而后流落在缅甸北部的永历官族和李定国遗部赴波龙银厂当矿工。

（二）清代大批华工下南洋

中国人通常都具有儒家传统安土重迁的思想，因而，想要冲破这种传统观念的人，必须具备极大的勇气和强大的推动力。人口过剩，是产生这一强大推动力的主要因素之一。研究表明，中国的人口在公

---

① 甄修明：《中缅贸易交通简史》，见旅缅华侨印行的《旅缅安溪会馆四十二周年纪念特刊》，F.8.页，仰光，1963。

② H．L．奇伯：《缅甸的矿产资源》，日译本，16 页。

元 1700 年至 1850 年期间急剧增长,即从大约 1.5 亿增长到 4.3 亿;在一个半世纪中人口增长几近 3 倍。[1] 人口过剩,给经济带来的影响是人均耕地减少和通货膨胀。人均耕地面积的减少,使许多人沦为佃农或农村的失业者。人口过剩使日用品的供求失调,导致严重的通货膨胀。

人口过剩的问题又由于自然灾害和战争而趋于恶化。中国是一个灾祸频仍的国家,在清朝统治的 267 年间,平均每年有 5.5 次自然灾害。[2] 由于清政府的腐败无能,使千百万饱受自然灾害的人民处于水深火热之中。加之社会动乱和战争造成农村萧条,成千上万的农民被迫离开本土。

就外部原因而言,东南亚的开发吸引了大量中国移民。至 19 世纪下半期,由于资本主义的发展,欧美各主要国家逐渐向帝国主义过渡。它们对东南亚的宰割基本定局。垦辟种植园、兴建公路、铺设铁轨、开采矿藏、创办工厂等等需要大量劳动力。它们把注意力转移到中国,通过招徕移民或契约华工等方式吸引大量的中国东南沿海的破产农民前往东南亚。汹涌的华人移民潮从 19 世纪 20 年代揭开序幕,到 20 世纪 40 年代初太平洋战争爆发才接近尾声。它的高峰期出现在鸦片战争之后。据统计,1801 年至 1850 年的 50 年间,赴东南亚的契约华工计 20 万人,平均每年 4 000 人;1851 年至 1875 年的 25 年间,赴东南亚的契约华工计 64.5 万人,平均每年 2.58 万人;1876 年至 1900 年的 25 年间,赴东南亚的契约华工达 70 万人,每年平均 2.8 万人。19 世纪的 100 年中,赴东南亚的契约华工累计达 154.5 万人。[3]

上述赴东南亚的契约华工,大多来自闽、粤两省。之所以这样,原因之一是鸦片战争后,闽、粤两省所开通的口岸最早、最多。广州、厦门于 1843 年,福州于 1844 年,汕头、海口于 1858 年辟为通商口岸。自 1859 年、1860 年起,中国人从这些口岸出国不犯法。帝国主义者利用这些口岸输出华工。

---

① 罗尔纲:《太平天国革命前的人口压迫问题》,见《中国社会经济史集刊》,卷 8,第 1 期,20~80 页。

② 何炳棣:《中国人口问题研究,1386 年—1953 年》,附录 4,292~300 页,哈佛大学出版社,1959。

③ 陈翰笙主编:《华工出国史料》,第 4 辑,240~241 页,中华书局,1981。

清代华人大量移居东南亚，除上述国内、国外原因外，具体到个人，还有多种原因。新加坡华人学者杨松年对华南人民南徙的原因作了以下的归纳：一、家乡兵匪骚乱，民不聊生，因此南来；二、在家乡犯罪，不能立足，只好南来；三、纯粹羡慕南洋"遍地黄金"，为求取财富而来；四、参与军事反抗，斗争失败，惟恐被捕而南来；五、天灾人祸，促使他们南来；六、家庭惨变，心灵破碎，于是远投南洋；七、因为南洋有亲友的关系而来。①

（三）南洋华侨对双边文化交流做出的贡献

清代华人大量南徙南洋，为传播中华民族文化，促进中国与东南亚人民的相互了解和文化交流，做出了不可磨灭的贡献。主要表现在：

1. 展示中华民族优良品质，为开发东南亚做出贡献和牺牲

东南亚华侨华人乐于与东南亚人民和睦相处，风雨同舟，视东南亚为海外华人的故乡。

东南亚许多地区，原为荒芜的不毛之地，经过华侨与当地人民共同努力，被开拓成富庶之地。华侨在开发东南亚的伟大事业中做出了巨大贡献，展现了中华民族勤劳、智慧、勇敢的优良品质，因而受到东南亚各国人民的欢迎和钦佩。

马来亚

18 世纪至 20 世纪开发英属马来亚的主力，乃是华侨。1786 年 7 月，英国的一位年轻舰长莱特受命任槟榔屿首位监督时，槟榔屿尚是一座荒岛，只有居民 58 人。荒岛亟待开发，急需引进外来民工。英国殖民者认定只有中国劳工才是开发马来亚最可靠、最理想的廉价劳动力，便广为招徕。1796 年，麦克唐纳就任东印度公司督理，特在槟城发放垦荒贷款，鼓舞华工开垦。在这种情况下，闽、粤沿海的破产农民和手工业者便一批一批地被招引到槟榔屿。转眼间，整个槟城东坡的茂密森林被迅速开发出来，种上了庄稼。到 1818 年，槟榔屿人口增至 3.5 万，其中华工约 8 000 人。1830 年前后，每年到达槟城的"新客"约 3 000 人。到 1860 年，槟城的中国人将近 3 万，超过了当地任何民族。所以当时有人说："槟城事实上已成为中国人的城

---

① 杨松年：《战前新马文学作品所反映的华工生活》，见《新加坡全国职总奋斗报》，61 ~ 71 页，1986。

市。"

槟城从 1790 年起开始种植胡椒。莱特首先在他的住宅附近辟园种植。殖民政府还办了一所胡椒实验农场。没有多久，全岛都种上了胡椒，几乎全是中国人种的。清代谢清高在《海录》"新埠"（指槟城）条说："闽、粤人到此种胡椒者万余人。"可见槟城种胡椒的盛况。

英国殖民当局一心想在槟榔屿种植香料。从 1798 年至 1802 年，殖民当局曾派一位名叫史密斯的植物学家从印度尼西亚香料群岛（即马鲁古群岛）搜罗 7 万多株豆蔻和 5.5 万多株丁香树苗，试种在槟榔屿岛上。到 1860 年，香料种植面积增至 5-300 余公顷，整个槟榔屿成为一座大香料园。这些香料园，大多由华侨"头家"立约包种。这种农业企业的发展，吸引了中国大批移民。全岛 6 万人中华侨 2.8 万，占 46.7%，成为当地居民的多数。随着人口的迅速增加，除赌场、烟馆、理发店外，出售布匹、五金、药材和日用杂货的店铺多起来，书局、信局、洋货店、茶楼、饭店等纷纷出现。市区逐渐形成，初名为乔治市（George Town），而华侨则称其为"槟城"，并用以代替"槟榔屿"。

槟城利用华侨进行开发的政策迅速取得了效果，成为英国殖民者向马来半岛进行殖民扩张的一个成功的试点和样板。

中国人到马来亚营生，历史久远。明初就有不少福建人在马六甲等地定居，以贩运贸易为主，也有开作坊、种菜、务农和从事其他服务行业的工匠以及小商小贩。这些人是开发马来半岛的先驱者。随着半岛开发的规模越来越大，而且主要集中于采锡和种植，这就需要为数众多的劳力。当地居民人数很少，又多被束缚于土地，不愿也不习惯于采锡和种植园的繁重劳动，因此，马来亚的开发以华工为主。

18 世纪在马来亚兴起的胡椒、甘蔗、肉豆蔻、丁香、木薯、咖啡和烟草等种植园，大多为华工所开垦和种植。作为马来亚经济支柱之一的锡矿业，几乎全由华工开采和冶炼。19 世纪 40 年代在马来半岛发现丰富的锡矿后，华工被大批输往开采锡矿。到 1891 年，在马来亚采锡的华工约在 10 万人以上。到 1893 年，马来亚的锡产量约占当时世界总产量的 51.9%。

作为马来亚另一经济支柱的橡胶种植业，也是由华工承担的。马

南洋种植园华工住房

来亚橡胶业的开拓者是华侨。福建海澄（今龙海）籍华侨林文庆（1869—1957）被誉为"橡胶种植之父"；福建海澄籍华侨陈齐贤（1870—1916）被誉为"橡胶艺祖"。林文庆、陈齐贤经营橡胶种植业的活动，使华侨商人开了眼界。陈连畚、林义顺、张永福和郑成快等也在新加坡、柔佛、马六甲投资经营大胶园。1906年，陈嘉庚以1 800元向陈齐贤购得18万粒种子种于福山园（原种植菠萝）。此后几年间，华侨经营橡胶逐渐形成热潮。原来种植甘蜜（一种蔓生灌木，主要用途作为皮革和丝绸的染料）、胡椒、甘蔗、咖啡等作物的华侨小园主也纷纷转种橡胶。马来亚橡胶种植面积1897年只有345英亩，1910年增至547 250英亩。马来亚橡胶产量1905年还不到200吨，1914年猛增至48 000吨，超过巴西而跃居世界第一位。经过华侨几十年的努力，橡胶成为马来亚出口贸易中最大宗的商品、马来亚经济的第一命脉。橡胶业的发展，促进了马来亚社会经济的繁荣。

在华工辛勤劳动的基础上，一批大大小小的城市发展起来，例如霹雳的怡保、太平、安顺，雪兰我的巴生，森美兰的芙蓉，柔佛的新山，沙捞越的诗巫，沙巴的山打根等。今日马来西亚的吉隆坡，则是1873年以后，由华人甲必丹叶德来领导华工在一片废墟上建立起来的。近代马来亚的铁路、公路、桥梁、港口及城市建设，无不凝聚着华工的血汗。英国历史学家米尔斯在其著作中承认："英属马来亚的繁荣是建筑在中国劳工上面，这种说法毫不过分。"另一位英国的马来亚华侨问题专家巴素也指出："假如没有华人，就不会有现代的马来亚。"

新加坡

1819年，当英国殖民者莱佛士来到新加坡时，全岛仅有150人，其中 30 人是华侨。当时的新加坡是一个森林茂密、野兽出没的荒凉岛屿。莱佛士急需大量劳动力开发它，于是他从邻近的亚洲各国招募劳工。外来劳工当中，华侨占很大比例。

华侨对开发新加坡所做出的贡献是有口皆碑的，这一点连英国人也不得不承认。新加坡莱佛士博物院正门前立着一座无名半身华人铜像，这是英国艺术家史德龄于 1939 年送给新加坡的，铜像底座上铭刻着几行碑文：

"华人以坚忍耐劳著称，叻（新加坡）屿（槟榔屿）岬（马六甲）三府暨马来所属今日之繁荣，得诸华人助力者良非浅鲜，史君敬仰此优异之点，乃以此像相赠。"①

泰国

自 19 世纪中期以后的近百年里，在泰国朝着近代生活迈进的历程中，华侨所从事的多为开创性工作。

1892 年，泰国开始兴建铁路网的几条干线。这项巨大的工程所雇用的工人绝大多数是契约华工，其中 1892 年大约有 2 000 名，至 1910 年止，逐年增多。在近 20 年中，有几万名华工受雇于铁路工地。到 1909 年，已有铁路从曼谷通达泰国的北部、东北部、东南部和西南部。如果没有中国劳工的参与是不可能建成的。

泰国的橡胶是华侨从马来亚移入的。泰国种植胶园的第一人是华侨许心美（1857—1913）。他从槟城带回一颗橡胶树种子，种在董里府，几年后这株橡胶树枝繁叶茂，表明董里府的水土气候适宜橡胶树生长。许心美广辟胶园，大事种植。不久，泰国南部不少荒地变成胶园。泰国政府为纪念许心美的功劳，1950 年在董里府建立一座巍峨的许心美铜像。此乃华侨之光。

菲律宾

旅居菲律宾的华侨，主要从事中国与菲律宾之间的海上贸易，当沟通城乡的中间商和零售商。华侨从祖国运来的商品有两大类。一类是奢侈品，如生丝、象牙、宝石、马饰、天鹅绒、锦缎、缎子、塔夫绸、精美帷幔、麝香、安息香及精致陶瓷器等。这类商品一部分供上层社会使用，一部分通过马尼拉—墨西哥大帆船贸易，转运到美洲和

---

① 黎敏裴：《东南亚最新大地图集》，49 页，香港海光出版社，1956。

欧洲。另一类商品是基本生活用品，如各种衣料及各种家用陶器、铁锅、水锅、金属盆子、线、针、家具、建筑材料和手工业品，还有粮食、各种食品、纸、墨以及牛、马、驴、骡等。这些东西，在一定程度上满足了菲律宾人民某些生活上的需要，丰富了他们的物质生活和精神生活。

华侨商人还深入到各岛内地，作为城乡之间的中介商。在统治者与大商贾看来，对那些山区内地、边远地区是不屑一顾的。而华侨商人常常深入到这些待开发的地区，带着中国商品去，回程则收购当地的土特产品。在当时的条件下，推动了菲律宾的城乡交流，丰富了内地和边境地区人民的生活，促进了这些地区的经济发展。华侨商人进入菲律宾，将中国手工艺传授给菲律宾人民，诸如纺织工艺、染色工艺、缝纫技艺、制鞋技术、打铁工艺、木工技术、金银首饰技艺、泥瓦技术、油漆技术、锁艺、蜡烛制造技术、烹调技艺等。菲律宾历史学家亚立普（Eufronio M. Alip）先生写道：“中国与菲律宾之间的商业、社会和政治上的联系，在许多方面都使菲律宾人得到好处。菲律宾人通过这种联系，学会了制造瓷器、冶金工艺、开矿和某些工业技术。还学会了制造武器，包括枪炮和火药。甚至学到了穿宽敞的衣服，特别是裤子，以至于拖鞋和围巾。并采纳了一些商业和经济的术语，有521项的这类词语的确是从中国传过来的。”[1] 旅菲华侨一方面从事商业、农业、手工业劳动，成为当地社会经济生活中不可缺少的组成部分；另一方面传播了中国文化。菲律宾华人学者吴文焕、洪玉华写道：“通过数百年来的接触，许多华人的文化因素已成为菲人生活方式中的组成部分。铁犁的引进大大地增加了粮食的产量。一些水果、蔬菜以及烹饪技术也被引进了。早在现代炼糖厂被引进之前，华人就以本地出产的甘蔗制糖。华人工匠教导菲人木工、石工、铁工、纺织、染色、肥皂及蜡烛制造工艺。面奇、面线、米粉和豆腐等食品加工法也为菲人掌握了。菲律宾出版的第一本书是由华人使用刻上罗马字母和古大家乐（他加禄）字母的木板印制的。华人和华菲混血儿是第一代的印刷匠，他们出版了许多书本，丰富了我们的文化知识。许多华语，包括亲属的称呼，被借用过来，并成为今日菲人的一部分

① 尤波辉：《菲律宾》，19页，世界知识出版社，1957。

词汇。"①

印度尼西亚

华侨到印度尼西亚，带去了先进的生产技术、封建时代的文化和各种制造品，提高了印度尼西亚人民的物质和精神文化生活。荷兰殖民统治时期，华侨在巴达维亚修港口，建道路，造房屋；到邦加勿里洞开锡矿；到苏门答腊种植园种植胡椒、烟草、橡胶和甘蔗。后来，华侨逐渐发展到做零售商和中介商，他们或走村串乡，赊销国外进口的布匹、小五金和日用百货，待农民作物收获时以烟叶、椰干、胡椒等土特产偿还；或替荷兰东印度公司代为收购经济作物，推销工业品。还有的种甘蔗进而经营制糖业，把中国的制糖技术传到印尼。到18世纪中叶，爪哇岛上的制糖业几乎全部由华侨经营。19世纪末到20世纪初，印尼出现了一批华侨企业和华侨企业家，经营行业几乎遍及印尼的各个领域。华侨和印度尼西亚人民共同努力，披荆斩棘，开发资源，对印尼群岛的开发和建设做出了贡献。

文莱

18世纪，文莱苏丹为发展胡椒和橡胶业，曾招募大批华工前往定居，从而掀起了华人移居文莱的高潮。据统计，当时旅文华侨有2万多人，占当时文莱总人口的1/4。旅文华侨主要从事种植业、商业，并为文莱的城市建设做出重要贡献。当地人称赞说："华人是文莱城的建设者。"

18世纪20年代，在文莱从事胡椒种植的华侨多达3万余人，几乎垄断了文莱的胡椒贸易。

19世纪后期，由于英国殖民者的入侵，文莱国土被分割，再加上海盗的猖獗，文莱华侨人口锐减。到1911年，留居文莱的华侨仅存700多人。此时，他们以经营小买卖勉强为生。这些在艰难岁月里留居文莱的华侨，像永不熄灭的火种，继续在文莱人民中间传播中华文化，维系中文两国人民的传统友谊。

越南

越南南部平原，位于泰国湾和南中国海之间，扼海上交通要冲，这里有湄公河三角洲肥沃的冲积土，适宜种植稻米，有便利的内河航

---

① ［菲］吴文焕、洪玉华编：《文化传统——菲华历史图片》，70页，菲律宾华裔青年联合会和纪念施振民教授奖学金基金会，1987。

运和较发达的国内外贸易。17 世纪以后，华人移居越南南部的数量逐渐增加。明末清初，杨彦迪、陈上川、陈平安、莫玖开发美湫、边和、嘉定，是华侨开发越南土地最突出的例子。当地华侨的主要经济活动在大米的收购、碾磨、销售方面。经营米谷收购业的华商，仅堤岸就超过百数。清代外交家薛福成于光绪十六年（1890 年）访问越南时曾写道："售米经华人之手十之八九，故南圻米市之利，华商独擅之。法人论南圻事者，有'舍粟米无生产，舍华人无生意'。"①

随着米谷收购业的发展，华侨从事内河航运业的人口也日益增多，主要是为经营米谷业的商家进行运输。

17 世纪至 18 世纪，越南封建统治者出于铸造钱币和制造兵器的需要，特别重视采矿业，而当时清政府却禁止国人私人开矿。因此，有技能的矿工不得不进入越南，谋求生路。当时越南北部的兴化、宣光、太原、谅山等地矿藏丰富。由于当地居民不会采炼矿石，越南的矿藏大都是由华侨探明和开采。阮朝嘉隆年间（1802—1819），清化的银矿和边和的铁矿，都由华侨开采。

18 世纪中叶，越南北方的场矿，雇用的工人多达 1 万多人，其中多数是中国的潮州人和韶州人。越南官办的矿场，也有不少华侨矿工。

此外，华侨还经营胡椒园、槟榔园，贩卖铁器、木材、砂糖、海产，也有华侨经营造船、炼制火药、铸造货币的。另外，在修建港口、修建公路铁路等重大工程项目中，都凝聚了华侨的血汗。仅滇越铁路越南段的建设，就有18 000多华人劳动者付出了艰辛的劳动。

老挝

明朝永乐年间（1403—1424），始有华人移居老挝。明末清初，旅居老挝的华侨人数逐渐增多，约数千人。他们大多来自云南、广东等地，居住在湄公河沿岸较大的城镇如万象、琅勃拉邦、巴色等地，90％的人从事商业。由于他们的经商活动，打破了老挝与外界隔绝的封闭状态。在山区，华侨用纺织品、食盐、烟草物品与老挝山地居民如佧族等交换柚木、藤竹、安息香等林产品。在下寮阿速坡，闽商主要从事金沙贸易。在富散山区，华侨采集当地的野生茶叶，烘焙制成

---

① 薛福成：《出使四国日记》，49 页。

"镇宁茶",深受老挝人民的喜爱。此外,华侨还经营采矿业,中寮地区的南巴顿露天锡矿就是由华侨首先开采的。华侨还把中国的先进生产技术传授给老挝人民,如帮助老挝人民发展酿造业和丝织业,对老挝社会经济的发展产生了积极影响。

柬埔寨

在土地开发和市镇建设方面,以莫玖父子为首的柬埔寨的华侨,17世纪来到河仙地区(今柬埔寨的柴末、白马、贡布、云壤等地)拓荒开垦,使之变成良田。19世纪末,柬埔寨西北部马德望市华侨领袖萧取被委任为木头官(市长)。他在任上,领导华侨和当地人民平整土地,伐木运石,筑墙建屋,为马德望市的发展奠定了重要基础。暹粒市的闽籍华侨郭汉也曾被任命为木头官,为该市的发展做出了重要贡献。在茶胶省的茶胶市,华侨筑堤蓄水,解决了全市的饮水困难,在当地人民中传为佳话。市政当局为表彰其功绩,特在一湖心小岛上建六角亭以示纪念。

农业方面,柬埔寨种植胡椒有得天独厚的条件。近代,法国殖民者在贡布省开辟了许多胡椒种植园。胡椒种植成为柬埔寨国民经济的支柱产业之一。而胡椒种植技术是19世纪中叶由中国海南岛人传入的。[1] 据1942年统计,贡布省胡椒种植园中的熟练工人都是海南籍华工。他们运用从中国带来的先进方法——田畦上插秧、压枝、锄草、灌水、施肥、培土,收获的胡椒质量享誉东南亚,柬埔寨胡椒牌价居世界之首。

手工业方面,华侨向柬埔寨人传授制造矮床、草席、矮桌、瓦盘、铜盘的技术,使柬埔寨人改变了睡地板、吃饭席地而坐的传统生活方式。

工业方面,法属时期,许多华侨技术工人在柬埔寨的木器制造、屠宰、酿酒、制造等工业领域发挥了重要作用。

商业方面,以经商为生的柬埔寨华侨走村串巷,集收购、推销、信贷于一身,在沟通城乡经济、方便人民生活和促进柬埔寨商品经济的发展方面发挥了重要作用。有些身居市镇的华侨,专门从事对外贸易。华侨的商业活动,加速了柬埔寨国内市场与国际市场的联系,促

---

① [法]让·德耳维:《柬埔寨概况》,马炳华译,载中国科学院中南分院东南亚研究所编《东南亚研究资料》,1964(3)。

进了柬埔寨对外贸易的形成和发展。

缅甸

缅甸华侨为开发缅甸做出了贡献。

农业方面，华侨将中国的芹菜、韭菜、油菜、蘆头、蚕豆、荔枝传入缅甸，丰富了缅甸的作物种类和食品营养。为此，缅甸人将上述来自中国的蔬菜，不少都加缅语"德由"（意为"中国"），成为新添的缅甸词汇。

饮食文化方面，华侨把油条、豆腐、包子、白糖的制作技术传给缅甸人，丰富了缅甸的饮食文化。

手工业方面，华侨中的木匠将众多的木工工具及木工技术传入缅甸。华侨木匠制作的中国式船舶，缅甸人称为"唐舡"、"舢板"，沿用至今。华侨木匠制作的"百叶窗"，缅甸人称之为"德由格"（意为"中国百叶窗"），因其遮阳避风透气，缅甸人使用至今。华侨中的泥瓦匠所造的中国式园林建筑（缅甸人喜称为"德由乌因"，意为"中国花园"）和中式寺庙，装点着缅甸的城市风光。故都曼德勒的皇城，即为华侨所设计和建造，丰富了缅甸的建筑文化。

矿业方面，缅甸的银矿、铅矿、锌矿，大多为华侨开采。缅北的宝石，如抹谷的红蓝宝石、孟拱的翡翠、户拱河谷的琥珀等也多为华侨所开采。宝石的加工运销，大多为侨商经营。世界闻名的缅甸珠宝业的形成和发展，华侨功不可没。

2. 做中国与东南亚文化交流的桥梁，为双边文化交流做出贡献

东南亚华侨是中国与东南亚文化交流的桥梁。他们长期与东南亚各国人民和睦相处，亲密无间，把中国文化带给东南亚人民，把东南亚文化带给中国人民，从而在促进两种文化的交流和融合方面做出了贡献。

华侨的桥梁作用，主要表现在：

语言方面

由于闽、粤华人大批侨居在泰国，带去闽、粤各种方言。这些方言被大量借用到泰语中。泰语称（广告）牌（bai）属海南音；字号（yihao）、税（sui）来自潮州音；鸡（kai）、银（ngun）、金（kham）、仔（chay）的方言与广东话同；行（hang）、茶（cha）、瓜（gua）、仓（chang）则属汉语普通话音。三、四、六、七、八、九、十，7个数字纯是汉语语音；数字二，泰语读"爽"，当源于广东话"双"的发音；数字五，泰语读成广东音"虾"。此外，泰语中还搀有大量中国音的词汇，如把太阳说成"日"，把墨水说成"蓝黑"，而猫、男、马、帝、匠、层、路、声、万、脚、妇人、官、母、伯、银、铁、碳、象牙、药、桌等物质名词也与汉语发音相类。人称代词我、你、他的发音与汉语一样，动词中拭、斩、憎、拾、剥、指、拓、住、请、送、分等读音也同于汉语。泰国人民往往干脆用潮州话"叔"的原音来尊称旅泰华侨。

被毛泽东主席誉为"华侨旗帜"、为中国与南洋双边文化交流做出重大贡献的爱国侨领陈嘉庚（1874—1961）

19 世纪中期，以李金福（1853—1912）为主要奠基人的印尼华侨在巴达维亚（今雅加达）创立"中华—马来语"。使用者主要是印尼土生华人，印尼其他种族集团也懂得和使用它。它实际成为巴达维亚当地居民的交际混合通用语。其基本语法属马来语，吸收大量汉语（闽南方言）借词。"中华—马来语"对统一的印尼语的形成起了重要作用。国际学术界把印尼语、马来西亚语以及文莱、新加坡的现代马来语统称为马来语。据北京大学印尼语教授孔远志统计，马来语中的汉词借语多达 1 046 个。① 如饮食类：teh（茶）、kue cang（粽子）、tahu（豆腐）、takua（豆腐干）、pangsit（扁食、馄饨）、lumpia（嫩饼、春饼）、ciu（酒）；蔬菜水果类：taoge（豆芽）、pecai（白菜）、laici（荔枝）、lengkeng（龙眼）、kucai（韭菜）等；医药类：kolesom（高丽参）、ginseng（人参）、jintan（仁丹）、singse（先生、医生）等；日用品类：cawan（茶碗、茶杯）、jailankung（菜篮筐、一种

---

① 孔远志：《中国印度尼西亚文化交流》，118 页，北京大学出版社，1999。

簸箕）、tanglung（灯笼）等等。

据菲律宾学者研究，他加禄语中有1 500个词是汉语（其中绝大部分是闽南方言）借词。[①] 如 Ate（阿姐）、bakya（木屐）、bihon（米粉）、hibe（虾米）、hopya（薄饼）、kintsay（芹菜）、kutsag（韭菜）、lithaw（犁头）、petsay（白菜）、taho（豆腐）、yansoy（芫荽）等等。

缅语中也吸收了一些汉语借词，如"豆腐"、"包子"、"油炸桧（油条）"、"酱油"、"拍马屁"等。

值得一提的是，"油条"一词在缅甸、新加坡、马来西亚、印尼、菲律宾等地的方言中都用闽南方言"油炸桧"的音译。

饮食烹饪

华侨带去的中国烹饪法和制作的中国食物，深得东南亚人民的喜爱。华侨制作的豆腐、豆芽、酱油、面条、包子、油条、馄饨等，成为当地价廉物美的食品。如菲律宾人民喜爱吃扁食（馄饨）、杂碎、烧包、嫩饼（春饼）、焖牛肚、烤乳猪、米线及其他美味可口的中国食品。莴苣、芹菜、白菜、韭菜、豆腐、豆豉、豆腐干、酱油等已成为菲律宾人民的家常菜肴。又如中国人首创的甜酱油（在酱油中加糖煎熬）已成为印尼人民喜爱的一种作料。泰国菜受中国烹饪影响很大，与中国潮州菜相近。马来菜受中国菜的影响也十分显著，被称为"塔夫"的豆腐等许多饮食原料被吸收到咖喱菜中，从而丰富了马来菜的内容。除此之外，东南亚人民烹饪用的圆底锅、小煎平锅及其他炊具也是华侨引进的。

筷子的使用

筷子（箸）是中华民族的发明创造。筷子可视做人类手指的延长。进食使用筷子是中华民族对人类生存的一大贡献，也是人类饮食文化进入文明时期的标志之一。筷子及筷子文化随着清代华侨大量移居东南亚而进一步传播到东南亚各族人民之中，从而促进了东南亚饮食文化的发展。

服饰

菲律宾人喜欢用中国丝绸和棉布制成的"中国衫"（camisa de chino），贵族喜穿黄色服装，平民爱穿蓝布服装，逢丧事则身着素服。

---

① 赛义德：《菲律宾共和国历史、政府与文明》，中译本，34 页。

这些都受到华侨的影响。菲律宾民族服装"巴龙"源于中国的襟衫。

缅甸的成衣匠大多是华侨。缅族男子上衣式样取自中国汉族男子对襟上衣，只是为适应当地的热带气候而去掉了领子。缅甸人缝纫用的剪刀和针是从中国传入的。

泰国农民常穿中国式的开襟衣和宽裤，显然受到闽、粤籍华侨穿着的影响。

印尼亚齐人曾穿用过一种由中国传入的"中国式衣服"（baju guntingan cina）。亚齐人还喜穿从中国进口的黑色农民服和用澳门黑丝绸制成的衣服。在加里曼丹新当（sintang，在坤甸河南部），妇女"衣服、饮食稍学中国"，"所穿沙朗水幔（即沙龙），贫者以布，富者则用中国丝绸，织为文彩，以精细单薄为贵"[①]。雅加达息览人举行婚礼，新娘穿的结婚礼服是中国式的。

建筑和家庭摆设

东南亚许多地方诸如河内、顺化、西贡、爪哇、巴厘、马六甲、马尼拉、新加坡、吉隆坡、曼德勒等地的许多房屋和园林建筑是中国式的，均由华侨设计和制造，许多华人寺庙，亦均由华侨设计建造。各地引人注目的门前石狮、巨石楼梯、瓦片装饰、伞形圆屋顶、塔形钟楼、铁花格围墙、牌楼等，都是凝聚华侨心血的中国建筑艺术。至于家庭内、寺庙内的家具，如桌椅、橱柜、衣柜、箱子、百叶窗等都是由华工制造或根据华工传授的技术而制造的。华侨带来的许多日用品，如碗、簸箕、水壶、木屐、鸡毛掸子等，给东南亚人民的日常生活带来很大方便。

农作物及其生产技术

东南亚各国的中国蔬菜、中国果品、中国花卉，诸如白菜、韭菜、荔枝、龙眼、月季花、菊花、茶树等及其栽培和制作（茶）技术，都是由华侨传入的。

节日风俗

中华民族的传统节日如春节、元宵节、端午节、中秋节等节令节日风俗，由华侨传入东南亚；中华民族的传统风俗如贴春联、放鞭炮、拜年、划龙船、舞狮等，亦由华侨传入东南亚。

---

① 周一良编：《中外文化交流史》，223 页，河南人民出版社，1987。

娱乐

中国人特有的娱乐文化，诸如下象棋、搓麻将、斗蟋蟀、斗鸡、放风筝、放焰火等也由华侨传入东南亚。

华侨把中国文化传播到东南亚的同时，也把东南亚文化传播到祖国，从而丰富了中华文化。

冷饮

一般中国人不喜欢吃冷的食物和喝冷的饮料，以为冷的食品容易伤身，热的食品宜于摄生。然而东南亚华侨因南洋气候炎热，且因食品比较洁净，便一改传统的饮食习惯，喜吃冷的食物和喝冷的饮料，如冰咖啡、冰茶、冰鲜果汁、汽水、冰激凌等。他们把冷饮略加变化，介绍到国内，如刨冰、汽水、冰激凌、冰咖啡等，受到中国人民的欢迎。

咖啡

东南亚人民有喝咖啡的习惯。华侨入乡随俗也渐惯于饮用咖啡，并以咖啡代茶款客。华侨将这一习惯介绍到国内，于是先在闽、粤侨乡，后及全国，流行早餐喝咖啡，加吃饼干一类的食品。一些人亦以咖啡款客。

水果上餐桌

按中国传统食俗，一般不用水果做菜上餐桌。经华侨介绍和推广，国人也学会用水果做菜或正餐后上水果甜品。

辣酱油

中国传统的调料佳品酱油，味咸而鲜，后中国人又首创甜酱油，并传入印尼。而国内用辣酱油做调料，则始由华侨从南洋传入。

住宅

南洋归侨所建住宅，在外观与屋内的装饰上均受南洋影响。外观上大都略仿欧美的洋楼，屋内装饰以采光好、功能多、小巧玲珑、洗涮方便为原则。如广东开平、台山西县的乡村平原上矗立着的座座碉楼，即有哥特式的尖顶、古罗马的拱券、拜占庭式的穹隆顶。闽、粤侨乡南洋化的房屋建筑，是域外建筑艺术融入中国乡村的集中展示。它们给中国民居和中国建筑业带来了深刻影响。

家庭

按照中国传统习惯，家庭中妻的地位高于妾的地位。然而在南洋华侨家庭里，妾所生的子女与妻所生的子女地位相等，在择业、婚配、财产继承等方面一视同仁。这方面显然受南洋影响。

乡村向市镇发展

中国"近世文化所到的社区，有逐渐向市镇发展的趋势。生活的内容渐渐复杂，生活的方式随时改变，这些都市文化问题亦颇受南洋华侨的影响"[①]。都市化问题之一便是交通，交通便利之后，乡村与市镇的隔膜便可逐渐消灭。中国侨乡社区交通的拓展、治安组织的建立，亦是直接或间接地得之于南洋的经验。

重视教育，倡导卫生体育

南洋华侨，特别是受教育程度较高者，对于东南亚殖民地国家里的教育、卫生、娱乐，常有良好的印象。他们在写家信或回国的时候，不断向国人介绍，因此侨乡的教育、卫生及娱乐状况有局部改变。许多华侨乐于出资在家乡办小学、中学。娱乐方面，南洋华侨将网球、足球、曲棍球、毽球等介绍到国内，在侨乡尤为时兴。

经商办厂

南洋归侨及其侨属很自然地将自己在南洋经商办厂的经验带回国内，在侨乡经商办厂。如同治十一年（1872 年），有一个广东南海的举人陈启沅（他曾到南洋经商）在他的家乡创设机器缫丝厂，到光绪十八年（1892 年）发展到五六十家，每家雇用的工人自数十人、二三百人至七八百人不等。[②] 侨乡多在中国东南沿海。东南沿海处在中外联系的前沿位置，贸易旺，信息灵，人气盛，工商业先行发展，久而久之，成为中国经济文化发达的地区。

八　欧洲传教士与"西学东渐"

西方基督教文化在唐朝时就已传入中国，"大秦景教流行中国碑"即可证明，这是基督教文化第一次传入中国；元代也里可温教的传布是基督教文化第二次传播中国；明代中叶，天主教在中国重新获得布道的机会，则是基督教文化第三次传入中国。

---

① 陈达：《南洋华侨与闽粤社会》，163 页，商务印书馆，1938。
② 胡绳：《从鸦片战争到五四运动》（上册），343 页，人民出版社，1981。

明代中叶，罗马教廷配合欧洲殖民势力向世界扩展，在葡萄牙的支持下，通过澳门，派出成批传教士进入中国内地，出入京师宫禁，开始在全国范围内传布天主教。据统计，自 1581 年至 1712 年，来华耶稣会士共 249 人（另有 147 人在赴华途中去世），多明我会士共 48人，方济各会士 56 人，奥斯丁会士 17 人，另有不入会教士 30 人，计有 400 人左右。① 这些传教士来到中国，导致了中西文化大规模的首次相遇。

在早期来到中国传播西方文化的欧洲传教士中，有开创之功者，是耶稣会意大利传教士利玛窦（1552—1610）。利玛窦出生在意大利一个贵族家庭。21 岁时加入耶稣会，23 岁时在罗马学院接受神职教育，并从名师学习文学、法律、神学的同时，进修几何学、天文学、地理学等自然科学，成为一名知识渊博的青年学者。1580 年 28 岁时升任神父。1582 年（明万历十年）奉耶稣会远东巡阅使范礼安之命进入中国澳门学习汉语和中国典籍，了解中国的风土人情。次年，随另一意大利耶稣会士罗明坚前往广东肇庆定居。为了适应中国当时佛教流行的社会风俗，他削发穿着僧衣，自称僧人，还把自己的住所定名为仙花寺。为了便于传教，他把从西方带来的自鸣钟、三棱镜、书籍和自己制造的天文仪器、自己手绘的《坤舆万国全图》，陈列在自己的住所，让前来的中国人参观。在同中国官员、士绅、儒生的交往中，总是先介绍西方的自然科学知识，而后开始传教。他利用这种传教方法，在肇庆发展了 80 名天主教教徒。1589 年，利玛窦移居韶州，聘请老师讲授"四书章句"。他用 4 年时间将此译成拉丁文。这是"四书"最早的外文译本。1595 年，利玛窦穿着儒生服装自韶州北上，定居南昌。同年，他到南京，广泛结交官员、儒士和皇族，与他们谈论天文、地理、哲学，并宣传天主教教义，获得无数来访的中国人的好感，包括名重一时的官员和颇具影响的科学家徐光启（1562—1633）等。利玛窦与徐光启来往密切，交谊很深，互相切磋学问，合作翻译了古希腊著名数学家欧几里得所著的《几何原本》。中译本《几何原本》于 1607 年（明万历三十五年）在北京出版。此书的出版使几何学第一次传到中国，对中国数学乃至自然科学的发展和传播起

①　高龙倍：《江南传教史》，465 页。

到了不可估量的重要作用。利、徐二人翻译的《几何原本》中确定的数学专有名词，如平面、垂直线、直角、锐角、钝角、对角线等等，至今还一直沿用着。

晚明来华传教的意大利
耶稣会士利玛窦（1552—1610）

1597 年，范礼安任命利玛窦为耶稣会中国传教会会长，指令他长驻北京。1600 年，利玛窦以进贡方物的名义到北京。第二年获准向万历皇帝进贡天主图像、天主母像、天主经、珍珠镶十字架以及报时鸣钟、《坤舆万国全图》等。明廷因为他具有天文、地理等自然科学知识，便授予官职。自此，他接受俸禄，为宫廷修理时钟，定居北京。万历皇帝准许利玛窦在北京传教。他在宣武门内建了北京的第一座天主堂（今宣武门南堂即为明代天主堂旧址）。徐光启、李之藻等人为学习西方自然科学，先后入天主教，与利玛窦一起研究天文、地理，修正历法，交往频繁。

利玛窦在北京译有《经天该》（一卷）和《乾坤体义》（二卷），同李之藻合译《浑盖通宪图说》，共 3 部天文学著作。他又亲手制造地球仪、浑天仪、日晷，把西方的天文仪器介绍到中国。他还把西方地理学介绍到中国，亲手绘制《坤舆万国全图》，将地球分为东、西两半球，刻出经纬度，并把中国绘在地图中央。这幅中文世界地图，使中国知识分子大开眼界，"天圆地方"旧说受到冲击和动摇，"地圆说"流行起来。这对推动中国的地图学和地理学大有裨益。

利玛窦于 1610 年（万历三十八年）5 月 11 日病逝于北京，享年59 岁。万历皇帝破例赐葬于北京西郊阜成门外二里嘉兴观之右（今中共北京市委党校绿色庭院中央保存有利玛窦墓。北京市人民政府把"利玛窦墓及明清以来外国传教士墓地"列为市级文物保护单位）。利玛窦在华传教 29 年，为中西文化交流做出了重大贡献。

北京阜成门外中共北京市委党校内的利玛窦墓

利玛窦、艾儒略、汤若望、南怀仁、庞迪我、邓玉函等欧洲传教士在华传播的西学，主要有：

（一）数学

中国是数学成就发达的国度。数学也曾是中国在自然科学领域里可以自豪的学科。但后来因计数方式和运算方法的落后而限制了它的发展。利玛窦来华后，用数学争取人心，以利传教。他所著《乾坤体义》（三卷）的下卷《容较图义》，"皆言算术，以边线、面积、平圆、椭圆，互相容较，亦足以补古方田少广之所未及"。这可视做西方近代数学传入中国的开始。

利玛窦与明代著名科学家徐光启合作翻译介绍欧几里得《几何原本》，"字字精金美玉，为千古不朽之作"（梁启超语）。它为近代数学在中国的传播奠定了基础。

利玛窦还同李之藻合译《圜容较义》，介绍内外接圆；合撰《同文算指》，介绍加减乘除以至开方等。徐光启与另一耶稣会士罗雅各（1624年来华）合著《测量全义》，首次介绍平面三角和球面三角以及计算圆周率、圆柱体和球体的方法。

在西方近代数学的影响和启发下，中国的数学研究再现生机。从清初到清代中期，一大批中国数学家如梅文鼎、杨作枚、王锡阐、方中通、李子金等脱颖而出，促使中国的数学进入新的黄金时代。

（二）天文历法

中国人历来重视天文学和历法学的研究。但因观测手段落后，虽年年修历，失误仍较大。利玛窦发现中国历法陈旧，遂著《乾坤体义》。此书上卷《皆言天象》，把现行公历（格列高利历，1582 年创立）介绍到中国。他还制作浑天仪、地球仪、报时器等，用以介绍西方天文知识。

在近代西方天文历法知识的启发下，李之藻著《浑盖通宪图说》一书，极力推崇西方天文历法。这是中国第一部介绍西方近代天文学知识的专著。

清初，曾用大统历、回回历和西洋历 3 种历法同时测定日食（顺治元年八月初一）。结果大统历误差 30 分钟，回回历误差 1 小时，汤若望所采用的西洋历分秒不差。于是，清政府于 1646 年任命汤若望任钦天监监正（天文台台长），主持制定《时宪历》。《时宪历》一直使用到民国初年。汤若望巧于制造各种观象仪器以及绘制地图、星图等，如他为朝廷制造了望远镜、圆规、天体仪、日晷等。他亲手制造的一个小型象牙日晷，至今仍珍藏在中国历史博物馆中。

自 1646 年，汤若望任清政府钦天监监正后，直至道光十八年（1838 年），清政府的钦天监监正或监副的职务一直由西方人担任。

康熙皇帝热中西方天文历法，曾以南怀仁为师，习历算之理，又邀白晋、张诚、徐日晟等 5 人来华，传授西方天文、历法、数学等知识。由于康熙帝尊信西士，崇其学问，遂使西学在清朝前期空前活跃。

（三）西方火器

中国虽是火药、火器的发明者，但对它们的利用却长期停滞在原始阶段。而火药、火器传入欧洲后却得到迅速的发展，被制成颇具杀伤力的枪炮投入战场。15 世纪中叶，西班牙人首先发明火绳枪，尽管笨拙，却也独领风骚，百年之后方为滑膛枪所取代。15 世纪，"臼炮"（大口径、短炮身，形如臼）开始出现在欧洲战场。明代嘉靖年间（1522—1566），欧洲枪炮始传入中国。

明末杰出的科学家和军事技术家徐光启于 1600 年在南京结识利

玛窦后，便孜孜不倦地学习欧洲科学技术，尤其是火器科学技术，并把这些技术介绍给中国读者。在学习和传播过程中，一方面结交了一批在上述方面学有专长的欧洲传教士；另一方面又联络了一批有志报国的明廷官员与火器研制者，逐渐形成一个以他为中坚的学习和传播欧洲火器科学技术的群体，为明末引进、仿制和使用欧洲火炮做出了积极的贡献。当明军在萨尔浒战败后，他一面上疏朝廷，奏呈造炮建台等抵抗后金军事进攻之策；一面主动组织人员于 1620 年赴澳门向葡萄牙当局购买 4 门西洋大炮，供研究仿造之用。1621 年，时任光禄寺少卿的李之藻和兵部尚书崔景荣，先后上书朝廷，聘请精通炮术的传教士阳玛诺、毕方济来京辅助造炮。不久，中国商人从满剌加购西洋炮入境。当时称火绳枪为"小佛郎机"，称炮为"大佛郎机"。"佛郎机"是明代中国人对葡萄牙的称谓。17 世纪初，满洲兴起，频频进犯明朝。明政府决定铸炮御敌，于是成立"铸炮场"（1636 年），由传教士汤若望负责监制，铸火炮 500 门，其中包括可发射 20 公斤弹丸的大口径炮。这些炮在东北战场上对付满清骑兵时曾发挥过很大的作用。努尔哈赤即中此炮毙命。不久，清军亦通过明朝降将掌握了炮术。

传教士汤若望著有《火攻挈要》3 卷（1643 年刻印），其上卷论述火器制造方法，中卷论述制造火药及其施放方法，下卷论述火攻要诀。此书问世，使中国在兵器工业的发展中及早吸收了一些欧洲文明的先进成果。

（四）地理学

新航路的开辟，使人类的地理学发生了飞跃。耶稣会士带来的西方地理知识，令中国人耳目一新。利玛窦和罗明坚带来的一幅世界地图，是荷兰地理学家奥尔泰里沃斯在 1570 年绘制的《世界地图册》里的世界概图。此图视地球为圆形体，有经纬度、赤道、5 个气候带和五大洲的轮廓。1584 年，利玛窦应明朝岭西按察使王泮的要求将这幅地图译为中文。其后，利玛窦又多次在南昌、南京、北京等地绘制、增订世界地图。随之来华的西方传教士如庞迪我、艾儒略、毕方济、南怀仁、熊三拔、蒋友仁等均绘制地图，有的还就图立说，编辑成书，其中比较有影响的是艾儒略的《职方外纪》和南怀仁的《坤舆图说》。该二书比较系统地介绍了当时世界各国的地理状况。此外，龙华民和阳玛诺还曾合制了一个地球仪。

当时中国也绘有世界地图，即《天下全图》，但依据的却是"天圆地方"和"中国居中"的错误原理。欧洲传教士带来的西方地理知识，使中国传统的地理观念受到冲击。中国知识分子开始接受西方的世界地理观念，这对中国地理学观念的形成有着深远影响。

从 1707 年开始，在康熙皇帝亲自主持下，法国传教士白晋、雷孝思、杜德美率领中国测量人员运用三角测量方法，在全国范围内进行了大规模的实地测量，并于 1718 年绘制成《皇舆全图》。这是中国运用近代测量方法经过实地测量而绘成的第一幅详细的全国地图。当时天山南北二路因处在准部和回部叛军统治之下，所以此图往西只绘至哈密。乾隆中期平定叛乱后，又派明安图、何国宗等到新疆等地测量，在此基础上对《皇舆全图》进行修订，增绘所缺新疆、西藏等部分，制成《乾隆内府铜版地图》。通过以上活动，西方地理学知识，包括地图说、地球五带说、五大洲说、太阳中心说以及三角测量方法传入中国。

同时，在实学思潮的濡染下，加之西方地理学的影响，相继出现了徐霞客、顾炎武、刘献廷等一批强调经世致用，注重实地考察，并力图探讨各种地理现象成因的地理学者。

东西方地理学经过相互接触、吸收、融合，最终导致中国近代科学地理学的形成。

（五）近代欧洲治学方法对中国学术界的影响

欧洲传教士传入中国的西方先进科学技术成就使中国人眼界大开的同时，以客观务实为特征的欧洲治学原则和方法也随之而来，并对中国学术界产生了极大的影响。梁启超曾指出："明末有一场大公案，为中国学术史上应该大笔特书者，曰欧洲历算学之输入。……要而言之，中国知识线和外国知识线相接触，晋唐间的佛学为第一次，明末的历算学便是第二次。在这种新环境之下，学界空气，当然变换。后此清朝一代学者，对于历算学都有兴味，而且最喜欢谈经世致用之学，大概受利、徐诸人影响不小。"[①] 胡适也认为，中国自明末以来，学术界日趋精密、细致和科学化。大考据学家顾炎武关于古音韵的著

---

① 梁启超：《中国近三百年学术史》，8～9页，中国书店，1985。

作，阎若璩对《古文尚书》的考证，都不同程度地受到耶稣会士带来的西方实验科学方法的影响。明代学术空气淡薄，专尚空谈而不务实学。利玛窦来华后，传播西方治学方法和求实精神，坚持实证，重视实验，对明末以来的学术风气犹如注入一股清风。这个时期，产生了一批经世致用的著作。如宋应星《天工开物》、徐光启《农政全书》、李时珍《本草纲目》、徐霞客《徐霞客游记》等，无不受上述学术空气的影响。

随着欧洲传教士的东来，西方的医学、光学、建筑学、美术、工艺、哲学、音乐、语言学等也纷至沓来。

西方耶稣会传教士在华的传教活动导致几个意想不到的后果：一、这些西方传教士中不乏饱学之士，他们的科学知识和技能往往成为他们接近官方和士大夫的敲门砖，一部分传教士甚至充当了钦天监监正、译员、教师，从而把西方天文学、数学、医学、文字学、地理学、制图学、火器制造、艺术、音乐等科学知识传入中国，大大拓宽了中国人的视野，揭开了西学东渐的序幕，推动了中西文化的交融，启发了中国文化开始步入近代化的历程；二、为了在中国传教，必须"入乡随俗"，研究中国固有文化。于是耶稣会传教士改穿儒服，学习汉语满文，读经文，写诗文，著书立说，成为第一批西方汉学家；三、为了引起罗马教廷和欧洲人对中国的兴趣，这些传教士把来华见闻和中国古籍介绍给西方，编辑出版他们的报道和译著，向西方传播中国现行制度、社会现状、礼仪风俗等，起了沟通中西文化交流的桥梁作用。

英国的中国科技史专家李约瑟对这批西方传教士的科学活动评价道："在文化交流史上，看来没有一件事足以和17世纪时耶稣会传教士那样一批欧洲人的入华相比，因为他们充满了宗教热情，同时又精通那些随欧洲文艺复兴和资本主义兴起而发展起来的科学。……即使说他们把欧洲的科学和数学带到中国只是为了达到传教的目的，但由于当时东西方两大文明仍互相隔绝，这种交流作为两大文明之间文化联系的最高范例，仍然是永垂不朽的。"[①]

欧洲传教士的在华活动，没有使很多中国人皈依基督教，却使中

---

① ［英］李约瑟：《中国科学技术史》，卷4，第2分册，640～641页，科学出版社，1975。

国人民通过中西文化的比较而终于选择了现代文明，同时，也更激发了中国人的民族自尊心。

九　16世纪至18世纪中国文化在欧洲

西学东渐并没有阻断东学西渐的步伐。中国文化在明清时期进一步向欧洲传播。

在耶稣会士之前，欧洲主要通过《马可·波罗游记》了解东方和中国。显然，这种了解是肤浅和不确切的。自新航路开辟后，欧洲人对东方和中国的了解逐渐深入起来。

16世纪后半期，西班牙国王腓力二世尽管已经统治着地跨欧、亚、非、美四大洲的庞大帝国，但仍感不满足，又将膨胀的方向指向中华帝国——明朝。1581年（万历九年），腓力二世向明朝派出官方使团，携带致中国皇帝的信函和礼物取道墨西哥和菲律宾前来中国，因受阻未能成功，但使节团成员、西班牙奥斯丁会士门多萨却用在出使过程中得到的资料，撰著介绍中国社会政治、经济、文化和风俗的宏著《中华大帝国史》，于1585年在罗马出版。此书出版后，风靡欧洲，10年间译成六七种文字，掀起了大规模的"中国热"。这就为欧洲吸收中国文化创造了良好的气氛。

16世纪末17世纪初，中国瓷器、丝绸织品、漆器等货物输入欧洲后，很快引起欧洲各国的注意。至18世纪前半叶，随着输入中国货品的增多和介绍中国国情的增加，欧洲人对中国产生了强烈的好奇和向往，不少欧洲人欣赏甚至模仿中国风尚，从而出现了一股仿效中国的"中国热"。

瓷器是中国的伟大发明，一向以色彩清雅、质地细腻而著称。16世纪，欧洲人尚不会自己制造瓷器。他们喜欢在来自中国的白色瓷器上绘出深蓝色花纹，以仿中国"青花瓷"，来满足对中国瓷器的好奇心理。欧洲瓷器绘画大都仿照中国瓷器风格，有的绘"拖长辫的华人，张伞成列，官吏乘舆而行"，有的绘"大肚的弥勒佛像"，还有的绘中国式的亭台楼阁、花草虫鱼等。为了迎合人们的嗜好，欧洲曾出现过专门在中国瓷器上加以特殊装潢的行业。

16 世纪至 18 世纪，欧洲的陶瓷工继续不断地研究，企图揭示中国那迷人瓷器的奥妙。试制的许多瓷器具有极明显的中国瓷器特征，导致在英文中称瓷器为 "china"（中国）。在两个世纪里，欧洲人只能成功地制造一些中国瓷器的仿造品。直到 1709 年，欧洲瓷器家博特格（Bottger）才终于发现制造瓷器的重要原料高岭土。从 1710 年起，欧洲生产出第一批硬胎瓷器。然而，制瓷技术却长期地严格保密。在法国，直到 1756 年，才发现制瓷技术的秘诀，于 1769 年在塞夫勒（Sevres）制造出第一批法国瓷器，而瓷器上的图案长期照搬照抄中国瓷器上的图案。

继瓷器之后，中国漆器于 17 世纪传入法国。当时中国漆柜只限于宫廷使用，还未普及到民间。17 世纪末到 18 世纪初，漆器的使用日益普遍，欧洲的漆器业也逐渐发达。当时法国的漆器业居欧洲首位，而法国又以马丁一家所制漆器最为精致。马丁兄弟 4 人中，罗拔·马丁的制漆技艺尤为高超。他仿造中国图案，制作了各种姿态优美的花鸟图案漆器，受到人们的青睐。其后，制漆技艺从法国传入英国、荷兰、意大利。到 8 世纪中叶，法国的漆器已能与中国输入品相媲美。

18 世纪，欧洲对中国丝绸的需求急剧增加。当时法国为了满足顾客偏好中国丝织品的需求，在丝织业上努力向中国风格靠拢，可惜成效不显著。巴黎的丝织品制造商还设法仿制中国以龙为图案的丝织衣料，虽然仿制品极其精致，但因顾客偏爱中国货而销路不佳。

中国人很早就以花纸裱墙，纸上绘以图案。由于壁纸恰恰投合当时欧洲人重视室内装饰的情趣，便立刻被广泛采用。18 世纪中叶，英、法等国开始大规模制造壁纸，纸上印有中国传统的山水画。这种壁纸虽然课税很重，但在英国仍销路很广。

16 世纪耶稣会传教士进入中国后，为获得士大夫的好感，取得立足之地，入乡随俗地认真学习、研究中国传统的儒家经典。同时，为便利更多的欧洲人学习，一些传教士着手翻译、诠释儒家经典，把它们介绍到欧洲。于是，作为中国优秀文化代表的儒家典籍在欧洲得到传播，对欧洲文化产生了颇为强烈的影响。

早期进入北京的传教士利玛窦居住在江西南昌的时候，就已经将"四书"（《大学》、《中庸》、《论语》、《孟子》）译成拉丁文，配以简要

美国版"四书"书影

的注释，送回意大利，供来华传教士学习参考。但未正式出版。1626
年，耶稣会士金尼阁翻译"五经"（《诗》、《书》、《礼》、《易》、《春
秋》）为拉丁文，在杭州刊印。这是中国经籍最早的正式出版的外文
译本。此外，法国传教士还主编 3 部在巴黎出版的巨帙丛书：《海外
传教士书简集》，1702 年至 1776 年陆续出版，共 30 卷，其中第 16 至
26 卷是关于中国的；《中华帝国全志》，杜赫德主编，1735 年出版，
共 4 卷，附有康熙时由法国传教士测绘的中国地图 42 幅；《北京传教
士关于中国人的历史、学术、艺术、风俗习惯等论丛》，1776 年至
1814 年陆续出版，共 16 卷。

这几部书在欧洲的出版引起了强烈的反响。当时法国尚处在封建
旧制度的末期，在政界学界中正酝酿着一场大变革。新发现的中国文
化，不论对其解释是否正确，都为法国启蒙思想家提供了反专制、反
教权的思想武器，这是耶稣会传教士始料不及的。

法国启蒙思想家伏尔泰在对中国文化作了许多研究后得出结论：

"当我们还是野蛮人的时候，这个民族已有高度的文明了。"① 他对孔子十分崇拜，在自己的书房里经常挂孔子的画像。他认为孔子的许多理论，对于法国人建立理性主义，宣传人权平等都大有启迪。伏尔泰还根据来华传教士翻译的资料，编写剧本《中国孤儿》，上演后轰动巴黎。这个剧本不胫而走，很快被译成英、德、意、俄等文字，广为传播。

另一位法国启蒙思想家孟德斯鸠比较全面地了解和掌握中国情况后，惊喜地发现在中国历史上从政治理论到伦理道德等方面都有特殊的地位和魅力，认为中国文化对于树立法国的"民族精神"很有帮助。

法国重农派的开山鼻祖魁奈，对中国孔子的重农抑商、以农为本的思想十分欣赏，被称为"欧洲的孔夫子"。魁奈的学术观点以及他仿行中国皇帝所行的"亲耕礼"的做法，在法国的历史上是罕见的。

《百科全书》巨著的主编狄德罗研究了中国许多著作后感叹说："中国民族极能同心协力，他们历史悠久……""他们所有的优点，可以和欧洲最开明的民族争雄。"②

德国近代科学家和哲学家莱布尼茨在欧洲"中国热"的年代里，也对中国文化特别关注。1687 年他 21 岁时就读到斯皮宰尔在 1666 年出版的《中国文献评注》和基旭尔的《中国图志》。他接着认真阅读了巴黎出版的关于孔子的传记和论著后，东方古国的先知的精深理论强烈地感染着他。从这以后，他与中国结下了不解之缘。莱布尼茨在游历罗马时，结识来华传教士闵明我。根据闵明我提供的材料，他于1697 年出版《中国近况》一书。同年，他又和在北京的传教士白晋通信，通过白晋了解了《易经》，并对《易经》中类似二进制的算法极感兴趣，1703 年写成《论二进位制算法》。他还把白晋的《康熙帝传》译成拉丁文。

莱布尼茨的学术思想中渗透着中国文化的精髓。这在他的科学思想和哲学思想方面表现得最为显著。

---

① 张平：《中国文化风靡二百年前的法国》，见李兰琴编：《中外友好史话》，155 页，湖南人民出版社，1986。

② 张平：《中国文化风靡二百年前的法国》，见李兰琴编：《中外友好史话》，155 页，湖南人民出版社，1986。

二进位制算法是莱布尼茨在数学科学中最重要的发现之一，它直接来源于中国的《易经》。二进位制对现代电子计算机语言有着重要影响。

莱布尼茨的单子论哲学体系，也与中国古代哲学相通。所谓单子，即是整体，没有部分，即"一个是万个，万个是一个"。

莱布尼茨认识到中国文化对欧洲近代文化发展的重要意义，认为在东方，还有一个比欧洲更完善的人伦道德的民族，即中华民族。他鞭挞西方社会只重物质、经济、技术，而道德精神却日益堕落的社会风气，认为治疗西方社会弊病的良方就是大力提倡中国重人伦交际、修身和睦的文化。他对中西两种文化作了哲学比较，认为欧洲文化长于精算和思辨，而在实践哲学方面不如中国文化。

中国文化输入欧洲后，曾经影响法国的风尚习俗。豪华的凡尔赛宫经常灯火辉煌，鼓乐喧天，王公贵族们穿着中国式的长袍马褂跳舞。中国轿子在街头悠然而过。在许多场所可荡中国秋千。中国式的澡堂沿街而设。法国人也爱好中国金鱼，以养几缸金鱼为乐。巴黎等一些大城市里，卖艺人按照北京赶庙会时的习俗，点起油灯，放焰火，燃鞭炮，夜间露天演出歌舞、说唱节目。中国的皮影戏，被法国人称为"中国影戏"，刚传到法国时，只有上层社会才能享用，后逐步流传到民间，很受欢迎。当中国瓷器传入法国后，路易十五还掀起了一个"日用品革命"的浪潮，号召销毁银器，以中国瓷器取而代之。用瓷器之风因此盛及全社会。

17 至 18 世纪，欧洲人十分赞赏中国传统建筑艺术。最早介绍中国宫殿、园林、桥梁的欧洲人门多萨说，中国各地王府都有高大雄伟的宫殿，里面有花园、果园，还有各式鱼塘，养着各种飞禽走兽，住在里面如同置身于自然之中。

中国的园林建筑主要是通过瓷器、漆器、丝绸等工艺品上的图画介绍到欧洲的。欧洲人视中国园林建筑是所有园林艺术的"模范"。一时间，欧洲建筑界仿建中国园林成风。欧洲人称仿建的中国式园林为"中国式风格"。英国皇家建筑师张伯斯（Chambers）十分推崇中国园林。他著的《中国建筑设计》一书于 1757 年出版后，在欧洲产生了较大影响。1772 年又著《东方园林概论》出版。他在欧洲仿建的第一个中式花园是 1750 年建成的丘园（Kew Garden）。丘园被认为是"欧洲新式花园的蓝本"。1760 年后，几乎所有的欧洲花园设计都以丘园为"模范"。1773 年，德国园林设计师塞克尔到英国学习"中国式风格"。1781 年塞克尔建造德国第一座中国式园林——威廉高地园，园林所有建筑都是中国风格，房屋几乎全是平房，还包括一座中国式木桥。

综上所述，我们赞同西方学者的结论："公元 1800 年以前，中国给予欧洲的比它从欧洲所获得的要多得多。"①

十　洋务运动与西方文化的输入

洋务运动是 19 世纪 60 年代清朝政府在内外交困的情势下采取的所谓"自强自救"运动。"洋务"一词，系由"夷务"一词演变而来。"夷务"有天朝上国驾驭四夷、轻蔑外国的含义，而"洋务"则包含有学习、引进西方文化的意思。

洋务运动的指导思想是"中学为体，西学为用"。这一思想的发端可以追溯到鸦片战争时期的林则徐、魏源等人。他们曾经提出"师夷长技以制夷"的主张，在中国近代史上第一次明确提出了向西方学习的思想和口号，具有划时代的启蒙意义。此后，中国人开始了向西方寻求真理的过程。而所谓"中学为体"，就是以封建主义的政治制度及其意识形态为根本；所谓"西学为用"，就是学习和运用西方的自然科学和社会科学来维护这个"体"。

洋务派的代表人物，在中央有主持总理各国事务衙门的恭亲王奕䜣，大学士文祥、桂良等人；在地方上有曾国藩、李鸿章、左宗棠等"中兴大臣"。由于李鸿章经办的洋务项目数量最大、涉及范围最广、时间也最长，从而使他成为洋务派中最重要的代表人物。

洋务运动是以学习和引进西方先进的科学技术，创办和发展军事工业、民用工业企业，编练建设新式海军海防，并相应培养新型人才为中心，以达到国家富强目的的运动。不管洋务派自觉或不自觉，他们推行的运动在一定时期里是体现资本主义发展的历史要求的，所以

---

① 张芝联：《中法文化交流》，见周一良主编：《中外文化交流史》，44～45 页，河南人民出版社，1987。

在一定意义上说，洋务运动是中国早期的近代化运动。

（一）近代外语教育的开展

为适应洋务急需外语翻译的需要，洋务派首办新式外语学校京师同文馆，继办上海广方言馆和广州广方言馆。

京师同文馆是在原俄文馆的基础上扩建起来的。1862 年京师同文馆开办时仅设英文馆，由英国传教士包尔腾任第一任英文教习。中国教师徐树琳教授汉文。1863 年 3 月，法文馆和俄文馆相继成立。法文教习是司默灵（Smornenberg），俄文教习由俄国使馆翻译波波夫兼任。1867 年，增设算学馆，传授天文、算学、理化。1872 年，添设德文馆，教习是第图晋。1896 年，又添东文馆，杉几太郎任日文教习。和英文馆一样，各馆均配一名教师教习汉文，另配提调及助教数人，专管学馆其他事务。

1863 年，美国传教士丁韪良来同文馆教习英文。1869 年，清政府任命他为总教习。这样，他成了该馆第一任馆长。丁韪良在职达 26 年之久，直至 1895 年才由该馆物理教习欧礼斐（C.H.Oliver）接任。

同文馆各馆学生起初均为 10 名。自 1887 年起至 1900 年该馆停办时，学生总额一直维持在 120 名左右。同文馆对学生的选择比较严格，相当于满族贵族学校的招生标准。最初只招十三四岁的满族学生，学制 3 年，主要学习外文和汉文。后来扩大招收汉族学生，年龄放宽到 20 岁，学制改为 8 年。同文馆的考试有 4 种：月考——每月初一日举行；季考——每年农历二月、五月、八月、十一月这 4 个月之初一日举行；岁考——每年农历十月面试；大考——每届 3 年总考试一次。

从其课程设置、教学设备、学制年限、考试制度等方面来看，它已不是一所单纯的外语学校，而具有综合性大学的特点。

隶属于总理各国事务衙门的京师同文馆，因 1900 年八国联军侵入北京而被迫停办，于 1901 年年底并入京师大学堂。办学时间历 40 年之久，培养了多少学生没有统计，但确也培养了一批成绩优异的外语人才。例如王凤藻，毕业后成为外交官，又是中国近代第一本英文文法书《英文举隅》（1879 年，京师同文馆出版）的编译者；张德彝于 1895 年主编了近代中国英文文法书之一《英文话规》。

1863 年，江苏巡抚李鸿章以上海交涉事件较多为由，经清政府的批准，仿京师同文馆例，在上海开设广方言馆，招收上海邻近地区 14 岁以下的俊秀儿童入学。学生以外国语文为主课，兼习史地、自然科学，学制 3 年。毕业后分派到各通商督抚衙门及海关监督部门，充任翻译官承办洋务。

1864 年，广州仿上海广方言馆例，亦设广方言馆。该馆主要培养八旗子弟翻译人才。学生不过数十名。每 10 人中，以旗籍 8 人、民籍 2 人为准。当时只教英文，兼授浅近的算学。后来添设东文（日文）、法文、俄文 3 馆，招收名额逐渐增加。

1893 年，湖广总督张之洞在湖北武昌设立自强学堂。曾设方言斋、算学斋、格致斋、商务斋。后因办学困难，将算学斋改归两湖书院，格致、商务两斋停办，只剩方言一斋，故又称方言学堂。学制 5 年。19 世纪 90 年代，英文、法文两科在中国传习已久，故教习由华人充任。俄文、德文两科，则聘请俄员、德员为教习，并以华员为助教。

1895 年，湖南湘乡绅士创办东山精舍，亦专设方言斋，分别学习英、俄、德、法 4 国语文，其性质与京师同文馆相同。

上述学校，由单纯学习西方语言，进而兼学西方科学，成为清末导向西学的先声。

（二）近代军事工业的兴起

1861 年，两江总督曾国藩攻下太平军占领的安庆后，访求人才，筹建近代第一座兵工厂——内军械所。安庆内军械所是一个综合性的军火工厂，主要仿造子弹、火药、炸炮、劈山炮和火轮船。其重要成就之一是试造成功轮船。负责试造小火轮的人是蔡国祥，科技人员为徐寿、华衡芳。

徐寿和华衡芳一到安庆内军械所，就接受曾国藩下达的"自制轮船"的任务。要制造轮船，关键是创制蒸汽动力机。这在当时，对中国人来说是开天辟地的事。1862 年 4 月，徐寿着手锅炉和蒸汽机模型的建造。徐寿凭他的一双灵巧的手，用原始的手工方法，竟把蒸汽机所必需的各连接紧固件一一制造出来，1862 年 7 月 30 日试验成功。接着试造小火轮。试造的小火轮采用木质船壳，螺旋式暗轮结构。第一次试航失败。两个月后，即 1864 年 1 月，小火轮在安庆江面第二次试航获得成功。同年 7 月，由于太平天国京城南京已为湘军所占，曾国藩的幕府迁往南京，安庆内军械所随之迁往南京，改称金陵内军械所。1865 年夏，又与外军械所合并为金陵军械所。徐寿、华蘅芳等人在金陵军械所继续火轮的试制。他们改螺旋式暗轮为明轮，改低压蒸汽机为高压蒸汽机。1866 年 4 月，曾国藩取名的"黄鹄"号试验轮船在南京下关江面试航成功。

"黄鹄"号的试制成功，在中国近代造船史上意义重大。它是中国人民在极其困难的条件下自行设计和用人工制造的第一艘大型轮船。

安庆内军械所的成立和"黄鹄"号轮船的建成，象征着中国帆船时代的行将结束和近代轮船时代的到来。中国近代科技人员在仿造西方轮船的工作中开始崭露头角。①

1862 年，即在安庆内军械所创办一年之后，李鸿章在上海也办起了制造军火的洋枪局。如果说前者未用洋匠是一个特点的话，后者却一开始就用洋技术人员。1863 年，淮军收复苏州，李鸿章移驻苏州，把位于松江的上海洋枪局迁往苏州，更名苏州洋炮局。

李鸿章接受其幕府中的英籍医生马格里的建议，买下被清政府遣散的阿斯本舰队中生产舰用武器的各种机器和设备，从而使苏州洋炮局的机械化程度大为提高，使之初步摆脱了手工操作阶段。苏州洋炮局设三局：一为西洋机器局，派马格里雇洋匠数名照料铁炉机器，又派直隶知州刘佐禹选募中国各式工匠帮同工作；一为副将韩殿甲之局；一为苏松太道丁日昌之局，皆不雇洋匠，但选中国工匠，仿照外洋做法。设立韩、丁二局，表明李鸿章有不愿使武器的生产完全依靠洋人的意图。

苏州洋炮局因机器不齐全，不能制造轮船、长炸炮，仅能锉铸炮弹。每月生产大小炮弹4 000余个。

1865 年，江苏巡抚、上海通商大臣李鸿章赴南京上任时，把苏州洋炮局一分为二：马格里西洋机器局迁南京成立金陵机器局；韩、丁二炮局迁上海，与收购的美商旗记铁厂合并。此时正值容闳在美国购买的百余台机器（制器之器）运抵上海，一厂、二局及这百余台制

① 辛元欧：《中国近代船舶工业史》，102 页，上海古籍出版社，1999。

器之器便成为曾国藩、李鸿章久欲建立的西式机器厂的基础。是年 6 月，在虹口旗记铁厂原址建立中国第一座具有制器之器功能的近代工业母厂——江南机器制造总局（以下简称江南制造局）。

江南制造局所用原旗记铁厂留下的 8 个洋匠及 1 名匠目（美国人科尔）仅熟悉造船修船业务，无法胜任造枪炮弹药的任务，江南制造局只好转向制造兵船，迁入新址上海高昌庙。

1868 年 8 月，江南制造局建成中国第一艘兵轮"恬吉"号，试航成功，轰动国内。

1869 年至 1870 年间，江南制造局陆续建造"操江"、"测海"、"威靖" 3 艘木壳暗轮兵船。这些兵船的成功制造，标志中国军事工业和军事历史进入了一个新时期。

1873 年至 1875 年，总局局员徐寿父子督率中外员匠陆续造出 2 艘大型木壳暗轮姐妹兵船"海安"和"驭远"号。这 2 艘姐妹兵船，长 96 米，宽 13.4 米，深 6.7 米，载重量 2 800 吨，功率 1.341 千瓦（1 800 马力），航速 12 节，炮 20 门。为 19 世纪 70 年代中国所造兵船之中最大者。

至 1891 年，江南机器制造局共有 14 座工厂（车间），职工 2 913 人。美国传教士丁韪良编《中西闻见录》云："曾督两江，于局（指江南机器局）务事事讲求，且遣人往西国购买机器多件，于是局中制造灿然可观。其余富强之道不甚伟哉！"[1]

闽浙总督左宗棠于 1866 年在福州创办的马尾船政局，是中国近代建造的第一座造船厂，也是当时远东最大的造船厂。

马尾船政局辖有工厂和学校两部分。工厂部分有铁厂、拉铁厂、水缸厂、轮机厂、合拢厂、铸铁厂、钟表厂、打铁厂、转锯厂，另有船台、起重机、船槽、储藏所、砖窑、灰窑等。学校部分分英文部、法文部。英文部设有海军学校、工程学校、航海实习学校。法文部设有造船学校、设计学校、艺徒学校。此外，还设有时刻测定学科，内分 3 组：测时表（经线仪）制造组、光学器具组、船用罗盘针制造修理组。

上述各类学校，是中国最早的近代化的海军学校、造船工程学校

---

① 孙毓棠：《中国近代工业史资料》，第 1 辑，290 页，科学出版社，1957。

和造船技工学校。它们为国家培养了不少海军人才，如邓世昌、林永升、严复、萨镇冰、刘步蟾、林泰曾等。又为国家培养了一批制造轮船、兵舰的人才，如郑清濂、罗臻禄、李寿田、魏翰等。这些学校，不仅在中国教育史上，并且在中国军事史上，都有独特的地位。[①]

马尾船政局从 1869 年至 1884 年，先后制造商船、兵舰 24 艘，船质结构由木质发展到铁胁木壳、铁胁双重木壳，中法战争后又发展到钢壳甲。船舰航速由每小时 9 海里发展到 15 海里。船载火炮，由前膛炮改装为后膛炮、连珠炮。船内机器由立机改为卧机，船的吨位也在不断增加。该局能造炮艇、战舰、商轮。

中法战争前，中国有北洋水师、南洋水师和闽江水师。北洋水师下辖的十余艘兵舰中，"康济"、"眉云"、"镇海"、"泰安"、"威远"、"海镜"等舰皆由马尾船厂制造，约占北洋水师舰只的 2/5。南洋水师中的"澄庆"、"横海"、"镜清"、"开济"、"登瀛洲"、"靖远"等舰均为马尾船厂出品，约占南洋水师舰只总数的 1/3。闽江水师中的舰只，除"福胜"、"建胜"二艘炮艇购自美国外，其余全系马尾船厂制造。其中"扬武"、"济安"、"飞云"、"伏波"等号，均在 1 200 吨以上，建造年代均在 1875 年以前。马尾船政局创办不到 20 年，便能制造出这么多军舰，并能配备成一支由自己制造、驾驶、管理的独立自主的海军舰队，表现出中华民族善于学习、奋然进取的精神风貌。在 1884 年 6 月 25 日爆发的中法海战中，官兵前赴后继，抗击强敌，表现出中华民族不畏强暴的凛然正气。

1865 年夏，李鸿章升任两江总督，将其所办的由马格里、刘佐禹主持的苏州洋炮局一个车间随之迁往南京，厂址雨花台（即瓷塔山），名为金陵机器制造局。

金陵机器制造局于 1865 年动工兴建，次年告竣。火箭分局于 1870 年竣工。同年，添造铁炉房 5 大间、汽炉房 1 所、砌炉 12 座。1872 年又添翻砂厂房 6 间，翻砂坑屋 1 间。以后又添设枪子机器厂、铁气锤厂、拉铜机器木厂和洋火药局、水雷局及乌龙山暂设的炮台机器局等。金陵机器总局下属的各分厂分局中，以洋火药局的规模最大。

---

① 董蔡时：《左宗棠评传》，57 页，中国社会科学出版社，1984。

天津机器制造局是在奕䜣授意下，由清室贵族、三口通商大臣崇厚于1867年在天津创办的。先在天津海光寺建立一个机器厂和炼铁厂，称为西局。1869年又在天津城东贾家沽地方设立火药局，又称东局。1870年，调任直隶总督的李鸿章接办天津机器制造局。

天津机器制造局之西局，主要从事铸造炸炮，制作炮车，修理小型军器，制造铜帽、炮弹以及许多其他军用品。东局则主要从事制造品种优良的火药和军器——包括枪弹、炮弹和水雷。天津机器制造局除生产军火之外，还承修兵船、轮船和挖河机器船等。1877年，试造各种水雷，1879年，又创制式如橄榄，可于水底暗送水雷置于敌船之下的水底机船。中法战争后，天津机器制造局的生产任务又有扩大：不仅要为陆军各营提供各种枪支弹药，还要为海军制造铁舰、快船、鱼雷艇以及水雷营和各口炮台所需的军火弹药。

山东机器制造局是山东巡抚丁宝桢于1875年开始筹建，1877年建成投产的。主要生产枪、炮、弹药。

1872年，左宗棠将西安机器局的设备拆迁至兰州，组建兰州机器制造局。主要制造铜引、铜帽和大小开花弹；后又仿造普鲁士式螺丝枪及后膛七响枪，并且改造原有的劈山炮和炮架。随着镇压回民起义、收回伊犁等战事的结束，兰州机器局于1882年停业。

（三）近代民用企业的兴办

洋务派在兴办军事工业的同时，为了求强求富，从19世纪70年代初至90年代初，在全国办起20多个民用企业。比较重要的有以下一些：

在西方列强垄断中国水上航运事业的情况下，1872年，在李鸿章主管下，开始创办轮船招商局（经营轮船运输），对中国水上航运事业的发展，起了开路先锋的作用。

1877年，李鸿章又创办开平矿务局。这是中国最早用机器开采的一个大型煤矿，即现在开滦煤矿的一部分。在19世纪70年代到80年代间，在山东峄县、台湾基隆、江苏铜山以及其他一些地方，官方也曾设局使用机器开采煤矿。19世纪80年代在热河、黑龙江、山东、贵州、云南，官方还设开采铜、金、铅、铁等金属的企业，有的还附有冶炼的设备。最著名的是19世纪90年代初湖广总督张之洞在湖北主办的大冶铁矿和汉阳铁厂。汉阳铁厂在当时是个规模相当大的钢铁冶炼工厂。[①] 全厂包括大小 10 个分厂，有炼铁的高炉两座，炼钢的酸性转炉两座、平炉一座，还有轧制铁轨的设备等等。

在纺织工业方面，陕甘总督左宗棠向德国购买毛织机器运到兰州，1880 年建成甘肃机器织呢厂。1890 年，李鸿章主办的上海机器织布局建成投产。1893 年至 1894 年，张之洞在湖北相继办起织布、纺纱、制麻、缫丝 4 个局。

以上各类企业中，轮船招商局兴办最早、规模最大。

洋务派人物在当时极为艰难的情况下筹办以上企业，是倾注了心力的。张之洞曾说："华民所需外洋之物必应悉行仿造，虽不尽断来源，亦可渐开风气，洋布、洋米之外，洋铁最为大宗。在我多出一分之货，则少漏一分之财，积之日久，强弱之势必有转移无形者。是以虽当竭蹶之时，亦不得不勉力筹办。"[②] 洋务派人物筹办企业，引进原来封建社会中没有的现代机器工业，客观上对中国的近现代化起了促进作用。

（四）近代海军的建立

19 世纪 60 年代中后期，随着造船购舰和海军人才的培养，组建近代海军的计划被提了出来。最早提出创立近代海军的是丁日昌。他第一次提出中国海军应统一指挥、分区设防的主张。丁日昌建议：全国建 3 个水师——北洋水师、中洋水师、南洋水师。北洋水师驻扎奉天（今辽宁）、直隶（今河北）、山东沿海，提督坐镇大沽；中洋水师驻扎苏浙海口，提督坐镇吴淞口；南洋水师驻扎福建广东沿海，提督坐镇厦门。每路配炮艇 10 艘左右担任守备，有事则一路为正兵，两路为奇兵，飞驰援应。

建立中国近代海军被提到清廷的议事日程上来，与日本的侵华野心及其海军的日益强大有着密切的关系。1853 年之前，日本同中国一样采取闭关自守的政策，海上力量很落后。1854 年，在西方列强舰队的威逼下，日本打破锁国状态，把发展海军放到重要位置。1868 年明治维新后，日本迅速走上了军国主义的道路，并制定"开拓万里波涛，布国威于四方"的国策。日本海军得以优先扩充。1872 年，明治天皇下令设置海军省。1874 年 5 月，日本悍然出动"日进"、"孟

---

① 胡绳：《从鸦片战争到五四运动》，318 页，人民出版社，1981。
② 《张文襄公全集·奏议》，卷 27，3 页。

春"、"筑波"号军舰，掩护 10 余艘轮船运送 3 600 名陆军官兵侵入中国台湾。沈葆桢调集海陆军积极赴台作战，日本未敢交战，于年底撤兵。

日本侵略台湾再次给中国敲响了警钟。清廷内部感到"海防的事，为今日切不可缓之计"，决心建立中国自己的海军，加强海防。1875 年 5 月 30 日，总理各国事务衙门提出的建立海军的方案经钦准实行，沈葆桢、李鸿章分别督办南、北洋海防，组建南、北洋海军。

沈葆桢组建的南洋海军的舰艇主要来自江南制造局和福州船政局，少量购自国外。至 1884 年，南洋海军拥有钢质巡洋舰"南琛"、"南瑞"号，铁骨木皮巡洋舰"开济"、"澄庆"、"超武"号，木壳巡洋舰"驭远"、"登瀛洲"、"威靖"号，木壳炮艇"靖远"、"测海"号，铁壳炮艇"龙骧"、"虎威"、"飞霆"、"策电"、"金瓯"号。1890 年 8 月，陈湜被委任为南洋兵轮总统。

李鸿章组建的北洋海军尽管起步较晚，却后来居上。北洋海军共有 29 艘舰艇（铁甲舰 2 艘、巡洋舰 7 艘、炮舰 6 艘、鱼雷艇 10 艘、练习舰 3 艘、运输舰 1 艘），官兵 4 000 人，提督丁汝昌。

1884 年，由于中国海军各自为战，缺乏统一指挥，使法国军舰乘机袭击我东南沿海地区。惨痛的教训迫使清廷统一海军。于是，总理海军事务衙门于 1885 年 10 月在北京成立。总理海军事务衙门的成立，标志着中国近代海军正式成为一个独立的军种。

中国近代海军在创建的过程中，曾同法国、日本的侵华舰队进行过多次海战。虽然多数作战失利，但却展示了中国海军官兵的爱国主义精神和较强的战斗力。就作战样式而言，从鸦片战争中的岸防作战发展到海上交锋，表明中国海防实力已经取得很大进步。

（五）近代外交的奠基

自从中国向西方开放之后，奠定中国近代外交政策的，是 1860 年至 1884 年主持中国外交的奕䜣。①

奕䜣主持清政府外交事务后，对中国近代外交的第一个重大贡献，就是抛弃传统的"尊王攘夷"之道和"驭夷"的方针，代之以一套新的近代外交方针和政策。

---

① 宝成关：《奕䜣与中国近代外交》，载《近代史研究》，1989（3）。

在鸦片战争之前，清政府统治者自诩为"天朝上国"，把中国以外的国家和民族一概视为"蛮貊夷狄"，因此在处理对外关系上，只有所谓"理藩"，而无外交，更谈不上什么外交思想和外交方针。清政府尽管因鸦片战争的失败而被迫同西方列强签订了第一批不平等条约，对外开放了通商口岸，但仍拒绝放弃闭关政策，对外不采取实事求是的态度，结果导致了第二次鸦片战争的失败。

奕䜣在第二次鸦片战争结束后不久，顺应变化了的中外形势，于 1861 年 1 月 13 日和文祥、桂良联合向咸丰帝上了一个《综计全局折》，建议清政府重视外交工作，对西方各国实行"外敦和睦，隐示羁縻"方针，并提出 6 条具体章程，奏请施行。

奕䜣旧照

奕䜣的外交思想和方针，主要包含两个方面的基本内容。一是外交斗争必须以实力为后盾。为了增强外交实力，奕䜣大力鼓吹推行自强运动（即洋务运动），力求使中国富强起来。二是以诚信和好为宗旨，大力开展外交工作，尽可能避免同西方列强决裂，以便为国内的自强运动争取一个有利的国际环境。在这样一个总的外交思想和外交方针的指导下，清政府开始摆脱传统的"攘夷"之道，实现由"夷务"向近代外交的过渡。

作为清政府近代外交的创始人，奕䜣不仅制定了一套外交政策，而且建立了中国近代第一个外交机构，向外派遣了第一批外交使团，使清政府的外交开始走向近现代型。

首先，奕䜣奏请设立中国近代第一个外交机构——总理各国事务衙门。总理各国事务衙门，对内统筹洋务，对外统领外交。它的成立，是顺应世界潮流，适应国内改革和国际交往需要的开明之举。

其次，派遣外交使节，打开中国走向世界的大门。1875 年 8 月，经奕訢奏请，清政府正式任命福建按察使郭嵩焘为出使英国使臣。1876 年 12 月，中国近代第一位驻外大使终于启程赴英。郭嵩焘出使的第一使命是为马嘉里案"赔礼谢罪"，第二是在伦敦建立使馆，第三是考察西方民情政事。郭嵩焘出色地完成了朝廷使命。郭嵩焘的出使英国，开创了近代中国向外国正式派遣公使的先河。其后，清政府又陆续派遣陈兰彬使美、何如璋使日、刘锡鸿使德。1877 年，清政府根据郭嵩焘的建议在新加坡设立中国在海外的第一个领事馆。使馆和领事馆的次第开设，使中国近代外交出现了新的局面。

奕訢的外交策略曾在很长一段时间内指导了中国近代的外交活动。这些策略思想主要是：一、备知底细，动中窾要；二、恃笔舌以争之，恃理势以折之；三、先在折服其气，然后乘机即转。奕訢在对外交涉中的上述思想和做法，突破了中国自古以来"非战即抚"的传统"驭夷"方针，在敌强我弱的形势下，为通过外交手段解决中外争端提供了策略思想，使中西关系在较长一段时间内出现了"相安无事"的局面，从而在一定程度上抵制了西方列强的侵略阴谋，延缓了中国半殖民地化的进程，为洋务运动的开展创造了一个有利的国际环境。

（六）近代留学运动的发起

中国近代留学运动的发起者是容闳。

容闳（1828—1912），字达萌，号纯甫，清道光八年（1828 年）出生于广东香山县（今中山县）南屏镇。1846 年，他毕业于澳门教会学校马礼逊学校。1847 年随该校校长、美国传教士布朗赴美留学。1854 年在耶鲁大学毕业，获文学学士学位。他的个人经历使他下定决心，要让中国的新一代也享受他所受过的西方教育，通过西方教育，使中国复兴，成为文明富强之国。为此，他多方奔走，广交清廷大员。1868 年，他通过江苏巡抚丁日昌提出派幼童赴美留学的条陈，但当时未被清廷采纳。1870 年，容闳设法说服曾国藩，由曾国藩和李鸿章联名上奏，终使派遣留学生的建议得以批准。

1872 年至 1875 年间，清政府分 4 次共派出 120 名学童赴美留学。此为中国近代公费留学生之始。

1881 年，清廷以幼童"荒废中学"、"囿于夷学"为由，将他们分 3 批撤回。首批 100 名学童回国后，大多在工矿、铁路、电信、海军、教育等部门任职，为传播西方科学技术，发展中国近代工业做出了贡献。如詹天佑，后来成为爱国铁路工程专家。

容闳本人以他的毕生精力开创了中国近代留学运动，为西学东渐、为中国的近代化做出了贡献。

在容闳组织学生赴美留学的同时，派遣学生赴欧留学也提到了议事日程上。

败在西方坚船利炮之下的清政府认识到，建立一支实力

中国近代留学运动的发起者容闳（1828—1912）

强大的海军已成为当务之急。清政府在筹备海军的过程中，用重金雇用了一些洋人为技术顾问，同时开办一些新式水师学堂，培养技术骨干，仍感人手不足。因此，洋务派官员提出，直接派学生到欧洲学习造船和军事技术，以期迅速培养人才。其中福州船政学堂最为积极。他们在 19 世纪 70 年代初就拟定留学章程，作派员赴欧的打算。1875 年，在福州船政局任技术监督的法人日意格返欧时，船政局即派 5 名学生随其赴英、法参观见习。次年，又有几名武弁随洋员赴德学习军事技术。这两次派员赴欧，虽非正式留学，却成了赴欧留学的先导。

1876 年，沈葆桢、李鸿章向光绪帝上《闽广学生出洋学习折》，得到批准。沈葆桢便从福州船政学堂选取学习机械制造的学生 14 名、艺徒 4 名、学驾驶的学生 12 名，另有随员、文案、翻译各 1 人，于 1877 年 4 月分别赴英、法留学。隔 4 年，李鸿章从天津北洋水师学堂和福州船政学堂挑选 10 人，于 1881 年 12 月赴法、英、德 3 国学习制造枪炮、火药、鱼雷、驾驶、营造等。1886 年 3 月，第 3 批来自上述两校的 33 人赴英、法留学，主攻测绘、驾驶、兵船、管轮和制造。1897 年，福州船政局派出第 4 批 6 名留学生。

这些留学生来到欧洲，立即感受到欧洲近代化过程中浓厚的科技气息，痛感祖国贫弱落后。他们深知肩上学习担子的沉重，因而表现出惊人的学习毅力，向西方人展示了他们的才干。

从 1880 年起，这些留欧学生陆续回国，报效祖国。李鸿章创办的北洋海军 12 艘主要船舰的管带，绝大部分是留欧学生。他们在海军的编队、训练、武器装备、作战等方面做出了重要贡献。进入福州船政局的留欧生，给船政局带来了新的风气。尽管留欧学生不足百人，但因为有针对性有目地输送，留学效果明显，后来成了中国近代的海军将领、工程师、矿物专家和教育家。其中严复、马建忠成了著名的资产阶级改良主义者。他们译西书、办报纸、议改革，针砭时弊，促进民族的觉醒。

日本在 1868 年开始明治维新，迅速地走上了资本主义道路，并且在西方列强的支持下，开始侵略中国。中日甲午战争，暴露了它侵华的嘴脸。甲午战争所造成的民族危机，丧权辱国的《马关条约》的签订，激起中国一切爱国者心理的波澜。在这血雨腥风的年代，一批批救亡志士为了探求救国的途径，一致主张到日本去。张之洞《劝学篇》曾这样说："出洋一年胜于读西书五年……入外国学堂一年胜于中国三年……至游学之国，西洋不如东洋。"他还列举到日本留学的好处："路近省费可多遣；去华近易考察；东文近于中文易通晓；西书甚繁，凡西学不切要者，东人已删节而酌改之，中、东情势风俗相近，易仿行，事半功倍，无过于此。"① 张之洞这篇《劝学篇》，实无异于倡导留日的宣言书。这一主张，备受清政府的重视，并被付诸实施。

20 世纪的最初几年，留学日本迅速成为潮流。留学生中，以 20 岁左右的学子为主，女子留学也渐成风尚。在留日大潮中，有的是夫妻、父子、兄妹一同赴日，甚至出现了全家留学、全族留日的事例。留日人数迅猛增长，其中自费生与官费生平分秋色。1906 年，留日人数达 12 000 人之多。

留日学生进入日本各类学校，学习科学、军事、文学、社会科学。学成后，把在日本获取的新知识和新风气带回国内，促进了中华

---

① 《张文襄公全集》，卷 203，《劝学篇（二）·游学第二》。

民族的觉醒和中国的近代化。

（七）西方近代体育的传入

洋务派兴办军事工业，购买兵舰和其他新式武器，仿造西方的办法编练新式海陆军队，建立军事学堂，聘请洋人教官，选派留学生出国……采取了一系列学习西方文化的措施。洋务派为了培养实施"自强新政"所需的各类人才，从1881年起，先后创办包括北洋水师学堂、天津武备学堂、广东陆师学堂在内的各类新式学堂。这些学堂废弃了传统的弓、刀、石、技勇等军事武器武艺，聘请洋教官系统地传授军事技术，从而较全面地引进了洋操。英式和德式兵操最早被引入中国。当时的兵操以列队、战阵、刺杀等内容为主，但也包括一些其他项目，诸如击剑、刺棍、拳击、哑铃、赛跑、跳远、跳高、跨栏、足球、爬杆、游泳、木马、单杠、双杠等。

尽管洋务派引进兵操是为了增强军事力量而不是为了提高人民的健康水平，但兵操却打开了近代体育传入中国的渠道。

篮球运动源于美国。1891年，美国东部马萨诸塞州斯普林菲尔德市（春田市）基督教青年会的体育教师詹姆士·奈史密斯发明了篮球运动。篮球运动约于1894年由美国人鲍勃·贝利传入中国。[①] 篮球运动首先在天津基督教青年会开展，以后相继在北京、上海、广州等大城市的基督教青年会和教会学校开展。1910年，中国第一届全运会上有篮球表演。男、女篮球，分别于1913年和1930年被正式列为国内竞赛项目。

排球运动也源于美国。1895年，美国好利诺青年会干事威廉·摩尔根用篮球的球胆作为球，将网球的网升高，在健身房内玩这种游戏。1900年，美国司保尔丁体育用品公司，生产了第一批有胆有皮的双层球。经过多方研考、改革，才逐渐演变为用羊皮做壳、橡胶做胆的排球。1913年，第一届远东运动会在菲律宾举行。当时，由于排球运动开展得还不普遍，中国还没有这种运动。菲律宾排球队为了夺取这届排球赛的锦标，但又缺乏比赛对手，便要求中国也组个排球队参加比赛。中国队临时组建了一个由不懂排球运动规则的田径、足球的选手组成的排球队，参加比赛。这次比赛后，中国选手就把排球

---

① 上海教育出版社编：《国外体育漫话》，128页，上海教育出版社，1983。

运动带回祖国，并在广州的南武、培英、岭南等一些学校里率先开展起来。以后这些粤籍子弟又把排球带到各自的家乡——台山、开平、新会一带，故广东台山至今有"排球之乡"的美称。

足球运动源于英国。中英鸦片战争后，足球运动随着英国军舰的侵入而传入中国。足球运动最早在中国少数大城市里出现，踢足球的都是洋人。直到 20 世纪初，足球才开始在中国青年学生的足下滚动。1901 年，在上海出现了一支由圣约翰书院学生组成的比较正规的足球队。1906 年，中国协和书院足球队与英国士兵足球队在北京天安门前的广场上举行了一次比赛，以 2:0 战胜英国队。此后，足球运动渐渐传布全国。

棒球运动起源于美国。1839 年，美国纽约州古柏思镇举行了最早的一场棒球比赛。因此，该镇被认为是棒球运动的发源地。1876年，美国出现职业棒球联盟。1910 年，美国总统塔夫脱宣布棒球为美国的国球。1873 年赴美国留学的中国 30 多名学童学会了打棒球后，曾组织中华棒球队，多次战胜美国棒球队。他们回国后，把棒球运动带回中国。

教会学校的建立，新式学堂的兴起及基督教青年会在中国的建立和发展，是中国开展西方近代体育的重要因素。特别是基督教青年会，在传播和推广西方体育方面起着显著作用。[①] 由于体育本身所具有的群集性、兴趣性、竞赛性、娱乐性，西方体育逐渐从沿海城市经由学校发展到内地省市。

1879 年，基督教青年会创办的教会学校上海圣约翰书院，十分重视体育运动，成立了体育会。1890 年，圣约翰书院曾举办一次以田径为主的运动会。此后每年春秋举行两次，这是中国近代最早的运动竞赛之一。1895 年，一批爱好体育的檀香山华侨学生归国进入圣约翰书院，带动了该校网球、棒球、足球等西方体育运动的开展。不久，圣约翰书院和苏州书院、南洋书院、南京书院 4 校成立校际体育联合会，每年轮流在各校举办春秋两季运动会。

在一个饱受西方列强侵略的半封建半殖民地国家里，西方近代体育的传入，难免会被打上时代的烙印。最初的运动规则，是由洋人口

---

① 傅浩坚编著：《中国近代体育史的传奇人物——马约翰》，4 页，北京体育大学出版社，1998。

传的；最初的竞赛，由洋人组织并担任裁判；最初的近代体育设施、各种运动器材和设备用品，都是舶来品。

十一　美国传教士与西方教育文化的输入

最早来到中国的美国人是商人、冒险家和海员。1784 年 8 月，由纽约商人等筹资遣送一艘取名"中国皇后"的商船，带着美国国会（邦联）颁发的证明，才第一次航行到达中国广州，打开了中美关系的大门。美国商人在中国的商业进展得很快，19 世纪初年已超过法国和别的国家，但还远不及英国。继商人和海员之后，19 世纪 30 年代，美国传教士纷纷来到中国。从此时起，19 世纪的大部分时间，美国在中国的传教事业在西方各国中居领先地位。

早期，美国传教士依附于英国传教组织在马六甲、新加坡、澳门、广州等地通过办学校的形式进行传教。早期教会办学并不是为了传播西方的知识与文化，而是为了使传教披上合法的外衣罢了，其直接任务是教一些中国人学会英文，培训一批土生土长的中国籍助手或传教士，培养美国教会所需的翻译、买办。这些传教士客观上成为最早接触中国人并传播西方文化的中介。但由于清政府把西方人在中国传教视为妖言惑众，严加防范，所以美国传教士与华人的接触和传教的范围都是极其有限的。

1868 年，中美签订《蒲安臣条约》，清政府被迫接受自由移民与优待美国人在中国办学的条款，传教也受到了保护，美国从此打开了传教士自由无阻地在中国内地传教与办学的道路。19 世纪 80 年代，适逢美国国内掀起一股向海外宣教的狂潮，招募大学生自愿到海外去传教。于是，一大批受过大学教育的青年传教士，其中包括司徒雷登等人，就是在这个时期应召来华的。从 1868 年到 1918 年，美国派往海外的传教士达 8 000 名之多，其中 2 500 多人被派往中国，占总人数的 1/3。这是美国传教士在华大发展的时期。在这一时期，无论是传教、办学校、办慈善事业等方面，美国都居西方国家之首。

美国的海外宣教运动与美国的海外扩张运动相结合，形成美国在华传教、办学的高潮。

美国教会在中国办的学校，中国人称为"洋学堂"，最初规模不大，名称不同，体制混乱，只相当于小学或中学水平。19 世纪 70 年代末以后，办学重点逐步转向高等学校。70 年代末，少数教会大学相继成立：1879 年圣公会在上海办约翰书院（即圣约翰大学的前身）；1882 年长老会在山东办广文学堂（即齐鲁大学的前身）；1888 年美以美会在北京建立汇文大学，1889 年公理会等在河北通州建立华北协和大学后两校合并为燕京大学。这些一般都是由普通教会学校增添课程和设备而试办的高等学校，除英语和宗教课以外，还开设西方科学与医学方面的课程。这些教会学校不同于中国传统的学校而是地道的西方高等学校，是洋人在中国土地上办的高等学校。它们成了西方文化的传导者。

19 世纪末到 20 世纪 20 年代中期，美国在华创办教会大学进入鼎盛期。许多原先的教会书院纷纷合并扩建为大学，一时如雨后春笋。其中最重要的有苏州东吴大学（1901 年）、山东联合大学（1902 年）、武昌文华大学（1903 年）、广州岭南大学（1903 年）、上海圣约翰大学（1905 年）、华北协和女子大学（1904 年）、上海沪江学院（1906 年）、南京金陵大学（1910 年）、杭州之江大学（1910 年）、成都华西协和大学（1910 年）、武昌华中大学（1910 年）、长沙湘雅医学院(1914 年）、福州华南女子文理学院（1914 年）、南京金陵女子大学（1915 年）、福州协和大学（1918 年）、北京燕京大学（1919 年）、北京协和医学院（1920 年）等。这些大学遍布中国沿海各大城市并深入武昌、长沙、成都等地。当时中国的国立大学只有 3 所（北京大学、山西大学、北洋大学），新建立的私立大学也为数不多，而美国教会大学比中国自己办的大学还多，几乎占外国人在中国办的大学的十之八九，就是中国人自己办的大学最初也多是聘请美国人主其事。无怪乎英国传教士李提摩太（1845—1919）提醒人们：差不多中国全部大学都是由美国人创办与美国人主持。①

教会大学的教学体制、院系设置、课程安排、教学方法、教学工具、参考书等，都是直接从美国引进到中国来的。有些大学与美国著名的哈佛大学、耶鲁大学、普林斯顿大学、康奈尔大学等多有联系。

---

① 转引罗荣渠：《美国与西方资产阶级新文化输入中国》，见周一良主编：《中外文化交流史》（论文集），644 页，河南人民出版社，1987。

更重要的是，他们把一系列西方的新学科介绍到中国的教会大学，并建立新学科的研究基地。例如，金陵大学和岭南大学创立的农学院对现代农业技术的推广与对水稻小麦等品种的研究；湘雅医学院、齐鲁大学和华西协和大学的医学院对西医学人才的培养；北京协和医学院在第二次世界大战前一直是亚洲最大最完备的医学教育中心；一些教会医学院还首先在中国讲授护士学并培养护士；燕京大学是社会学和新闻学领域的先驱；武昌华中大学首先开设图书馆学课程，并在中国小型图书馆中推广杜威分类法；还有商业、工商管理、西方历史、西方文学、拉丁文等课程，大都是教会学校首先设置的。燕京大学与美国哈佛大学挂钩建立的哈佛燕京学社，在研究中国传统文化方面也具有一定特色和贡献。教会学校提倡妇女拥有平等受教育的权利，主张打破封建门第观念等，起了以洋风易旧俗的作用。

通过以上所述，我们可以看到，外来的美国教育思想和教育模式对中国近代教育的形式起了多么大的示范作用。

教会大学是移植到中国文化躯体上的外国异物，这种移植是在帝国主义不平等条约的保护下进行的。因此，这是对中国的一种文化侵略。但是，文化不同于政治，文化包含民族智慧的结晶，它的这一部分应成为人类共享的精神财富。而外来文化的强制输入，并不排斥本土文化的吸收和借鉴。从这个角度看，美国和其他西方国家输入的教会教育，可以说是近代中西文化交流的一种特殊方式。①

可以说，教会学校的积极意义就在于对中国的变革起了推波助澜的作用，它鼓励一个民族吸收另一种更现代的文明。中国的现代教育就是从西方教育蜕变而来的，它以现代科学为基础，彻底改变了传统教育的形式和内容。这不能不说是教会学校对中国教育的特殊贡献。②

---

① 转引罗荣渠：《美国与西方资产阶级新文化输入中国》，见周一良主编：《中外文化交流史》(论文集)，646页，河南人民出版社，1987。

② 蒋恒：《教会大学与中国——评介〈中国教会大学史〉》，载《光明日报》，1989 - 01 - 8 (3)。

十二 西方医学的传入及其影响

西医学作为一门科学，16世纪以后大规模传入中国，在各地广泛传播，产生很大影响。由于西医学是建立在近代自然科学基础上的，它的传入客观上为中国带来了新的科学知识。西医医院的建立，西医药院校的开办，西医著作的出版，西药房和西药厂的设立，促进了中国医学的发展，对中国人民的保健事业起了重要作用。

（一）西方医学的传入

西方医学是以古希腊、罗马医学为基础，随着自然科学的进步逐渐形成和发展起来的。

西方医学传入中国，其历史可追溯到汉唐时代，但若就其连续性、有现代医学概念、并伴随文化传入而言，约始自16世纪明代中叶。

16世纪，西方国家进入资本主义发展时期，葡萄牙、西班牙、荷兰、英国等国势力相继侵入中国。1557年，葡萄牙侵占澳门。1568年，澳门区主教卡内罗在澳门创办仁慈会，开设圣拉斐尔医院和麻风病院，这是西方人在中国创办的第一所教会医院。

1582年，意大利传教士利玛窦来到中国利用医疗活动进行传教，先后在肇庆、南昌、南京、北京等地活动32年之久。清康熙年间（1662—1722），继续有一些欧洲传教士来华。1693年5月，康熙帝患疟疾久治不愈，传教士洪若翰（Jeande Fontane）、刘应（Claude de Visdelon）献上从西南亚寄来的奎宁1磅（合0.45公斤）及其他西药，这是奎宁第一次传入中国。康熙帝服药后很快病愈，从此传教士得到康熙帝的重视和信任。法国传教士罗德先慎斋（Rowdecin）曾先后两次为康熙帝医治心悸和唇瘤，因疗效显著被任为内廷御医，颇受信任。这些使康熙帝对西方医学产生了兴趣。除此之外，康熙乾隆年间，还有樊继训（Fangisin）、罗怀忠（Rowhizon）、巴新（Bassin）等西方医生奉诏在清宫廷供职，进一步扩大了西医的影响。但当时西医仅限于为皇室服务，民间交流与接触甚少，加之此后不久清政府采用闭关锁国政策，严禁西人入境，使西医的传入不得不停止。

1840 年的鸦片战争打开了中国的大门。随着一系列不平等条约的签订，帝国主义经济和文化大量涌入，西方医学又随之传入中国，并迅速广泛地传播开来，仅历半个世纪，西医医院、诊所、医学院校、医学杂志已差不多遍及全国。

西方医学在中国的传播，主要有以下几种形式：

1. 建立诊所和医院

建立诊所和医院，使传教士有比较稳定的合法的公开活动的场所。1842 年至 1848 年间，广州、厦门、宁波、上海、福州 5 个通商口岸全部建立了教会医院和诊所。第二次鸦片战争后，随着《天津条约》、《北京条约》的签订，西方列强在中国开办医院和类似机构的特权被重新肯定，此后教会医院在中国内地各省、市建立起来。凡有传教士足迹的地方，均有西式诊所和医院。据统计，1876 年，中国有教会医院 16 处，诊所 24 处；至 1905 年，教会医院增至 166 处，诊所增至 241 处。[①] 涉及 13 个省市、80 多个地区，并由沿海城市向内陆地区辐射。

上述地区的教会医院中，较著名的有 1859 年广州建立的博济医院，它一直存在到 1949 年，是在华历时最久的教会医院；1862 年伦敦教会在北京建立的双旗杆医院，1906 年该院与其他几所医院合并为协和医院，成为北京最大的教会医院；1865 年美国圣公会在上海成立的同仁医院；1867 年英国长老会在汕头建立的高德医院；1881 年英国圣公会在杭州建立的广济医院；1881 年英国浸礼会与美国长老会创办的济南共和医院；1885 年美国基督教长老会建立的北京道济医院；1892 年美国 5 个教会联合创办的南京鼓楼医院等。20 世纪初，教会医院更加迅速地发展，不仅原有医院规模更加扩大，而且在全国各地以至内地农村都新设了不少医院和诊所。这些伴随着帝国主义国家对中国进行文化侵略而在中国设立的医院对在中国普及西医起了一定的作用。

2. 开办医学院校

外国传教士在开设诊所、医院的同时，还创办医学教育机构，培养中国的西医人才。

---

① 杨医亚主编：《中国医学史》，164 页，河北科学技术出版社，1994。

初期，由于条件限制，难以开办正式医学校培养人才，只能以招收译员、助手、护理人员的名义，招收少数中国青年到医院服务，在此过程中，传教士医师沿用中国传统的师带徒方式，向他们传授西医学。中国学徒一边帮助传译看病，一边学习西医理论。这是中国西医教学的肇始。中国第一批西医人才，如邱浩川、英韬等就是用这种方式培养出来的。

19 世纪 60 年代后，外国教会开始在华开办医学院校。1866 年，医药传道会在广州创办博济医学校，它是外国教会在中国建立的第一所教会医学校。1883 年，在美以美会支持下创办苏州医学校，1884 年改为苏州医学院。1896 年，上海圣约翰大学建立医学系，后升格为圣约翰大学医学院。1900 年以前建立的教会医学校数量有限，规模也很小，学生人数也不多。

1901 年《辛丑条约》签订后，教会医学校迅速发展。据统计，1900 年至 1915 年共建立 323 所教会医学院校、36 所护士学校。[①] 其中较著名的有 1901 年在广州建立的广东女子医学校（次年更名夏葛女子医学校），1903 年由英国圣公会、伦敦教会医事协会、伦敦公会、美国长老会、美国公理会、美以美会国外布道会等联合设立的北京协和医学校，1906 年武汉建立的汉口协和医学校，1908 年南京金陵大学设立的医科，1909 年南京成立的华东协和医学校，1909 年成立的上海震旦大学医学院，1910 年成都成立的华西协和大学医学院，1911 年福州成立的协和医学堂、青岛成立的德国医学校、济南基督教共和大学设立的医科（齐鲁大学医学院的前身），1914 年长沙成立的湘雅医学院等。

医学院校的迅速发展，把中国的西医教育提高到了正规化和体系化的层次，与此前的医院附带教学相比已不可同日而语。这些医学院校的历届毕业生，为中国的西医事业做出了开拓性贡献。

3. 吸引留学生

外国教会势力还吸引中国学生赴欧美日留学。19 世纪后半叶，中国赴欧美日留学学医者日益增多。这些留学生回国后，大部分成为医学院校的教学骨干，成为传播西医的主要力量。

---

① 马伯英等：《中外医学文化交流史——中外医学跨文化传通》，414 页，文汇出版社，1993。

最早的医学留学生黄宽，1847 年随英国传教士赴美学习，高中毕业后去英国爱丁堡大学医科学习 7 年，获医学博士学位，1857 年回国行医并教学，医声卓著，是中国近代医学界第一代有影响的西医医生。

中国近代第一位女医学留学生金韵梅，随美国传教士赴美留学，就读于美国纽约某医院附属女子医科大学，获博士学位，1888 年回国行医，后主持天津医科学校，成绩卓著。

4. 翻译出版医学书刊

教会医学校由于教学的需要，翻译介绍大量医药书籍，出版很多医学杂志，对西医在中国的传播起了重要作用。

将西方医学系统译介给中国的是英国医学硕士、皇家外科学会会员哈信。1839 年，哈信作为传教医师来华，曾在澳门、香港等地办医院，还在上海医院工作过。他在陈修堂等人协助下，翻译《全体新论》（1851 年）、《西医略论》（1857 年）、《内科新论》（1857 年）、《妇婴新编》（1858 年）、《博学新编》（1859 年）等，后人统称"哈信氏医书五种"。《全体新论》是近代传教士在中国较系统地介绍西方医学的著作。《西医略论》中的"中西医学论"是最早中西医比较研究的中文专论。这些书对于与西方闭锁隔绝的中国医学界震动很大。1845 年英国人狄克翻译的《中英文医学辞索》，使中国人对西医学名词有了进一步认识。

美国传教士嘉约翰曾组织博医会，并于 1890 年成立名词委员会，1905 年成立编译委员会，编译出版《内科全书》、《病症名目》、《西医名目》等 20 余种医书和医药教科书。据统计，从 19 世纪 50 年代至辛亥革命前，约 100 余种外国人译著的西医书籍在中国流传。[①] 包括基础、临床、卫生学等各科内容的西方医学著作的汉译出版对早期西医在中国的传播起到了积极的作用。

与此同时，中国学者也致力于西医书籍的翻译出版。中国最早翻译西医著作的是广州博济医院助理医师尹瑞模，到 1894 年为止，他共译有 5 种西医书。译西医著作成绩最卓著者是赵元孟，他译书 20 多年，译著医书颇多。此外，赵元孟的学生丁福保借日本医学以传播

---

① 史兰华等编：《中国传统医学史》，306 页，科学出版社，1992。

西医学，翻译日本医籍 10 余种，收于《丁氏医学》丛书内。

由于众多教会医院和医学院校的设立以及众多西医著作的翻译出版，中国医学界掀起了一股研究西医学之风。西医学研究之风的掀起带动起创办西医学杂志之风。1884 年广州博济医院创办中文版《西医新报》。1886 年尹瑞模创刊《医学报》，这是中国人最早创办的西医杂志。1888 年，博济医会创办《博医会报》。

大量西医译著和期刊杂志在中国的发行传播，对西医知识的普及宣传起了重要作用。

5. 建立西医药房与药厂

西医传入中国后，随着众多西医医院的建立，对西药的需求量也在增多。在这样的情势下，外国传教医生和外国药商相继在中国设立了一批药房和制药厂。

外商在中国开办的第一家西药房是 1850 年英国药师洛克（J. B. Lock）创办的上海药房。同年，英国医生霍尔（G. H. Hall）与马锐（J. L. Marray）又合办一家药房。1853 年，英国商人劳惠霖（J. Lewellyn）在上海南京路创设老德记药房。1860 年，英国商人建立屈臣氏药房。1865 年，英国医生撒敦（William Jardine）建立大英医院药房。1866 年，德国医生科发（Kofa）开设科发药房。1887 年，法国人开设良济药房等等。据统计，从 1850 年至 1887 年的 37 年中，外商在上海开设的药房有 12 家。[①]

外商在华开设的第一家制药厂，是 1900 年英人施德之（Star Talbot）在上海开设的德之药厂。1909 年，上海德商科发药房购地扩建成的科发药厂，为当时上海规模最大的药厂。

早期设立的药房药厂，设备简陋，实际上只能从事初步的药品制备，但所制药品在当时颇有影响。如屈臣氏药房监制的驱蛔虫药宝塔糖，行销极广。科发药厂生产的十滴水、沃古林眼药水和白松糖浆等，畅销于国内各省、市及东南亚一带。西药房、西药厂的建立和发展，促进了西医在中国的确立。

6. 留日学医学生的传播

日本在明治维新后，积极主动地接受西方文化，这注定了日本比

---

① 史兰华等编：《中国传统医学史》，307 页，科学出版社，1992。

中国更快更容易从西方文化中获得营养，再制造出具有自己特色的文化。近代日本文化的形成和发展，导致中日文化地位在 19 世纪末 20 世纪初发生逆转，中日文化交流关系也随之发生逆转。

就医学而言，自明治维新以来，西方医学在日本迅速占据统治地位，获得极大发展。这一时期日本的医学主要是向德国学习，除聘任德籍教师外，还大量派遣留学生赴德深造。1885 年，东京大学成立后，其医学部教授几乎都是德国人。日本在医学事业上取得的成就吸引着中国青年，在赴日留学的莘莘学子中，学医者占大多数。鲁迅、郭沫若当时赴日留学便选择了医科。日本因此成为中国学习西方医学的中介之一。

中国最早的留日学医始于 1900 年。留日学医的学生一般在日本高等学校先学一年预科，再升入大学医科，接受日式西医的系统教育和医疗技术的专门训练。归国的留日学医学生群体在 20 世纪初承担起传播西学的职责，成为中西医学跨文化交流的中介。他们活跃在医院、教育界、研究所，组织学会，出版刊物，翻译日文西医著作，在官办的医疗机构施展影响，与欧美体系的西医流派各领风骚。

（二）西方医学的影响

1908 年，光绪、慈禧先后在数日内病故，宫廷太医院因而获咎。太医院作为旧时代传统中医的象征从此消失。在晚清末期至辛亥革命建立新政权时，西医被纳入国家行政部门。这表明，西医已经正式进入中国，占据了中国医坛的首要位置。西方医学从开始时西方传教士医师单枪匹马式地传入中国，到清末取代中医，占据首要地位，不过300 多年。中医与西医学科地位的更换是由学科自身发展的态势所决定的。西医学在中国医坛取得首要地位的根本原因在于这门学科能与时俱进，适应了近代科学的发展情势，适应了国家近现代化的管理要求。

建立在近代自然科学基础上的近代西医的传入中国及广泛传播，为封闭的中国带来了新的医学知识和医疗方法。西医的传入，打破了几千年来的传统医疗局面，扩大了中医界的视野，受到人们的普遍重视。近代西医医院、西医药院校的建立及西医著作的出版，将西方医术、医药及近代医院制度、西医教育制度，乃至护理制度引入中国，为中国培养出大批西医医师和护理人员，形成了一支近代中国西医医疗技术队伍。他们为中国的医疗卫生保健事业做出了贡献。

西方医学的传入，使中国的传统医学受到极大的冲击，也使传统的中国医学队伍产生分化，出现了不同的思想和主张。一些追求进步的医家认为，两种医学各有所长，深感中医有吸取西医长处弥补中医不足的必要，于是努力探索和沟通中西医相结合的渠道，逐渐形成中西医会通的思潮和学派。也有一些人则认为西医不适合中国国情，甚至以中医理论批驳西医，代表了中医界的保守势力。

不管如何，西方医学在华传播取得了巨大的成功。一种异质文化通过交流、碰撞，最终深深地扎根于中国文化土壤之中，这是中外文化交流史上罕见的一件盛事。

十三 鸦片的输入及其危害

域外植物罂粟及其制品鸦片输入中国，属于物质文化层面上进行的一项中外文化交流。历史证明，它给中国人民和中国文化带来的巨大危害，是中外文化交流在少数特殊情况下产生负面影响的又一个典型例子。

罂粟是新石器时代的人们在地中海东岸的群山中游历时偶然发现的。罂粟的种植则是从西亚开始，经过漫长的岁月才在世界传播开来。

据唐代《新修本草》卷15记载，约公元7世纪（隋唐时代），罂粟由波斯传入中国。至五代十国时期（907—979），医家已用罂粟种子作为健胃药，调肺养胃。宋太祖统一中国后，将它正式作为药物收入《开宝本草》。北宋刘翰《开宝本草》云："罂粟子一名米囊子，一名御米，其米主治丹石发动不下，饮食和竹沥煮作粥，食极美。"宋代苏轼诗中有："道人欢饮鸡苏水，童子能煎罂粟汤。"[①] 由此可见宋代人们仅将罂粟煎汤做中药服用。

元代，罂粟壳不但普遍用于治病，而且已有人认识到它的危害，指出"其治病之功虽急，杀人如剑，宜深戒之"[②]。直到明代，中国

---

① 转引自王金香：《中国禁毒简史》，2页，学习出版社，1996。
② 薛愚：《中国药学史料》，316页，人民卫生出版社，1984。

人才了解到鸦片的制法，但仍做药用，并不吸食。李时珍《本草纲目》卷 23 "阿芙蓉"条云："阿芙蓉前代罕闻，近方有用者，云是罂粟花之津液也。罂粟结青苞时，午后以大针刺其外面青皮，勿损里面硬皮，或三五处，次早津出，以竹刀刮，收入瓷器，阴干用之。"与此同时，罂粟花因其灿烂多彩、绚丽多姿而被作为观赏花卉，时人普遍栽种。至此，罂粟传入中国，历经唐、宋、元、明各朝，但罂粟及鸦片还只限于药用和观赏，并未泛滥成为毒品。

明代鸦片进口较前代增多。16 世纪 50 年代，葡萄牙人将鸦片从印度贩运来华，澳门即是其向中国内地输入鸦片的据点。后来，西班牙、荷兰和英国也加入了向中国输入鸦片的行列。明万历十七年（1589 年），明政府开始将鸦片作为药材收税。清初康熙二十五年（1686 年），废除海禁，重开南洋贸易，沿袭明制将鸦片列为进口药材重新收税。

废除海禁后，中国闽粤地区最先从台湾人处学到南洋的鸦片吸食法。大约在乾隆年间（1736—1795），吸食鸦片的方法迅速由沿海传入内地，各地很快出现了一些专卖鸦片的烟馆。初期虽有不少人吸食鸦片，但人们对其危害没有清楚的认识。

从 18 世纪初开始，英国便向中国输入大量鸦片。据不完全统计，1773 年输入量为 1 000 箱，1821 年为 5 959 箱，1830 年达 19 956 箱，1838 年更出现 4.02 万箱的惊人数字。[①] 除英国向中国倾销鸦片外，当时美国、沙俄也分别从土耳其和中亚向中国输入鸦片。

伴随着鸦片的大量进口，国内私种罂粟自制鸦片者相继出现。道光前期，广东潮州，福建泉州，四川会理州、平武州及浙江台州等处都大量种植。自产鸦片有福建的"建浆"、广东的"广浆"、云南的"芙蓉膏"、四川的"夔浆"等，这些土制鸦片与外洋鸦片没有什么区别。

由于鸦片的大量输入和许多地区的大量种植，烟毒迅速扩散开来。从宫廷衙门、侯门朱户、达官贵人、地主富翁到商贾小贩、工匠艺人、僧尼道士、地痞流氓，甚至连军队官兵也抽起了鸦片烟。据 1835 年的估计，全国吸食鸦片的人数约 200 万以上，鸦片几乎腐蚀了

---

① 宋建国、白建国主编：《屈辱》，80 页，山东人民出版社，1990。

大部分的统治人员及其依附人。[1]

到鸦片战争前夕，外来鸦片和国内自产鸦片已像洪水一样在中国泛滥，给中国社会带来了严重的危害。

第一，严重危害中国人民的身心健康。

烟毒的泛滥，严重摧残了吸食者的体质和精神。因鸦片含有麻醉毒素，吸食者只要吸上瘾，一天不吸就浑身瘫软，涕泪横流，而且越中毒吸食瘾越深。吸食中毒者，变得两肩高耸，面色发青，枯瘦如柴，精神委靡，最后成为废物。"人世将尽，鬼市已成"，就是当时的写照。谈到鸦片对人的危害，连英国人也承认："同鸦片贸易比较起来，奴隶贸易是仁慈的……鸦片贩子在腐蚀、败坏和毁灭了不幸的罪人的精神世界以后，还折磨他们的肉体。"[2] 吸毒者外不能谋生，内不能生育，严重影响了中华民族的健康，影响了社会生产力的发展。同时，吸食鸦片陋习的加深，还助长了偷盗、奸淫、杀人等犯罪行为的发生，恶化了社会风气和社会治安。

第二，白银外流，严重影响国计民生。

由于烟毒泛滥，中国人用白银买外国人的鸦片，有出无入，久而久之，造成白银外流严重。1823 年以前，每年外流白银数百万两；1823 年至 1831 年，每年外流白银1 700万至1 800万两；1831 年至 1834 年，每年外流白银2 000万两；1834 年至 1837 年，每年外流白银3 000万两。白银的大量外流，严重影响了清政府的财政收入，阻滞了国民经济的发展。

受命道光帝担当钦差的林则徐目睹鸦片给中国人民带来的严重危害，大声疾呼："若不查禁毒品，数年以后，中原几无可以御敌之兵，国几无可以充饷之银。"他义无反顾地在广东做出震惊世界的虎门销烟壮举。

道光年间的禁烟运动是中国人民反抗鸦片输入、抵制鸦片危害的第一块丰碑，它有力地打击了国内鸦片贩子和外国侵略者的嚣张气焰，并为后来的革除积弊提供了宝贵的经验教训。

林则徐作为近代第一位开眼看世界的人，洞悉外国鸦片输入给中国社会和中华民族带来的巨大危害。他不仅坚决主张禁止鸦片，而且

---

① 范文澜：《中国近代史》（上册），12 页，人民出版社，1947。

② ［德］马克思：《鸦片贸易史》，见《马克思恩格斯选集》，卷 2，23～24 页。

亲自主持收缴和销毁英印鸦片的斗争，把当时中国人民的禁烟斗争推向高峰，这不仅在中国近代禁烟史上，而且在世界禁烟史上留下了光辉的一页。

十四　中国茶文化的外传

中国是世界上最早发现茶树和利用茶叶的国家。茶叶的故乡是中国。在古老而文明的中华大地上，下自民间的一般礼尚往来，上至政府的隆重国事活动，无一不以茶为人际之间和国际之间友好往来的桥梁。茶，堪称中国的"国饮"。

由种茶、饮茶、咏茶、茶具、茶道等方面融会而成的茶文化，以其独特的内容和悠久的历史，在中华民族文明发展的历史上，留有深深的履痕。茶文化是中国人民的一项伟大创造，是中国人民贡献给人类文化宝库的一件瑰宝。

中华民族的祖先饮茶始于药用。成书于秦汉之际的《神农本草经》说："神农尝百草，日遇七十二毒，得荼而解之。"据考证，这里的"荼"，即古代的"茶"。上古神农时代，大约在公元前2700年左右。推算起来，中国发现和利用茶叶，已有5 000余年的历史。

顾炎武著《日知录》说："自秦人取蜀以后，始有茗饮之事。"据此可知，茶叶最早被发现的地区是巴蜀一带。

西汉时，四川名山县蒙山甘露祖师吴理真，是中国有记载的第一位种茶名人。两汉时代，茶叶随着商路的开拓和贸易的发展而逐渐成为商品，自云贵川地区向西域和长江中下游一带传布。史载汉王到江苏宜兴茗岭"课童艺茶"，开设教人种茶饮茶的学校，可见汉时江浙一带饮茶已很普遍。

三国两晋时期，饮茶之风渐盛，并与文化结缘。南北朝佛教的兴起，为茶业的发展创造了条件。寺庙一般坐落在名山之中，其自然条件适宜茶树生长，加之寺庙有僧侣可做开发山区的劳动力，因而种茶在寺庙附近首先兴旺起来。建一座寺庙如同架设一座桥梁，促使茶业向外传播。

唐代茶业生产得到较大发展。唐行政区域分为10道，其中8道产茶。到唐朝中叶，在北方大街小巷中出现了许多茶馆。在茶叶生产和消费不断扩展的基础上，逐步形成了"开门七件事：柴、米、油、盐、酱、醋、茶"的说法。茶叶已成为当时中国人不可缺少的物品。饮茶也成为唐时中国人的日常生活习惯了。

唐朝茶业的兴旺发达，导致肃宗年间（756—761）竟陵（今湖北天门县）人陆羽的 3 篇《茶经》问世。《茶经》称得上是中国最早的一部茶文化的百科全书，也是世界上第一部茶文化专著。《茶经》的问世，使"天下益知饮茶矣"，从而大大推动了饮茶习俗的广为传播。

宋代是中国茶业飞跃发展的时期。官府的茶法日益完善，茶税收入成了国家财政收入的重要来源。茶叶经济的重心也由四川移到中国东南地区。由于茶叶经济和茶文化的发展，一批茶文化著作相继问世。北宋皇帝徽宗御笔撰写茶书《大观茶书》，把制茶工艺细分为 20 条，加深了人们对制茶工艺的认识，推动了茶文化的发展。宋代文人

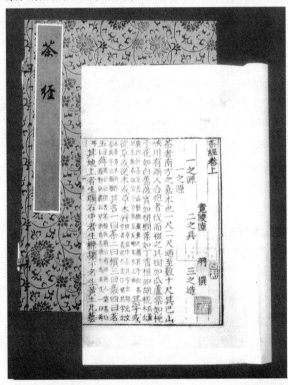

唐·陆羽《茶经》书影

品茗，形成一套规矩，讲究饮茶的程序和茶具，互比所饮之茶的优劣，逐渐形成斗茶风气。当时，不仅百姓爱斗茶，连皇帝都有斗茶的兴趣。

元代开放西北茶市，饮茶风气普及边区少数民族，边茶开始大量生产。

明清时代的茶叶生产，不论产地、制茶技术、茶叶品种和销售市场，均有较大发展。从康熙十七年

（1678 年）到光绪十二年（1886 年）的 200 多年间，中国茶叶独霸世界市场。1886 年创最高输出记录，达 13.4 万吨，值银5 220万两，占出口总值半数以上，居中国当时出口商品的第一位。

鸦片战争失败后，五口被迫通商。此时，闽、浙、皖、赣、鄂等地的茶叶生产都有新的发展。经营茶叶的洋行已经普及各地，仅上海就有 20 多家洋行专营茶叶生意。

茶叶作为茶文化的主要载体和友谊的使者，明清时期就已经传到土耳其、阿富汗、伊朗、朝鲜、日本、泰国、缅甸、南洋群岛、马来半岛、印度、斯里兰卡和欧美等地。

很早以前，中国的茶叶就通过陆海丝绸之路传播到世界各地。据历史文献记载，公元 5 世纪，土耳其商人来到华北和内蒙古交界处，以物换物，换走中国的丝绸和茶叶。于是，茶叶经由陆上丝绸之路，穿越河西走廊，经新疆传入中亚、西亚的阿富汗、伊朗等国，后又传入罗马，开中国茶叶外销的先河。

约在五六世纪，饮茶习俗随着中国佛教的东传而传入朝鲜。不久，朝鲜派往中国的使者金大廉，又从中国带回茶子，在朝鲜种植。朝鲜的饮茶习俗不仅与中国相似，而且制的茶与中国茶有深厚的渊源。据考察，中国的"雀舌茶"、"团茶"，自宋代传入朝鲜，逐渐形成举办婚礼时以茶馈赠的习俗。

传入日本的茶叶，是由留唐学问僧带去的。但是，饮茶的习惯只限于在留唐学问僧中流行，并没有普及到日本百姓。1168 年（南宋乾道四年，日本仁安三年），年仅 28 岁的日本荣西禅师，到中国浙江天台山万年寺学佛。荣西在钻研佛学的同时，还埋首于茶的研究；回国时，带走了大量茶子，种植在日本的脊振山和宁治山一带。荣西于1211 年著有《吃茶养生记》2 卷，宣传饮茶的好处。于是，饮茶之俗得以在日本民间流传开来，并在此基础上，进而形成了日本独特的茶道。荣西禅师被尊为日本的"茶祖"。中国的品茶法早在奈良时代（710—784）就传往日本。中国宋代流行一时的"斗茶"游戏，也于镰仓时代末期传入日本。1876 年，日本又传去中国的红茶制法。1888 年，日本仿制中国乌龙茶成功。1898 年，日本仿制中国红、绿砖茶成功。

日本茶艺源自中国，15 至 16 世纪，经日本僧人村田珠光

（1422—1502）、日本"茶圣"千利休（1512—1591）等人的总结、改革与创新，把茶会、茶汤等仅仅和生活有关的饮茶习俗，发展成为具有深奥哲理、有思想性、可陶冶性情的日本茶道。日本茶道虽然源自中国，但经日本文化吸收、消化和创新后，成了日本传统文化的一个组成部分。

日本茶道的根本精神是"和、敬、清、寂"4字。这表明，日本茶道与中国佛教中的禅宗有着某种关联，带有一种出世色彩，要在"不完全的现世享受一点美与和谐"，在"刹那间体会永久"。可以说，日本茶道是中日文化交流的结晶。

15世纪初，郑和率领的下西洋船队带着优良的中国茶子途经暹罗（今泰国），分配给暹罗农民栽种推广，使饮茶之风传遍暹罗及中南半岛其他国家。泰语中的"茶"与汉语中的"茶"发音是一样的。

1681年，中国茶叶传入印度尼西亚。1827年，印度尼西亚爪哇华侨第一次试制样茶成功。接着，印尼的荷兰殖民政府派遣荷兰东印度公司技术人员杰奇逊从1828年至1833年的6年内，先后6次来中国学习制茶技术。1829年杰奇逊第2次来中国学习后返回印尼时，带回中国茶子、茶苗和制茶技术及各种样茶。在印尼试制绿茶、小种红茶和白毫，获得成功。1832年他第5次来到中国，从广州带回中国茶工12人和一些制茶工具。1833年，印尼制作的茶才在爪哇市场面世。

1567年，即明朝穆宗登基的那一年，中国的饮茶习俗由两位哥萨克人伊万·彼得洛夫和布纳什·亚里舍夫传入俄国。1618年，中国的茶叶从西北陆路传入俄国，当时俄国人虽懂得了饮茶，但不懂种茶和制茶。1833年，俄国派员来中国购买茶子、茶苗，回国后开辟茶园。1848年，俄国依照中国的制茶方法仿制茶叶成功。1893年，又派波波夫来中国访问浙江宁波茶厂，购买中国的茶子、茶苗带回俄国，并聘去10名茶工到高加索巴统附近种茶80公顷，并仿照中国茶厂样式建立茶厂，正式生产茶叶。

在16世纪之前，欧美人几乎不知茶为何物。1559年，一位欧洲学者在书中介绍茶树："大秦国（指中国）有一种植物……可去身热、头痛，为珍贵饮料。"这条消息引起了欧洲商人的注意，掀起了寻求茶叶的热潮。1610年，荷兰人的远洋船队经由爪哇来到澳门，把中国的茶叶转运到欧洲，引起欧洲大陆国家的重视，认为茶是"灵草"，

"能治百病之药"。从此欧洲商人相继来中国购买茶叶，运销欧洲。清顺治七年（1650年），只有少量茶叶运至欧洲。35年之后，即康熙二十四年（1685年），猛增到2万磅（合9 072公斤）。至雍正十二年（1734年），增加到88.5万磅（合401 436公斤），可见中国茶在欧洲多么受欢迎。

荷兰人作为媒介，于1660年把茶叶运到英属北美殖民地，饮茶之风传至北美洲。

葡萄牙殖民者为发展其殖民地农业，曾于1810年至1812年从中国引进茶树，并从澳门招来一批华工，经由中国－菲律宾－拉丁美洲海上航路，在巴西里约热内卢近郊，传授种茶技术。后来巴西、墨西哥乃至南美洲各地都广种茶树，生产茶叶。

茶叶在17世纪中期开始从中国输入英国。在这之前，英国人只爱喝啤酒。根据英国东印度公司的交易资料，1644年开始有茶的记载。从那时起，英国水手自东方回国时，都会带几包"奇怪的树叶"回去馈赠亲友，中国茶因此而进入伦敦的咖啡馆。茶叶的输入，意味着英国人又增加了一种新饮料。英国人尝到茶的美味后，茶就成了他们最喜爱的饮料。其后，英国人的生活、文化、社会无不深受茶的影响。在英国，因茶而产生的传统有许多，像茶娘、下午茶、茶馆、茶舞等。茶娘的传统源自17世纪初东印度公司一位管家太太，当时该公司每次开会，都由她泡茶服侍，她所立下的模式成为其后的一种传统。喝茶时间是英国的另一传统，起初是老板让上早班的工人在上午略事休息，并供应一些茶点，有的老板甚至在下午5时提供相同的福利。于是，"午后茶"或"五时茶"一直流传至今。茶馆的构思则来自一家面包公司的女主管，她说服老板让她开一家店，同时供应茶和点心。自1864年后，茶馆在英国大行其道，成为另一项传统。

1788年，中国茶传入印度。1867年，中国茶传入斯里兰卡。气候和土壤适宜茶树生长的印度和斯里兰卡，大力发展茶业，成为享有盛誉的茶叶大国。

由于中国茶文化的传入，上述国家和地区得以饮茶成风。这些国家的茶树、茶叶、茶具、茶艺、茶俗等茶文化，都无不受到中国茶文化的影响。

优秀的民族文化是人类的共同财富。中国茶文化的外传表明，中国茶走出国门后，迅即受到世界人民的青睐，成为世界人民须臾不可离，且与咖啡和可可并列的世界三大饮料之一；走出国门的中国茶文化与世界各国的民族文化交流融合，形成多姿多彩的各国茶文化，促进了世界茶文化的繁荣。

中 * 外 * 文 * 化 * 交 * 流 * 史

第七章

民国时期的中外文化交流

概　述

中外文化交流经过明清时期的调适、会通以后，便进入了民国时期的复兴期。

20世纪初到五四运动，一方面西方资本主义文化以更大的势头进入中国；一方面中华民族为向西方学习，建立和发展中国的资本主义文化，做出了巨大的努力。中外文化交流所产生的重大影响，最集中地表现于1911年的辛亥革命以及1919年的五四运动两个重大事件。这两个重大事件，改变了中国社会的面貌。

辛亥革命是中国资产阶级民主主义革命，一举推翻了中国两千多年的封建君主专制制度，国门得以洞开，西方的科学技术和民主思想(即所谓"赛先生"和"德先生")以从未有过的规模进入中国，极大地促进了资本主义经济文化的发展。

在近代西学东渐的影响下，处于中外联系前沿位置的中国东南沿海城市，贸易旺，信息灵，人气盛，不但促进了国内区域性市场向全国性市场发展，而且把不断近代化的城市经济纳入到世界市场的范围。这个系统不但构成了近代中国新经济的增长源，而且成为接受外来文化的窗口。东南沿海城市中，上海所起的经济近代化和文化近代化的作用最明显。上海在开埠以后，很快成为西学东渐的窗口。从1840年到1949年，西学输入中国，西洋风吹进中华大地，大半是通过上海。

然而，由于帝国主义和封建主义相互勾结，形成了强大阻力，中国试图走资本主义道路来挽救民族危亡、富国强兵的努力没有取得成功，中国资本主义文化没有得到充分发展。这就为后来的文化建设留下了两个重要隐患：一是对封建文化批判得不彻底，传统文化中的惰性长期潜藏在社会中，并不时迸发出来，危害极大；二是对先进的西方文化学习不够，西方文化的精华长期被拒之门外，损失巨大。

正当中国人在苦闷中彷徨之际，俄国十月革命的炮声给中国送来了马克思列宁主义，使中国人民看到了民族解放的希望。中国先进的知识分子迅速把视线由西方转向俄国，从而开始了由资产阶级领导的旧民主主义文化向无产阶级领导的新民主主义文化的转变。这是中国近代以来的第二次文化选择。这次文化选择，对中华民族的独立和人民的解放，具有重大的历史意义。

从五四运动起，中国便开始了向新民主主义文化的转变。毛泽东在《新民主主义论》（1940 年）中对新民主主义文化作了经典性的阐述。他指出："在五四以前，中国的新文化，是旧民主主义性质的文化，属于世界资产阶级的资本主义的文化革命的一部分。在五四以后，中国的新文化，却是新民主主义性质的文化，属于世界无产阶级的社会主义的文化革命的一部分。"毛泽东科学地概括了新民主主义文化的特征，即民族的、科学的、大众的文化。新民主主义文化对待外国进步文化，采取"拿来主义"，大量吸收，作为自己文化的一部分。为此，中国人民向一切域外的优秀文化采取了主动学习的态度。于是，就有了马克思主义在中国的传播，就有了留学生赴国外学习的热潮，就有了译介外国文艺的高潮，就有了西洋发明在中国的广泛引进，就有了在中外文化交融下的新音乐舞蹈的诞生。

文化交流从来都是一种双向的运动过程，没有也不可能存在单纯的输入或输出。因此，西学东渐、中学西传仍然是民国时期中外文化交流的基本格局。不过，相对而言，代表近现代资本主义文明的西学较之中学的发展水平为高，因此，民国时期的中外文化交流，西学东渐始终是主流。

文化交流一旦进行，其碰撞交融后所激发出来的历史进步作用是任何人都无法阻止的。民国时期域外文化的引进和输入，改善了中国人的衣食住行，改变了中国人的风俗习惯和思想意识，促成了中国科学研究队伍的形成和现代科学技术研究体制的推行，从而启动了中国向现代化前进的历史车轮。

一　孙中山学说在东南亚的传播和影响

孙中山先生（1866—1925）是中国民主革命的先行者，同时也是亚洲民族运动的杰出代表。列宁评价他是"亚洲向自由与光明奋斗的领导者"①。他在发动和领导中国民主革命的过程中，非常关心亚洲被压迫民族的解放斗争，特别是东南亚民族解放运动的发展。孙中山先生的革命思想，不但对中国人民的革命斗争产生了巨大的影响，也对东南亚民族解放运动产生了广泛的、深远的影响。

从1900年到1911年的11年间，孙中山先生曾先后8次到东南亚各国宣传和开展革命活动。越南、新加坡、马来西亚和泰国等地都留下了他的足迹。每次到东南亚，他总是首先向华侨宣传革命思想，然后华侨又把这些思想传播给当地人民，并与当地人民一起反抗殖民主义统治。孙中山先生的三民主义、反帝

孙中山（1866—1925）

反封、民主共和的思想，成为东南亚人民争取民族解放的强大思想武器，并直接影响了东南亚一些领袖人物的成长。

越南近代卓越的爱国者和革命先驱潘佩珠（1867—1940）便是深受孙中山革命思想影响的越南领袖人物。

1905年，孙中山先生在日本横滨致和堂两次会见潘佩珠。孙潘横滨会晤是潘氏思想发展的转折点，使他由拥戴阮氏王室、反抗法国殖民者的志士变成为一个民主共和主义者。在会见孙中山之前，潘佩珠受中国康有为、梁启超思想的影响，主张恢复越南阮氏封建王朝的

---

①　李大钊：《守常文集》，106页。

统治，不懂反帝必反封的道理。因此，在此之前他的革命指导思想是，"驱逐法贼，恢复越南，建立君主立宪国"。孙潘会晤时，孙针对潘氏以上的思想，痛斥君主立宪制的虚伪，主张推翻君主制，实现民主共和。虽然，囿于当时形势，潘不能立即见诸行动，但孙中山的话对他触动很大，使他深受启发。从此，潘佩珠"因多与中国同志相周旋，民主主义思想日益浓厚，虽阻于原有之计划，未能大肆其词，然胸中含有一番改弦易辙之动机，则自此始"①。由于这次会晤的重大意义，1925 年孙中山逝世时，潘佩珠写了这样一副挽联：

道在三民，志在三民，忆横滨致和堂两度握谈，卓有真神贻后世；

忧以天下，乐以天下，被帝国主义者多年压迫，痛分余泪泣先生。②

这副挽联不仅表达了潘佩珠对孙中山的崇敬和悼念之情，也说明横滨致和堂晤谈孙中山对潘佩珠思想发展的巨大影响。

1911 年辛亥革命推翻了满清政府，不但为中国人民的革命事业开辟了前进的道路，而且也给越南人民带来了巨大鼓舞。越南人民把中国人民的胜利看做自己的胜利。好多人家悬挂孙中山的照片以示崇敬，还编写书籍传诵孙中山的革命事迹。

潘佩珠在泰国获悉辛亥革命胜利的喜讯后，非常兴奋，立即撰写《联亚刍言》一书，阐明亚洲各民族联合起来打败帝国主义的道理，并且殷切希望重返中国进行革命活动。辛亥革命的胜利大大鼓舞了潘佩珠的斗志，1912 年 1 月 1 日，中华民国临时政府成立，孙中山在南京就任临时大总统。2 月上旬，潘佩珠等一批越南革命者云集广州，在沙河刘氏祠堂（刘永福旧居）召开会议，决议取消维新会，成立越南光复会。其宗旨是"驱逐法贼，恢复越南，建立越南共和国"。这表明潘佩珠在思想上完成了从主张立宪到提倡民主共和的转变。从此，越南的革命运动把反帝反封结合起来了。这标志着越南的民族解放运动进入了一个新阶段。

---

① 《潘佩珠年表》。
② ［越］潘佩珠：《自我批判》，78 页。

1905年孙中山与新加坡同盟会会员合影

同年2月底，潘佩珠专程到南京会晤孙中山，并参加了第一次国会，备受礼遇。孙中山日理万机，应接不暇，百忙中与潘会谈仅数分钟，即嘱黄兴与潘会谈。黄还写信介绍潘赴广东会见胡汉民，请求照料侨穗之越南留学生。潘离南京后，转赴上海，会见沪督陈其美。陈慨赠银圆4 000枚及弹药。此后，一批批越南青年先后进入北京士官学校、广西陆军学堂、广东军官学校等处学习，为越南革命输送新鲜血液。

1917年，十月革命一声炮响，给中国送来了马列主义，也给越南送来了马列主义。十月革命的光辉照亮了中越两国人民胜利前进的道路。

20世纪20年代，世界和中国的形势发生了巨大的变化。在中国共产党和共产国际的帮助下，1924年，孙中山重新解释三民主义，实行"联俄、联共、扶助农工"的三大革命政策，改组中国国民党，实现了国共第一次合作。这不仅推动了中国革命的发展，而且对潘佩珠思想的发展也产生了深刻影响。一是他认识到革命形势变了，赞同孙中山重新解释三民主义和实行"三大政策"。他仿效孙中山改组中国国民党，把越南光复会改组为越南国民党。这明显地看出他受孙中山思想的影响。二是潘佩珠对革命的依靠力量的认识有了很大进步。

孙中山认为,要革命就要发动和依靠农民,并提出"耕者有其田"的主张。这对发动农民参加反帝反封的民主革命起了重大的作用。潘佩珠原来在光复会提出的"要同心"的10种人中,还没有把农民列入。直到1924年,潘佩珠认识到农民的力量,才主张发动农民。这显然也是受了孙中山思想的影响。

印度尼西亚的苏加诺,是东南亚民族解放运动的著名领袖,是印度尼西亚独立后的第一位总统。苏加诺是深受孙中山革命学说影响的印尼领袖之一。

苏加诺接受孙中山思想的影响,早在其青年时代就开始了。他说:"作为一个青年,贫苦的青年,我深深受到你们的父亲孙逸仙博士的鼓舞。在青年时代,我阅读过三民主义,我不是一次,而是两次、三次、四次,从头到尾地详细阅读三民主义。作为一个青年,我受到孙逸仙博士所提出的三民主义的鼓舞。三民主义,即民族、民权、民生,鼓舞了我年轻的灵魂。"[1] 他在中国清华大学的演说中承认:"使苏加诺成为今日的加诺兄的,孙中山就是其中之一。"[2]

对苏加诺产生最大影响的是孙中山的民族主义思想。苏加诺在泗水荷兰中学读书时,曾受世界主义的影响,后来他回忆说:"但是在1918年,感谢真主!另外一个人提醒了我,这就是孙逸仙博士!在他的著作《三民主义》中,我受到了教育,揭破了巴尔斯教给我的世界主义。我的心,就从那个时候起,在《三民主义》的影响下,深深地树立了民族主义的思想。"[3] 可见孙中山民族主义思想对他的影响之深。在《印尼控诉》一文中,苏加诺引用孙中山关于"民族主义这个东西,是国家图发达和种族图生存的宝贝"的话,认为没有民族主义就没有进步,没有民族主义就没有民族;他还大段引用孙中山关于"要使中华民族认识痛苦的现状,并提倡民族主义而且自觉行动起来"的言论,然后指出:"这就是这位伟大的领袖的教言。这就是我们所要实行的。"[4]

1945年6月,苏加诺发表题为"建国五原则的诞生"的重要讲

---

① 《苏加诺在清华大学的演说》,载《人民日报》,1956 - 10 - 05 (2)。

② 《苏加诺在清华大学的演说》,载《人民日报》,1956 - 10 - 05 (2)。

③ 《建国五原则的诞生》:《苏加诺演讲集》,14 页。

④ 《苏加诺演讲集》,426 ~ 427 页。

话，提出了印度尼西亚建国的 5 项原则。这 5 项原则，体现了苏加诺的整个思想体系。其中心思想就是坚持友谊、维护民族独立和民族团结。这个思想体系的形成，在很大程度上是受了孙中山思想的影响。对于这种影响，苏加诺自己做过很好的说明。他说："后来，我年纪大了，变得更成熟了，我把孙逸仙博士的民族主义、民权主义和民生主义加以综合，我把三民主义同我在精神世界里所接触到的伟大人物的理论结合起来。在这里，我放进了马克思的理论、恩格斯的理论、加米尔帕夏的理论……最后形成我在 1945 年呈献给印度尼西亚的礼品。它不是三民主义，而是'五民主义'或者是潘查希拉（印度尼西亚建国五基）。"① 苏加诺自己的这一结论，说明了孙中山对他的巨大影响。孙中山的思想不仅最早把他引上了民族主义的道路，而且三民主义奠定了他的民族主义的理论基础。在苏加诺的演说中还多次提到"天下为公"和"亚洲是一家"的思想，显然也是受孙中山思想的影响。正如他本人所说："亚洲是一家的思想，第一次是从孙中山那里知道的。"②

孙中山的革命思想深深影响了印尼领袖苏加诺的思想，也深深影响了印尼人民的觉悟。③

菲律宾人民争取民族独立，反抗美帝国主义的斗争，曾得到孙中山先生的关怀和支持。1898 年 6 月，菲宣布独立不久，孙中山便在东京会晤菲律宾革命政府的代表彭西，积极协助他们购买军火。第二年 7 月，孙中山租海轮把采购到的军械弹药运往菲律宾，不幸海轮中途沉没，前功尽弃。1900 年 7 月，孙中山又以 7.5 万比索购置第二批军火，却遭日本政府暗中阻挠未能运出。菲律宾革命政府也向孙中山送过 10 万日元作为同盟会的经费，为援助中国的民主革命尽了力量。彭西十分赞赏孙中山的联合亚洲被压迫民族共同奋斗的思想："对孙逸仙来说，远东各国的问题是可以放在一起来研究的。这些问题有着共同的特点。因此孙是朝鲜、中国、日本、印度、暹罗和菲律宾青年

---

① 《苏加诺在清华大学的演说》，载《人民日报》，1956 – 10 – 05（2）。

② 宋庆龄：《访问印度尼西亚的报告》，载《人民日报》，1956 – 09 – 27。

③ 1956 年 11 月 11 日印尼中国友好协会副主席拉苏娜·赛依德夫人在北京各界人民纪念孙中山诞生 90 周年纪念大会上讲话说："我敢说印度尼西亚人民的觉悟是受到孙博士的启发的。"载《人民日报》，1956 – 11 – 12（3）。

学生的热心赞助者之一。"①

缅甸民族运动领袖、爱国僧侣吴欧德玛（1879—1939）1907 年为寻求革命真理东渡日本，后经中国留日学生的介绍，会见了孙中山。两位政治家一见如故，侃侃而谈，坦率地交换了各自的政治主张以及对东方各国民族解放运动的看法，观点基本一致，从而结下了深厚的革命友谊。

1911 年，吴欧德玛自日本回国后，立即投身于反对英国殖民统治的缅甸民族解放运动的洪流之中。他以宗教名义组织了缅甸佛教团体总会，公开提出"克拉多克（Craddock，1918 年至 1922 年任英属缅甸副总督）滚回去！"等反帝口号。他还发起"温达努"（缅语意为"爱国的民族精神"）运动以及反对殖民当局的奴化教育，提倡爱国的民族教育，以激发青年学生的民族自豪感。吴欧德玛提倡的"温达努"爱国运动，显然是参照孙中山三民主义中的民族主义，结合缅甸的具体情况提出来的。这种民族主义精神还体现在 1930 年成立的"缅甸德钦党"的名称中。所谓"德钦"，缅语意即"主人"，寓意"缅甸人是缅甸的主人"。它同孙中山的"亚洲人是亚洲的主人"的思想如出一辙。

1925 年 3 月，孙中山先生不幸病逝。在中国人民举国哀悼时，吴欧德玛远涉重洋，代表全印回民大会和缅甸佛教团体总会理事会参加了在广州举行的中山先生葬礼，表达他对中山先生的崇高敬意和痛悼缅怀之情。

为了推动缅甸民族解放运动的深入，德钦党领导人德钦巴东主编的《书苑》杂志，曾连续发表《孙中山——中国革命的领袖》、《三民主义》、《民族主义》等文章。1937 年成立的红龙书社曾翻译出版孙中山先生的《三民主义》一书。孙中山先生的著作以及介绍孙中山先生的文章，引得当时一批批的青年学生走上民族解放斗争之路。诚如缅甸第一任总理吴努所言："在我们的国家里，他的名字是人们所熟悉的，而且受着深切的敬重。"②

1928 年成立的泰国资产阶级性质的政党——民党的左派领袖比里·帕侬荣，深受孙中山学说的影响，"他的理论中有明显的孙文主义

---

① 詹逊：《日本人与孙中山》，70 页，哈佛大学，1954。
② 《各国领导人祝贺孙中山诞生 90 周年》，载《人民日报》，1956 – 11 – 14（4）。

印记"①。比里·帕侬荣被誉为"暹罗资产阶级民主革命的先行者"，主张在政治上推翻君主立宪政体，在经济上实行改革。但是他们不是依靠群众力量起来推翻帝制，而是寄希望于军人政变。结果，右派军人利用他们的口号和纲领，于1932年6月24日发动政变，并出卖了比里·帕侬荣，迫使他不得不流亡国外。第二天，泰国又恢复君主专制政体。

孙中山先生发起和领导的辛亥革命以及反帝反封建的革命斗争，曾极大地鼓舞了东南亚人民的革命斗志。他对东南亚各国民族解放运动的深刻同情和有力支持，进一步加深了中国人民与东南亚人民的传统友谊。他的民族主义、反对帝国主义的思想和民主思想，曾在东南亚国家广为传播。他的民主革命思想，对东南亚人民为摆脱殖民统治、推翻君主专制制度和争取民族独立的伟大斗争，产生了极其深远的历史影响。

孙中山先生领导的中国同盟会有不少成员在奔走呼号推翻清朝帝制的革命活动中，曾涉足东南亚。所到之处，一方面固然为倒清活动增蓄了实力，另一方面也为东南亚华人社会散播了文化和教育的种子。这就为其后现代东南亚华文文学的出现提供了最初的文化基础。②

二　西方进化论的传入及其影响

达尔文的重要著作《物种起源》于1859年在伦敦出版，之后所宣扬的进化论思想，立即受到世人的瞩目。约于19世纪60年代，西方进化论就零零碎碎地传入中国，影响不大。1894年中日甲午战争中中国惨败，民族危机迅即严重起来，激起许多近代先进人物更大规模地系统地介绍和传播西方进化论思想，以求"自强保种"。严复便是在甲午战争失败的刺激下，发奋编译赫胥黎的《天演论》。1898年出版问世的《天演论》虽译自赫胥黎的著作，可它又不完全与原书相

---

① ［苏］尼·瓦·烈勃里科娃：《泰国现代史纲》，中译本，57页，商务印书馆，1973。

② 原甸：《马华新诗史初稿》（1920年～1965年），1页，三联书店香港分店、新加坡文学书屋联合出版，1987。

严复《天演论》手稿

同，其中加进了严复自己的见解。《天演论》的出版，引起了强烈的反响，加速了西方进化论在中国的传播。

西方进化论之所以迅速被中国近代资产阶级改良派、革命派、激进民主主义者接受，原因之一是中国传统的哲学思想虽然蕴含丰富的朴素唯物主义论和朴素辩证法，但已不能适应近代中国社会发展的需要，已不能反映时代精神，不能作为解决中国出路的有力的理论根据，而必须有比它更有生命力、更有说服力的哲学思想。同时又由于种种原因，中国资产阶级不能创立一种新的适应中国社会需要的哲学理论。在这样的情况下，他们只好向西方寻求哲学思想。他们一接触到进化论，即如获至宝，欣然接受，竭力介绍。

进化论不仅为近代中国改良派、革命派所需要，而且也为当时一般爱国人士、进步人士所需要。因为进化论回答了当时人们普遍关注的有关国家民族生死存亡的大问题。它一方面告诉人们，根据"优胜劣汰"的规律，中国确有被强于中国的西方帝国主义瓜分、灭亡的危险；另一方面它又告诉人们，人的主观能力可以"与天争胜"，只要发愤图强、维新、革命，中国仍可有救，仍有光明的前途。所以进化论一经传入中国，很快便被人们普遍接受，成为一股强大的哲学思潮。

中国近代先进人物介绍和传播西方进化论，是结合变革中国社会现实和中国文化中的优秀传统，把西方进化论当做哲学世界观、历史观和方法论来介绍和传播，并进而宣扬唯物主义自然观、历史进化观和科学方法论。如严复介绍赫胥黎《天演论》学说时，紧密结合中国古代在"天人"、"理气"、"理欲"关系上的朴素唯物主义和朴素辩证法思想。他认为，赫胥黎的学说"与唐刘（禹锡）、柳（宗元）诸家合，而与宋以来儒者以理属天，以欲属人者，致相反矣"①。赞同赫胥黎"尚力为天行，尚德为人治"、"理属人治"、"气属天行"、"天有理而无善"的观点。康有为的公羊"三世"说，认为历史进化论继承和发展了《易传》、《公羊》里的"变易"观，以及《礼记·礼运》中的"大同"、"小康"思想。谭嗣同的进化论吸取了王夫子"无其器则无其道"的思想，以及《易传》的"变易"观。孙中山宣传进化论时，把古今中西优秀的学术思想熔于一炉，相互印证。上述中国近代先进人物在宣传进化论时，特别强调继承发扬《易传》中"天行健，君子以自强不息"的思想。他们对西方进化论采取"洋为中用"的方式来介绍和传播，比较成功地实现了中西哲学的交流和融合。

宣传进化论思想的《天演论》1898年出版后，立即在社会上产生了强烈反响。同年戊戌变法时，维新派思想家以进化论为戊戌变法的思想武器，将进化论观点与变法运动结合起来，从而使他们的政治主张在更高的理论原则上得到透彻而有力的阐述。1911年辛亥革命时，资产阶级革命派也用进化论论证革命的必要性和合理性，结果所向披靡，马到成功。历史证明，维新改良派和资产阶级革命派都接受了外来的西方进化论，并将之作为变革社会的思想武器。

在中国得以广泛传播、盛行的西方进化论，对中国社会和哲学的发展产生了巨大影响，具有划时代的意义。早在1922年就有人指出："我们放开眼光看一看，现在的进化论，已经有了左右思想的能力，无论什么哲学、伦理、教育以及社会之组织、宗教之精神、政治之设施，没有一种不受它的影响。"② 可以说，在马克思列宁主义传入中国并得到广泛传播之前，即十月革命、五四运动之前，中西哲学交流、汇融的最大和最优秀成果，是西方进化论被大量系统地传入中

---

① 《天演论》，卷下，群治第16按语。

② 陈兼善：《进化论发达略史》，载《民铎杂志》，卷3，5号。转引自上海中西哲学与文化交流研究中心编：《时代与思潮（3）——中西文化交汇》，79页，学林出版社，1990。

国，与中国社会实际、优秀思想传统结合，形成具有民族特点的中国近代的进化论。

进化论对中国近代的影响和划时代意义，主要表现在以下三个方面：

第一，进化论对于变革中国半殖民地半封建社会，对于推动中国社会和思想文化的发展，起了积极的重要的作用。戊戌维新变法运动前后到五四前期，中国资产阶级的改良派、革命派以及激进民主主义者，都程度不同地信奉、宣传进化论，都以进化论作为他们救国图存、维新变法、民主革命、反对封建旧思想旧制度、宣扬民主和科学、开展反封建启蒙思想运动的理论武器和哲学根据。

第二，进化论给中国人民，特别是给中国知识分子以观察宇宙、自然界、生物、人类社会历史以及人生的新观点、新方法。它给人们带来了自强不息、努力奋斗、积极向上的精神力量。许多人在进化论思想的影响下，走上救亡图存、维新变法、民主革命、推翻封建君主制的道路。

第三，进化论广泛传播、盛行，是中国哲学发展史上的一个重要阶段，也是中国哲学发展不同于欧洲哲学发展的一个重要特点。[①]

进化论和太阳中心说、以太说、星云说以及其他近代自然科学的输入和传播，使中国近代开始建立了以近代自然科学为基础的宇宙观、自然观，这既批判了中国古代唯心主义的宇宙观、自然观，又克服了中国古代朴素唯物论的宇宙观、自然观的局限性。与此同时，随着西方进化论向中国的输入和盛行，一方面打破了中国 2 000 多年来传统的天命论、历史循环论和历史倒退论；另一方面以进化论历史观代替了中国古代变易历史观、气化日新说，并为唯物史观在中国的传播开辟了道路。

三　马克思主义在中国的传播

自鸦片战争至五四运动的近 80 年间，中华民族在向西方学习，

---

① 曾乐山：《进化论在近代中国的传播》，见上海中西哲学与文化交流研究中心编：《时代与思潮（3）——中西文化交汇》，80 页，学林出版社，1990。

探求中华民族自救和强国富民之路，建立和发展中国的资本主义文化方面，做出了巨大努力。中国人民先后学来了西方的坚船利炮、声光化电、民主观念以及人权说、进化论、民约论，促进了中国资本主义经济的发展，发挥了近代启蒙作用。但是，由于帝国主义和封建主义相互勾结，形成了强大阻力，中国试图走资本主义道路来挽救危亡、富国强兵的努力没有取得成功，中国资本主义文化没有得到充分发展，为后来的文化建设留下了两个严重的隐患：一是对封建文化批判得不彻底，传统文化中的惰性长期潜藏在社会中，并不时迸发出来，危害极大；二是对先进的西方文化学习不够，西方文化的精华长期被拒之门外，损失巨大。①

1917 年俄国十月革命的胜利犹如空谷足音，使当时为选择救国救民的道路尚在苦闷中彷徨的中国知识分子，迅速地将目光由西欧转向俄国。俄国由处于社会底层的无产阶级领导的革命运动的胜利，极大地鼓舞了中国的知识分子。中国知识分子热切地关注着苏联，聆听着从苏联传来的春之声。

"中国人找到马克思主义，是经过俄国人介绍的。在十月革命以前，中国人不但不知道列宁、斯大林，也不知道马克思、恩格斯。十月革命一声炮响，给我们送来了马克思主义。十月革命帮助了全世界的也帮助了中国的先进分子，用无产阶级的宇宙观作为观察国家命运的工具，重新考虑自己的问题。走俄国人的路——这就是结论。"②

由十月革命的炮声送给中国人的马克思主义，是无产阶级的世界观和方法论，是社会主义革命的思想武器。它虽然诞生于 19 世纪中叶的德国，但经列宁领导的俄国布尔什维克的成功实验，证明也同样适用于东方落后民族的革命。因此中国人民立即接受这种革命的理论，并掀起学习这种革命理论的热潮，使之在中国迅速传播。

中国人民是奋发向上、勇于进取的人民，有着反对帝国主义的革命传统。进行革命，需要正确锐利的思想武器。这是马克思主义在中国能够传播的一个最重要的条件。

中国在第一次世界大战期间形成一支壮大了的工人阶级队伍，并

---

① 赵有田：《论中国近代以来的三次文化选择》，载《新华文摘》，2000（7）。

② 毛泽东：《论人民民主专政》，见《毛泽东选集》（合订一卷本），1359～1360 页，人民出版社，1967。

在五四爱国运动中显示了自己的力量。战斗的工人阶级,迫切需要马克思主义的指导。这是马克思主义在中国传播的又一重要条件。

在接受马克思主义之前,中国思想界就展开了一场激烈的反对封建文化的斗争。封建文化的大"破",在客观上却有利于马克思主义的大"立"。

以上就是马克思主义能够在中国迅速传播的三个客观条件。

马克思主义在中国,主要是通过李大钊等一批思想界的前驱传播开来的。

李大钊在 1918 年所写的几篇关于十月革命的著名论文(《法俄革命比较观》、《庶民的胜利》、《布尔什维克主义的胜利》),虽然对马克思主义学说的内容还没有系统介绍,但却在相当程度上表达和传播了马克思主义的若干观点,应视做马克思主义在中国传播的开始。

1919 年 5 月,李大钊在《新青年》"马克思研究号"上,发表《我的马克思主义观》,对马克思主义的三个组成部分——唯物史观、政治经济学和科学社会主义都有所阐明,并指出这三个部分有不可分割的关系。

如果说李大钊 1918 年的几篇论十月革命的文章,还只是传播了马克思主义若干观点的话,那么他的《我的马克思主义观》即是一个开始系统地宣传马克思主义的标志。

五四运动后,除《新青年》、《每周评论》、《国民》外,许多报纸的副刊也从不同的角度大量登载介绍和研究马克思主义的文章,包括革命领袖(马克思、列宁、李卜克内西等)的传记和介绍国际共产主义运动的文章。

在传播马克思主义方面起了重大作用的,除李大钊外,还有陈独秀、杨匏安、李达、李汉俊等人。

留日学生陈独秀,1915 年主编《新青年》(第一卷名《青年杂志》),1918 年,他和李大钊创办《每周评论》,积极宣传马克思主义。

留日学生杨匏安是五四时期华南地区最早的马克思主义传播者。他在《广东中华新报》上发表了许多宣传马克思主义的文章。1919年 10 月发表的《社会主义》一文,介绍了欧文、圣西门、傅立叶、蒲鲁东和马克思等各家的社会主义学说，赞扬《资本论》"为社会主义圣典"。他还在《世界学说》专栏发表了 40 多篇译述文章，其中《马克思主义》一篇曾连载 19 天次（1919 年 11 月 11 日至 12 月 4 日），其中对马克思主义产生的历史及马克思学说的各个组成部分都有详尽的介绍。

由此可见，马克思主义不但在新文化运动的发源地北京传播，而且在南部中国也有传播。

李达也是较早接受和宣传马克思主义的留日学生。留日期间，他曾翻译《唯物史观解说》、《社会问题总览》、《马克思经济学说》等书籍，并在国内出版。当五四爱国运动发展到"六三"时，他又在国内报刊发表《什么叫社会主义?》、《社会主义的目的》等文章。他于 1920 年夏回国后，继续传播马克思主义，在和研究系分子关于社会主义的论战中起了重大作用，并主编《共产党》月刊，成为中国共产党的发起人之一。

李汉俊也是较早地接受和宣传马克思主义的留日学生之一。他通晓日、德、英、法四国文字。1918 年回国时，带回大量英、德、日等国文字的马克思主义书刊，并以极大的精力从事翻译和写作，在《新青年》、上海《星期评论》、上海《民国日报》副刊《觉悟》、《妇女评论》、《建设》、《劳动界》、《共产党》等刊物上发表文章宣传马克思主义。

此外，在当时资产阶级革命党人及研究系所办的一些报刊上，也发表了大量介绍或研究马克思学说的文章。

1920 年，陈望道翻译的《共产党宣言》的第一个中文全译本在上海出版。同年出版的马克思、恩格斯著作，还有《资本论自序》（马克思）、《科学的社会主义》（恩格斯著《社会主义从空想到科学的发展》的后半部分）等。

俄国十月革命、五四运动和中国共产党的成立，促进了马克思主义在中国的传播。

俄国十月革命后马克思主义在中国的广泛传播，表明中国人民接受了从域外传来的新的思想文化武器——马克思主义。"这时，也只是在这时，中国人从思想到生活，才出现了一个崭新的时期。中国人找到了马克思列宁主义这个放之四海而皆准的理论，中国的面目就起了变化了。"①

四　五四时期赴域外学习的热潮

辛亥革命推翻了闭关锁国的满清王朝，建立了民国，排除了中外文化交流的最大人为障碍。五四时期，中华民族为了尽快摆脱经济文化的落后状态，缩小与西方发达国家的差距，一改明代中叶以来被动吸取域外文化的姿态，积极派遣自己的莘莘学子赴国外学习，主动吸取域外文化的精华。

（一）留法勤工俭学运动

留法勤工俭学运动是五四新文化运动和反帝爱国斗争的组成部分，又是中国近代留学教育在新的历史条件下的进一步发展。它在传播西方文化、反对封建旧文化，特别是对马克思主义在中国的传播以及中国共产党的早期建设，都起过重要作用。

最早倡导勤工俭学的，是 20 世纪初在法国和英国留学的李石曾、张静江、吴稚晖等人。辛亥革命后，他们抱着教育兴国的思想从法国和英国回到国内。1912 年年初，他们在北京发起组织留法俭学会，并成立留法预备学堂。当时担任临时政府教育总长的蔡元培对此大力支持。1912 年 5 月，留法预备学堂正式开学，招收第一批学生 60 多人入学。至 11 月底，这些学生完成预备学业如期毕业，取道西伯利亚乘火车赴法留学。1913 年 6 月，第二批学生 20 余人又完成预备学业，同样取道西伯利亚乘火车赴法留学。在留法俭学会的组织下，短短几年，留法人数达 120 多人。

正当留法俭学会计划 5 年内将 3 000 多名学生分批送往法国留学时，孙中山领导的讨伐袁世凯的二次革命遭到失败，袁世凯的专制独裁统治，致使留法俭学会完全停止活动。

第一次世界大战爆发后，战争中的法国急需大量从事生产劳动和后方勤务的工人，于是法国方面提出在中国招募华工，北洋军阀政府答应了这一要求。于是先后从中国招穷苦华工 15 万人到法国工厂做

---

① 毛泽东：《论人民民主专政》，见《毛泽东选集》（合订一卷本），1389 页，人民出版社，1987。

工。他们白天做工，工余学习法语和科学知识。这样，华工既有了经济收入，又提高了工艺水平，尤其是了解了当时世界上一些先进的科学知识和各种社会思潮。这是在国内所不能达到的。华工们把"俭学"和"以工兼学"结合起来，提出了"勤工俭学"的口号，并在1915年6月，发起成立留法勤工俭学会。以"勤于工作，俭以求学，以增进劳动者之知识"为宗旨。此会一成立，入会者很踊跃，最多时达近千人。勤工俭学会广泛开展宣传和华工教育运动。在宣传方面，他们出版了《勤工俭学传》，每月一期，用中文和法文刊出，内容为介绍艰苦劳动、自学成才的名人事迹，宣传勤工俭学的意义。在华工教育方面，开设华工学校，学习中文、法文及机械知识，教师大都由留法的中国留学生担任。1916年6月，中法两国文化教育界人士共同发起的，以发展中法两国之间的友谊，更加重视法国科学与精神的教育，力图发展中国的道德、知识、经济为宗旨的华法教育会在巴黎成立。它除主持俭学会、勤工俭学会、华工学校等项事务外，还编辑出版《旅欧杂志》半月刊，其目的是交流旅欧同人的知识，传播西方文化。

1916年袁世凯死后，蔡元培、吴玉章、李石曾等返回祖国，在北京恢复了留法俭学会和留法预备学堂的活动，并成立华法教育会和留法勤工俭学会，作为经办全国赴法勤工俭学的总机关。1917年至1918年，华法教育会在北京和保定开办了三所留法勤工俭学预备学校。

在1917年俄国十月革命的影响和1919年五四运动的推动下，留法勤工俭学运动进入了它辉煌的高潮。大批接受五四新思潮的先进青年积极加入留法勤工俭学的行列，使这个运动具有了与它当时的倡导者明显不同的政治思想倾向。这些青年向往的，已不仅仅是法兰西的文明，不再是只想去学习一些西方科学技术文化知识，而是借此机会到欧洲这个社会主义发源地去学习新思想，寻求改造黑暗社会、改造中国的方法。1919年至1920年间，留法勤工俭学运动风靡全国，不仅沿海的广东、福建、浙江、江苏、山东、直隶等省，连内地的山西、陕西、贵州、云南等省的青年学生都报名参加，掀起了中国现代史上又一次出国留学的热潮。据华法教育会1912年名册记载，1919年至1920年两年中赴法的勤工俭学学生，总计包括18个省，达到

1 600多人。[1]

在旅法勤工俭学学生中，有一批学生是国内五四运动中的领导骨干和先进分子。他们到法国后，便在勤工俭学学生和旅法华工中组织各种社团，进行革命的宣传和组织活动。成立较早、影响较大的社团，有李维汉、李富春等组织的工学世界社和赵世炎、李立三等组织的劳动学会。工学世界社和劳动学会的成立，为中国共产党旅欧组织的建立奠定了思想基础和组织基础。

勤工俭学运动最辉煌的成果，就是勤工俭学学生中的先进分子终于在资本主义世界找到了马克思主义这个救国救民的真理。1922年6月，统一的旅欧中国共产党和共青团组织诞生。他们的最初领导人是赵世炎、周恩来和李维汉。统一的中国旅欧党组织和共青团组织先后出版《少年》月刊和《赤光》半月刊，在勤工俭学学生和华工中大力宣传马克思主义，扩大了马克思主义的影响。

由于国内革命形势发展的需要，从1923年起，旅欧党团组织有计划地分批选送骨干成员去莫斯科东方大学学习。1925年"五卅"运动后，国内革命形势高涨，旅法党团组织的大批成员经海路或经苏联回国参加国内的革命斗争。

留法勤工俭学的学生们从西方取来马克思主义真理，在为寻找根本解决中国问题的奋斗历程中做出了巨大贡献。

留法勤工俭学活动为中国革命事业培养和造就了一大批人才。周恩来、邓小平、陈毅、聂荣臻、李立三、李富春、蔡畅、赵世炎、王若飞、蔡和森、李维汉等是他们中的代表。他们回国后，纷纷投入轰轰烈烈的工农革命运动，在与工农相结合的道路上，迈开了更大的步伐，成为革命的中坚力量。

(二)"庚子赔款"与留美运动

清光绪二十六年（1900年，中国阴历庚子年），由于义和团运动的兴起，西方帝国主义列强以保护使馆安全为借口，组织八国联军侵入北京。次年，根据慈禧太后的旨意，奕䜣、李鸿章代表清政府同英、德、俄、法、美、日、意、奥、比、西、荷等11国代表在北京签订了丧权辱国的《辛丑条约》。该《条约》规定，清政府应向上述

---

[1]　陈辛仁主编：《现代中外文化交流史略》，156页，中国书籍出版社，1997。

诸国赔款白银4.5亿两，分39年还清。这就是所谓的"庚子赔款"。

在"庚子赔款"中，美国分得3 200余万两银子，当时约合2 400多万美元，利息还算在外。美国官方为了维护在华的商业利益和种种权利，决定在形式上退还这笔赔款，但要用于兴办美方需要的文化教育事业，以培养中国青年成为亲美人才。

1908年7月11日，美驻华公使柔克义通知清政府，美国国会参、众两院根据罗斯福总统的咨文已于5月25日通过联合决议，将分给美国的"庚子赔款"减至13 655 492.69美元，将此数与原分给美国的赔款之间的差额，计10 785 286.12美元，从1909年起至1940年止逐年按月"退还"中国，帮助中国"兴学"。1909年7月10日外务部、学部回奏，以美国"减少"赔款选派学生赴美留学，先在京师设立游美学务处，并设游美肄业馆一所。学生名额按各省赔款数目分摊。同年9月28日清政府批准所奏，建游美肄业馆于清华园。1909年至1911年间，先后招收三批学生直接送美国留学，共180人。1911年，清华留美预备学堂成立。1912年改名清华学校。1925年起，逐步改办为大学，1928年正式改名为国立清华大学，不再是留美预备学校。从1909年至1928年经清华派出的官费留美学生共1 279人，领庚款津贴的自费生476人、各机关转入清华官费生60人、特别官费生10人、袁氏后裔生3人，共1 828人。①

清华学校在中国留学史上具有重要的地位。它首开通过公开考试、大批选拔留美预备生的先例，成为中国正规化的留学预备教育的开端。

进入清华学校到搭船赴美留学要经过8年左右的时间。由于学习上较为系统，而且要求严格，赴美后很少遇到大的困难，因此，清华留美生在美国享有盛誉。

留美生所学科目与留日生不同。留日学生的热门是文科，而留美生绝大多数理、工、农、医，其中学工程技术者最多。在留美生中有一股持久不衰的自然科学热，其原因主要是：一是受美国重视经济建设和科学技术的影响；二是受"科学救国"思想的感召。武昌起义后，随着清朝的土崩瓦解和中华民国的建立，大多数人认为革命已经

---

① 清华大学校史编写组：《清华大学校史稿》，68~69页，中华书局，1981。

成功，共和已经建立，余下的问题主要是建设，搞建设就要学科学。

根据中华民国政府教育部 1914 年的规定，"庚子赔款"留美毕业生回国均须参加各项考试，才能取得任用资格。截至 1924 年，清华留美生归国者约 620 人。其中不少人后来成了闻名遐迩的大学者。有39 人曾经担任大学校长、院长，他们中有北京大学校长胡适、清华大学校长梅贻琦、浙江大学校长竺可桢、厦门大学校长萨本栋等。

"庚子赔款"留美毕业生对中国的教育、文化、工业和科学事业都做出了较大贡献。

在教育方面的贡献主要表现在：引进了西方进步的教育思想和教育方法；改革旧学制，建立新学制。中国所实行的"六·三·三·四"学制，就是模仿美国的"六·三·三"制而来的。这个学制从 1922 年11 月公布后，一直到现在还在实行。

对科学事业的影响，较文化教育方面的影响更为直接和深刻。民国时期的中国科学技术主要是接受西方的科学技术体制的影响，其中主要接受美国的影响。

中国大学众多学科的创建人大部分是留美学生，如

数学：江泽涵、朱文鑫、陈茂康、赵访熊

物理学：周培源、叶企孙、朱杨华、黄子卿、吴有训

化学：侯德榜、杨石先、朱子清、孙承谔、庄长恭

生物学：秉志、邓叔群、钱崇澍、郑作新、高士其

机械工程、建筑：茅以升、梁思成、庄前鼎

天文气象学：张钰哲、竺可桢

水电、地质：张光斗、孟宪民、王庞佑

航空、飞机制造：周厚坤

生理学：张锡钧、蔡翘

此外，还有一些社会科学家，如语言学家赵元任、王力，文学家闻一多、梁实秋、李健吾、林庚、钱锺书、吴组细，电影戏剧家洪深、曹禺、张骏祥、孙瑜，哲学家金岳霖，人口学家马寅初，著名新闻工作者杨杏佛、罗隆基，经济学家陈岱孙，历史学家陈翰笙等也是留美学生。

留美学生在传播现代政治文化方面也起到了先锋和桥梁作用。其突出例证就是五四新文化运动。主张中国向西方学习的知识分子，大

都把美国视为现代社会的楷模。陈独秀向青年陈述的"六义"①：（1）
自主的而非奴隶的；（2）进步的而非保守的；（3）进取的而非退隐
的；（4）世界的而非锁国的；（5）实利的而非虚文的；（6）科学的而
非想像的。实际上是对美国价值观念、崇尚民主和科学的总结。由
"德先生"和"赛先生"构成的美国形象在相当多的中国知识分子的
心目中经久不衰。②

（三）早期留苏热潮

十月革命胜利后，人们开始把目光投向苏联。

在苏联，列宁领导的共产国际，十分重视培养各国的革命干部，
以推动世界革命运动的开展。

1921年春，苏联首都莫斯科成立东方大学，设有中国班、日本
班、朝鲜班等。学生的衣食住行等费用由第三国际东方部提供。东方
大学成立后，即1921年春天，刘少奇、任弼时、萧劲光、彭述之、
罗亦农等20多人在共产国际代表维金斯基的帮助下，经过化装前往
莫斯科，组成东方大学中国班，由罗亦农任班长。1923年3月至
1924年9月，在共产国际和苏联政府的同意和协助下，在巴黎的中共
旅欧支部成员先后有三批赴东方大学学习，其中有赵世炎、王若飞、
刘伯坚、陈延年、陈乔年、聂荣臻、李富春、蔡畅等人。

在中国，第一次国共合作实现后，革命形势迅速发展，东方大学
中国班及国内的黄埔军官学校所培养的干部已不能满足实际的需要。
1925年3月12日，伟大的民主革命先行者孙中山先生不幸与世长辞。
为了给国共合作的中国大革命培养政治骨干，为了纪念这位为联俄联
共做出突出贡献的伟人，苏联政府决定在莫斯科成立一所以孙中山先
生的名字命名的培养中国革命人才的大学——中山大学。这一消息由
当时担任国民党首席政治顾问的共产国际驻中国代表米哈依尔·鲍罗
廷在1925年10月7日国民党领导人会议上宣布。根据鲍的阐述，中
山大学归第三国际东亚部领导，实际上隶属于苏联共产党中央委员
会。莫斯科中山大学招生的消息一经公布，各地向往革命的青年纷纷
报名报考。

中山大学的成立和招生，为渴望奔赴人类历史上第一个社会主义

---

① 陈独秀：《敬告青年》，载《新青年》创刊号。
② 冯承柏：《中国与北美文化交流志》，124页，上海人民出版社，1998。

国家去学习的有志青年提供了时机，因此，去苏联学习成为一种时尚。不但广大青年踊跃报名，积极争取去苏联留学，一些国民党要人也纷纷把自己的子女送往苏联。如蒋介石的儿子蒋经国、冯玉祥的儿子冯洪国、邵力子的儿子邵志刚、叶楚伦的儿子叶楠、于右任的女儿于秀兰，以及谷正纲、谷正鼎、康泽、汪少伦、邓文仪等青年都到中山大学学习。中国共产党方面从国内选派张闻天、王稼祥、乌兰夫、伍修权、沈泽民、左权等党团员和进步青年赴中山大学学习。此外，留学西欧的勤工俭学学生中的党团员，如邓小平、傅钟、杨品荪等被通知直接从法国赴莫斯科中山大学学习。

中山大学自 1925 年 9 月成立到 1930 年停办，5 年时间共招收 4 期学生，培养约 1 000 多名毕业生。在国共合作时期招收两期。1927 年 4 月蒋介石叛变革命，并于同年 7 月声明断绝与中山大学的关系后，第三、四两期的学生实际上由中国共产党选派。

中山大学的第一期学生总人数为 300 人。其中有邓小平、张闻天、乌兰夫、王稼祥、伍修权、孙冶方、傅钟、沈志远、王明（陈绍禹）、蒋经国、冯洪国、叶楠、于秀兰、谷正纲、谷正鼎、郑介民、邓文仪等。

第二期学生中有秦邦宪（博古）、杨尚昆、李伯钊、张仲实、盛忠亮（盛岳）、李竹声等。

第三期学生中有一大批是旅法的华工。这期学生中有章汉夫、钱瑛、陈伯达、帅孟奇、陈昌浩等。

第四期学生中有来自东方大学的近 100 名学生。从国内去的有中国共产党的一些领导干部，如董必武、林伯渠、徐特立、吴玉章、叶剑英、何叔衡、夏曦、杨之华（瞿秋白夫人）、杨子烈（张国焘夫人）等。

中山大学前期主要开设：中国革命运动史、俄国革命史、东方革命运动史、社会发展史、哲学（辩证唯物主义和历史唯物主义）、政治经济学、经济地理学、列宁主义（主要学习《论列宁主义基础》）、俄语、军事学等课程。

中山大学后期随着办学宗旨的改变，教学计划和课程设置相应作了一些改动。后期更注意用中国革命斗争的实际经验充实教学内容。考虑到很多学生回国后要做秘密工作，学校还帮助学生学习纺纱、织布、木工、电工等专业。

中山大学学生的生活条件比较优越。在苏联人民生活还很困难的时期，苏联政府对中国学生给予了特殊照顾。

中山大学培养的1 000多名毕业生中，有很多人回国后成为中国共产党的重要干部。他们为马克思主义在中国的进一步传播、为中国人民的革命事业做出了不同程度的贡献。

五　五四新文学与外国文学

五四新文学是在外国文学影响下诞生的，又是在外国文学影响下成长发展的。

五四新文学先驱们的口号是"拿来主义"。因为他们从历史和现实的经验教训中懂得了一个真理：外国文学的精华将成为促进本民族文学发展的强大动力。因此，他们大都从译介外国文学而开始自己的文学生涯，都曾广泛地接受过人道主义、现实主义、象征主义、新古典主义等外国文学思潮的影响。泰戈尔、显克微支、夏目漱石、裴多菲、歌德、易卜生、拜伦、雪莱、托尔斯泰、契诃夫、惠特曼、都德……都深深地影响过五四新文学先驱者。

五四新文学广泛吸收外国文学的养料，是彻底的反帝反封建斗争的需要。说到底，是时代的需求。所以说，外国文艺思潮冲破闸门滚滚而来，绝非偶然。五四文学革命所吸收的主要是包括批判现实主义、积极浪漫主义在内的19世纪欧洲人文主义文学，特别是俄罗斯的批判现实主义文学。到了20年代末，五四新文学更是深刻地受到无产阶级文学理论与苏联文学的影响。

（一）五四新文学与俄苏文学

俄国文学比起中国文学，乃至欧洲许多国家的文学来，是很年轻的。当李白、杜甫等创造中国文学的黄金时代时，俄国文学还处在原始状态。当英国的莎士比亚轰动全球时，俄国文学尚在胚胎时期。当法国的笛卡儿主宰思想界、支配全欧文学的时候，俄国最初的诗人普希金、莱蒙托夫尚在襁褓之中。然而，俄国文学凭借民治主义的思想，为平民呼吁，为人道主义鼓吹，紧密联系人民大众，紧密联系现实生活，迅速发展起来。文学与现实的熔铸成了俄国文学进化的指南针。

中俄的文字之交，始于 19 世纪末，而俄国文学介绍到中国，则是 20 世纪初。1903 年，一个叫戢翼翚的人，根据日本高须治助的译本转译普希金的中篇小说《上尉的女儿》，中译本的全称是《俄国情史——斯密士玛利传》，又名《花心蝴蝶录》。这部普希金的名作，是俄国文学作品的第一个中译本。1907 年，鲁迅在《摩罗诗力说》一文中，介绍并赞扬普希金、莱蒙托夫、果戈理三位伟大的俄国作家。同年，德国叶道胜牧师与中国人麦梅生将英国尼斯比特·贝恩翻译的《托尔斯泰小说集》转译成中文，并更名为《托氏宗教小说》在中国出版。同年，吴涛根据日本薄田斩云的日译本，将契诃夫的《黑衣教士》转译成中文出版；将高尔基的《忧患余生》，从日译本转译成中文发表。1909 年，鲁迅、周作人出版了他们两人翻译的《域外小说集》一、二册，其中有契诃夫的《戚施》、《塞外》两篇小说，还有俄国作家迦尔洵、梭罗古勃、安特来夫的重要作品《四月》、《谩》、《默》等。从此以后，俄苏文学被源源不断地介绍到中国，到五四前后形成高潮。

"十月革命帮助了全世界的也帮助了中国的先进分子，用无产阶级的宇宙观作为观察国家命运的工具，重新考虑自己的问题。走俄国人的路——这就是结论。"[①]

"俄国文学是我们的导师和朋友。"[②]

这是毛泽东和鲁迅先后得出的结论，也是千百万寻找救国救民真理的中国知识分子、文学工作者的共同信念。十月革命后，中国人对苏联产生了极大的兴趣，把译介俄苏文学当做"盗天火给人类"的神圣事业。俄苏文学译本数量激增，在整个外国文学的翻译中比重急剧上升，并占据首位。据《中国新文学大系·史料索引（1919—1927）》中"翻译总目"的统计，五四运动以后 8 年内翻译外国文学著作共 187 部，其中俄国为 65 部，占 1/3 强；其他依次为法国 31 部、德国 24 部、英国 21 部、印度 14 部、日本 12 部……均大大低于俄国。65

---

① 毛泽东：《论人民民主专政》，见《毛泽东选集》（合订一卷本），1360 页，1964。

② 鲁迅：《南腔北调集·祝中俄文字之交》，见《鲁迅全集》，卷 4，人民出版社，1957。

部俄国文学作品中，又以托尔斯泰（12 部）、契诃夫（10 部）、屠格涅夫（9 部）的为多。这一阶段，涌现出一批翻译家，其中主要有鲁迅、瞿秋白、郭沫若、沈雁冰、郑振铎、耿济之等。

五四新文学的先驱者们对俄国文学的浓厚兴趣，诚如郑振铎回忆的那样："我们特别对俄罗斯文学有很深的喜爱。秋白、济之是在俄文专修班学习的。在那个学校里，用的俄文课本就是普希金、托尔斯泰、屠格涅夫、契诃夫等的作品。济之偶然翻译出一二篇托尔斯泰的短篇小说出来，大家都很喜悦它们。""我们那时候对于俄国文学是那么热烈地向往着，崇拜着，而且是有着那么热烈的介绍翻译的热忱啊！"① 俄国文学之所以引起五四新文学先驱者的巨大兴趣和热烈向往，诚如鲁迅所说："中俄两国间好像有一种不期然的关系，他们的文化和经验好像有一种共同的关系。柴（契）可夫是我顶喜欢的作者。此外如哥可尔（果戈理）、屠格涅夫、多斯托夫斯基、高尔基、托尔斯泰、安特列夫、辛（显）克微支、尼采和希列等，我也特别高兴。俄国文学作品已经译成中文的，比任何其他外国作品都多，并且对于现代中国的影响最大。中国现时社会的奋斗，正是以前俄国小说家所遇着的奋斗……"②

鲁迅一向主张借鉴外国优秀文学的创作经验为中国的现实服务。他和周作人合译的《域外小说集》开了中国新文学运动翻译文学的先河。他毕生译作的数量很多：在《鲁迅全集》20 卷中，译文占了一半（10 卷），其中属于俄苏文学的约占 1/3。

瞿秋白是中国最早从俄文原作翻译俄苏文学的新文学运动先驱。他利用自己是《晨报》驻苏记者的便利条件，对苏联早期文学界作了全面深入的考察，很早就写出《俄国文学史》，并且最早把马列主义文艺理论著作译介到中国来。

促成俄苏文学翻译成为热潮的，有早期三个文学团体——文学研究会、创造社和未名社。

文学研究会成立于 1921 年 1 月，发起人有沈雁冰、叶圣陶、郑振铎、王统照、周作人、耿济之、郭绍虞、孙伏园、许地山等 12 人。

---

① 郑振铎：《回忆早年的瞿秋白》，见《郑振铎文集》，卷 3，人民文学出版社，1983。
② ［美］P. M. Bartlett 著、石孚译：《新中国的思想界领袖鲁迅》，载《当代》1 卷 1 编，1927。

文学研究会以改革后的《小说月报》为自己的主要阵地。他们除了努力创作，也重视译介外国文学，尤重俄苏文学。出版过"俄国文学研究"等专刊。

创造社成立于 1921 年 7 月，发起人有郭沫若、郁达夫、成仿吾、张资平等，重要成员还有田汉、郑伯奇等，他们都是留日学生。1922 年 5 月，他们出版《创造季刊》，发表了不少俄苏文学作品。

1925 年成立的未名社，其成员有从事俄文翻译的译者韦素园、曹靖华等。

这个时期，俄国的一些著名剧作大都被译介过来。郑振铎 1921 年主编的《俄国戏剧集》收有果戈理、托尔斯泰、奥斯特洛夫斯基、契诃夫等人的剧本 10 部。至 1923 年，俄国著名剧作都已被译成中文，如果戈理的《钦差大臣》，奥斯特洛夫斯基的《贫非罪》，托尔斯泰的《教育的果实》、《活尸》，契诃夫的 5 个剧本《海鸥》、《樱桃园》、《万尼亚舅舅》、《伊凡诺夫》和 1925 年由曹靖华翻译的《三姐妹》。

这个时期，正值中国新文学运动方兴未艾，人们急需新的文艺理论来指导新文学运动。于是，译介俄苏文艺理论的著作骤然多了起来。举重要者，有耿济之译托尔斯泰的《艺术论》，张邦绍、郑阳译《托尔斯泰传》，郭绍虞著《俄国美论及其文艺》，郑振铎著《俄国文学史略》，蒋光慈著《俄罗斯文学》，沈泽民著《克鲁泡特金的俄国文学论》，周作人著《文学上的俄国与中国》等，均在 1921 年前后问世。译介的重点在别林斯基、车尔尼雪夫斯基、杜勃罗留波夫、托尔斯泰、高尔基以及十月革命胜利初年的文艺理论。从当时中国对外国文艺理论的译介情况看，译介俄国文艺理论的书籍、文章数量最多而且系统。

可惜这个阶段的热潮仅维持了 10 年（1917—1927）。由于 1927 年"四一二"反革命政变后政治局势突变，国共两党分裂，12 月中苏断绝邦交（直到 1932 年 12 月复交），致使译介俄苏文学的潮流低落。

在低潮时期，苏联文艺理论的译介仍相当活跃。由于国内"革命文学"口号的论争激起了 1929 年前后对俄苏各种文艺主张的介绍，普列汉诺夫、波格丹诺夫、托洛茨基、卢那察尔斯基、弗里契等都被争论各方各取所需地引进。当时在苏联文坛居统治地位的"无产阶级文化派"和其后的"拉普"（俄罗斯无产阶级作家联合会）的理论也被中国文艺界所移植。1930 年 11 月，国际革命作家联盟在苏联哈尔科夫召开代表大会，公开提出"唯物辩证法创作方法"。这一创作方法被与会的"左联"代表萧三及时传达过来。萧三的来信被"左联"执委会 1931 年 11 月的决议《中国无产阶级革命文学的新任务》采纳，形成这样的提法："在方法上，作家必须从无产阶级的观点，从无产阶级的世界观，来观察，来描写。作家必须成为一个唯物的辩证法论者。"

1933 年年初，苏联文学界的"社会主义现实主义"口号引入中国。同年 11 月，周扬的文章《社会主义现实主义与革命的浪漫主义》系统地介绍了"社会主义现实主义"的理论。

总之，这一时期，俄国文学的译介和研究出现了一个前所未有的高潮。鲁迅、瞿秋白、耿济之、郭沫若、蒋光慈……一大批五四新文学的先驱者主动接受俄国文学的影响，创作了如《狂人日记》、《女神》、《无穷的路》等憎爱分明、有时代特色的革命文学作品。可以说，俄苏文学始终是影响中国现代文学的一股强大力量。

（二）五四新文学与日本文学

1868 年明治维新后，日本由原来的"向中华一边倒"，转变为"向西洋一边倒"。

明治维新十年（1877 年）以后，日本的翻译文学开始盛行起来。英、法、德、俄等国的名家名著陆续被译出。随后，这些名家的全集也相继被译出，如《托尔斯泰全集》、《陀思妥耶夫斯基全集》、《易卜生全集》、《王尔德全集》、《莫泊桑全集》、《罗曼·罗兰全集》等。此外，日本还翻译了许多欧美剧本。莎士比亚的名剧，不止一个被译出，如《哈姆雷特》就有 7 种版本，《罗米欧与朱丽叶》有 4 种版本，《威尼斯商人》、《李尔王》、《凯撒大帝》、《麦克佩斯》等都不止一个版本。19 世纪 90 年代后，日本翻译界的注意力由莎士比亚转向易卜生，将易卜生的许多剧作译出。

日本人不仅以翻译外国文学迅速著称于世，而且还特别善于模仿，在模仿中选择、融会、吸收、消化、创造。他们通过"模仿"迅速使西洋文学大众化、民族化、日本化，创造了日本近代文学的辉煌。郭沫若在其翻译的日本短篇小说的序文中称赞日本文学："日本的现代的文艺作品，特别是短篇小说，的确很有些巧妙的成果。日本人自己有的在夸讲着业已超过了欧美文坛，但让我们公平地说一句话，日本的短篇小说有好些的确是达到了欧美的，特别是帝制时代的俄国或法国的大作家的作品的水准。"① 周作人在分析日本近30年小说发达的原因时指出："到了维新以后，西洋思想占了优势，文学发生了一个极大变化。明治45年中，差不多将欧洲文艺复兴以来的思想，逐层通过；一直到了现在，就已赶上了现代世界的思潮，在'生活的河'中一同游泳。……日本文学界，因为有自觉，肯服善，能有诚意地去'模仿'，所以能生出许多独创的著作，造成20世纪的新文学。"②

日本人向西方学习有成效，中国人便向日本人学。1898年戊戌变法之后，有志青年赴日留学一时成为风尚。中国学生的留日，最初以学军事、法律为主，学文学的极少。然而，富于文学素质的中国留日学生，被日本新文学的隆盛所刺激，抛弃原来研究的科目、转向文学研究者不乏其人。举其显著者，如学医的鲁迅、郭沫若，学海军的周作人，学矿物的张资平，学兵器制造的成仿吾，学法制经济的郁达夫等，归国后都成了五四新文学运动的骨干。

留日学生曾孝谷、李叔同、欧阳予倩等从日本兴起的"剧浪"中受到启示，于1906年冬，团结一批热爱戏剧艺术的留日学生，组成了中国第一个话剧团体——春柳社，明确规定"以研究各种文艺为目的"，以"开通知识，鼓舞精神"。1907年，春柳社在中国留学生组织的青年会举行的赈灾游艺会上演出了赶排的法国名剧《巴黎茶花女遗事》(小仲马原著)，获得成功，引起极大反响。接着又演出了具有强烈民族意识的《黑奴吁天录》、反对专制的《热血》，宣扬自由民主……成为中国话剧事业的始端。话剧从日本引进后，在中国引起了极大的反响。田汉从此立志做一个"东方的易卜生"。郭沫若从日本出现的"泰戈尔热"、"惠特曼热"中开始新诗的写作。1908年，鲁迅、周作人由日文翻译域外小说37篇，1909年结集《域外小说集》在上海出版。《域外小说集》的出版是中日文学交流史上的一件盛事，

---

① 郭沫若：《日本短篇小说集·序》，见《郭沫若集外序跋集》，四川人民出版社，1982。

② 周作人：《艺术与生活·日本近三十年小说之发达》，上海群益社，1931。

它在中国译介外国文学，特别是译介弱小国家和民族的文学方面，起了拓荒者的作用。

日本的新文学理论及批评，多是理解吸收欧美文学理论，以谋自国文学的革新而创立的。因此，当年的留学生，一方面直接学习欧美文学，一方面则间接译读日本研究介绍欧美文学的理论及批评。这些同样给五四新文学以莫大的影响。如文学研究会"为人生而艺术"的主张，多半是通过日文或英文的翻译，接触到俄国 19 世纪文学后提出的。创造社高涨的"为艺术而艺术"的浪漫主义思潮，是从日本移植的。后来的普罗文艺思潮几乎全是从日本贩来的。就文学创作的内容和形式而言，从夏目漱石作品的诙诡讽刺里，人们可以领略鲁迅的面影。郁达夫所憧憬的是志贺直哉的清丽俊逸。张资平则明白地承认他的长篇小说《飞絮》是模仿《朝日新闻》所载的《归日》。从以上事实，可见日本文学对中国五四新文学影响之巨。中国五四新文学的先驱者，如鲁迅、郭沫若、郁达夫等，都曾留学日本受过日本文学的熏陶。即使不是日本学校出身的人，在成名之后，也一定要游日本一遭，如蒋光慈、长虹、谢冰莹、巴金、沉樱、梁宗岱等。① 诚如胡秋原先生所说："中国近年汹涌澎湃的革命文学潮流，那源流并不是从北方俄罗斯来的，而是从同文的日本来的。……在中国突然勃兴的革命文艺，那模特儿完全是日本，所以实际说起来，可以看做是日本无产文学的一个支流。"②

以上事实说明，20 世纪初，日本文学是中国通向世界文学的一座桥梁。它所移植的欧美文艺理论、文学作品，对中国接受并运用来建立五四新文学，是起了很好的媒介作用的。而中国留日学生，为近代中日文学交流，为推动中国五四新文学运动，起了重大作用。中日关系研究专家梁容若先生指出："新文学运动，虽然由留美学生胡适发端，而辅翼和完成这种运动的，大半是留日学生。""中国新文坛的大半，是日本留学生建立起来的。"③

（三）五四新文学与印度文学

中国文学曾两度受过外来文化的影响，第一次是佛教带来的印度

---

① 梁容若：《中日文化交流史论》，30 页，商务印书馆，1985。
② 梁容若：《中日文化交流史论》，30 页，商务印书馆，1985。
③ 梁容若：《中日文化交流史论》，28～29 页，商务印书馆，1985。

文化影响，第二次是基督教带来的欧美文化影响。

佛教带来的印度文化的影响，可以在魏晋南北朝文学，特别是在诗歌与散文中找到。但真正大量地吸收是在唐代，如长篇佛曲、变文与民间长篇叙事诗。而在后来的《西游记》、《红楼梦》等著名长篇小说中，也有着印度文化的影响。

近代以来，中印两国的文化交流，在形式上曾经由于帝国主义的侵略而中断，但在实质上，潜移默化的影响始终存在。中印两国人民和有远见的政治家、文学家，一刻也没有放松过促进两国的文化交流。五四时期中印文学的交流，实际上是围绕泰戈尔而进行的。

泰戈尔是印度人民反对帝国主义，争取国家独立、民族解放的英雄，在世界范围内为印度人民赢得了巨大的荣誉。1913 年，他以自己的伟大诗篇《吉檀迦利》获得诺贝尔文学奖。不久，欧洲便掀起一个盛况空前的"泰戈尔热"。这股"泰戈尔热"于 1915 年传到日本，不久又从日本传到中国。《青年杂志》（即《新青年》）1 卷 2 号就发表陈独秀翻译的达噶尔（即泰戈尔）的《赞歌》4 首，并对泰戈尔作了简略介绍。

泰戈尔是中国人民的朋友。他始终关心中国，热爱中国人民和中国文化。1916 年，泰戈尔在出访日本途中经过香港，看到码头工人的健壮身体和熟练动作，认为其中显示出中国人民的巨大力量，这种力量一旦能够掌握现代科学，走上现代化的轨道，就会迅速向前迈进，没有任何势力可以阻挡。也就是在这次访问日本期间，泰戈尔曾发表谈话，严厉谴责日本军国主义侵略中国山东的罪恶行径。

泰戈尔迫切希望访问中国。1924 年四五月间，经过中国文化界诸多人士的努力，这个愿望终于实现了。3 月 21 日，泰戈尔从印度启程，乘轮船途经缅甸、马来亚，4 月 12 日抵达上海。在其后的一个半月内，他先后在上海、杭州、南京、济南、北京、太原、武汉等地访问并作了 13 次讲演。

泰戈尔在华访问期间所作的讲演，其主要内容是：回顾印中两国长达数千年的友好交往历史，盛赞中华民族的伟大贡献和中国文化的光辉成就，呼吁印中两国人民做朋友；对酿成第一次世界大战惨剧的西方帝国主义国家感到失望，号召印度、中国以及亚洲各国发扬东方固有的精神文明，用以对抗西方的物质主义；应中国听众的要求，简要介绍自己的生活、思想、创作和体会。

泰戈尔的访问，使中国人民加深了对泰戈尔及印度文学的认识。泰戈尔诗歌的创作风格给五四新文学作家以深刻的启迪。诚如沈从文先生所说："印度诗人泰戈尔先生《新月集》的介绍，和他本人一再莅临中国做客，意义大，影响深，中国的两个现代诗人的成就，都反映出泰戈尔先生作品的点滴光辉：一个是谢冰心女士，作品取用的形式以及在作品中表示对于自然与人生的纯洁感情，即完全由泰翁作品启迪而来；另一个是徐志摩先生，人格中综合了永远天真和无私热忱，重现于他的诗歌与散文之中时，作成新中国文学一注丰饶收成，更是泰翁思想人格在中国最有活力的一株接枝果树。"[①] 除谢冰心、徐志摩之外，郭沫若、王统照、郑振铎等人，无不受到泰戈尔人格和创作思想的影响。

（四）五四新文学与欧美文学

1. 五四新文学与欧洲文学

五四新文学是在不断吸取外国文学营养的过程中逐渐形成的。在这个过程中，翻译起了举足轻重的作用。近代翻译文学的正式兴起始于19世纪70年代。最早翻译到中国来的欧美文学作品是美国诗人朗费罗（Longfellow，1807—1882）的诗《人生颂》。1864年，英国著名汉学家、外交官威妥玛先以汉文译出，由总理各国事务衙门的官员董恂润色，成为一组七绝，共9首。1871年，王韬与张芝轩合译法国国歌《马赛曲》与德国的《祖国歌》。这两种译作，分别由梁启超录入《饮冰室诗话》，奋翮生收入《军国民篇》（《新民丛报》11号），产生了一定的影响。在小说的翻译方面，1873年年初，蠡勺居士译出英国小说《昕夕闲谈》。这是近代中国翻译界的第一篇完整的小说。

在近代翻译文学中，数量最多的是小说。阿英《晚清戏曲小说目》收翻译小说608种，仅1905年成书的即有154种。从译者来说，成就最高的首推林纾。

林纾（1852—1924），字琴南，号畏庐，生于福建福州。1898年，林纾译刻小仲马的《茶花女》（当时名为"巴黎茶花女遗事"），是中国近代文学史上公认的外国文学翻译的开篇之作（指以书的形式印

---

① 沈从文：《印译〈中国小说〉序》，载《世纪评论》，1948（16）。

行）。它的出版，影响了整整一代中国作家。鲁迅、郭沫若、沈雁冰、胡适、周作人、钱锺书等著名作家无一例外都受过它的影响。小仲马也随着《茶花女》的翻译出版，成为 20 世纪初中国读者最熟悉的法国作家。

林纾一生翻译外国文学作品达 180 余种（其中绝大部分是小说），1 200余万字。除《巴黎茶花女遗事》外，较著名的还有《黑奴吁天录》、《块肉余生述》、《王子复仇记》等。所译作品涉及英、美、法、俄、希腊、比利时、瑞士、挪威、西班牙等 10 多个国家。在这些作品中，有 40 余种属世界名著，涉及诸多世界一流作家，如英国的莎士比亚、狄更斯、司各特，法国的雨果、巴尔扎克、仲马父子及俄国的托尔斯泰等。"林译小说"为衰朽的封建文学敲响了丧钟，也为新文学的诞生做了极好的准备。他使中国人意识到西方除船坚炮利之外，竟还有如此优美的文学。诚如阿英所说："他使中国知识阶级，接近了外国文学，认识了不少的第一流作家，使他们从外国文学里去学习，以促进本国文学发展。"[1] 无疑，"林译小说"对中国不少现代作家产生了深远影响，从而促进了五四新文学的诞生。

另一位在翻译方面做出重大贡献的是严复。严复（1854—1921），福建闽侯人。他自 1898 年至 1911 年的 13 年中，潜心翻译，所译作品多系西方政治学说。其中重要的有：赫胥黎的《天演论》、亚当·斯密的《原富》、孟德斯鸠的《法意》、斯宾塞尔的《群学肄言》、约翰·穆勒的《群己权界论》、甄克思的《社会通诠》等。

上述几部译作中，《天演论》对中国文学产生的影响最大。宣扬进化论的《天演论》一书，实际上冲击了中国的各个领域，一时"进化之语，几成常言"（鲁迅语），成为马列主义传入中国之前的主导理论，文学也毫不例外地受到这一理论的影响。

五四以前翻译的欧洲文学作品还有：英国哈葛德的《长生述》，曾广诠译，1899 年出版；英国笛福的《鲁滨逊漂流记》，跛少年译，题名"绝岛漂流记"，1902 年出版；斯威夫特的《格列佛游记》，佚名译，题为"汗漫游"。

为了社会改革和"新民"的需要，配合思想启蒙，这时期出现了

---

① 阿英：《晚清小说史》，213 页，东方出版社，1996。

科学小说和科幻小说。著名的有包天笑译的《铁世界》，法国迦尔威尼（今译为凡尔纳）著，1903 年出版。凡尔纳的科幻小说，以其新奇、怪诞，颇受当时市民阶层的欢迎。即使是中国的知识阶层，也对这些小说所宣扬的奇幻世界，由敬畏到向往，产生了浓厚的兴趣。

1902 年，梁启超译出凡尔纳的《海底旅行》，在他主办的《新小说》上刊出。这是梁启超以"开发民智"为宗旨的西洋科学小说翻译的代表之作。这部小说后译为《海底两万里》。

鲁迅受梁启超的影响，首次将凡尔纳的《月界旅行》用文白夹叙的笔法译出，由进化社出版。鲁迅在小说的"前言"中称："欲弥今日译界之缺点，导中国人群以进行，必自科学小说始。"

早在 1896 年至 1897 年间，梁启超主编的《时务报》上就连续发表了英国柯南道尔的 4 篇侦探小说，即《英包探勘盗密约集》、《记伛者复仇事》等。柯南道尔的侦探小说《福尔摩斯侦探案的故事》于 1901 年至 1905 年间译出不下 40 篇，颇受读者欢迎。

清末民初，有两个来自西方的文学典型领尽文坛风骚：一个是茶花女，一个是福尔摩斯。前者为中国文坛增添了一个凄艳的爱情故事；后者给中国文坛带来了一种新的小说类型。侦探小说曲折离奇、惊心动魄的故事和引人入胜、悬念重重的情节征服了中国读者。柯南道尔的作品在清末民初翻译界迅速占据了重要地位。据统计："1896 年至 1916 年出版的翻译小说中，数量第一的是柯南道尔，32 种；第二是哈葛德，25 种；并列第三的是凡尔纳和大仲马，都是 17 种；第五是押川春浪，10 种。"①

在近代文学中，鲁迅的外国文学活动有着十分重要的意义。1908 年，鲁迅发表《摩罗诗力说》。《摩罗诗力说》是鲁迅文学活动的宣言。在中外文化交流史上，它第一次真正向中国读者介绍了欧洲近代的文艺思潮，系统地介绍了积极浪漫主义诗派，包括英国的拜伦、雪莱，俄国的普希金、莱蒙托夫，匈牙利的裴多菲，波兰的密茨凯维支、斯罗伐支奇。鲁迅认为他们都是"立意在反抗，指归在动作"的诗人。作者的目的在于，借外国文学向本国文学的固有传统挑战，期望出现精神界的战士，开创新的文学局面。在同年发表的《文化偏至

---

① 陈平原：《二十世纪中国小说史》，第 1 卷，43 页。

论》中，鲁迅提倡个性主义，主张"取今复古，另立新宗"。所谓"今"，当指西方近代的进步文化。所谓"古"，当指中国文化的精华。在 1908 年至 1909 年，鲁迅主持编译了《域外小说集》一、二两册，着重介绍 19 世纪东欧、北欧被压迫民族的文学。鲁迅在"序言"中说，翻译这些外国文学作品，是为了移入"异域文术新宗"。鲁迅在这一时期的外国文学活动中所表现的文学见解，实际上是五四文学革命的先声。

如果说林纾译介的英国文学带有极大的盲目性，那么，五四新文学工作者则注意了选择。当时选择的重点：一是富于反抗精神的作品，一是富于艺术性的作品。

英国文学

诗歌有：拜伦的长诗《多惹情歌》（1930 年上海世界书局出版），雪莱的《雪莱诗选》（1926 年上海泰东图书局出版），道生的《装饰集》（1927 年上海光华书局出版），弥尔顿的《失乐园》（1934 年上海第一出版社出版），乔叟的《屈罗勒斯与克丽西德》（1943 年重庆古今出版社出版），奥登的十四行联体诗《在战时》（1941 年上海诗歌书店出版）等。

戏剧有：莎士比亚的《哈姆雷特》（1922 年上海中华书局出版），《罗密欧与朱丽叶》（1924 年上海中华书局出版），《如愿》、《威尼斯商人》、《马克白》、《奥赛罗》、《暴风雨》（1936 年上海商务印书馆出版），康格里夫的《如此社会》（1937 年重庆商务印书馆出版），戈德史密斯的《诡姻缘》（1929 年上海新月书店出版），谢里登的《造谣学校》（1929 年上海新月书店出版），雪莱的《沈茜》和《解放了的普罗米修斯》（1944 年分别由重庆新地出版社、桂林雅典书屋出版），王尔德的《同名异娶》（1921 年上海泰东图书局出版）、《沙乐美》（1923 年上海中华书局出版），萧伯纳的《不快意的戏剧》等 15 个剧本（1923 年—1947 年出版），巴里的《可敬的克莱登》（1930 年上海版）等。

小说有：本仁约翰的《圣游记》（1935 年上海广学会出版），笛福的《鲁滨逊漂流记》（1947 年上海建文书店出版），斯威夫特的《格列佛游记》（1928 年北平未名社出版），戈德史密斯的《双鸳侣》（1931 年上海商务印书馆出版），奥斯丁的《傲慢与偏见》（1935 年北平大学出版社出版），杜·莫里亚的《蝴蝶梦》（1943 年桂林开新书店出版）等。

法国文学

诗歌有：虞赛的《虞赛的情诗》（1936 年上海商务印书馆出版），波德莱尔的《波德莱尔散文诗》（1930 年上海中华书局出版），莫泊桑的《莫泊桑的诗》（1926 年北京海音书局出版）等。

戏剧有：高乃依的《熙德》（1936 年上海商务印书馆出版），莫里哀的《夫人学堂》（1927 年版）、《悭吝人》（1930 年版），小仲马的《茶花女》（1926 年北京北新书局出版），罗曼·罗兰的《爱与死之角逐》（1928 年版）等。

小说有：伏尔泰的《赣第德》（1927 年上海北新书局出版），卢梭的《爱弥尔》（1923 年上海版），森彼得的《离恨天》（1913 年上海商务印书馆出版），巴尔扎克的《哀吹录》（1915 年上海商务印书馆出版），大仲马的《基度山恩仇记》（1906 年版），雨果的《巴黎圣母院》（1923 年上海商务印书馆出版，当时名为《活冤孽》）、《悲惨世界》（1903 年《浙江潮》月刊发表，鲁迅译），左拉的《娜娜》（1934年版），法朗士的《黛丝》（1928 年版），莫泊桑的《莫泊桑短篇小说集》一、二、三集（1923 年、1924 年、1926 年，上海商务印书馆陆续出版），罗曼·罗兰的《彼得与露西》、《约翰·克利斯朵夫》（1926年载《小说月报》）等。

德国文学

诗歌有：《德国诗选》（1927 年上海创造社出版），《歌德名诗选》（1933 年上海现代书局出版），海涅的《新诗集》（1928 年上海世纪书局出版），蒂奥·蓉的《爱底高歌》（1943 年成都莽原出版社出版）。

戏剧有：雷兴的著名喜剧《弥娜封巴伦赫尔穆》（1927 年北京朴社出版），歌德诗剧《浮士德》（郭沫若 1928 年译，上海创造社出版），席勒的悲剧《威廉·退尔》（1925 年上海中华书局出版），霍普特曼的四幕剧《织工》（1924 年上海商务印书馆出版）、《火焰》（1926 年译出），五幕诗剧《沉钟》（1932 年上海出版）等。

小说有：步耳革的长篇讽刺小说《闵豪生奇游记》（1930 年上海华通书局出版），歌德的著名书信体长篇小说《少年维特之烦恼》（郭沫若 1922 年译，上海泰东图书局出版），霍夫曼的中篇小说《史姑

娘》（1935 年上海中华书局出版），施托姆的《施托姆短篇小说集》
（1939 年长沙出版）、《茵梦湖》（郭沫若、钱君胥译，1921 年上海泰
东图书局出版）等。

挪威文学

著名戏剧家易卜生的剧作在中国影响又广又深。他的三幕剧《娜
拉》及《傀儡家庭》，享誉中国大江南北。中译本《易卜生集》由潘
家洵译，1931 年上海商务印书馆出版。《娜拉》约有 25 种译本，其中
胡适、罗家伦译本，1936 年上海一心书店初版。《傀儡家庭》第一个
单行中文本（1931 年上海商务印书馆出版）。

丹麦文学

著名作家安徒生的童话，20 世纪初就被译介到中国，有 30 余种
译本问世，影响了广大的中国读者。剧作家贺尔伯的剧作《诡辩家》
（1940 年上海书局出版）。

波兰文学

戏剧家廖抗夫的三幕剧《夜未央》，1908 年广州革新书局初版。
小说家显克微支的小说 20 世纪上半叶就有 10 多种译本问世，如王鲁
彦译《显克微支小说集》（1928 年上海出版）。

瑞典文学

著名文学家史特林堡的戏剧集，1922 年首次由张毓桂译出。史
特林堡的短篇小说集《结婚集》（1929 年上海光华书局出版），挪格
洛孚的中篇小说《狂人与死女》（1934 年上海中华书局出版）。

意大利文学

著名文学家但丁的长诗《神曲》，20 世纪以来在中国影响巨大。
但丁的抒情诗集《新生》，由王独清译出（1934 年上海光明书局出
版）。

著名小说家薄伽丘的《十日谈》，20 世纪 20 年代有 5 种译本。小
说家梅安尼的长篇小说和中篇小说共有 10 种被译介到中国，如《月
亮的儿子们》、《古城巨窃》等。

儿童文学作家亚米契斯的日记体小说《爱的教育》，共有 10 多种
中译本。最早的一种《爱的故事》，由夏丏尊译（1926 年上海开明书
店出版）。科洛迪的童话名著《木偶奇遇记》，20 世纪上半叶共有 7
种译本（最早的译本为 1928 年上海开明书店出版）。

西班牙文学

著名小说家塞万提斯的长篇名著《堂吉诃德》，最早由林纾、陈家麟译出，书名《魔侠传》（1922 年上海商务印书馆出版）。

从上面简介的情况可以看出，五四新文学工作者们在欧洲文学的译介方面，做出了明显的成绩。他们译介欧洲文学的目的，既是为了引进新的文学艺术形式，也是为了引进欧洲的现代新思想。

上述欧洲各国文学被译介到中国后，对中国五四新文学产生过强烈的影响。闻一多曾号召诗人们像拜伦一样，以自己的血和生命去写"最完美，最伟大的一首诗"[1]。邓中夏以拜伦为榜样，号召新诗人投身实际斗争。

五四期间及稍后，模仿外国文学一时成为风尚。如莎士比亚的戏剧、诗歌就有不少人模仿。如莎士比亚十四行诗即是当时诗人喜欢模仿的一种诗的体裁，闻一多、朱湘等人都曾尝试过。到 20 世纪 20 年代中期，当中国十四行诗有了较多创作以后，不少作家便对十四行诗体进行理论方面的探讨，并发表了一批重要的专题论文。如，胡适的《谈十四行体的形式》，闻一多的《谈商籁体》，梁实秋的《谈十四行诗》，王力的《商籁》（上、中、下），郭沫若、陈明远的《论十四行诗》，唐湜的《迷人的十四行》，冯至的《我和十四行诗的因缘》，雁翼的《十四行诗与我》。这些诗论，在当时不失为一种思想解放，也为十四行诗体移植中国起了重要的中介作用和指导作用。

英国文学被大量译介到中国后，对五四新文学的文学观念、文学体裁、文艺理论等方面均产生了重大影响。

2. 五四新文学与美国文学

最早被译介到中国的美国文学作品，是 1901 年林纾译的美国作家斯托夫的《黑奴吁天录》（今译《汤姆叔叔的小屋》）。译著问世后，思想界反响强烈，流传很广。1907 年，中国在日本的留学生不满清廷的腐败，在东京组织春柳社，宣传民族自强，曾把《黑奴吁天录》改编为五幕剧，在东京公演。该剧后来在上海及中央苏区瑞金演出过。[2]《黑奴吁天录》的中译本对推动中国民主革命起过积极的作用。

其后，林纾还译过美国作家华盛顿·欧文的《旅行述异》、《拊掌

---

① 闻一多：《文艺与爱国》，载《晨报副刊》，1926 - 4 - 1。
② 施咸荣：《美国文学在中国》，载《翻译通讯》，12 页，1983（12）。

录》和《大食故宫余载》，先后于 1906 年、1907 年出版。从此，美国文学作品不断被译介到中国。

1906 年，鲁迅与周作人翻译出版的《域外小说集》第二册里，收有美国作家爱伦·坡的小说《黄金甲虫》。

1912 年到 1922 年，美国出现过意象派新诗运动。其时，正是中国再度掀起留美浪潮的时候，一批又一批中国青年奔赴美国学习。留美学生胡适受美国意象派诗歌运动的启发，酝酿写成后来被学界公认为中国新文学运动信号的《文学改良刍议》一文。该文被《新青年》（1917 年 1 月 1 日刊的第 2 卷第 5 期）刊载。该文的刊载发出了文学革命的信号，揭开了中国文学革命的序幕。由此可见，中美两国文学的相互影响是多么巨大。

接着，美国诗人惠特曼的作品也被译介到中国。青年时期的郭沫若在日本留学时期接触到美国诗人惠特曼的诗歌《草叶集》，立即触发了他对惠特曼的深爱。据他回忆说："……尤其是惠特曼的那种把一切的旧套摆脱干净了的诗风和五四时代的狂飙突进的精神十分合拍，我是彻底地为他那雄浑的豪放的宏朗的调子所动荡了。"[①] 正是惠特曼诗歌中自由奔放热情的风格打动了郭沫若，而充溢在惠特曼诗行中的歌唱民主、自由、正义的激情，启迪了郭沫若的新诗创作。

1935 年至 1936 年，郑振铎主编大型文学丛书《世界文库》，摘译收集了世界各国的许多著名小说作品，全书共 12 册，其中 7 册收集了美国小说家的中、短篇小说 14 部，其中不乏名篇，有欧文的《妻子》、《鬼新郎》，霍桑的《步福罗格太太》、《牧师的黑面纱》，爱伦·坡的《亚西尔之家的衰亡》、《发人隐私的心》，马克·吐温的《败坏哈德兰堡的人》，亨利·詹姆士的《四次会晤》，欧·亨利的《东方博士的礼物》、《一位忙经纪人的情史》等。[②]《世界文库》对美国小说的介绍确如编者所期待的那样让中国读者领略到了美国小说的风采。

以惠特曼的诗为代表的美国文学从精神上给予五四新文学以强烈而深刻的影响。这种影响比较集中地体现在郭沫若的诗和田汉的文中。郭沫若的许多重要诗作，是在惠特曼的《草叶集》的影响下写成的。郭沫若曾说："他（惠特曼）那豪放的自由诗使我开了闸的做诗

① 《郭沫若文集》，卷 11，143 页。
② 郑振铎：《世界文库》，第 2、3、4、7、8、9、11 册，上海生活书店，1935～1936。

欲又受了一阵暴风般的煽动。我的《凤凰涅槃》、《晨安》、《地球，我的母亲》、《匪徒颂》等，便是在他的影响下做成的。"① 田汉于1919年在《少年中国》创刊号发表长篇论文《平民诗人惠特曼的百年祭》。该论文将惠特曼视做美国精神的化身，要以惠特曼为榜样，高唱民主主义的战歌，夺取民主在中国的胜利。

另外，美国小说的写作风格给五四新文学作家的创作以深刻影响。如王统照1935年创作的长篇小说《春花》，就明显受到美国作家爱伦·坡的影响；施蛰存1928年出版的短篇小说集《上元灯》中的诸篇，也明显受到美国作家爱伦·坡的影响；艾芜30年代创作的《南行记》，就受到美国作家杰克·伦敦等的影响。

在中美文学交流中，美国著名女作家赛珍珠（1892—1973）所做的贡献是不能抹杀的。她曾先后在中国镇江、南京等地生活36年，深受中国文化的熏陶，对中国人民怀有深情厚谊。1928年至1931年，她用4年时间将中国古典名著《水浒》译成英文，取名《四海之内皆兄弟》，在欧美风靡一时，使西方更多的人了解了中国文化。1938年，"由于赛珍珠对中国农民生活史诗般的描绘，这描绘是真切而取材丰富的，以及她传记方面的杰作"（得奖评语），荣获诺贝尔文学奖。赛珍珠所著中国题材的7部获奖作品是：《大地》（1931年出

写中国题材获诺贝尔文学奖的美国女作家
赛珍珠（1892—1973）

① 郭沫若：《创造十年》，上海现代出版局，1932。

版)、《儿子们》(1932年出版)、《分家》(1933年出版)(这三部著作亦称"大地上的房子"三部曲)、《母亲》(1934年出版)、《东风、西风》(1926年出版)、《流放》(1936年出版)和《战斗的天使》(1936年出版)。其中三部曲之首《大地》,1932年被改编成剧本在纽约上演,1936年美国又将之拍成电影,受到观众好评。赛珍珠的获奖作品,先后被译成多种文字,长期畅销于东西方,产生了广泛深远的世界性影响。赛珍珠在将中国文化介绍给美国、介绍给世界方面,做出了贡献,堪称中美文化交流大使。

五四新文学不是一个封闭体内的自生物,而是在开放的世界体系中,从内在的社会要求与外来影响的相互撞击中产生的。它从诞生之日起,便与世界文学潮流发生了不可分割的联系,从本质上说,它是开放的。五四新文学之汇入世界文学潮流,并不是由它的"西化"来实现的,恰恰相反,它仍然以一种民族文学的身份,加入世界文学的大家庭。作为一个伟大民族的新文学,不但具有无以取代的民族独特性,而且对现代世界文学产生了其应有的影响,令世界不能不对它刮目相看。

六 鲁迅与中外文学交流

中国新文学的伟大旗手——鲁迅(1881—1936)的文学道路是与外国文学相始终的。

鲁迅曾经说过,他开始文学活动,首先不是"想创作,注重的倒是在介绍、在翻译,而尤其注重于短篇,特别是被压迫民族中的作者的作品"。在他的全部文学活动中,约有一半以上的时间用于翻译介绍外国文学作品。他一生翻译介绍了大量外国作家的作品。据初步统计有4个国家100多位作家的作品,总数达300多万字。[1]

1902年,鲁迅抱着救国救民的志愿赴日本留学,开始学医,以为新的医学可以推动科学运动,可以救国。但不久他认识到,救国救民的第一要着,是在改变国民的精神。鲁迅从他当时接触到的西方资

---

[1] 陈辛仁主编:《现代中外文化交流史略》,102~103页,中国书籍出版社,1997。

产阶级民主主义优秀文学中，认识到善于改变精神的，当然首推文艺。于是，他毅然放弃学医，改从文学，特别是有意识地翻译和介绍外国文学作品。

1925 年，在鲁迅的大力支持和扶助下，以翻译介绍外国文学为主要任务的文学团体——未名社成立。未名社成立后，在翻译和介绍俄国文学和十月革命后的苏联文学方面，做出很大贡献。

俄国作家果戈理的中译本《死魂灵》是鲁迅翻译生涯中成就最高的一部译作。晚年，鲁迅支撑着病体，坚持翻译，"每译两章，好像生一场病"。鲁迅的译本《死魂灵》，堪称中国现代翻译文学史上的典范。

果戈理是鲁迅从青年时期就特别喜爱的外国作家之一。鲁迅曾评价他"以描绘社会人生之黑暗著名"，"以不可见之泪痕悲色，振其邦人"。鲁迅和果戈理在热爱祖国、热爱人民、憎恨反动腐朽的封建统治方面，精神上是相通的。为了暴露家族制度和礼教的弊害，受果戈理《狂人日记》的启发，鲁迅将自己创作的第一篇白话小说，直截了当地用果戈理的同名作品的篇名"狂人日记"，发表在 1918 年 5 月的《新青年》上。换言之，鲁迅划时代的作品《狂人日记》，明显受到俄国文学的影响。

对外国文化，鲁迅是主张"拿来主义"的。他说："没有拿来的，人不能自成为新人；没有拿来的，文艺不能成为新文艺。"

1934 年，在鲁迅和茅盾的组织领导下，在上海创办了中国第一份专门刊登翻译文学作品的刊物《译文》。鲁迅亲自编辑其第 1、2、3 期。《译文》从创刊到停刊，虽不到 3 年，却先后发表了 100 多篇译作，特别是有重点地出版了几期特刊：《高尔基逝世纪念特刊》、《罗曼·罗兰逝世纪念特刊》和《普希金纪念特刊》等，受到读者的广泛欢迎。

1935 年，在鲁迅、蔡元培、茅盾等著名文化人士和作家的支持下，《世界文库》出版问世。这是由郑振铎主编的中国最早的一套有计划、系统地介绍古今中外文学名著的大型丛书。从 1935 年到 1936 年，它陆续刊行了苏俄、法、英、美、西班牙等 12 个国家的 100 多部文学名著，介绍了果戈理、托尔斯泰、陀思妥耶夫斯基、高尔基、塞万提斯、勃朗特、巴尔扎克、莫泊桑、雨果、司汤达、易卜生、海涅、哈代等名家的名作。鲁迅翻译的《死魂灵》，就是应《世界文库》编者之请而翻译的，并首先在《世界文库》丛书上发表。

鲁迅的小说创作，首先得力于 19 世纪俄罗斯文学。俄国作家果戈理的《狂人日记》，启发了鲁迅的创作灵感，导致了鲁迅第一篇白话小说《狂人日记》的创作成功。其后，鲁迅受果戈理《外套》的启发，创作了《孔乙己》，受契诃夫同情怜悯"小人物"作品的影响，创作了《阿 Q 正传》等等。

俄国作家阿尔志跋绥夫、屠格涅夫、安德列耶夫、迦尔洵、托尔斯泰、高尔基及挪威作家易卜生、波兰作家显克微支、日本作家夏目漱石等人的批判现实主义文学作品，同样深刻地影响了鲁迅的小说创作。鲁迅像辛勤的蜜蜂，在外国文学的百花园中，采集花蕊，酿制中国的第一等佳蜜，形成了自己的艺术个性。

欧洲文学中的人道主义曾经给鲁迅的创作以巨大的积极的影响。鲁迅小说的人道主义有自己的特点，体现了彻底的反帝反封建精神，爱人民所爱，憎人民所憎，将个性的解放与社会政治的经济的变革统一起来，把希望寄托在人民群众自身。这是我们民族的优秀传统在新的历史时期的表现。鲁迅是"民族魂"的体现者。

鲁迅先生的著述不但是中国人民最宝贵的精神财富之一，也是世界文化宝库里永放光彩的瑰宝。

鲁迅的作品最早被译成外国文字的，是《阿 Q 正传》。1926 年，当《阿 Q 正传》法译本发表在法国的《欧罗巴》（*Europe*）杂志上时，法国名作家罗曼·罗兰激动地说："这是一篇明确的富于讽刺的现实主义艺术杰作。……阿 Q 的可怜的形象将长久地留在人们的记忆里。"[①]

1935 年，美国进步作家和记者埃德加·斯诺这样写道："鲁迅是中国左翼作家和艺术家的一位勇敢的领袖。……他在 1921 年发表的讽刺小说《阿 Q 正传》，使得他全国闻名。……这是当代中国人所写的被广泛译成外国文字的不多的作品之一。它已用法、德、日以及其他文字发表。罗曼·罗兰是鲁迅作品的一位伟大的赞美者，说他曾被这篇作品所深深感动以至流下泪来。"[②]

---

① 戈宝权：《鲁迅作品在世界各国》，272 页，见《鲁迅研究资料》(1)，文物出版社，1976。

② ［美］《亚洲》（*Asia*），1935 年 1 月号，40~42 页。

鲁迅在 1902 年和 1906 年曾先后两次东渡日本，与日本进步作家建立了深厚的友谊。鲁迅的名字在日本家喻户晓。早在 1919 年，青木正儿教授就把当时五四运动中涌现的新作品中鲁迅的小说介绍到日本。鲁迅作品最初被译成日文的是《阿 Q 正传》。1931 年，《阿 Q 正传》在日本出现了两种译本。1935 年，增田涉译《中国小说史略》出版；1937 年，井上红梅等人译《大鲁迅全集》（7 卷）出版；1941年，佐藤春夫、增田涉译《鲁迅选集》出版；1953 年，瞿秋白编、金子二郎译《鲁迅杂文选》出版。

苏联人民衷心爱戴被誉为"中国的高尔基"的鲁迅，并把他与罗曼·罗兰、亨利·巴比塞等当代的世界文豪并列在一起。1925 年，鲁迅为《阿 Q 正传》俄译本写序和自叙传略。苏联人民称鲁迅为"反对外国帝国主义的压迫，为自由独立的中国而斗争的、勇敢的、不屈不挠的战士"。除了俄译本外，鲁迅的许多作品还被译成苏联的多种语言文字。较大的单行本中，有苏联科学院东方研究所于 1938 年出版的作家及其作品的译文合集《鲁迅：1881—1936》。

缅甸著名诗人佐基说过，20 世纪 20 年代末 30 年代初缅甸发生的"实验文学运动"，曾受到鲁迅作品的影响。缅甸文坛把反映缅甸人民心声、憎爱分明的缅甸文豪德钦哥都迈，比喻为"缅甸的鲁迅"。缅甸作家貌廷的名著《鄂巴》明显受到鲁迅《阿 Q 正传》的影响。旅缅华侨将《鄂巴》译成中文后，甚至将书名称为《阿巴正传》。

埃及作家、鲁迅作品的翻译者阿卜德尔·贾番·密加微说："我读了伟大作家鲁迅的作品《阿 Q 正传》和其他短篇小说后，简直无法表示出我对鲁迅的敬爱。……这位伟大的作家对我的写作技巧有很大的影响，我有 15 篇以上的短篇小说是受了鲁迅作品的启发而写出来的。"[1]

1945 年，胡志明主席领导的八月革命成功之后，鲁迅作品得以在越南人民中日益广泛地流传开来。越南在抗日战争结束后，翻译出版《鲁迅小说选》。越南文学评论家、《阿 Q 正传》的越文译者邓泰梅说："鲁迅的一生是战斗的一生。他为了民族，为了祖国而战斗。""鲁迅是现代中国文艺作家的战斗的榜样，同时也是全世界革命文艺

---

[1] 《文艺报》，9 页，1956 年第 20 号。

作家的榜样。"①

综上所述，一方面鲁迅把译介外国文学放在相当重要的位置，他的译作数量与他的创作数量几乎相等。他自己的文学创作深受外国文学的影响；另一方面鲁迅的思想和作品逐渐得到国际社会的了解和承认。外国文学评论界早就有世界"十大文豪"的说法，这"十大文豪"中便有鲁迅。就世界范围而言，鲁迅文学的思想影响以日本为最明显。鲁迅文学创作的雨露甘霖对亚洲、非洲、北美的文学创作影响至大。

七　中外文化交融下的中国新音乐舞蹈

（一）中外音乐文化交融下的中国新音乐

鸦片战争后，随着西方列强在军事、政治、经济、文化方面全面侵入中国，基督教的传教活动迅速地深入到中国各地城镇中，西方基督教音乐也随之在中国加速传播。

西方传教士为了让基督教的圣咏能为中国百姓所接受，先将外文的歌词译成汉文的古体诗词，后又改为较口语化的歌词，填入外国曲谱之中进行圣咏。西方基督教通过这样的译唱活动，不仅使中国基督徒熟悉了西方的圣咏曲调及其集体歌唱的方式，还使这种西方音乐在一部分中国群众中留下印象。

另外，在当时的一些教会学校中，通过开设音乐课、设立琴科以及举办各种音乐活动，将西方音乐传入中国。如上海的中西女塾（1893 年）、浙江湖州的湖群女校（1914 年）、江苏苏州的景海女子学校（1917 年）等，都先后开设传授钢琴演奏的"琴科"。这就使当时中国一部分爱好音乐的青少年初步接触到陌生的西方音乐。

20 世纪初，随着新式学堂的普遍建立和乐歌课的逐步开设，一种不同于中国传统的普通音乐教育和音乐艺术形式——学堂乐歌渐渐得以发展。当时，以梁启超为代表的改良派学者十分重视通过编写学堂乐歌和开设乐歌课向青少年学生灌输救国救民的新思想。中国最早

---

① ［越］邓泰梅：《鲁迅——战斗的榜样》，载越南《文艺报》，1956（143）。

一批从事学堂乐歌编写的教育家都是留日学生，他们仿照日本的学校歌曲来编写中国的学堂乐歌。此外，当时中国有些新学堂还聘请不少日本教师任乐歌课的教师。由此可见，日本明治维新以来所产生的日本国民音乐教育，对中国普通音乐教育和学堂乐歌的发展有直接的影响。

当时编写的学堂乐歌基本上以现成的日本、欧美的通俗曲调，填入新词而成。例如，学堂乐歌《中国男儿》，就是引用日本学生歌曲《宿舍里的旧吊桶》的曲调编写的；学堂乐歌《送别》（李叔同作词），就是用美国歌曲《梦见家和母亲》的曲调编写的。

当时的学堂乐歌，主要为新学堂中小学生集体咏唱所用。其谱，采自西方通用的五线谱，或采用源自西方，后一度盛行于日本的"简谱"，而不再沿用中国传统的工尺谱。从而涉及有关读谱的音乐理论，也都效法于西方。因此，可以认为学堂乐歌这一音乐艺术形式，是中西两种音乐文化相互融合的成果。

五四新文化运动的发展，对中国新音乐文化的建设有着直接的推动作用和深远的影响。中小学音乐教育的普遍发展、专业音乐教育的建立，吸引赴国外学习的音乐家回国投入中国新音乐文化的建设。为了满足国内各方面对学习音乐的需求，他们首先在沿海地区的一些大城市陆续组建音乐社团。其中影响较大的有：北京大学音乐研究会（1919年）、中华美育会（1919年）、北京爱美乐社（1927年）、国乐改进社（1927年）等。这些社团的活动内容主要是组织有关中西音乐的学习、组织各种音乐演出活动、传播中外音乐方面的知识等。

之后不久，在各种音乐社团的基础上又逐步建立起培养音乐专门人才（主要是音乐教师）的专业音乐教育机构。其中影响较大的有：私立上海专科师范学校音乐科（1919年）、北京女子高等师范学校音乐科（1920年）、北京大学附属音乐传习所（1922年）、私立上海美术专科学校音乐系（1923年）、国立中央大学教育学院音乐系（1926年）、私立燕京大学音乐系（1926年）、北京艺术专科学校音乐系（1926年）等。

上述音乐社团和音乐教育机构接受蔡元培的"兼收并蓄"的方针，为西方音乐的传入提供了条件。

在五四新文化运动的影响下，中国的普通中小学音乐教育逐步在全国范围内展开，同时随着音乐教育事业的发展，促进音乐创作、音乐演出、音乐出版以及音乐理论发展的活动得以在全国范围内展开。

五四运动后，学校（包括大、中、小学）是中国新型音乐活动开展的中心。学校师生则成为中国新音乐创作的最初的主体。以萧友梅为代表的一批音乐家，吸取西方音乐创作的经验，使之同中国的歌词内容相结合，创作出《问》、《南飞之雁语》、《新雪》、《国土》、《晚歌》、《星空》等歌曲，以表达对现实生活的种种感受，受到广大师生的喜爱。这种创作方法比过去"选曲填词"的学堂乐歌前进了一大步，开始在较高层次上实现两种音乐文化的相互交融。

随着学校音乐教育的不断发展和提高，人们渐渐不满足于一般的集体咏唱学校歌曲，而需求具有更高审美价值、适合个人演唱的艺术性独唱歌曲和艺术表现力更丰富的合唱歌曲。最先在这方面做出突出贡献的是语言学家、作曲家赵元任。他在五四新文化运动的影响下率先以中国的新诗为歌词，精心创作了一批思想性和艺术性皆优的艺术歌曲，并以"新诗歌集"为名于 1928 年出版。其中有《卖布谣》、《听雨》、《过印度洋》、《教我如何不想他》等。

五四运动后，群众性的爱国运动和工农革命运动逐渐高涨。在这样的情势下，群众歌曲应运而生。如在北伐战争中广泛流传的革命歌曲《打倒列强》、在工农红军的革命斗争中产生的《少年先锋队歌》、《共产儿童团歌》等。在这一时期，也产生了少量完全是新创作的群众歌曲，如萧友梅创作的《五四爱国纪念歌》、《国民革命歌》、《国耻》，黎锦晖（1894—1967）创作的《总理纪念歌》等。

黎锦晖还结合五四时期新文化运动推广国语、提倡白话文的要求，创作了一批儿童歌舞音乐作品。这些儿童歌舞音乐作品，成为当时中国广大大、中、小学生最喜爱的音乐作品之一，在当时的社会音乐生活中产生了前所未有的巨大影响。

五四运动后，由城市市民组织的各种业余民族器乐社团不断涌现。他们定期进行练习及传授技艺，培养新的演奏人才，通过不定期的演出扩大其社会影响。其中重要的有：国乐研究社（1919 年）、大同乐会（1920 年）、霓裳国乐社（1925 年）、国乐改进社（1927 年）。这些社团的活动内容，包括古琴、琵琶、笛、箫、筝、二胡、月琴、扬琴等乐器的习奏。

在这些新的民族器乐社团中，以刘天华（1895—1932）领导的国乐改进社最有成绩。刘天华本着"一方面采取本国固有的精粹，一方面容纳外来的潮流，从东西方的调和与合作之中，打出一条新路来"①，将西方现代音乐创作和西方乐器小提琴的演奏经验移用于中国大众化的民间乐器二胡，成功创作 10 首二胡曲（即《病中吟》、《良宵》、《光明行》、《空山鸟语》、《烛影摇红》、《月夜》、《苦闷之讴》、《悲歌》、《独弦操》、《闲居吟》），是这一时期民族器乐有意识地将中西方两种不同的音乐文化加以融合的最成功的尝试。具体来说，他借鉴小提琴的跳弓、颤弓、换把等演奏方法，来扩大二胡的表现力。其次，在音调上，吸取了西洋音乐的一些因素，丰富了民族乐器二胡的乐汇。如《光明行》中就吸取接近军乐的音调，使整首作品具有一种进取向上的格调。此外，他还在《光明行》中运用转调的手法、在《悲歌》中运用变化音、在《烛影摇红》中运用西洋变奏曲式的结构原则等等。他的这些尝试大部分取得了较好的效果，并为后人积累了丰富的经验。他创作的 10 首二胡曲，一经演奏，即为人们所喜爱。刘天华的努力，使一件原来只作为民间自娱的、比较粗俗的伴奏乐器二胡提高到可以与其他中西乐器并列、可以独奏表演的高雅乐器。刘天华的努力大大提高了当时人们通过吸取西方音乐文化来改进中国国乐的信心。

20 世纪 30 年代初，大同乐会的柳尧章以传统琵琶曲《夕阳箫鼓》为基础，吸取民间丝竹乐的风格特点，参考西洋配器技法的经验，成功地改编成民乐合奏曲《春江花月夜》，开中国新型的民乐合奏艺术的发展之先河。

五四时期，中国的西洋器乐创作和演奏才刚起步，经验不多，作品数量少。其中以赵元任的钢琴曲《偶成》、萧友梅的管弦乐《新霓裳羽衣舞》（该曲后来以钢琴曲的形式出版）和大提琴曲《秋思》等影响较大。

20 世纪三四十年代，中国新音乐文化的建设由于与当时中国人民的政治、军事斗争取得了更为紧密的联系，它的发展也显现出一片新的景象。特别是在不断促进中西两种音乐文化的融合中发展中国的

---

① 《国乐改进社缘起》，载《新乐潮》，1 卷 1 期，1927。

新音乐文化方面，大大超过了过去的水平。

20 年代末 30 年代初，中国大部分城市的文化生活有了新的发展。一批赴国外学习音乐的留学生先后归国参与祖国音乐文化的建设。如 1931 年学成归国的马思聪（1912—1987），先后创作了小提琴《第一回旋曲》、《内蒙组曲》、《思乡曲》、《西藏音诗》、中国第一部大型的小提琴套曲《F 大调小提琴协奏曲》等。他是一位名副其实的中国小提琴音乐的开拓者。之后，随着"左翼文化运动"的展开和九一八事变后不断高涨的抗日救亡斗争的深入，中国新音乐文化的发展从以学校为中心的范围分化出一支面向广大革命群众的、以抗日救亡为主要内容的革命音乐队伍。他们之间既保持各自独立存在，又彼此吸引和影响，都创作出各具特色的音乐作品。

30 年代初，在中国共产党的直接领导下，一部分音乐工作者在社会革命斗争中致力于革命群众歌曲的创作。最先做出贡献的是聂耳。聂耳（1912—1935）为"左翼"电影和戏剧所写的配乐和插曲《开路先锋》、《大路歌》、《塞外村女》、《毕业歌》、《新女性》、《义勇军进行曲》、《铁蹄下的歌女》、《码头工人》、《前进歌》、《告别南洋》、《梅娘曲》、《慰劳歌》等，在后来的救亡歌咏运动中大多得到广泛的流传。聂耳英年早逝后，又有任光、张曙、吕骥、冼星海、贺绿汀、孙慎、麦新等人，继续为当时风起云涌的抗日救亡斗争的需要创作群众歌曲。其中最为群众喜唱的歌曲有：冼星海的《救国军歌》、《到敌人后方去》，张曙的《保卫国土》、《洪波曲》，吕骥的《中华民族不会亡》、《保卫马德里》、《毕业上前线》，孙慎的《救亡进行曲》，麦新的《大刀进行曲》，贺绿汀的《游击队歌》、《干一场》，向隅的《红缨枪》，郑律成的《八路军进行曲》，何士德的《新四军军歌》，卢肃的《团结就是力量》，马可的《我们是民主青年》，李焕之的《民主救国进行曲》等等。这些作品，在音乐语言上具有以大调主三和弦作为基干的号角式的音调，在节奏上具有适合行进的特点。这些特点，溯其源，与西方革命歌曲和进行曲音乐的影响分不开。中国作曲家大多善于将西洋号角的调式与中国五声调式融合，从而使这些歌曲的音乐风格透发出源于西方音乐而不同于西方的民族特色。

20 年代末，随着美国歌舞电影的大量输入，以上海为中心的中国歌舞音乐和中国电影音乐也迅速发展起来。在整个三四十年代，这一类音乐在中国大中城市的部分市民群众中有较大的影响。这也可以说是西方通俗文艺传入中国后，最先产生明显社会影响的一个领域。中国城市歌舞音乐的发展，后来与中国电影音乐（特别是电影歌曲）的发展合流成一体，成为中国娱乐性通俗音乐的主体。

随着学校音乐教育的普及和群众歌咏运动的开展，中国的合唱音乐创作得到明显发展。成功的合唱歌曲，有运用二声部合唱形式的冼星海的《到敌人后方去》（赵启海词）、《游击军》（先诃词），向隅的《红缨枪》（金浪词），何士德的《新四军军歌》（陈毅等集体词）等。

这一时期，具有抒情性和史诗性相结合的大型声乐套曲也出现了。这类作品大多参照西方的模式，运用各种不同的艺术表现方式（如各种形式的合唱、独唱、童唱、乐队的伴奏和间奏，有时还加上诗歌朗诵等）来表现现实生活中的各种题材。冼星海的《黄河大合唱》（光未然词）是这类作品的典范。

三四十年代，中国的器乐创作也取得了明显的成绩。钢琴曲方面，主要成果有贺绿汀的《牧童短笛》、《晚会》、《摇篮曲》，俞便民的《C小调变奏曲》，老志诚的《牧童之乐》，陈田鹤的《序曲》，江定仙的《摇篮曲》，刘雪庵的《中国组曲》，江文也的《小奏鸣曲》、《第三奏鸣曲"江南风光"》、《钢琴叙事诗"浔阳夜月"》、《第四奏鸣曲"狂欢日"》、《钢琴奏鸣曲"典乐"》，丁善德的《春之旅》、《中国民歌主题变奏曲》、《序曲三首》等。小提琴方面，主要成果有马思聪的《G大调奏鸣曲》、《摇篮曲》，冼星海的《D小调奏鸣曲》。这些作品，大多参照西方小提琴音乐的模式，整首作品的音乐思维还没有摆脱西方的影响。

交响音乐是中国音乐家较早瞩目的一种西方大型器乐体裁。萧友梅曾为筹建中国自己的管弦乐队，发展中国的交响音乐创作，做了最早的努力。他于1923年，写就管弦乐《新霓裳羽衣舞》。1929年，黄自在美国创作管弦乐曲《怀旧》，首演于美国耶鲁大学，1930年在上海再次演出。这部作品的成功，表明中国作曲家有能力掌握这种被认为是西方最高的音乐体裁。1941年，冼星海完成《第一交响曲"民族解放"》的创作。其后4年，又完成《第二交响曲"神圣之战"》、交响诗《阿曼盖尔达》、《中国狂想曲》等。

冼星海在中西两种音乐文化的融合中为中国民族音乐的发展做了

可贵的探索。

（二）中外舞蹈文化交融下的中国新舞蹈

1894 年，晚清一品官裕庚的女儿裕容龄（1882—1973），随父出使日本，并学习日本舞蹈。数年后，她随父移住法国，进巴黎音乐舞蹈学院学习西方舞蹈，成为中国近代学习外国舞蹈的第一人。

然而，当时西方舞蹈文化向中国社会的渗透并不是通过她这个惟一的渠道，而是随着中外文化交流的增多，多元地从几个方面传进来的：

1. 留洋海外的留学生和出使各国的清廷官员，目睹 19 世纪盛行于欧美的交际舞、芭蕾舞、外国民间舞，惊叹不止，便笔录下来，传入国内。当时出版的一套丛书《星轺笔》，就有关于洋舞的记载。随着这套丛书的流传，当时国人对西方舞蹈开始有所了解。

2. 西方舞团、马戏团的来华访问，使中国人得以目睹西洋舞蹈的风采。1886 年，最早的西方马戏团——车尼利马戏团到上海演出。进入 20 世纪后，西方舞蹈团来华演出呈上升趋势，到 20 年代达到高峰，内容涉及芭蕾舞、现代舞和外国民间舞蹈。

3. 西方舞蹈通过外国电影这一媒介在中国广为流传。电影刚问世时，还处于无声期。这时的电影比较适合拍摄以形体动作为主的内容，因而舞蹈成为表现人物思想感情的主要手段之一。1920 年，在北平前门福寿堂内放映的外国电影中，就有外国舞蹈场面。在其他电影片中，先后有《长蛇舞》、《西班牙舞》、《印度人执棍舞》等舞蹈场面。有声电影出现后，外国歌舞场面更真实地呈现在中国观众面前，从而得以广泛传播。

4. 旅华外侨和留洋归国人员，成为传播西方舞蹈的主力军。会跳西方舞蹈的他们来到中国，很自然地把外国舞蹈传入中国。如交际舞传入中国各大城市后，学舞者明显增多。于是，各类以教舞为主要内容的机构应运而生。起初，这类机构主要由外国人开办，教学上沿用西方的教学程序。比如，俄国侨民司达纳基芙就先后在哈尔滨、青岛、上海等地开办舞蹈学校，教授当时风靡世界的各种交际舞，如《探戈》、《华尔兹》、《查尔斯顿舞》等等。此外，也有一些中国人开办这类学校，如留法归来的唐槐秋就是其中一位。他曾于 1926 年在上海开设由中国人创办的第一所舞蹈教学机构——交际跳舞学社，后改名为南国高等交际舞跳舞学社，专门教授西洋交际舞。

19 世纪末 20 世纪初，西方舞蹈文化通过上述途径终于在艺术舞蹈尚嫌薄弱的中国大地上找到了立足之地，从而使中国的舞蹈工作者接触到了迥异于传统舞蹈的新的舞蹈形式和语汇，扩大了他们的视野，开始了融合中西舞蹈文化的现代舞蹈的探索。

20 世纪初，许多新式学堂在开设乐歌课的同时，也把舞蹈列为体育课的一项内容。最初这类舞蹈课的内容，主要是外国传入的交谊舞和土风舞。1907 年，上海商务印书馆出版的《舞蹈游戏》一书，曾作为小学体育课教材。该书中有群舞、对舞等舞蹈内容。时隔不久，上海均益图书公司翻译出版日本人长原政二郎编的《舞蹈大观》。该书介绍欧美流行的方舞、圆舞、列舞、环舞四大类交谊舞，每类舞蹈介绍 20 余种舞目。崭新的舞蹈动作使许多教育工作者认为洋舞蹈是一种"最高尚最优美的运动"，它能使人们"养成高尚的品格，优美的姿势，规矩的动止，且能使人身体健康"。基于这样的认识，当时许多教育工作者都将新式舞蹈作为健全中、小学生体魄的教育手段之一，从而使新舞蹈在一部分中、小学校中得以流行。

在探索新舞蹈的过程中，黎锦晖的儿童歌舞功不可没。20 年代，黎锦晖先后创作 12 部儿童歌舞剧，如《麻雀与小孩》、《葡萄仙子》、《月明之夜》、《小小画家》等和 24 首儿童歌舞曲，如《可怜的秋香》、《寒衣曲》、《努力》、《春深了》等。他的儿童歌舞剧、曲，以浓厚的儿童情趣、积极向上的进取心理、形象化的舞蹈动作，占领了学校的歌舞阵地。这种兼有启蒙与美育双重目的的儿童歌舞活动成为中国现代舞蹈史上引人注目的一页。

在中国人民争取民族解放、抗击外敌的伟大斗争中，舞蹈工作者创作了一大批紧密配合当时斗争形势需要的革命舞蹈。

1927 年至 1934 年，苏区歌舞伴着中国人民革命的脚步，从无到有，从小到大，在苏区人民的爱护之下得到迅速发展，起到了鼓舞士气、灭敌人威风的积极作用。

1931 年九一八事变后，中国的革命文艺工作者纷纷投入到救亡爱国的斗争中。在以鲁迅为旗手的"左翼"文化运动的影响下，他们借鉴西方舞蹈，展开民族化、群众化的新舞蹈艺术的探索。新舞蹈艺术伴随着中国人民的革命斗争而蓬勃发展，成为这一时代中国舞蹈的主流。

抗日战争爆发后，被誉为"点燃新舞蹈艺术火种"的吴晓邦（1906—1995），怀着一腔热血，先后创作了 100 多个舞蹈作品。其中最有代表性的有：《义勇军进行曲》、《游击队员之歌》、《大刀进行曲》、《丑表功》、《流亡三部曲》、《传递情报者》、《饥火》、《春的消息》等。

《义勇军进行曲》作于 1937 年 9 月，舞蹈讴歌了一位爱国战士的英雄形象。他从奴隶挣脱枷锁开始，到参加到抗日义勇军行列与敌人拼搏，反映出中华儿女为保卫祖国不惜牺牲的大无畏气概。《游击队员之歌》，是 1938 年为慰问新四军而创作的，舞蹈以紧张而神秘的气氛将游击队员神出鬼没地打击敌人的情景形象地表现出来。每次演出这两个舞蹈时，观众都十分激动，总是情不自禁地为其鼓掌伴唱。这两个舞蹈作品，成为抗战初期中国新舞蹈艺术的典范。

被誉为"新舞蹈先锋"之一的戴爱莲（1916—2006），创作演出的舞蹈作品有：《警醒》、《前进》、《东江》、《游击队的故事》、《思乡曲》、《朱大嫂送鸡蛋》、《空袭》以及芭蕾舞《森林女神》和现代舞《拾穗女》等。

《东江》是戴爱莲于 1941 年根据一篇真实的报道而创作的，舞蹈反映广东东江渔民正在劳作时，突然遭敌机袭击，在船破人亡的悲惨遭遇下，渔民们流离失所，但他们决心复仇。戴爱莲运用现代舞的表现技巧，以力和情充分表现了中国人民对日本侵略者的仇恨。《朱大嫂送鸡蛋》，是戴爱莲于 1945 年 1 月在重庆参加新华日报社创刊 7 周年庆祝会后创作的。该舞蹈表现人民与抗日将士的鱼水深情，幽默诙谐的歌词、传神的舞蹈动作，充满了浓郁的生活气息。当时，该作品不仅在重庆广为流传，后又传到昆明、上海等地，是青年学生及业余文艺团体最喜爱的舞蹈作品之一。

抗日战争中，八路军、新四军中的许多剧团和宣传队，创作表演了大量富于战斗气息、形式活泼多样的歌舞节目，受到抗日军民的热烈欢迎，产生了积极的影响。

中华人民共和国诞生前夕，《进军舞》、《胜利渡江舞》、《秧歌舞》、《青春舞曲》等进步舞蹈伴随着进步事业，为中国人民带来健康向上的力量。它以一种独特的方式，鼓舞着人们勇敢地向旧势力宣战，走向美好的明天。

八 世界语的传入及其影响

世界语（Esperanto）是波兰眼科医生柴门霍甫（1859—1917）于1887年创制的一种人造国际辅助语言。它的中立性使该语言没有民族不平等的缺陷。创制这种语言的目的是为了消除世界各民族语言的隔阂，促进国际文化交流，增进各国人民的友谊。

被称为"国际普通话"的世界语，其拼读法则很像中国普通话的拼读法则，且世界语与汉语的常用句型也较为相似。就总体而言，世界语更接近印欧语系中的英语、法语、德语、俄语等语种。

"国际信息高速公路"上有两种语言是全球通用的，即英语和世界语。英语使人们在国际信息高速公路上获取最大的信息量；而世界语的简单易学、逻辑性强和中立的无民族性三大特点又恰恰是国际信息高速公路上所用语言应有的典范。

世界语的标志是绿色五角星。

世界语于清末传入中国。传入途径有三，其一，由俄国传入。约于1891年，在沙俄占领下的海参崴已有世界语学社出现。该学社曾出版一种用12国语言文字注释的世界语课本。海参崴的一些懂得世界语的俄国商人为做生意，便把世界语带入中国东北哈尔滨，在那里首先传播开来。后来又有一位懂世界语的俄国人到上海开办世界语讲习班，参加学习的有中国人陆式楷等人。以后，陆式楷就在上海开办世界语夜校。这样世界语就在上海传播开来。其二，由日本传入。20世纪初，一批留日学生，如刘师培、张继等人，向日本无政府主义者大杉荣先生学习世界语并出版《衡报》、《天义报》，一面鼓吹无政府主义，一面提倡世界语。1908年，刘师培等人回国，在上海创办世界语传习所。其三，由法国、英国传入。1909年，留法学生华南圭在巴黎出版《世界语科学文学》杂志；吴稚晖等人在巴黎创办《新世纪》汉文周刊。这两个刊物都竭力宣传世界语。另一位留法学生许论博回到广州后，在当地创办世界语讲习班。与此同时，留英学生杨曾诰也开始学习世界语，并经常给国内的友人寄赠世界语书刊，以后他写了《万国新语》一书，详细介绍世界语。世界语经由上述三个途径，得以传入中国。

1909 年，陆式楷、盛国成等人在上海发起成立中国世界语会。次年，中国世界语会会刊《世界》创刊。

1911 年辛亥革命后，随着各种新思潮的传播，世界语在全国得到了较快的传播。这一年，奉天（今沈阳）开办世界语学校，请上海的熊子英教授。宋善庆在福建漳州设立世界语学社。林振翰编译的《汉译世界语》由科学会编辑部出版。

1912 年，蔡元培担任中华民国临时政府首任教育总长，下令全国师范学校把世界语列为选修课。同年，中国世界语会改组为中华民国世界语会。当时约有会员 300 多人。该会在上海设中央事务所，推举陆式楷、盛国成为国际世界语协会的正、副代理员。中央事务所下设世界语函授部，函授学员遍布各地。同时还在广州、常熟、漳州、南京、泉州、青岛等地设立分所。长沙、厦门、杭州、株洲、开封、绍兴等城市也纷纷建立世界语学社和世界语传习班、研究班、传播站等。这一年还出版了许多世界语教材和读物，如陆式楷的《世界语初阶》、《世界语中国语会话指南》，盛国成的《世界语函授讲义》，吕桐荪、熊子英的《世界语汉文字典》等。

五四新文化运动后，由于《新青年》杂志的提倡，世界语在各地得到广泛的传播。北京世界语学会、福州世界语团、天津世界语学校、成都世界语俱乐部、佛山世界语陈列所、广州世界语学会、上海世界语学会相继成立。这些世界语团体各有成就，其中成绩最大者要算胡愈之、巴金、陈兆瑛、索非等人组织的上海世界语学会。这个学会创办世界语函授学校，建立世界语图书馆，开设世界语书店；以后又创办《绿光》杂志，这一杂志出版时间长达 10 余年，对 20 年代的世界语运动做出了很大贡献。

蔡元培一直支持中国的世界语运动。1917 年，他任北京大学校长后，决定将世界语列为该校的一门选修课。1921 年，他又在全国第 7 届教育联合会上提议实施 1912 年教育部的通令，将世界语列为师范学校的课程。1922 年，他邀请俄国著名盲诗人爱罗先珂到北大教授世界语。以后，为了加强对世界语的研究，北大成立世界语研究会，他亲自兼任会长。1923 年，他与吴稚晖、陈声树等人一起创办北京世界语专门学校。鲁迅为了表示他对世界语的支持，答应到该校教授《中国小说史略》。1924 年，蔡元培代表中国出席在维也纳举行的第 16 届国际世界语大会。

自 20 世纪初至 20 年代末，全国开展世界语运动的，还有天津、沈阳、南京、杭州、福州、太原、昆明、青岛、绍兴、镇江等 20 多个城市。当时学习世界语的，大多为知识分子和青年学生。他们认为，学了世界语可以"阅五十余国之书报"，"直接阅彼邦之科学书，得新知识"，或者可以"游历外邦"，与各国友人通消息。有的是向往民族平等和睦的"大同世界"。他们由于受世界语创制者柴门霍甫的人类一员主义和世界语主义思想的影响，对现实采取中立主义态度，存在着为世界语而世界语的倾向。但是，也有一部分世界语者，把世界语同中国的现实斗争结合起来。例如，他们主张用世界语改革中国的文字，以促进社会的进步。如 1925 年五卅惨案后，上海世界语学会将这一事件的真相向各国世界语界作了报道。还有一部分世界语者开始从事世界语文学的翻译，一方面把外国的进步文学作品译成中文，一方面把中国的进步文学作品，如鲁迅的《阿 Q 正传》、郭沫若的《王昭君》等译成世界语，介绍到国外。

1931 年发生的九一八事变，惊醒了中国人民，也教育了中国世界语者。他们彻底摒弃和平主义和人类一员主义的羁绊，走上了与民族解放运动相结合的道路。武汉世界语协会首先联络国内的一些世界语团体，向国际世界语界发出宣言，严正控诉日本侵略者的暴行。11 月 3 日，胡愈之、楼适夷等上海的一些青年世界语者发起成立中国普罗世界语者联盟。这个联盟像左翼作家联盟、左翼社会科学家联盟等左翼文化团体一样，是左翼文化总同盟领导下的一个组织。这些革命的世界语者在中国共产党的领导下，把世界语运动同中国革命和世界人民争取自由解放的斗争紧密结合起来，这就把过去脱离社会现实生活斗争的中国世界语运动引上了与广大人民群众同呼吸、共命运的正确道路。

中国普罗世界语者联盟成立后，出版机关刊物《中国普罗世界语者》，在工人中宣传世界语，并加入无产者世界语者国际，同日本、德国、英国、法国、西班牙等工人世界语组织和苏联世界语联盟取得联系，同时秘密出版《中国普罗世界语通讯稿》，把中国共产党的抗日救国主张、苏区情况和工农红军的活动、中国工农大众的生活与斗争以及中国人民的民族解放斗争，向全世界作了报道。

为了团结更多的世界语者，中国普罗世界语者联盟于1933年1月建立自己的公开活动组织——上海世界语者协会，并创办机关刊物《世界》。该刊提出了一个纲领性口号："为中国的解放而用世界语。"这一口号集中反映了广大中国世界语者的心愿，博得了各地世界语者的同情和支持，产生了很大的号召力。在这一口号的鼓舞下，世界语运动随着抗日救亡运动的高涨而蓬勃发展。

七七事变以后，广州的世界语者出版《走向新阶段》和《正义》杂志，汉口出版《东方呼声》，香港出版《远东使者》等杂志。1939年，在郭沫若的领导下，世界语的对外宣传刊物《中国报导》半月刊创刊。它的读者遍及63个国家的850多个城市，赢得了世界各国世界语者的同情和支持。

随着北京、上海、武汉、广州等地的相继沦陷，重庆就成为全国世界语运动的中心。重庆的世界语函授学社在极其艰苦的条件下，一面传播世界语，一面团结全国的世界语读者进行抗日斗争，先后培养了2 000多名学员。另一部分重庆世界语者则出版了《中国世界语者》杂志，为世界语运动的深入发展做出了显著成绩。

在革命圣地延安，世界语运动也相当活跃。这里同样建立有世界语者协会，出版《延安世界语者》杂志。抗日军政大学、鲁迅艺术学院、延安文化协会等机关、学校还开办世界语班。1939年12月，延安世界语协会举办"世界语展览"。12月9日，毛泽东主席为展览会题词："我还是一句话：如果以世界语为形式，而载之以真正国际主义之道、真正革命之道，那么，世界语是可以学的，是应该学的。"中共中央书记处书记张闻天也题词："国际主义的武器——世界语"。

在20世纪三四十年代，中国世界语运动取得的另一项重大成绩是出版了数以百计的世界语书籍，其中包括世界语的理论和历史书籍，诸如柴门霍甫传记、世界语课本和词典、歌曲、通信集以及文艺书籍。文艺书籍中，有从世界语翻译过来的苏联、东欧、西欧、日本的文学作品，如《秋天里的春天》、《迟开的蔷薇》、《裴多菲诗四十首》、《马雅可夫斯基诗选》、《世界短篇小说集》、《保加利亚短篇集》等；也有译成世界语的中国文学作品，如《鲁迅小说选》、《郭沫若先

生及其文学作品》以及《小母亲》、《转形期》、《新生活》、《归来》、
《新任务》等。这些世界语文学作品的出版，不仅丰富了世界语文学，
而且促进了中外文化交流。

抗战胜利后，由于国民党政府对进步的世界语运动实行取缔和限
制的政策，致使许多地方停止了世界语活动。有的世界语者甚至遭到
他们的监禁和枪杀。到中华人民共和国成立前，全国世界语运动几乎
处于停滞状态。

九 西洋发明的传入及其影响

近代中国人学习"西学"，大体是从物质文明、精神文明、制度
文明，即从洋货、洋艺、洋政三个层次进行的。如果说，学习"洋
艺"、"洋政"还是少数精英人士的行为的话，那么洋货的使用却是广
大民众的行为了。正是这种大众的行为，才使中国人对西方国家的文
化有了逐步深刻的认识，加速了中外文化的交流和融合。

洋货作为西方文明的一种物质载体，在 19 世纪后半叶，随着外
国经济侵略而大量地进入中国。到了民国时期，则由于外国经济侵略
的深入而日益增长。洋货几乎充斥中国市场，差不多渗入到了中国人
日常生活的所有方面。中国人在大量接触和使用洋货之中，思想观念
和生活习俗也随之发生了巨大变化。

（一）洋纱、洋布、洋袜、洋装

1．洋纱、洋布

1785 年英国发明第一座蒸汽纺织机工场。随着英国纺织工业的
迅猛发展，英国的许多商人纷纷来到中国拓展棉布市场。清末民初，
西方各国的洋纱、洋布倾销中国市场，不但在沿海省、市，就是在内
陆省份的偏远农村，都有洋布甚至还有哔叽、羽纱、法兰绒等出售。
当时穿洋布的人已占中国人口的绝大多数。洋纱、洋布的倾销，不仅
使一部分农民家庭手工业日益衰敝，也使中国人在服饰方面的消费习
惯发生变化。人们在劳动时，虽仍穿自制的土布，但外出、应酬却喜
欢穿洋布衣裳，因洋布细密有光泽，用洋布缝制的衣衫外观漂亮起
眼。

2. 洋袜

编织袜子的机器是一位英国牧师威廉·李发明的。后来英国就有了世界上第一座机械化的针织工厂。编织机的发明，使英国的穷人也能穿上袜子。但机器织的廉价的"洋袜"最初却打不进穿布袜的中国人的市场。19世纪80年代，德国的针织袜子和内衣最先进入中国的市场。德国商人先少量发货在中国市场试销，结果发现适合中国人的消费需要，然后再按低价供应这些商品。其他国家的商人纷纷仿效德商，采取同样的促销策略，向中国人推销更加便宜的针织衫袜。

20世纪初叶，中国人自己开办针织厂。针织业最先发达的是广州，其次是上海、汉口等其他商埠城市。针织所用机器均从国外进口。清末民初，不仅沿海大城市有了针织袜厂，甚至连一些小城镇和昆明、贵阳等边远的地方都有了针织作坊。当时办厂较为成功的松江履和袜厂，已能织成丝、线、纱三种袜子。后起的松江晋和袜厂专生产各色丝光女袜，年产3万双。洋袜虽不及土布袜结实，但由于花色繁多，薄而易穿，受到中国人的欢迎。中国人穿洋布、洋袜，表明中国人的审美观、消费观已有一定程度的变化。

3. 洋装

20世纪初，随着外国人的大量来华和出洋留学生的大量归国，洋装传入中国，引起中国传统服饰的改革变化。

中华民国成立后，以孙中山为总统的临时政府公告，改变留长辫、穿长袍马褂的清朝装束，提倡穿着中西结合的中山装。然而由于社会秩序缺乏稳定，人们的审美观念不尽相同，导致各阶层选择的服装样式多种多样，有的仍穿长袍马褂，有的穿西装，还有的穿中西结合的服装，如中山装和制服式学生装。

民国十八年（1929年）制定的国民党宪法规定，一定等级的文官宣誓就职时一律穿中山装，以表示尊奉孙中山先生之法。其式样原为9粒纽扣、胖裥袋，后根据《易经》周代礼俗等内容寓以意义，如依据国之四维（礼、义、廉、耻）而确定前身段四个口袋；依据国民党区别于西方国家三权分立的五权分立（行政、立法、司法、考试、监察）而确定前襟为5粒纽扣；又依据三民主义（民族、民权、民生）而确立袖口还必须缀有3粒纽扣等。很显然，中山装保留了西装平整、挺括、有衣兜的优点，又有中装高领、庄重的特点，可谓中西合璧的时装。

民国中后期时兴中西结合的男装样式：长袍、西长裤、礼帽、皮鞋。这一男装样式，既不失民族风韵，又为中国男性增添了一股潇洒英俊之气，文雅之中显露精干。与之相类的女服：新式旗袍、紧身马甲、西式女外套、大衣。普通男子在家时，大都穿长衫便服。上层社会的男子出席重要的社交场合，则喜穿典型的西式制服。城市中还有更时髦的打扮，如男子生活用品中出现西装革履、大衣、西帽、手杖、眼镜；女子生活用品中出现高跟皮鞋、紫貂手筒、弯形牙梳、丝巾等。

经过辛亥革命与五四运动的洗礼，中国妇女摆脱了南唐以来的缠足陋习，大胆运用服装造型来充分显示自身的天然形体美。无论是高领窄袖衣，还是短摆袖袄，与过去的服装有了根本的区别。特别是20世纪二三十年代出现的紧身旗袍，把现代女装变革推向高潮。这种改良女装，使身体曲线在穿着中自然显露，衬托出东方女性含蓄、典雅、端庄、秀美的风姿。

（二）洋火、洋油、洋灯、电灯、电厂

1. 洋火

19世纪中叶，外国的火柴大量流行于中国，被称为"洋火"。据传火柴最早于公元577年由北齐宫女发明。但中国古代火柴仅是一种引火材料。大约在马可·波罗时代传至欧洲，后来欧洲人在此基础上发明了现代火柴。1834年，由法国人和德国人共同发明的一种价格低廉、携带方便、装在盒中的现代火柴正式问世，并很快传至欧洲各国。

19世纪60年代至80年代，西方的火柴大量输入中国，逐渐取代了中国古老的用打火石取火的方法。从日本归国的广东籍华侨卫省轩为抵制外货、振兴民族工业，在广东佛山建立广东巧明火柴厂。这是由中国人自己办的第一家火柴制造厂。该厂初建时规模很小，全靠手工操作。产品的商标是舞龙牌，因此，1879年巧明火柴厂出品的舞龙牌火花，是中国的第一枚火花。这枚火花取材于中国民间传统的舞龙习俗，具有强烈的民族特色，一直沿用到新中国成立初期。

2. 洋油、洋灯

19世纪后期，美国和俄国在中国的煤油市场上展开了激烈的竞争。美国的美孚石油公司和俄国的圣彼得堡石油公司向中国大量输入煤油。中国人把从外国进口的煤油称为"洋油"。由于洋油比花生油、豆油、茶籽油等便宜，发光更为明亮，因此，20 世纪 20 年代，煤油灯开始在中国流行。煤油灯亦即"洋油灯"，简称"洋灯"。

当时，中国人使用的煤油灯有进口的、自制的和土制的三种。进口的煤油灯，是由美孚石油公司为推销煤油在中国制造的。它的灯座可盛煤油，灯头有能调节灯芯升降的齿轮，并有薄壁玻璃灯罩。因此这种煤油灯又称美孚灯。美孚灯价格昂贵，中国人多数使用由广州制造的本国煤油灯。在民间则广泛使用土制煤油灯。如马灯，马灯最初使用豆油，随着煤油的传入，豆油被淘汰，原有的铁皮灯罩全部换成了玻璃灯罩。因为马灯能防风，所以也叫风灯，船家将马灯稍加改造，挂在桅杆上，则成为桅灯，用来做夜间行船的标志。这期间，从外国输入一种用提炼石油的副产品——石蜡为主要原料制成的蜡烛。人们称之为"洋蜡烛"。

3. 电灯

白炽电灯由美国科学家爱迪生于 1879 年发明。但在爱迪生发明电灯之前，英国大化学家戴维于 1807 年用碳棒为电极发明了弧光灯。1878 年，西方人毕雪伯把一盏用电池的弧光灯带到上海。中国人这才第一次见到电灯的亮光。1882 年，英国商人 C. 狄斯和另外两个合伙人，在上海创办上海电光公司。电光公司从美国订购电机，办起中国境内第一家电厂，同年 9 月在黄浦江外滩试装电弧灯 10 盏。电光公司创办后不到一年，电弧灯已照亮上海的酒楼茶馆。1890 年，电灯传到北京。最先亮起电灯的是慈禧太后居住的西苑，即今日的中南海。西苑电公所是中国最早的自办电厂。1890 年，广州建电厂。1891年，香港建电厂，主要供应 100 多盏街灯。1904 年，天津也办起了电厂。其后，中国其他城市相继建起了电厂。首先在中国制造白炽灯的是美国通用电气公司在上海的子公司。1913 年，这家公司创办中国奇异安迪生灯泡厂（即上海灯泡厂的前身），出产的白炽灯泡占领了中国和东南亚市场。截至 1949 年，全国总计只有 8 家生产灯泡的工厂以及一些生产电珠的小作坊。①

---

① 刘善龄：《西洋风——西洋发明在中国》，88~89 页，上海古籍出版社，1999。

1903 年，天津成立中外合资的电灯公司。1904 年，北京成立京师华商电灯公司，电灯由清宫向外发展。至此，电灯逐渐传及中国的大城市。

4.电厂

1949 年以前，中国不能制造整套的火力发电设备。火力发电设备主要依靠国外输入。以汽轮机为动力的火力发电设备最早是 19 世纪 90 年代初问世的。20 世纪初才开始从欧美、日本输入中国。中国东北和台湾地区的火电设备主要是日本产品，其他地区的火电设备主要是欧美产品。从 1907 年上海电光公司投运 0.8 兆瓦低压机组开始，到 1947 年上海杨树浦电厂投运 38.5 兆瓦高压锅炉、配一台 15 兆瓦高压前置式汽轮发电机组，装机容量不断增长。1949 年年底前，中国发电设备装机总容量为 1 849 兆瓦（居世界第 21 位），其中火电设备装机容量占 91%，为 1 686 兆瓦，其余为水电设备。旧中国的发电设备装机容量中仅 400 兆瓦机组是由中国民族资本家和官僚资本家经营的，其余都是由英、美、法、日等外资经营的。[①]

煤油、电灯进入中国广大民众家庭，代替蜡烛、油灯照明，在当时可谓家庭生活的一大改革。因为它提高了对时间的利用效率，人们可以充分利用晚上的时间来工作、学习和娱乐。

（三）洋灰、洋楼

1.洋灰

洋灰，即水泥，初传入时亦称水门汀，为粉状矿物质胶凝材料的一种，与水拌和后能在空气中或水中逐渐硬化。19 世纪后半叶，洋灰由西方传入中国。1891 年，上海出现第一家外资经营的水泥制品厂——上海水泥公司。同年，该公司在上海福州路铺了一段水泥人行道。此乃中国有水泥路的开始。洋灰的传入，引发了中国近代建材业和建筑业的发展，并成为中国土木工程和各民族民居建筑常用的建筑材料。

2.洋楼

民国建立后，由于城市人口的增加、房产地产的商品化、建筑材

---

① 中国电器工业发展史编辑委员会：《中国电器工业发展史》，9~10 页，机械工业出版社，1990。

料的发展、建筑队伍的壮大、建筑施工技术的提高，以及国内土木工程系科的开设和赴国外学习建筑设计的留学生的回国，人们不再满足于"居陋室"的现状，转而对科学性与舒适性相结合的西式洋楼发生兴趣，导致建洋楼、住洋房成为一种时尚。虽然由于种种条件的限制，能住进洋楼者比例极小，但毕竟是当时人们的一种向往与追求。而电灯、电话的使用，不仅改变了人们的观念，而且提高了住宅的舒适度，为新型住宅洋楼或中西合璧的楼房的普及，起到了推动作用。

民国初年，政府机关一般不再设于高墙深院的旧式衙门内，而是设于面向公众的西式洋房之中，体现了西式建筑内容与形式的统一。

1922 年前后，作为西方列强在华标志的银行、海关、洋行、饭店、公寓，纷纷扩建、改建、新建，导致上海、南京等大城市建筑风貌于二三十年代发生巨大变化。

（四）电报、电话

1. 电报

1832 年，美国人莫尔斯发明了电报。1837 年，他第一次演示电码。1844 年，成功安装商用电报机，并在华盛顿与巴尔的摩之间架设了有线电报线路。电报作为一种先进的通讯工具，很快为西方资本主义国家所广泛应用。1855 年左右英国架设 6 437.2 公里的电报线。从此西方的有线电报便进入了全盛期。电报促进了资本主义世界市场的形成和发展，也成为西方列强向海外扩张侵略的工具。

西方列强最先想在中国铺设电报线路的是沙皇俄国。1862 年，沙俄公使巴留捷克要求将电线从恰克图延伸到北京、天津；1870 年，俄国人又一次提出从黑龙江到中国东海岸铺设海底电缆的要求。继俄国之后，英、美等国也曾提出类似要求。清政府以不便为理由，加以拒绝。但列强们不肯罢休，不断采用各种手段迫使清政府同意他们开办电报公司。西方列强恃强入侵，逐渐蚕食，先后侵略了我海上通信权、海线登陆权和部分陆上通信权，中国的电信主权陆续丧失。

19 世纪 70 年代，一些洋务派官员对电报的作用逐渐了解，极力主张兴办电报。中国人掌管的第一条电报线路建在台湾，该线路于 1877 年 8 月动工，同年 10 月完工，自台湾府到旗后全长 47.5 公里。1879 年，李鸿章在天津鱼雷学堂教习贝德斯的协助下，在大沽口炮台与天津之间架设了一条长约 64.37 公里的电线。1880 年，全长

1 500公里的津沪电线开始筹建，并于次年投入使用。1884 年，贯穿苏、浙、闽、粤四省的第二条电报干线竣工。清朝的电报总局从天津迁到上海。进入 19 世纪 90 年代，电报线路已遍及内地。中国的电报事业到民国时期又有了进一步的发展。

2. 电话

电话，中国人最初称"德律风"，是英语 Telephone 的音译。1876 年 2 月，英国人贝尔试验成功世界上第一部可供实用的电话。贝尔发明电话之后 15 年，清廷出使英、法、意、比四国的钦差大臣薛福成便写了《德律风史话》，中国人始知电话为何物。关于中国最早的电话，国内有不同的说法：一说，上海是世界上最早拥有电话的城市之一。1881 年，丹麦大北电报公司在上海公共租界埋电杆安装电话 25 家。一说，中国最早的电话出现在天津，1879 年，李鸿章从河北大胡同总督衙门官署到南郊葛沽，架设一条有线电话，通过紫竹林租界地，利顺德作为中继站，从而使利顺德饭店成为中国最早使用电话的单位。①

民国十年（1921 年），电话安进紫禁城。20 世纪 20 年代，中国都市里有了人工接线公用电话。30 年代，拨打号码的自动电话取代了人工接线电话。约在 1929 年，国民党政府所在地南京从美国购进 5 000 门自动电话机，1930 年，上海、香港也用上了自动电话。

电报、电话的传入，对中国社会各个方面产生了巨大的影响。它加强了军队的机动性，对加强国防起了巨大作用；它加强了中国与世界的联系，使中国能够较为迅速地了解世界形势的变化，逐步改变了与世隔绝的状况；它对中国工商业也起了促进作用，在国内外贸易上，通过电报、电话可以迅速了解行情的变化，及时捕捉商机；同时在改进文风方面也起到了积极作用，使文辞趋于简洁。

（五）人力车、自行车、电车

1. 人力车

人力车，中国人称之为黄包车，19 世纪后半叶，住在日本横滨的基督教传教士美国人果伯（Jonathan Goble）设计了这种车。1874 年，一位叫米拉的法国人将此车投入生产，并从日本引进到中国 300

---

① 刘善龄：《西洋风——西洋发明在中国》，110 页，上海古籍出版社，1999。

辆，开办了上海最早一家洋车行。由于人力车从日本引进，所以也被中国人称为"东洋车"。洋车比中国人原来乘坐的轿子和独轮车快捷、安稳、舒适，因此轿子、独轮车很快被洋车取代。到 19 世纪末，上海的洋车已经十分流行，"上海英美租界中中外人士使用的人力车为 2 500辆"①。在北京，最初只有东交民巷的洋人才能坐这种车，到 20 世纪初，北京坐洋车的人日渐增多。

20 世纪二三十年代，洋车的使用在中国已很普遍。那时各大城市的洋车，不仅数量多，而且分成了不同等级。有钱人家里置备的私人车又叫"包车"，包车成为有钱有身份者的一种标志。抗日战争时期，由于汽油供不应求，民用汽车无法上路，于是脚蹬三轮车应运而生。此后，脚蹬三轮车渐渐取代洋车的地位。

洋车传入后，在中国风靡了近大半个世纪，成为城市人外出的重要交通工具。几十万辆洋车和生活在社会底层的几十万洋车夫也成为中国现代文学作品的描述对象。其中老舍先生的作品《骆驼祥子》中的祥子和鲁迅先生的作品《一件小事》中的车夫，已成为现代文学作品中闪光的艺术形象。

2. 自行车

大约在 19 世纪 20 年代欧洲人就发明了可驾驶的自行车。1885 年，英国人斯塔利在前人发明的基础上，发明了脚踏车链条，1888 年，邓禄普又在车轮上装上了充气轮胎，于是结构与今日相仿的自行车便诞生了。不久，这种自行车传入中国。因为自行车需用双脚踩踏，所以中国人称自行车为"脚踏车"。由于该车单人骑行，所以又称之为"单车"。

最早骑自行车的是一些上海的外国侨民。1897 年，上海租界为庆祝英国女皇维多利亚登基 60 周年，在赛马场举行过一次骑自行车比赛。中国第一个拥有自行车的人是宋氏三姐妹的父亲宋耀如。1900 年，宋耀如在他长女宋蔼龄 10 岁生日时，赠送一辆自行车作为生日礼物。宋蔼龄成为当时中国第一个拥有自行车的小女孩。1901 年，在英租界出现了第一家由中国人开的自行车行"同昌车行"。

20 世纪初，中国市场上出售的自行车主要从美国、英国进口，

---

① 刘善龄：《西洋风——西洋发明在中国》，20 页，上海古籍出版社，1999。

继而德国货、日本货挤进中国市场。1930 年，上海"同昌车行"在安远路办起一家自行车装配小厂，生产出第一批国产自行车。

自行车的引进，为人口众多的中国解决了交通问题，也增加了一项新的体育运动项目。

3. 电车

有轨电车的发明者是德国人西门子。1880 年，柏林始有有轨电车。第一次世界大战之前，电车已经在许多国家的大、中城市里运行。

在中国，最先通行电车的是英国人统治下的香港。1902 年，香港成立电车公司。1905 年，香港正式通电车。1906 年，天津通电车。1908 年，上海也通了电车。铺设上海第一条电车轨道的是中英合办的上海电车公司，后由于公司业务不景气，由英国人一家独办。上海除了英商电车公司外，还有法商电车公司，电车线路近 10 条。虽然电车稳当快速，初时市民不敢乘坐，害怕触电。继香港、上海之后，中国其他一些大城市也先后通了电车。到 1949 年之前，北京、天津、长春、沈阳、本溪、哈尔滨、大连等城市都曾有过电车。

无轨电车是 1910 年由美国人发明的。中国在 1949 年之前，只有上海一地行驶过无轨电车。

（六）火车、轮船、飞机

1. 火车

1825 年，英国人斯蒂芬孙成功设计制造了世界上第一台客货运蒸汽机车"旅行号"。机车制成后，在英格兰北部斯多克敦至达林顿铁路上试运成功，这就是世界上第一条铁路。1829 年，当曼彻斯特铁路修成之后，火车的速度比原来提高了 4 倍，这才引起了世人的关注。从 19 世纪 30 年代开始，欧美各国先后兴起修筑铁路的热潮。

中国人早在鸦片战争前，就对火车、铁路有所了解。鸦片战争后，许多人也曾梦想在中国修筑铁路，但均遭到清政府的拒绝。直到半个世纪后的 1876 年，中国才有了第一条铁路——沪淞铁路。沪淞铁路只是一条小型铁路，车轨只有标准轨的一半，主要供人游览用。沪淞铁路建成以后，1888 年，慈禧太后在西苑也坐上了轻便小火车。1903 年，慈禧坐火车从北京南下谒西陵。清光绪末年所修筑的铁路较多，除较早的京奉铁路外，还有汴洛铁路、株萍铁路、沪宁铁路、潮汕铁路、京张铁路、漳厦铁路、广九铁路、沪杭甬铁路、津浦铁路等。中国人开始修筑铁路，也是在列强压迫之下图强御侮的一种办法。

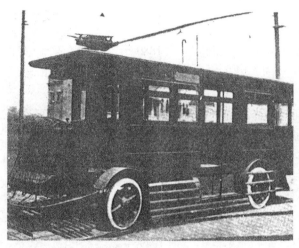

1908年上海的有轨电车

清末的火车只在白天行驶，夜晚停止。民国初年，于右任担任交通部次长时，中国铁路始有夜行列车。

进入民国，中国铁路虽有发展，但控制在外国经济势力手中的铁路占相当比重。据民国十八年（1929年）的统计，中国境内通车的铁路里程计有13 224.91公里，而在外国经济势力控制下的铁路却有11 667.31公里之多。[①]

2. 轮船

轮船是西方工业革命的产物。1807年由美国人富尔顿创制成功，其航行动力是蒸汽机。19世纪40年代至60年代，中国在经历了两次鸦片战争之后，国门洞开，航权丧失。这一时期，中国被迫开放的通商口岸已由广州一处增加到中国东部沿海的数十处。西方的夹板帆船和轮船大量来到中国沿海口岸。自19世纪60年代开始，长江航运对外国船只开放后，就有近20艘、共约2万余吨的轮船驶入长江。

为遏止中国轮船运输业的发展，外国人对中国人封锁轮船制造技术，中国人民不得不自行试制轮船。1864年，曾国藩主持的安庆军械所试制中国第一艘木壳小火轮成功。1865年，金陵军械所由徐寿、华蘅芳试制的"黄鹄号"轮船试航成功，从而揭开了中国近代船舶工业发展的序幕。

---

① 周谷城：《中国通史》（下册），490页，上海人民出版社，1957。

然而中国的轮船制造业和轮船运输业的发展是十分缓慢的。西方各国在华轮船运载吨数远远超过中国自己的运载吨数。以民国十一年（1922年）为例，是年，中国运载吨数的比例数为17.09%，英国为39.99%，美国为10.14%，日本为25.03%。由此可见，西方各国在华航运业的发达。①

3. 飞机

风筝是中国文明的一个组成部分。中国是风筝的故乡。英国著名学者李约瑟在其《中国科学技术史》中，把风筝列为中华民族对人类有重要贡献的科学发明之一。华盛顿美国国家航空与空间博物馆也写明："世界上最早的飞行器是中国的风筝和火箭。"由于近代中国科学技术落后，中国人民在飞机制造方面落后于西方。

1903年，美国的莱特兄弟试制飞机飞行成功，第一次实现了人类驾机升空的理想。此后第6年，即1909年9月21日，中国旅美华侨冯如驾驶自己设计制造的飞机飞上蓝天，为中国近代航空业的发展迈出了具有历史意义的一步。

1911年1月，冯如制成一架液冷式发动机的双翼飞机，在美国奥克兰进行表演获得成功。孙中山先生现场观看表演并称赞"我们中国有杰出的人才"。2月，冯如携带两架自制飞机回国，准备在国内生产飞机。由于清政府对此采取消极态度，冯如在本国制造飞机的愿望未能实现。

辛亥革命爆发后，1911年11月9日广东军政府成立，随后成立飞机队，准备随同北伐军北上作战。冯如被任命为飞机队队长。

1912年8月25日，冯如在广州驾驶自己制造的飞机在中国领土上第一次飞行。由于操纵系统失灵，飞机飞至百米高处时失速下坠，冯如不幸牺牲。

1910年7月，中国水上飞机设计师谭根携带一架自制的船式水上飞机，参加在美国芝加哥举行的万国飞机制造大会，获得水上飞机组第一名。1911年至1912年，美陆军曾聘谭根负责空投炸弹的训练，委任他为加利福尼亚州飞机队后备军司令。1913年，旅美华侨在孙中山倡议下，在檀香山集资成立中华民国飞船（飞机）公司，聘谭根

---

① 周谷城：《中国通史》（下册），490页，上海人民出版社，1957。

为飞机师，先后设计制造水陆飞机 3 架，并训练一批飞行员。1915 年 12 月，袁世凯称帝，遭到全国人民反对。1916 年 4 月，广东宣布独立，委派谭根为讨袁航空队队长，并从菲律宾购买卡斯基飞机两架。谭根参加了讨伐军阀龙济光的战斗。

1911 年 4 月，从法国学习飞行并带回一架法国高德隆单座教练机的秦国镛回到中国，在北京南苑机场表演飞行。这是中国人驾驶外国制造的飞机在自己的领空首次飞行。秦国镛是中国第一所正规的航空学校——南苑航空学校的首任校长。

1911 年 10 月辛亥革命爆发后，旅居海外的华侨和留学人员人心振奋，踊跃捐款捐物赞助革命。在华侨和留学生的参与下，曾先后组建 4 支航空队：广东政府航空队、华侨革命飞机团、湖北军政府航空队、上海政府航空队。

清末民初，中国近代航空进入孕育起步阶段。中国民主革命的伟大领袖和先驱孙中山，为了实现外御侵略、内除军阀、统一全国的目的，大力倡导"航空救国"，多方开辟途径，培养航空人才，发展航空事业，堪称中国近代航空事业的奠基人。冯如、谭根等一批中国航空先驱，在学习、借鉴西方航空科技知识与经验的基础上，进行了艰苦的、创造性的劳动。他们在飞机设计制造、飞行理论和技术上的成就，孕育并推动了中国近代航空业的起步。在孙中山先生"航空救国"的号召下，早期曾有较好的发展；在抗日战争的艰难岁月里，中国空军健儿与数倍于己的敌人搏击长空，取得了许多可歌可泣的英雄战绩。更有无数的志士仁人，致力于中国军用航空、民用航空、航空工业、航空教育和航空体育的创建，为中国航空事业做出了贡献。

（七）电影、无线电广播

1. 电影

电影是近代照相技术发明后诞生的又一门新的光影艺术。1895 年 12 月 28 日，法国卢米埃尔兄弟在巴黎一家咖啡馆的营业性放映，宣告了电影的诞生。中国人起初把电影这种舶来品称为"西洋影戏"。1896 年 8 月 2 日夜晚，上海徐园的一次游艺活动上首次放映"西洋影戏"。这是中国人第一次看到真正的电影。此后，电影的放映逐渐传到北京、广州、天津等大、中城市。1905 年，国产电影的创始人任庆泰（1850—1932）拍摄谭鑫培表演的京剧《定军山》，此乃第一部国产影片。1923 年，上海明星影片公司制成的《孤儿救祖记》，是中国第一部在商业上和艺术上获得巨大成功的国产片。它标志着民族电影业草创阶段的结束和初盛时期的到来。从 1926 年下半年开始的 4 年多时间里，中国影坛相继形成"古装片"、"武侠片"、"神怪片"三股商业电影创作热潮。1929 年，美国有声影片开始输入中国。两年后的 1931 年，明星影片公司和上海百代唱片公司以"民众影片公司"的名义，合作摄制中国第一部有声片《歌女红牡丹》。

1931 年的九一八事变和 1932 年的一·二八事变，把中华民族逼到了生死存亡的关头。在外患日益加剧的时代背景下，电影界掀起"新兴电影运动"，促使 30 年代的中国电影发生整体性的艺术巨变。1933 年，中国电影文化协会成立。同年，以《三个摩登女性》为代表的一批暴露和批判现实的黑暗、传达鲜明的反帝反封建的时代主题的影片问世，不仅在舆论上普遍受到赞许，而且绝大多数获得了较好的票房价值，因而这一年被称为"中国电影年"。1934 年，蔡楚生编导的《渔光曲》，荣获 1935 年莫斯科国际电影展览会荣誉奖，成为中国电影在国际电影节上的第一个获奖作品。同年，又一部有声影片《桃李劫》问世，标志着国产片开始掌握有声电影的基本创作规律。此后《夜半歌声》、《马路天使》、《十字街头》等有声片相继问世。1936 年，"国防电影运动"兴起。《狼山喋血记》和《壮志凌云》获得观众好评。

1937 年抗日战争的全面爆发，结束了中国电影在 30 年代的艺术创新局面，进入中国电影的非常期，形成了国统区、租界区、沦陷区和共产党根据地四种区域的电影创作格局。其中大后方的抗战电影运动可视为整个战时的主潮，其代表作品是史东山导演的故事片《保卫我们的土地》。

抗战胜利后，上海再度成为中国电影生产的中心基地。虽然受到大量进口的外国影片的冲击，但也摄制了《八千里路云和月》、《一江春水向东流》等带有明显史诗风格的银幕巨片。

电影这一舶来品，传入中国后，经与中国文化交流融合，经由中国人民的辛勤培育，不到半个世纪，便发展成为具有教育功能、娱乐功能的一个文艺品种；电影成了中国人民生活中不可或缺的内容。

2. 无线电广播

1895 年，俄国科学家波波夫和意大利科学家马可尼，在继承前人研究成果的基础上，分别经过独立研究，初步制成最初的无线电接收机。之后不久，无线电技术成了帝国主义侵略扩张的通信联络工具。在这样的历史背景下，无线电通信技术于 20 世纪初传入中国。

1905 年，袁世凯在天津开办无线电训练班，聘请意大利海军军官葛拉斯任教，培养无线电报务人员。同时购置无线电收发报机，分别安装在北京、天津、保定和北洋海军的舰艇上，用于沟通军事情报。

第一次世界大战后，帝国主义加紧对中国进行政治、经济和文化侵略之际，中国境内出现了外国人办的第一批广播电台。外国人在中国办无线电广播，把 20 世纪初的西方无线电广播技术引进中国，开阔了中国人的视野，传播了无线电知识，揭开了中国广播事业发展史上的第一页。

1923 年 5 月，奉系军阀当局收回哈尔滨的由俄国控制的一座无线电台，并筹办中国第一座广播电台。1926 年 10 月 1 日，哈尔滨无线电台开始正式播音，呼号 XOH，发射功率 100 瓦，每天播音 2 小时，内容有新闻、音乐、演讲及物价报告等。这是中国自办的第一座广播电台。1927 年 3 月，上海新新公司为了推销自己制造的矿石收音机，开办了一座私人电台。这是中国自办的第一座私营广播电台。

1928 年 8 月 1 日，国民党的中央广播电台在南京开始播音。台址为南京市湖南路国民党中央党部的后院，发射功率 500 瓦。该台由于功率小，且用中波广播，因此收听效果欠佳。

1928 年冬天，国民党为扩充发射功率，向德国订购全套广播设备，新台址选于南京江东门外，1932 年 5 月完工，同年 11 月 12 日正式使用，发射功率为 75 千瓦，呼号为 XGOA。这是当时亚洲发射功率最强的广播电台。

抗日战争爆发以前，国民党除在南京建立中央广播电台外，还在全国一些主要城市建立了一批地方性广播电台。据 1937 年 6 月统计，国民党统治地区共有官办民营广播电台 78 座，总发射功率近 123 千瓦；收音机总数 20 余万台左右。[①]

抗日战争进入相持阶段后，由于得到英美在广播设备方面的多次

① 赵玉明：《中国现代广播简史》，中国广播电视出版社，34～35 页，1987。

援助，国民党的广播事业逐步恢复并有新的发展。1939 年 2 月 6 日，国民党在重庆建立的中央短波广播电台开始向国内外播音。1940 年 1 月，该台定名为中国国际广播电台，分别用英语、德语、法语、荷兰语、西班牙语、俄语、日语、马来语、泰语、缅甸语、汉语等语种及厦门话、广州话播音，每天播音 10 多个小时。

抗战时期，在日军占领下的上海有一座独具特色的反法西斯广播电台，1941 年 8 月 1 日开始播音，使用汉语（包括上海话和广州话）以及俄、英、德语。主要报道苏联人民反法西斯斗争的消息和评论、苏联人民的生活情况等，故称"苏联呼声"广播电台。

1940 年 12 月 30 日，中国共产党领导的第一座广播电台——延安新华广播电台开始播音。

抗战胜利后，国民党政府"还都"南京。此时，无线电广播事业有所增强。据 1947 年 12 月底统计，国民党所属广播电台增加到 42 座，总发射功率达到 423 千瓦，全国估计有收音机 100 万台。

在解放战争三大战役中，国民党所属的东北、华北地区的 10 多座广播电台先后被中国人民解放军接管。中华人民共和国成立前夕，全国各地有人民广播电台近 40 座，一个遍布全国的人民广播网开始形成。

无线电广播于 20 世纪初传入中国，经历了由小到大的发展过程。从 1926 年中国第一座广播电台开始播音，到中华人民共和国成立之前，无线电广播的电波传遍了中国的大地和领海，深入到千家万户，直接影响着中国人民的学习、生活和工作。

十 橡胶树由东南亚传入中国

被人们称为"绿色金子"的橡胶树，原是南美巴西亚马孙河流域的一种野生树种。19 世纪 80 年代传入东南亚，首先在马来亚引种成功。南洋华侨对东南亚树胶事业的发展所做的贡献是世界公认的。到 20 世纪初，胶园已遍布马来亚、泰国等地。前马来亚殖民官员兼学者巴素曾经说过，"如果没有中国人，就不会有现代的马来亚"，而"如果没有现代的马来亚的助力（指橡胶），欧洲和美国的汽车工业就永远不会有这样巨大的发展"①。

民国时期，橡胶树由东南亚传入中国，经由三条途径：

（一）归侨何麟书从马来亚引种橡胶树于海南岛

1904年，积累了橡胶培植、管理经验并且熟悉家乡海南岛的马来亚华侨何麟书（1861—1933），怀着一颗赤子之心从马来亚乘船回到故乡海南岛。他觅得乐会县崇文乡的合口湾一片肥沃的山坡，坡下有一条河，坡的两侧是两座山峰，环绕四周的原始大森林犹如天然的屏障，认为此处是一块种植橡胶的好地方。1906年，何麟书集资5 000银圆，在山坡上辟地200余亩，与人合办琼安公司，在这里开辟了中国第一家橡胶种植园。

何麟书把从马来亚运回的橡胶树种子播入新开垦的土地，不知何因，播了一次又一次，如此过了3年，还见不到一株橡胶树成活。在这种情况下，何麟书没有退缩。他抱着不获成功决不罢休的决心，决定用移植橡胶树苗的方法代替原来的播种方法。当时马来亚殖民当局严禁橡胶树苗出口。他冒了很大的风险，几经周折，终于在一些华侨的大力支持下，从海路将橡胶树苗运回海南岛。第一批运回的约有5 000多株，结果成活了3 000多株。经过何麟书一番艰苦的努力，橡胶树终于在中国大地上扎根生长了。

橡胶树生长期长，幼苗要经过八九年才可割胶。何麟书不仅是一个种植的行家，而且又是一位管理的能手。1915年，琼安公司橡胶种植园第一次开割采胶。

琼安胶园面积不大，每天采胶二三十公斤，年产量最多不过7 500公斤左右。然而可贵的是，它是中国橡胶树种植业的开端。在何麟书的带动下，不少华侨和国内有识之士先后在海南岛建立公司，种植橡胶。1910年，马来亚怡保华侨区纂颐、区干寅兄弟和菲律宾归侨刘杰生、秘鲁归侨曾汪源集资10万元，创办"侨植公司"，在海南儋县种植橡胶、咖啡700余亩。美洲归侨陈德舜于1937年集资创办"文明胶园"，种植树胶苗9 600余株。日军南侵，橡胶树苗被毁4 000余株，抗战胜利后，陈德舜又投资重整胶园。据有关方面的不完全统计，从1906年至抗战前夕，海南岛已有90多个橡胶垦殖公司

---

① 郑民等编著：《海外赤子——华侨》，129～130页，人民出版社，1985。

或橡胶园，种植面积 1 万余亩（667 万余平方米），栽培橡胶树达 15 万余株，年采胶可达 5.85 万公斤。[①]海南岛作为中国橡胶种植业的主要基地，这时已粗具规模。

马来亚华侨何麟书爱国爱乡，不畏艰险，在海南岛引种马来亚橡胶树的成功事迹，值得后人永远纪念。

（二）云南傣族爱国领袖刀安仁从新加坡引种橡胶树于滇西干崖（今盈江）

1906 年，云南傣族爱国领袖刀安仁（1872—1913）再度赴日留学，途经新加坡时，发现此地橡胶树生长茂盛，便逗留考察橡胶的种植和加工情况。经过边看、边问、边对比研究，发现故乡干崖的气候、土壤具有种植橡胶的条件。于是，他初步议定回干崖推行种植发展橡胶、栽桑养蚕、纺织丝绸和制造火柴等实业的计划。并随即在新加坡购买8 000株橡胶树苗和少量桑苗以及少量的银华、皂果种子，请了两个技术员，派刀卫廷负责运送回干崖安排好栽种后再去日本学习。刀卫廷回干崖后，把8 000株橡胶树苗安排定植在干崖新城背后的凤凰山山坡上。此地地处东经 98 度 02 分、北纬 24 度 46 分。这是中国第一次超越北纬 24 度种植的橡胶树。当时成活 400 余株。因无人管理，至抗日战争时只存 10 余株，混生于杂树林中。到新中国成立前夕，仅存 3 株，后倒了 2 株，只剩 1 株。这一株橡胶树，至 2002 年已有 96 年的树龄，树大根深，仍枝叶茂盛，被誉为"北纬 25 度的橡胶母树"。新中国成立后，在人民政府的领导下，各族人民担当起发展祖国橡胶事业的重任。这株橡胶母树的存在，为中国云南亚热带地区发展橡胶事业提供了重要的科学依据。

1949 年中华人民共和国成立后，面临着帝国主义的经济封锁。为了打破封锁，发展社会主义经济，国家做出在热带、亚热带地区发展橡胶生产的决定，把广东和云南列为发展天然橡胶的两个基地。

（三）泰国华侨钱仿周从泰国引种胶苗于云南西双版纳

1946 年泰国华侨钱仿周等人，在侨居国泰国组织了一个经贸公司暹华股份公司。他们看到国内少有橡胶园，就想在祖国的南方引种泰国橡胶树，一方面为祖国开创橡胶事业，一方面也为自己谋一点生

---

① 郑民等编著：《海外赤子——华侨》，132 页，人民出版社，1985。

计。起初，他们派人到海南岛找地，没有成功。1947 年，遥华股份公司派钱仿周途经新加坡、越南到昆明，准备到西双版纳考察，然而因交通闭塞，途中又有土匪拦路抢劫，没奈何，只好沿来路回泰国，再转道缅甸来西双版纳，1947 年 1 月到达西双版纳首府景洪。

钱仿周考察几个地方后，认为西双版纳的气候、土壤情况和马来亚等地没有多大区别，既然马来亚可以种橡胶，西双版纳也一定可以种橡胶。于是，他向当时的国民党车里县政府提出申请，要求划给他们土地试种橡胶。车里县政府允许他们在景洪坝或橄榄坝任选一个地方试种。

钱仿周回泰国向股份有限公司的朋友们报告情况后，就带着两个工人用马帮驮着泰国的橡胶种子出发。于当年 3 月底来到西双版纳橄榄坝选地，开辟苗园，准备育苗。然而，由于他们缺乏经验，所有种子播到地里后都没有发芽。

他们没有灰心。钱仿周再次回到泰国，于 1948 年带着李宗周等 5 个人，用马帮驮着 2 万株泰国胶苗于 9 月 3 日安抵橄榄坝，将胶苗定植在事先开好的林地上。他们把这个胶园命名为"遥华胶园"。当时由于兵荒马乱，所定植的橡胶树多数被牛马践踏，到新中国成立时，只剩下大拇指粗的 300 多株。尽管幸存的胶树这么少，可它们给西双版纳的橡胶事业带来了希望。

十一 《孙子兵法》、《三国演义》、《红楼梦》在国外

（一）《孙子兵法》在国外

孙武，春秋齐国人，后为吴将，是中国古代著名的军事家。其所著《孙子兵法》又称《孙子十三篇》，是中国和世界军事史上现存最早、最有价值、最有影响的军事学术专著，被中外称为"世界古代第一兵书"。《孙子兵法》不仅在中国享有盛名，代代相传，在国外也被译成多种文字，广泛传播，特别是一些西方发达国家，更是重视《孙子兵法》的研究与运用。

《孙子兵法》的外传以日本为早。唐玄宗开元二十二年（734年），日本留唐学生吉备真备第一个把《孙子兵法》带回日本，并在日本国内讲授。从那时起，日本皇室及各界人士都非常重视对《孙子

兵法》的学习和研究，称《孙子兵法》为"兵学圣典"，把孙子推崇为"百世兵家之帅"、"东方兵学的鼻祖"。

《孙子兵法》东传日本之初，仅在学者和武将之家传播，直到日本战国末期（1573年之前），一向是作为秘密图书内传而不广泛传播的。历代日本将领无不奉《孙子兵法》为圭臬，把《孙子兵法》当做军事行动的指南。16世纪，日本出现了像织田信长、丰臣秀吉、德川家康和武田信玄这样的名将。他们共同的特点是精通《孙子兵法》，运用其原则得心应手。其中武田信玄就素有"日本的孙子"之称。他非常崇敬孙子，并将《孙子兵法》用于战争实践。他的军旗上写有4个大字"风林火山"。这4个字取自《孙子兵法·军事篇》中的"其疾如风，其徐如林，侵掠如火，不动如山"，他认为这样做是鼓士气、振军威的最好办法。其所著《甲阳军鉴》非常强调周密和慎重，显然受到《孙子兵法》慎战思想的影响。《甲阳军鉴》和其他日本古代兵书，如《兵纪法》、《信玄全集》、《兵法秘传》等，其主要思想都源自《孙子兵法》。日本对《孙

孙武和他的《孙子兵法》

子兵法》在日本的研究及其著作的出现，大多在德川幕府时期（1603—1867），也就是说，德川幕府时期是日本研究《孙子兵法》的高潮期。1606年，日本出版中国《武经七书》的木刻活版，从此研

《孙子兵法》的各种外文本

究《孙子兵法》在日本蔚然成风。德川家康为了提高日本官兵的军事素质，还下令专门出版《孙子兵法》作为军事教材。在此之前的《孙子兵法》都是汉文原版，在德川幕府第 4 代将军德川家纲（1651—1680）时期，第一本日译《孙子兵法》付梓问世。这时日本研究和普及《孙子兵法》又向前推进了一步。

　　德川幕府时期日本对《孙子兵法》的学习和研究给日本武士以深刻的影响。日本当时的武士多半是根据对《孙子兵法》原理的理解，结合切身的实战经验创造了日本式的新战法并传播于后世。

　　日本人注重在实际中运用《孙子兵法》以求取胜利。20 世纪初的日俄战争中，日本海军在对马海峡全歼俄国波罗的海舰队，就是日本联合舰队司令东乡平八郎运用《孙子兵法》中"以逸待劳"的原则作为指导思想而取得胜利的显例。在第二次世界大战中，日军运用《孙子兵法》以快速推进配以大纵深包抄，取得了许多战役突袭的成功。1941 年 12 月 7 日，日军出其不意地成功偷袭珍珠港，是现代战争史上战略突袭的典型。第二次世界大战后，日本又把《孙子兵法》思想运用到商业管理和企业管理中，取得了巨大成功。这就是日本经济在战后迅速发展的秘诀之一。

《孙子兵法》在18世纪传入欧洲，逐渐有英、法、德、俄、捷文译本问世。

1772年，法国神父约瑟夫·阿米奥在巴黎翻译出版法文的《孙子兵法》，不久便引起轰动，不少人对孙武及其兵法赞不绝口。拿破仑失败后被放逐到圣赫勒拿岛上，他有更多的时间读书，有一天当他读到《孙子兵法》时，先是拍案叫绝，进而仰天叹息："倘若我早日读到这部兵书，我是不会失败的。"

1905年，在日本的英国皇家野战炮兵上尉卡尔思罗首次把日文版的《孙子兵法》译成英文。这是《孙子兵法》传入英国的第一个译本。从此以后，《孙子兵法》在英国广为传播。第二次世界大战后，英国著名战略家利德尔·哈特在《孙子兵法》新英译本"序言"中说："这本书堪称兵法之精华，在过去所有的军事思想家中，惟有克劳塞维茨可以与孙子相提并论。然而，克劳塞维茨著书立说的时间虽然比孙子晚2 000多年，但他在观点上却比孙子落后，而且有些观点已经过时，相比之下，孙子看问题更加敏锐，更加深刻，他的学说具有不朽的生命力。"

发动第一次世界大战的德国威廉二世被废黜后，在国外侨居时看到了《孙子兵法》。当他读到《孙子兵法·火攻篇》最后一段："主不可以怒而兴师，将不可以愠而致战，合于利而动，不合于利而止。"不禁感叹道："早20年读《孙子兵法》就绝不至于遭受亡国之痛苦了！"

1888年，俄军总参谋部即撰文介绍《孙子兵法》。第二次世界大战中，苏联根据伏罗希洛夫学院的建议，将《孙子兵法》译成俄文，列为该学院军事学术史教学与研究的重要内容。

20世纪20年代初，《孙子兵法》传入美国。1921年，美国军事院校就开始研究《孙子兵法》。1921年至1922年间，在美国陆军军事院校的授课计划中，就有《孙子兵法》课程。20世纪40年代，美国出版发行《孙子兵法》英译本。《孙子兵法》在美国广泛深入的传播，对美国的军事战略、政治战略和国家战略的制定起着指导作用。

公元前5世纪中国先哲所著《孙子兵法》能在西方国家如此广为传播，并对这些国家的政治、军事、经济产生重要影响，这说明，《孙子兵法》的思想是不朽的，它是世界人民共同的文化瑰宝。

（二）《三国演义》在国外

产生于明初的章回小说《三国演义》，是中国最长的一部长篇历史小说。它是作者罗贯中在史书《三国志》和民间传说的基础上进行再创造的作品。《三国演义》问世不久，便不胫而走，越出国界，流传到国外，并对一些国家的社会生活和文学艺术产生了不可忽视的影响。600 年来，《三国演义》已经被亚、欧、美洲诸国译成日、朝、越、柬、拉丁、西班牙、英、法、俄等各种文字，全译本、节译本共达 60 多种。

《三国演义》首先传到日本。早在清康熙二十八年（1689 年），日本人湖南文山就把《三国演义》译成日文。这是《三国演义》最早的外文译本。其后，日本对《三国演义》进行训点、翻印、改编、改写、节译，应有尽有。由此可见日本人民对《三国演义》的热爱。第二次世界大战后，日本企业界人士掀起了一股研究《三国演义》的热潮。日本企业界人士指出，人们之所以对《三国演义》推崇备至，视为珍品，就是认为书中有宝。在激烈的商业角逐中，读读《三国演义》，大有裨益；精心研究《三国演义》，可寻得秘诀，为事业的成功铺平道路。

明清时期，由于韩国李朝使节来华大量采购中国书籍，《三国演义》等中国古典小说得以传入韩国。《三国演义》尤其受到韩国人民的喜爱，并被译成韩文出版。为了便于人们阅读和传播，韩国文人曾把《三国演义》中的一些故事单独抽出，编辑成单行本出版，如《赤壁大战》、《山阳大战》、《华容道》、《关云长实记》、《诸马武传》、《姜维实记》等，便于人们阅读和传诵。《三国演义》以人物言行来表现其思想性格的人物塑造方法，对韩国古典小说的人物塑造极有影响。韩国的军事小说如《李舜臣传》、《金德龄传》、《权栗将军传》、《郭再佑传》、《刘忠王烈传》、《权益重传》、《林虎隐传》、《大成龙门传》、《李大凤传》、《西山大师传》等作品，都在不同程度上借鉴了《三国演义》塑造人物和描写战争的手法。

越南是与中国山水相连的兄弟邻邦。由于长期的历史关系和文化影响，《三国演义》在越南早已家喻户晓。原先，他们主要通过汉文本阅读。1907 年，阮莲锋用现代越南文译出《三国志演义》，在西贡出版。其后，阮安居的译本于 1909 年在河内出版。继之有潘继秉、阮文咏、丁嘉欣、武甲、严春林、贤良、武熙苏、湖海浪人的译本分别在西贡、河内、海防、巴黎等地出版。在这些译本中，阮安居、潘继秉、阮文咏的本子曾多次重印。其中潘继秉翻译的全译本（120回），初版于1923年。

越南人民喜读《三国演义》。越南学者邓台梅先生曾有一段有趣的自述：

"……我发现大人们仍喜欢看小说，所以我也看起小说来。开始，我顺手抓到《三国》。真太好了，我完全被它迷住了！……对那些所谓'天下大事'……都略过去了。可是看到有关曹操、孔明的段落就不同了，连饭拿到嘴边都不愿把书放下。我读着、读着，快乐与悲怆轮番叩击我的心扉。记得有一次，夜已深了我还在读，祖母醒过来把书抽走，逼到我上床才算罢休。……我还记得，第一次我读到关云长死去的时候，我痛哭起来，只得把书搁置几天。可是再拿起来读时，读到那段就又哭起来，只好再停下。这样反复了一个月的时间，我的痛苦逐渐缓和了，才又继续读下去。可是读到张飞死去的段落，我又哭了，又只好停下来。接着是第三次，读到孔明死的时候，和上两次一样，又哭得读不下去了。结果花了好几个月的时间，才把这部书读完。"①邓先生虽只是千万越南读者中的一个，但他读《三国演义》的情况却是带有普遍性的。

《三国演义》在泰国流传甚广，影响颇深。公元1802年，泰国曼谷王朝国王拉玛一世（1782—1809）钦定翻译家昭披耶帕康组织人员，先由精读汉文《三国演义》的人员译出大意，再由精通泰文的人员据此用通俗泰语译出，取名"三国"，译本全套95册。它是第一部被译成泰文的中国小说。泰文译本《三国》出版后，成了泰国当时最畅销的书，读者争购一空。为了满足广大读者的要求，只好重版。重版后，仍然供不应求，只好再版。至曼谷王朝五世时期（1868—1910），《三国》泰文译本共再版了6版之多。泰国人民对《三国演义》的热爱，由此可见一斑。

1914年，泰国文学会把这部《三国》泰文译本，评为泰国优秀小说。

---

① 颜保：《越南文学与中国文化》，见卢蔚秋编：《东方比较文学论文集》，276页，湖南文艺出版社，1987。

曼谷王朝七世时期（1925—1934），泰国著名作家兼文学评论家、皇家图书馆馆长丹隆·拉查努帕亲王为了弥补首版本的不足，于1927年组织人力进行修改和补充，然后印刷出版。丹隆亲王和一些文学评论家还撰写了数篇诠释性评介文章，放在新版本正文之前，大大方便了读者阅读。这些文章是《话说"三国"》、《谈"三国"的翻译语言》、《谈"三国"的印刷出版》、《"三国"梗概》、《论对"三国"的评介》、《谈"三国"的插图》和《谈"三国"的版图》等。新版本按泰国人的习惯，采用佛历纪年，加有插图和注释，比旧版本更臻完美。可以说，《三国》泰文译本新版本身，堪称一部熔中泰文学精萃于一炉的鸿篇巨制。

泰国王室贵族视《三国演义》为一部不可多得的研究治国和用兵之道的珍贵典籍，将之列为王室成员和军事将领学习兵法和安邦之道的必读典籍。于是，泰文版《三国》又成为书籍收藏家搜寻的珍宝和达官贵人馈赠亲友的高档礼品。曼谷王朝四世王马古（1851—1868年在位）一次就买了50套《三国》分赠王子们。著名的泰五世王朱拉隆功（1868—1910年在位）的书房里，现今还保存着他生前爱读的《三国》。曼谷王朝的代表性建筑物大皇宫（建于1782年）内，就竖

泰国出版的泰文版《三国演义》上、下册

有 4 扇表现"桃园三结义"的大型牙雕屏风。在泰国各级学校使用的教科书中,《三国演义》的精彩选段,如"草船借箭"、"火烧战船"被选入中学泰文课本。

《三国》泰文译本形成的新文体——"三国文体",对泰国现代文学艺术的发展,产生了莫大的影响。随着《三国》的广泛传播和研究的深入,泰国产生了不少以它的故事为题材的戏剧和说唱文学作品。如剧本《献帝出游》、《吕布除董卓》、《周瑜吐血》、《孙夫人》、《董卓迷貂蝉》、《周瑜智取荆州》等相继问世。显然,中国《三国演义》的某些章节内容已被深深地移植到泰国文学作品之中了。

丹隆亲王在《三国》新版本"前言"中曾高度评价《三国演义》在泰国的流传和影响。他说:"泰国人人喜爱'三国'。达官贵人爱读'三国'书,黎民百姓爱看'三国'戏……它使我国的文化教育事业得益匪浅,并使之发展到一个新的境地。"①

《三国》翻译的成功,造成了泰国人的"三国热"。"三国热"又引发了翻译中国历史演义故事的热潮。20 世纪 20 年代,在泰国,报纸若不登中国历史演义故事就会影响销路。由此可见,《三国演义》在泰国影响之大。

20 世纪初,旅居马来亚的中国华侨曾锦文(1851—1920),曾把《三国演义》译成马来文出版。于是,《三国演义》便在马来亚流传开来。

第二次世界大战之前,《三国演义》马来文本传到"千岛之国"印度尼西亚。于是,它又在印度尼西亚广为传播。

以上事实说明,《三国演义》这部优秀的中国古典小说,由于它具有崇高的思想性,由于它具有震撼人心的艺术力量,600 多年来在亚洲许多国家广为流传,给这些亚洲国家的政治、文化、道德、习尚等等方面予以深刻的影响。

(三)《红楼梦》在国外

《红楼梦》从 18 世纪中叶(清代乾隆年间)开始,先在封建士大夫和市民阶层中辗转传抄。在作者曹雪芹去世(1763 年前后)不过 30 年左右,就已风靡全国,不久即传入日本。

---

① 潘远洋:《〈三国演义〉在泰国》,载《东南亚》,1985(2)。

1793 年 11 月，南京王开泰的"寅贰号"商船，由浙江乍浦驶抵长崎港，船上载有《红楼梦》9 部 18 套。此时距程伟元、高鹗刊行《红楼梦》程甲本刚刚两年。这是《红楼梦》一书最早在国外流传。从那时起，到 20 世纪 20 年代，《红楼梦》不仅传入了日本、朝鲜、越南、泰国、马来亚等亚洲国家，而且它于 19 世纪 30 年代起开始流传到欧洲各国，被翻译成 10 多种语言文字，在世界范围内拥有千万读者，成为世界各国人民的共同财富。

《红楼梦》一书传入日本后，引起了日本文人学者的极大兴趣。当时日本外国语言学校一反以中国南京官话为中心的教育方针，转而对北京官话加以注重，并以《红楼梦》为教材。[①]

《红楼梦》的日译，最初是摘译，即摘录《红楼梦》中的某段故事情节加以翻译。这样的摘译本有多种问世。如岸春风楼译本《新译的红楼梦》（1916 年文教社版），幸田露伴、平冈龙城合译本《国译红楼梦》（1920—1922，国民文库刊行）等。这种摘译本在传播《红楼梦》方面所起的作用是肯定的。但是，这样的片断摘译并不能满足日本读者的要求。于是，20 世纪 40 年代开始出现了多种全译本。

其中著名的全译本有：松枝茂夫译本《红楼梦》（1940—1951），岩波书店"岩波文库"本 14 册，120 回；石原严彻译本《新编红楼梦》，1960 年，后春堂版，等等。

《红楼梦》全译本的大量出现，使日本人民有机会看到《红楼梦》的原貌，促进日本人民对曹雪芹生活的 18 世纪中国封建社会的全面认识，从而对数千年的中华优秀文化有所了解和认识；同时也推动了日本汉学家对《红楼梦》的研究。

20 世纪 30 年代，日本的《红楼梦》研究进入了一个新阶段——从一般的介绍评论到深层次的研究阶段。这一时期的代表人物是大高岩。他的一生与《红楼梦》紧紧地联系在一起。1927 年，他 22 岁时，经大连到北京。从此时开始，大高岩对《红楼梦》发生了浓厚兴趣，1930 年（25 岁时）开始发表研究文章。1932 年归国后，他用 40 年时间继续写研究《红楼梦》的专著和论文。专著有《红楼梦研究》等，论文有《小说红楼梦与清朝文化》等。20 世纪三四十年代，在日本

---

① 胡文彬：《〈红楼梦〉在国外》，9 页，中华书局，1993。

的红学家中，大高岩对《红楼梦》的研究和评论是最全面、最系统的，他对曹雪芹和《红楼梦》的评论也是最具体、最深刻的。

《红楼梦》约在清嘉庆末年至道光初年传入朝鲜半岛。当时朝鲜知识阶层是可以直接阅读汉文版《红楼梦》的，但民间不懂汉文的人居多，于是出现了多种《红楼梦》的翻译本。其中乐善斋本《红楼梦》，汉朝文对照，120回，每回一册，计120册，约于1884年问世。它是中朝两国密切的文化交流的珍贵标志。

《红楼梦》传入朝鲜之后，引起了朝鲜作家、艺术家们的浓厚兴趣。例如，朝鲜语的著名古典小说《玉楼梦》（作者南永鲁，成书于19世纪中叶）和《九云记》（作者无名子，成书于李朝后期）就是在《红楼梦》影响下写成的。

《红楼梦》传入越南的时间虽不算太早，但它一经翻译成越南文之后，就赢得了越南读者的欢迎。越译本《红楼梦》前80回由武培煌、陈允泽译，后40回由阮育文、阮文煊译，1959年开译，1962年至1963年由河内文化出版社出版。全译本，120回，共6册。译本以人民文学出版社1957年版做底本，卷首有越中友好协会会长裴杞写的"前言"。越译本《红楼梦》的问世，为中越文化交流又架起了一座桥梁。

《红楼梦》约于拉玛二世王朝（1809—1825）传入泰国。目前所见到的泰文版《红楼梦》是泰国曼谷建设出版社1980年出版的哇拉它·台吉高译本。该译本属于节译本，共40回。译文底本是王际真的英文节译本。首有译者的序言和洛·哇拉维旺撰写的长文《〈红楼梦〉的分析》。

泰国学者对《红楼梦》的研究始于1949年。1983年，泰国国光图书杂志社出版华侨学者张硕人的研究专著《中国古典文学〈红楼梦〉研究点滴》，所收论文近30篇。

俄国早在1843年就译介《红楼梦》。当年的一家主要杂志《祖国记事》第26期刊载了东正教驻华使团归国的一名译员柯万科所译《红楼梦》第一回的半篇。此事曾引起著名文艺评论家别林斯基的赞赏。此后的100多年里曾几次有人计划翻译全书，终因太难而未果。

1880年瓦西里耶夫在《中国文学史纲要》中评介章回小说时，曾把《红楼梦》放在首位，编出故事梗概作简要介绍，并突出其巨大的价值。

20世纪50年代，《红楼梦》俄文版全文译出，成两卷本，由国家文学出版社于1958年出版。译者帕纳秀克，其中诗词系孟列夫译，费德林写了俄译本序。

苏联评《红楼梦》的人不少，有影响的有两人。一人是莫斯科大学教授波兹涅耶娃（1908—1974）。1954年，她为中国语言学家王力的《汉语文法》俄译本写了序。由于这本文法书里许多例句出自《红楼梦》，序文便题为"论红楼梦"，以帮助苏联读者既能够理解汉语文法，又可以了解《红楼梦》的内容。这篇长达15页的序文涉及《红楼梦》的成书、作品内容、人物形象和思想倾向等方面，是第一篇向苏联读者全面详细介绍《红楼梦》的文章。另一人是莫斯科大学副教授林林（林伯渠的女儿）。她1959年毕业于苏联作家协会的高尔基文学院，后到莫斯科任教。1972年以论文《红楼梦中新人研究》获副博士学位。

俄国一向重视收藏中国文学作品的原文本。东正教使团驻北京的历届团员携回不少包括《红楼梦》在内的古本书。1964年，苏联著名汉学家李福清博士在列宁格勒图书馆调查中国小说俗文学的各种藏本时，发现了一种前所不知的80回《石头记》。经过考证，这是连中国也没有的孤本。这样，就在中国已知的《红楼梦》12种抄本以外，增添了第13种抄本。此抄本系1839年来华的东正教使团第11届教士团学员巴维尔·库尔梁德采夫于清道光十二年（1832年）回国时带去的80回抄本，现藏俄罗斯科学院东方研究所圣彼得堡分所。1986年，中华书局将之影印分6册出版。这是中国最早流传到俄国去的古典文学作品之一。

《红楼梦》何时流传到德国，史无明文。1828年，德国法兰克福出版的《中国学》杂志第4卷发表W.Y.J.翻译的《红楼梦》片段。1932年，德国著名汉学家弗榔茨·库恩的德文节译本《红楼梦》由莱比锡岛社出版。大多数德国人是通过库恩的这本节译本了解和欣赏中国古典文学名著《红楼梦》的。

库恩的德文节译本《红楼梦》出版后，在欧洲产生了广泛的影响，先后有英、法、意、匈、荷等文种的《红楼梦》，根据该节译本转译出版。

20 世纪 30 年代，德国汉学家对《红楼梦》的翻译、研究和评论出现了一个黄金时期。《红楼梦》在德国的流传、翻译和研究不仅标志着德国汉学的高度发展，而且也是德国汉学研究者们东方意识增强的一种体现。

在西方国家中，《红楼梦》最早传入英国，而且英文译本也最多。1830 年，英国皇家学会会员戴维斯翻译的《红楼梦》3 回片段，发表在英国皇家亚洲学会杂志第 2 卷上，题为"中国诗歌"。1842 年，英国人罗伯特·汤姆在《中国话》浙江宁波版上发表了英译《红楼梦》，这是一篇浓缩的译文。英国人波拉译过《红楼梦》的前 8 回，1868 年连载于上海出版的《中国杂志》上。1892 年，英国驻澳门副领事裘里翻译《中国小说红楼梦》（第 1 册），在香港出版。翌年，在澳门出版该书第 2 册。裘里译本译至第 56 回，占原书的 7/10。裘里译本是19 世纪英国人出版的最早一部《红楼梦》英文译本。它代表了 19 世纪英译《红楼梦》的水平。第一个《红楼梦》全书的英文节译本是王良志 1927 年在纽约出版的《红楼梦》。该译本基本上接近原来篇幅，是一个较为成功的英译本。1929 年，王际真英译本《红楼梦》在美国纽约和英国伦敦两家出版公司出版。该译本虽然仍是一个仅有原书一半回数的英译本，但在西方读者中颇受推重，因而在推动《红楼梦》在西方英语读者中流传方面做出了积极的贡献。

《红楼梦》传入法国，约于 19 世纪末至 20 世纪初。其证据是1885 年至 1902 年出版的《法国大百科全书》第 11 卷"中国条"中介绍了《红楼梦》一书。

20 世纪 30 年代开始，《红楼梦》被节译成法文。1933 年，德拉格拉夫图书公司出版的巴黎版《现代中国文学选集》（巴拉丛书）连载徐颂年节译的《梦在红楼》。1949 年以前，法国一直没有全译本《红楼梦》问世。法国对《红楼梦》的研究和评介，始于 20 世纪 30年代，研究者多为旅法的中国留学生或华侨学者。1934 年，巴黎大学李辰冬所写的博士论文《红楼梦研究》在巴黎出版。1935 年，吴益泰著《爱情小说—红楼梦—曹雪芹生平》由维加书刊社出版。1936年，里昂大学留学生郭麟阁所著博士论文《红楼梦——18 世纪中国著名小说》，由里昂波士兄弟公司出版。同年，巴黎大学卢月化的博士论文《红楼梦派的中国少女》，由罗维敦公司出版。这些论著不仅推动了法国的红学研究，而且在传播《红楼梦》方面也起到了良好的作用。

　　鲁迅先生说过："只有民族的，才是世界的。"《孙子兵法》、《三国演义》和《红楼梦》的外传史表明，一部具有民族风格的优秀著作，不仅能感动本民族人民，而且也必能赢得不同民族、不同国家人民的重视和喜爱。它不会因为时间、地点的改变而失去魅力，更不会因为思潮的动荡和学说、舆论的风云变幻而失去光彩。中国的优秀文化所蕴含的睿智和独有的东方神韵，将会永远对人类思想文化宝库做出贡献。

主要参考书目

一、古代载籍

史记　　上海古籍出版社上海书店　1986 年版

汉书　　上海古籍出版社上海书店　1986 年版

后汉书　　上海古籍出版社上海书店　1986 年版

三国志　　上海古籍出版社上海书店　1986 年版

晋书　　上海古籍出版社上海书店　1986 年版

宋书　　上海古籍出版社上海书店　1986 年版

南齐书　　上海古籍出版社上海书店　1986 年版

梁书　　上海古籍出版社上海书店　1986 年版

陈书　　上海古籍出版社上海书店　1986 年版

魏书　　上海古籍出版社上海书店　1986 年版

北齐书　　上海古籍出版社上海书店　1986 年版

周书　　上海古籍出版社上海书店　1986 年版

南史　　上海古籍出版社上海书店　1986 年版

北史　　上海古籍出版社上海书店　1986 年版

隋书　　上海古籍出版社上海书店　1986 年版

旧唐书　　上海古籍出版社上海书店　1986 年版

新唐书　　上海古籍出版社上海书店　1986 年版

旧五代史　　上海古籍出版社上海书店　1986 年版

新五代史　　上海古籍出版社上海书店　1986 年版

宋史　　上海古籍出版社上海书店　1986 年版

辽史　　上海古籍出版社上海书店　1986 年版

金史　　上海古籍出版社上海书店　1986 年版

元史　　上海古籍出版社上海书店　1986 年版

明史　　上海古籍出版社上海书店　　1986年版

洛阳伽蓝记校注　　（北魏）杨衒之　范祥雍校注　上海古籍出版社　1978年新1版

华阳国志校注　　（晋）常璩　刘琳校注　巴蜀书社　1984年版

法显传校注　　（晋）释法显　章巽校注　上海古籍出版社　1985年版

南方草木状　　（晋）嵇含　上海古籍出版社　1993年版

大唐西域记今译　　季羡林等　陕西人民出版社　1985年版

大唐西域求法高僧传校注　　（唐）义净　王邦维校注　中华书局　1988年版

南海寄归内法传校注　　（唐）义净　王邦维校注　中华书局　1995年版

往五天竺国传笺释　　（唐）慧超　张毅笺释　中华书局　1994年版

入唐求法巡礼行记　　（日）圆仁　上海古籍出版社　1986年版

云南志校释　　（唐）樊绰　赵吕甫校释　中国社会科学出版社　1985年版

岭表录异　　（唐）刘恂　上海古籍出版社　1993年版

唐会要　　（宋）王溥　上海古籍出版社　1991年版

梦溪笔谈　　（宋）沈括　江苏广陵古籍刻印社　1997年版

云麓漫钞　　（宋）赵彦卫　傅根清点校　中华书局　1996年版

岭外代答　　（宋）周去非　屠友祥校注　上海远东出版社　1996年版

诸蕃志校注　　（宋）赵汝适　冯承钧校注　中华书局　1956年版

真腊风土校注　　（元）周达观　夏鼐校注　中华书局　1981年版

西游录　异域志　　（元）耶律楚材　周致中、向达、陆峻岭校注　中华书局　1981年版

岛夷志略校释　　（元）汪大渊　苏继庼校释　中华书局　1981年版

安南志略　　（越）黎崱　武尚清点校　中华书局　1995年版

岭南摭怪等史料三种　　（越）戴可来　杨保筠校点　中州古籍出版社1991年版

西洋番国志　　（明）巩珍　向达校注　中华书局　1961年版

西洋朝贡典录　　（明）黄省增　谢方校注　中华书局　1982年版

咸宾录　　（明）罗曰褧　余思黎点校　中华书局　1983年版

殊域周咨录　　（明）严从简　余思黎点校　中华书局　1993年版

西域行程记　西域番国志　　（明）陈诚　周连宽校注　中华书局　1991年版

东西洋考　　（明）张燮　谢方点校　中华书局　1981年版

四夷馆考　　（明）王宗载　罗振玉点勘　东方学会印本　1908年印

本草纲目　　（明）李时珍　人民卫生出版社　1982年版

职方外纪校释　　（意）艾儒略　谢方校释　中华书局　1996 年版

海岛逸志　（清）王大海　姚南、吴琅璇校注　香港学津书店　1992 年版

海外纪事　（清）大汕　余思黎点校　中华书局　1987 年版

清朝柔远记　（清）王之春　赵春晨点校　中华书局　1989 年版

使滇日记　使滇杂记　（清）徐炯　上海古籍出版社　1983 年版

海国图志　（清）魏源　李巨澜评注　中州古籍出版社　1999 年版

二、近现代著译

世界文化史（古代、近代、现当代三卷）　　庄锡昌　浙江人民出版社 1999 年版

世界文明史　李世安　中国发展出版社　2000 年版

世界文化史　陈佛松　华中理工大学出版社　1990 年版

世界文化史通论　庄锡昌　浙江人民出版社　1989 年版

中国通史（10 册）　范文澜等著　人民出版社　1992 年版

中国史稿（5 册）　郭沫若等编　人民出版社　1983 年版

中国史纲要（上、下册）　翦伯赞　人民出版社　1983 年版

中国通史（上、下册）　周谷城　上海人民出版社　1957 年版

中国文化史（上、下册）　柳诒徵　中国大百科全书出版社　1988 年版

中国文化通史　胡世庆　浙江大学出版社　1996 年版

中国古代文化史（两册）　阴法鲁　许树安主编　北京大学出版社　1989 年版

中华文化史　冯天瑜等　上海人民出版社　1990 年版

中华开放史　冯天瑜等　湖北人民出版社　1996 年版

东方的黎明——中国文化走向近代的历程　冯天瑜　巴蜀书社　1988 年版

中国文化史导论　钱穆　三联书店上海分店　1988 年版

传统文化与现代化　张立文等　中国人民大学出版社　1987 年版

中外文化交流史（论文集）　周一良　河南人民出版社　1987 年版

中西文化交流史　沈福伟　上海人民出版社　1985 年版

中外文化交流史话　沈立新　华东师范大学出版社　1991 年版

中华文化海外传播史　武斌　陕西人民出版社　1998 年版

汉文化论纲　陈玉龙等　北京大学出版社　1993 年版

中国与亚非国家关系史论丛　北大历史系东语系　江西人民出版社　1984 年版

中外交通史　陈佳荣　香港学津书社　1987 年版

东南亚文化交通史　（新）邱新民　新加坡亚洲研究学会文学书屋　1984 年版

中国外交通史　　何茂春　中国社会科学出版社　1996 年版

中华民国外交史　　石源华　上海人民出版社　1994 年版

中华民国文化史（上、中、下三册）　　史全生　吉林文史出版社　1990 年版

中国古代对外关系史　　张维华　高等教育出版社　1993 年版

近代中外关系史（上、下册）　　刘培华　北京大学出版社　1986 年版

中国与东北亚文化交流志　　严绍璗　刘渤　上海人民出版社　1998 年版

中国与东南亚文化交流志　　王介南　上海人民出版社　1998 年版

中国与南亚文化交流志　　薛克翘　上海人民出版社　1998 年版

中国与中亚文化交流志　　芮传明　上海人民出版社　1998 年版

中国与西亚非洲文化交流志　　沈福伟　上海人民出版社　1998 年版

中国与欧洲文化交流志　　朱学勤　王丽娜　上海人民出版社　1998 年版

中国与俄苏文化交流志　　李明滨　上海人民出版社　1998 年版

中国与拉丁美洲大洋洲文化交流志　　刘文龙　赵长华　黄洋　上海人民出版社　1998 年版

中国与北美文化交流志　　冯承伯　上海人民出版社　1998 年版

海外华侨华人文化志　　谭天星　沈立新　上海人民出版社　1998 年版

中西交通史（上、下册）　　方豪　岳麓书社　1987 年版

中国科学技术史（第一、二卷）　　（英）李约瑟　科学出版社　上海古籍出版社　1990 年版

近代中国的高等教育　　霍益萍　华东师范大学出版社　1999 年版

中国教会大学史　　（美）杰西·格·卢茨　曾钜生译　浙江教育出版社　1988 年版

中国外语教育史　　付克　上海外语教育出版社　1986 年版

中国文化西传欧洲史　　（法）安田朴　耿昇译　商务印书馆　2000 年版

中国文化与世界文化　　（美）许倬云　贵州人民出版社　1991 年版

中华文化中的世界精神　　唐任伍　中国社会科学出版社　1999 年版

中古中国与外来文明　　荣新江　三联书店　2001 年版

发现中国　　（法）雅克·布罗斯　耿昇译　山东画报出版社　2002 年版

岛国文化　　陈伟　文汇出版社　1992 年版

中外医学文化交流史——中外医学跨文化传通　　马伯英　文汇出版社　1993 年版

中国医学史　　甄志亚　傅维康　上海科学技术出版社　1984 年版

中国医学史　　杨豆亚　河北科学技术出版社　1994 年版

鲁迅与中外文化　　江苏省鲁迅研究协会　江苏教育出版社　1988 年版

郭沫若与东西方文化　　中国郭沫若研究协会　当代中国出版社　1998 年版

茅盾与中外文化　　本书编辑组　南京大学出版社　1993 年版

南方丝绸之路文化论　　本书编写组　云南民族出版社　1991 年版

南方陆上丝绸之路　　徐冶等　云南民族出版社　1987 年版

古代西南丝绸之路研究　　伍加伦　江玉祥　四川大学出版社　1990 年版

丝绸之路　　杨建新　卢苇　甘肃人民出版社　1981 年版

丝绸古道上的文化　　（德）克林凯特　赵崇民译　新疆美术摄影出版社 1994 年版

草原丝绸之路与中亚文明　　张志尧　新疆美术摄影出版社　1994 年版

亚欧大陆交流史　　王钺等　兰州大学出版社　2000 年版

海上丝绸之路　　陈高华等　海洋出版社　1991 年版

古代中国与亚非地区的海上交通　　汶江　四川社会科学出版社　1989 年版

古代中国与西亚非洲的海上往来　　张俊彦　海洋出版社　1986 年版

中国古代航海史　　孙光圻　海洋出版社　1989 年版

中国古代海外贸易史　　李金明　廖大珂　广西人民出版社　1995 年版

中国近代船舶工业史　　辛元欧　上海古籍出版社　1999 年版

中国印刷史　　张秀民　上海人民出版社　1989 年版

中国陶瓷史　　中国硅酸盐学会　文物出版社　1982 年版

中国南方古代印纹陶　　彭适凡　文物出版社　1987 年版

中国悬棺葬　　陈明芳　重庆出版社　1992 年版

中国活字印刷术的发明和早期传播　　史金波　雅森·吾守尔　社会科学出版社　2000 年版

《红楼梦》在国外　　胡文彬　中华书局　1993 年版

佛教史　　杜继文　中国社会科学出版社　1991 年版

道教史　　卿希泰　唐大潮　中国社会科学出版社　1994 年版

伊斯兰教史　　金宜久　中国社会科学出版社　1990 年版

南传佛教史简编　　邓殿臣　中国佛教协会　1991 年版

南传佛教与傣族文化　　刘岩　云南民族出版社　1993 年版

藏传佛教　　弘学　四川人民出版社　1996 年版

中国古代铜鼓　　中国古代铜鼓研究会　文物出版社　1988 年版

中国西南民族考古论文集　　童恩正　文物出版社　1990 年版

古代中越关系史资料选编　　本书编辑组　中国社会科学出版社　1982 年版

柬埔寨两千年史　　陈显泗　中州古籍出版社　1990 年版

中缅友好两千年　　王介南　王全珍　德宏民族出版社　1996 年版

中国印度尼西亚文化交流　　孔远志　北京大学出版社　1999 年版

中韩交流三千年　　陈尚胜　中华书局　1997 年版

日中文化交流史　　（日）木宫泰彦　胡锡年译　商务印书馆　1980 年版

东南亚华侨史　朱杰勤　高等教育出版社　1990 年版

南洋华侨史话　巫乐华　商务印书馆　1997 年版

中国农业发展史　阎万英　尹英华　天津科学技术出版社　1992 年版

中国农史系年要录（科技编）　闵宗殿　农业出版社　1989 年版

中国棉纺织史　赵冈　陈钟毅　中国农业出版社　1997 年版

中国棉花栽培科技史　倪金柱　农业出版社　1993 年版

灯下集　吴晗　生活·读书·新知三联书店　1960 年版

孙子兵法概论　陶汉章　解放军出版社　1985 年版

中国火器史　王兆春　军事科学出版社　1991 年版

民国海军的兴衰　高晓星　时平　中国文史出版社　1989 年版

中国航空史　姚峻　大象出版社　1998 年版

中国化学史话　曹元宇　江苏科学技术出版社　1979 年版

中国杂技史　傅起凤　傅腾龙　上海人民出版社　1987 年版

中国近代体育史的传奇人物——马约翰　傅浩坚　北京体育出版社　1998 年版

洋务运动史　夏东元　华东师范大学出版社　1992 年版

西洋风——西洋发明在中国　刘善龄　上海古籍出版社　1999 年版

中国电器工业发展史　本书编辑委员会　机械工业出版社　1990 年版

季羡林论印度文化　张光璘　李铮　中国华侨出版社　1994 年版

中国古代音乐简史　廖辅叔　人民音乐出版社　1964 年版

中国近现代音乐史　汪毓和　人民音乐出版社　1984 年版

丝绸之路的音乐文化　周菁葆　新疆人民出版社　1987 年版

中国近现代当代舞蹈发展史　王克芬　隆荫培　人民音乐出版社　1999 年版

中西文化交流先驱　许明龙　东方出版社　1993 年版

文化交流的轨迹——中华蔗糖史　季羡林　经济日报出版社　1997 年版

海上丝绸之路与中外文化交流　陈炎　北京大学出版社　1996 年版

五四新文学与外国文学　王锦厚　四川大学出版社　1996 年版

本书主要图片资料

1. 有段石锛　采自陈忠来著《太阳神的故乡——河姆渡文化探秘》，宁波出版社，2000 年版。内文 P28

2. 江西地区几何形印纹陶　采自苏秉琦著《中国文明起源新探》，生活·读书·新知三联书店，1999 年版。内文 P29

3. 滇西博南道上的蹄迹　采自邓廷良著《丝路文化·西南卷》，浙江人民出版社，1995 年版。内文 P46

4. 西南陆上丝绸之路示意图　选自王清华、徐冶著《西南丝绸之路考察记》，云南大学出版社，1996 年版。内文 P47

5. 日本佐贺县诸富町海边的"徐福上陆地"石碑　采自郑石平编著的《中国的探险家》，上海科技教育出版社，1998 年版。内文 P61

6. 张骞通西域路线图　采自张传玺、杨济安《中国古代史教学参考地图集》，北京大学出版社，1984 年版。内文 P69

7. 敦煌壁画中的汉使及其所骑的大宛马　采自杨建析、卢苇著《历史上的欧亚大陆桥——丝绸之路》，甘肃人民出版社，1992 年版。内文 P70

8. 西汉外国人像陶俑座灯、东汉外国人像陶俑座灯　采自刘迎胜著《丝路文化·海上卷》，浙江人民出版社，1995 年版。内文 P71

9. 越南东山铜鼓　采自贺圣达著《东南亚文化发展史》，云南人民出版社，1996 年版。内文 P93

10. 缅甸克伦族铸造和使用的铜鼓　采自缅甸《国家博物馆指南》，仰光未亚瓦底印刷厂，1991 年刊行。内文 P93

11. 西汉杂技俑群（山东济南无影山汉墓藏）　采自傅起凤、傅腾龙著《中国杂技史》，上海人民出版社，1989 年版。内文 P96

12. 山东沂南北寨出土的汉代画像石（源自古缅甸的杂技"都卢寻橦"）　采自吴曾德著《汉代画像石》，文物出版社，1984 年版。内文 P97

13. 山西大同云冈石窟第 20 号窟大坐佛　甘肃敦煌莫高窟第 57 号窟菩萨　采自周细刚著《雕塑艺术》，上海古籍出版社，1997 年。内文 P110

14. 河南洛阳龙门石窟卢舍那佛像　采自业露华著《佛学与佛教》，上海古籍出版社，1996 年版。内文 P111

15. 斯里兰卡卡卢塔山区的法显洞　采自郑石平编著《中国的探险家》，上海科技教育出版社，1998年版。内文 P121

16. 日本奈良正仓院及其所藏的唐代螺钿紫檀五弦琵琶　采自《中国文物世界》1994年8月号（总第108期）。内文 P162

17. 西安兴教寺玄奘墓塔　采自黄珅著《玄奘西行》，上海古籍出版社，1996年版。内文 P177

18. 7世纪西藏吐蕃时期创作的藏传佛教释迦牟尼佛石像，它具有典型的印度笈多风格　采自徐湖平主编《雪域瑰宝——西藏文物精华展》，（香港）王朝文化艺术有限公司出版，2002年版。内文 P198

19. 大秦景教流行中国碑　采自朱谦之著《中国景教》，人民出版社，1993年版。内文 P187

20. 泉州出土的南宋海船（1974年）　采自林德宏、孙晋芳主编《中华国威·古代科技》，江苏少儿出版社，1992年版。内文 P209

21. 《高丽藏经》高丽高宗二十九年壬寅（1242年）刊《大乘三聚忏悔经》，行款字体仿宋《开宝藏》　采自张秀民著《中国印刷史》，上海人民出版社，1989年版。内文 P217

22. 湄州妈祖雕像　采自南京市下关区政协文史资料委员会编《南京天妃宫与妈祖文化》，1999年印行。内文 P227

23. 天妃图（中国历史博物馆藏）　采自李露露著《妈祖信仰》，学苑出版社，1994年版。内文 P228

24. 澳门妈祖阁　采自南京市下关区政协文史资料委员会编《南京天妃宫与妈祖文化》，1999年印行。内文 P229

25. 泰国三宝公庙　采自中国航海史研究会编《郑和下西洋580周年纪念》，1985年版。内文 P284

26. 孙中山　采自彭钟麟、冯国超主编《中国通史》（彩图版），光明日报出版社，2002年版。内文 P385

27. 1905年孙中山与新加坡同盟会会员合影　采自魏宏运《孙中山年谱》，天津人民出版社，1979年版。内文 P387

28. 严复《天演论》手稿　采自陈潮著《近代留学生》，上海古籍出版社，1998年版。内文 P392

29. 写中国题材获诺贝尔文学奖的美国女作家赛珍珠　采自刘宏伟著《中国恋情——赛珍珠的故事》，中国青年出版社，1992年版。内文 P421

30. 1908年上海的有轨电车　采自仲富兰主编《图说中国百年社会生活变迁（1840—1949）》（市井·行旅·行贸），学林出版社，2001年版。内文 P448

31. 孙武和他的《孙子兵法》　采自王兆春著《中国历代兵书》，商务印书馆，1996年版。内文 P457

32. 《孙子兵法》的各种外文本　采自王兆春著《中国历代兵书》，商务印书馆，1996年版。内文 P458

后 记

经过一年又两个月的业余笔耕，拙著终于完稿。我谨以此书奉献给过去、现在以及将来的所有为中外文化交流事业付出巨大智慧与艰辛劳动的人们。

在撰著过程中，不料大病一场。2001年4月，我不得不住院做了胆囊摘除手术。虽然手术效果尚佳，但已元气大伤。人病方知健康贵。我不由忆起鲁迅先生的话，"要赶快做"。于是，才有了后来撰著中的"不用扬鞭自奋蹄"。

我由衷赞佩书海出版社的领导同志对国内学术研究动态的洞悉和对出版学术专著的胆识、热情。在当前学术著作出版不景气的情况下，他们毅然将本选题列入出版计划，使拙著的撰述得以启动。因之，我衷心感谢书海出版社的领导同志，尤其是王灵善副总编和本书责任编辑孔庆萍女士及郭永慷、马秀萍等校对同志为本书的付梓所做的一切。在此，还要感谢山西大学历史系的孙益力教授，感谢他为本书所做的一切。

我还要感谢与我同在一个教研室工作的老伴王全珍教授。她主动挑起工作和家务的重担，使我腾出更多的时间和精力用于撰述。另外，她又承担了拙稿40万字的打字任务。更值得一提的是，她还是拙著的第一位"读者"。拙著在立意的确定、资料的选用、语句的通顺等等方面，都曾听取她的许多宝贵意见。可以说，没有老伴的支持，拙著定然不能如期完稿。借此机会，聊表对老伴的感激之忱。

中外文化交流史在我国尚是一门新兴学科。国内许多大学的历史系尚不能开设这门课。诚如恩师、我国著名东方学家季羡林先生

1997年所云："我总觉得，中外文化交流史还没有成为一门有理论、有纲领的独立的学科。我诚恳地希望，我们国家，甚至世界上其他国家的志同道合、有志有识之士，能够多方协作，共同努力，写出一些国与国之间的文化交流史……写成一部或多部世界文化交流史。到了那时候，我们人类的共识就会大大地提高，我们人类的前途就会比现在更光明。"（季羡林：《文化交流的轨迹——中华蔗糖史》引言，经济日报出版社，1997年版）据笔者所知，目下国内尚无一部中外文化交流史方面的专著。有鉴于此，撰著中外文化交流史，便是一种尝试。基于这样的认识，拙著姑且当做引玉之砖。古人云，"初生之物，其形必丑"。应该说，拙著在资料的搜集和运用、问题的提出和分析、观点的论证和推断等方面，定有不少主观甚至谬误之处，诚望方家和同行不吝赐教。

最后，谨向所有为拙著提供借鉴和帮助（包括提供图片资料）的列名和未列名的古今中外学人和友人，致敬致谢。

王介南　谨识
2003 年 3 月 6 日于南京茶亭寓所

图书在版编目（CIP）数据

中外文化交流史／王介南著．—太原：书海出版社，
2004.3（2016.3 重印）
ISBN 978 - 7 - 80550 - 493 - 3

Ⅰ.中⋯　Ⅱ.王⋯　Ⅲ.文化交流－中外关系－文化史
Ⅳ. K203

中国版本图书馆 CIP 数据核字（2002）第 096406 号

中外文化交流史

著　　者：王介南
选题策划：孔庆萍
责任编辑：孔庆萍
助理编辑：刘　尧
装帧设计：赵　源

出 版 者：山西出版传媒集团·书海出版社
地　　址：太原市建设南路 21 号
邮　　编：030012
发行营销：0351—4922220　4955996　4956039　4922127（传真）
天猫官网：http：//sxrmcbs.tmall.com　电话：0351—4922159
E - mail：sxskcb@163.com　发行部
　　　　　sxskcb@126.com　总编室
网　　址：www.sxskcb.com

经 销 者：山西出版传媒集团·书海出版社
承 印 者：山西出版传媒集团·山西新华印业有限公司

开　　本：787mm×1092mm　1/16
印　　张：30.25
字　　数：458 千字
印　　数：4 501 - 6 000 册
版　　次：2004 年 3 月第 1 版
印　　次：2016 年 1 月第 3 次印刷
书　　号：ISBN 978 - 7 - 80550 - 493 - 3
定　　价：56.00 元

如有印装质量问题请与本社联系调换